「一國兩制」下
香港政治格局的重塑

劉兆佳　著

商務印書館

責任編輯　黃振威

裝幀設計　涂　慧

排　　版　高向明

印　　務　龍寶祺

「一國兩制」下香港政治格局的重塑

作　者　劉兆佳

出　版　商務印書館（香港）有限公司

　　　　香港筲箕灣耀興道 3 號東滙廣場 8 樓

　　　　http://www.commercialpress.com.hk

發　行　香港聯合書刊物流有限公司

　　　　香港新界荃灣德士古道 220-248 號荃灣工業中心 16 樓

印　刷　美雅印刷製本有限公司

　　　　九龍觀塘榮業街 6 號海濱工業大廈 4 樓 A 室

版　次　2022 年 7 月第 1 版第 1 次印刷

　　　　© 2022 商務印書館（香港）有限公司

　　　　ISBN 978 962 07 6693 0

　　　　Printed in Hong Kong

謹以此書
獻給所有讓香港得以
由亂及治的人

目 錄

附錄

序

　　我撰寫的《思考香港一國兩制的未來》一書在 2020 年 3 月出版。出版前的幾個月，在 2019 年 10 月底，中國共產黨第 19 屆四中全會因應香港的暴亂作出了重大的決定，目標是要通過中央主動積極有效行使全面管治權對香港特區進行撥亂反正，把「一國兩制」在香港的實踐納入正軌和為特區的長治久安奠定穩固基礎。該書出版後，香港國家安全法、香港選舉制度的徹底改革和一系列的惠港政策和措施陸續出台，香港的政治局面煥然一新。在排除了反中亂港和外部勢力的嚴重干擾下，並在中央的指導和支持下，香港得以克服新冠肺炎疫情對香港的蹂躪，而困擾香港多年的經濟、政治、社會和民生的深層次問題，也開始得到應有的關注和處理。

　　儘管我在該書中無法具體預測中央的實際行動和具體部署，但我卻對香港往後能夠「由亂及治」、「由治及興」和全面準確貫徹「一國兩制」懷抱信心。我在該書的序中對香港日後的發展作了一些預告。我指出：「習近平總書記主政後，中央進一步認真和全面檢討『一國兩制』在香港實踐的經驗和教訓，積極運用『一國兩制』下中央擁有的權力去調校香港『一國兩制』實踐的軌跡，協助香港弭平動亂，並在相當程度上創造了一些有利於『一國兩制』發展的條件，克服了一些不利於『一國兩制』實踐的困難。今天以及往後，無論內外敵對勢力如何負隅頑抗，香港『一國兩制』的實踐將會越來越沿着鄧小平制定的『一國兩制』道路前進。」我進一步認為：「我們可以對為未來作審慎樂觀的推斷，即是說，從現在起再通過多場不懈的奮戰，早在 2047 年『五十年不變』結束之前，『一國兩制』在香港的實踐應該會是在正確的軌道上運行，並讓國家和香港同蒙其利。」「隨着國際政治格局的改變、國家的強勢崛起、中央調整對香港的處理手法、香港內部政治勢力的力量對比發生變化，以及香港人思想心態

的轉變，即便過程中政治鬥爭跌宕起伏，整體趨勢應該是中央和愛國力量逐步從被動轉為主動，並從主動走向主導，從而能夠更有力地促使香港逐步向全面和準確貫徹『一國兩制』藍圖得到較完整的實施。」事實上，過去兩年香港形勢的發展，確與我的「預言」頗為吻合。

從該書出版到現在，香港發生了翻天覆地的、過去幾乎無人能夠想像得到的巨變，特別是那場 2019-2020 年爆發的、香港歷史上前所未有的超大型暴亂。今年適逢香港回歸祖國 25 週年的年頭，也恰好是「五十年不變」的中段，原本我是打算在今年出版一本新書，論述和分析過去幾年香港的變遷，並對日後的發展稍作蠡測。可是，過去兩年香港事態的發展的確是波譎雲詭、驚心動魄、目不暇給，各方面紛紛要求我對香港發生的事情發表看法。以此之故，我在報紙、雜誌和學術刊物上寫了一批長短不一的文章，因此根本沒有足夠的精力和時間去撰寫一本完整的新書。不過，我依然希望在香港回歸祖國 25 週年的歷史時刻，能夠出版一本新作以作紀念。在退而求其次下，我決定把大部分過去兩年的筆耕所得和若干長篇專訪匯集成書，並為新書撰寫一篇概括香港過去一段時間的政治局勢的變遷和將來的發展趨勢的〈總論〉，以饗讀者。慶幸和感激的是，這個「退而求其次」的想法得到商務印書館和總編輯毛永波先生的認同，因此這本新書得以在香港回歸祖國 25 週年面世。

除了〈總論〉外，大部分其他文章都曾在不同渠道發表，但我相信不少讀者都沒有機會閱讀所有我經已出版的著作，因此我依然期望讀者們能夠從本書中受益。為了讓部分已經發表的文章能夠不至於太過時，我對文章內的一些內容，作出了適當的修訂和必要的更新。

最後，我在每篇文章上列出其出處和發表日期，並對相關的報章、雜誌和學術期刊表示衷心的感謝。

劉兆佳

2022 年 5 月於香港中文大學社會學系

總論

再論特區新政權建設

✦　✦　✦

　　2012 年末，在我離開已經擔任了十年的、香港特區政府中央政策組首席顧問的崗位不久後，便很快出版了一本題為《回歸十五年以來香港特區管治及新政權建設》的書，試圖用「新政權建設」作為切入點，探索香港回歸後的政治和管治形態。總的來說，政治學者對於何謂「政權」並沒有一個清晰和統一的定義。對「政權」的廣義定義囊括了所有參與管治的機構包括行政機關、立法機關、司法機關、情報機關和武裝力量，以及釐定和管理它們之間的關係的規則。不過，為了方便分析，我在這裏把「香港特區政權」狹義地理解為那些擁有和行使管治香港特區的實際權力的政治實體，主要指行政長官領導的香港特區政府和香港特區政府設置和領導的、享有公權力、並負有部分管理職能的機構比如廉政公署、申訴專員公署、個人資料私隱專員公署、平等機會委員會、機場管理局、醫院管理局和其他法定組織。今天，即便已經相隔十年，我仍然認為從「新政權建設」的角度來探討香港回歸 25 年以來和日後的政治格局，依然具有較大的理論和實用價值。理由是：從回歸後到目前為止，香港特區其實尚沒有出現一個對國家和中央絕對忠誠、以愛國者為主體、以「行政主導」為本質、擁有廣闊社會支持基礎和能夠實行強勢和有效管治的新政權。以此之故，捍衛國家統一、維護國家安全、確保「一國兩制」的全面和準確實施、良政善治、推動香港人的「人心回歸」、保持香港的繁榮穩定，乃至發揮香港在國家現代化過程中的獨特和不可缺少作用等重要目標，都沒有明顯能夠達到。儘管香港已經回歸祖國 25 年，但回歸前長時期困擾香港的政治、行政、經濟、社會、教育、媒體和民生問題在弱勢的特區政府的領導和輕視下，不但

沒有得到紓緩或解決，反而因為那些由內外敵對勢力不斷策動、曠日持久和愈演愈烈的政治鬥爭而愈趨嚴重，且有持續惡化的趨勢。過去十多年，中國的快速崛起引起了美國、西方陣營和台獨勢力的抗拒、嫉妒、擔憂和恐懼。在美國的帶領下，悍然、卑鄙和無所不用其極地對中國發動全面的遏制、圍堵、分化、西化和孤立，力圖破壞中國的穩定、阻延中國的發展和不斷弱化中國。中國政府的「一國兩制」方針原來的目的之一，便是要讓西方和台灣的利益在香港特區得到妥善的照顧，以換取他們作為「一國兩制」的持份者積極為「一國兩制」的成功實踐貢獻力量，最低限度不要搞破壞。然而，為了不讓中國順利崛起，也不願意讓中國和西方在國際事務上平起平坐、分庭抗禮，共同建構一個公平合理的新國際秩序，外部勢力遂銳意要把香港變成遏制和打擊中國的棋子。一個能夠成功實踐「一國兩制」、實現繁榮穩定和對中國現代化能夠作出貢獻的香港，因而不再如過去般合乎外部勢力的利益。過去十多年，香港的局勢風起雲湧，在內外敵對勢力的合力策動下，大規模的動亂乃至暴亂不時發生，其中2014年爆發、為時達79天的「佔領中環」動亂和2019-2020年源於「反對修訂《逃犯條例》」的暴亂最為觸目驚心。這不單是因為它們的嚴重性和破壞力，更是因為它們代表了外部勢力在香港策動「顏色革命」、蔑視國家對香港的主權、奪取香港特區政權、將香港轉化為「獨立政治實體」和把香港變成顛覆基地的險惡圖謀。

對於香港回歸後的政治體制應該如何設計，「一國兩制」的總設計師鄧小平其實早已心中有數，並率先對此定下一些基本原則和規範，主旨是要盡量保留香港原有的、權力比較集中的政治體制，認為它較適合香港，對實現有效管治和提升行政效率有利，所以無需對其作過多無謂的、效果難以預知的改動。民主發展固然不是政治體制設計的重要考慮因素和戰略目標，而久經殖民管治的香港更加不宜倉促引入西方、越來越不見得優越的政治體制。他在1987年4月16日會見香港特別行政區《基本法》起草委員會委員時鄭重指出：「[我]還想講點《基本法》起草問題。過去我曾經講過，《基本法》不宜太細。香港的

制度也不能完全西化，不能照搬西方的一套。香港現在就不是實行英國的制度、美國的制度，這樣也過了一個半世紀了。現在如果完全照搬，比如搞三權分立，搞英美的議會制度，並以此來判斷是否民主，恐怕不適宜。對這個問題，請大家坐到一塊深思熟慮地想一下。關於民主，我們大陸講社會主義民主，和資產階級民主的概念不同。西方的民主就是三權分立，多黨競選，等等。我們並不反對西方國家這樣搞。但是我們中國大陸不搞多黨競選，不搞三權分立、兩院制。我們實行的就是全國人民代表大會一院制，這最符合中國實際。如果政策正確，方向正確，這種體制益處很大，很有助於國家的興旺發達，避免很多牽扯。當然，如果政策搞錯了，不管你甚麼院制也沒有用。對香港來說，普選就一定有利？我不相信。比如說，我過去也談過，將來香港當然是香港人來管理事務，這些人用普遍投票的方式來選舉行嗎？我們說，這些管理香港事務的人應該是愛祖國、愛香港的香港人，普選就一定能選出這樣的人來嗎？最近香港總督衛奕信講過，要循序漸進，我看這個看法比較實際。即使搞普選，也要有一個逐步的過渡，要一步一步來。」(鄧小平，1993：35-36)

從憲制的層面看，「行政主導」無疑是香港特區政治體制的本質。行政長官既是香港特區的首長，同時也是特區行政機關的首長。這個「雙首長」的屬性，讓行政長官享有比立法會和司法機關遠為崇高的憲制地位和實質權力。由於行政長官由中央政府任命並要就「一國兩制」在香港的全面和準確實踐向中央政府直接負責，他 / 她的政治地位更非立法會和司法機構所能比肩。儘管特區行政長官的憲制權力不如「殖民地」的總督，比如他 / 她不是三軍統帥，但仍然可以說是手握大權，特別體現在立法創議權、政策決定權、財政調撥權、主要官員和主要法官任命權等方面。相對於行政機關，香港的立法會和其他地方的立法機關相比，其憲制權力不算大。

作為「一國兩制」的一個重要組成部分，香港的「行政主導」政治體制是要讓「一國兩制」的主要目標得以達到，其中包括：維護國家統一、安全和發展利益，防止內外敵對勢力奪取香港特區的政權，保持香港原有的資本主義

體制和生活方式，確保「愛國者治港」，實現長治久安，和促進香港的繁榮、穩定和發展。從香港特區的重要管治權力集中在行政長官手中這個憲制安排來看，「行政主導」政治體制確有相當的「威權」的特徵。可是，為了讓香港特區的政治體制比「殖民地」香港有更多的「民主」成分，比如說香港特區的領導人通過選舉產生，特區政府提出的法案和財政預算案必須在獨立於行政機關的立法會通過後才能實施，因而立法會擁有對政府政策和財政撥款的實質否決權。在極端的情況下，立法會甚至有機會憑藉對行政長官的彈劾來迫使他／她最終下台。

誠然，在設計「行政主導」的政治體制時，中央從來沒有想像過立法會會成為香港特區政府施政的障礙。《基本法》起草者期望見到的，是「行政立法相互制衡，又相互配合，而又以配合為主」的局面。當然，既然中央願意容許香港的反對勢力在回歸後參加香港的選舉並進入立法會，則主要來自反對派議員阻撓政府施政的情況不能完全避免，不過中央並不相信那會成為「常態」或者過於嚴重。回歸前乃至回歸後一段頗長時間，不少中央官員傾向相信假以時日，反對派便會改轅易轍，接受現實，放棄他們過去對中央的對抗立場，尋求與中央和愛國力量的合作，甚至預期有部分人會誠心誠意努力轉化為「愛國者」，因此不認為反對派會利用立法會作為政治鬥爭的場所。然而，為了「保險」起見，中央在設計香港的政治體制時仍然設置了一些「安全閥」，希望「行政主導」不會因為立法會內的反對派議員的不配合而無法體現。這些「安全閥」包括：在立法會內有相當比例的功能團體議席、地區直選採用比例代表制、首兩屆立法會有少數議員由選舉行政長官的選舉委員會選舉產生、立法會內議員提出的法案和議案的分組點票制度、香港的選舉制度必須由立法會全體議員的三分二大多數同意才能改變等。這些「安全閥」的作用是要確保愛國者得以長期主導立法會和壓縮立法會內反對派議員的「抗爭」空間。換句話說，回歸後香港政治體制包括其選舉制度的設計目標，是要讓愛國力量成為「永久」的執政力量。

香港的政治體制的「民主」成分，也體現在司法機關的權力在回歸後有所增加之上，主要是香港特區享有「殖民地」香港所沒有的終審權，而香港的法院又可以對《基本法》進行解釋，並通過對《基本法》內有關公共政策的條文的解釋來實際上取得某種「政策制定權」和提升司法機關的政治影響力。當然，香港的法院對涉及國防、外交、中央與特區關係等事務沒有管轄權，也沒有用以廢除不符合《基本法》的本地法律的「違憲審查權」，但在《基本法》第158條下，香港特區的法院被全國人大常委會授權，在審理案件時，對《基本法》關於香港特區自治範圍內的條款自行解釋。通過在審判過程中對《基本法》的解釋，享有終審權和對《基本法》的解釋權的香港法院，實際上也擁有了對特區政府的施政和立法會的運作產生影響力，而回歸後司法行為將會發生甚麼變化，其實在相當程度上取決於司法機關對自己在香港所應該擔當的角色的定位，特別是對「司法覆核」的取態。在起草《基本法》的時候，中央的理解是香港的法院在回歸後所扮演的角色應該是跟回歸前差不多。即是說，中央期望香港的法院在回歸後繼續維持低調、較為被動和自我約束的姿態，對行政機關基本上採取尊重和理解的立場，盡量不會干預或者插手公共政策制定和執行的工作。當然，更好的情況是香港的法院能夠充分認識「一國兩制」和其背後的初心、清楚知道《基本法》乃貫徹「一國兩制」方針的法律手段、明確了解香港政治體制「行政主導」的本質、衷心維護國家的主權和安全，乃至尊重中央在國家憲法和《基本法》下享有的權力。質言之，中央在回歸前，基本上沒有想過司法機關在香港回歸後除了繼續維護法治外，還會在香港的施政和政治上有甚麼新的角色。

　　回歸後的香港不但其政治體制內的「民主」成分有所增加，香港社會所享有的「自由」程度較「殖民地」時期更有過之而無不及，尤其在監督、批評和向政府問責等方面。雖然《中英聯合聲明》沒有提到「普選」的安排，但為了回應香港人的民主期盼，《基本法》規定，行政長官和立法會的產生辦法，可以根據香港特區的實際情況和循序漸進的原則，最終達至普選產生的目標。回歸

以來，香港的選舉制度的「民主化」過程雖然曲折，但總體趨勢是不斷推進，特別體現在立法會內分區直選議席的增加，和區議會內委任議席的最終廢除之上。隨着立法會和區議會「民主化」程度的增加，特區政府受到來自議會監察的力度，也隨之而越來越大。

在《基本法》中，各類人權和自由得到廣泛和切實的法律保障，尤其是那些涉及政治信念、示威遊行、集會結社和立場表達等方面的權利。《基本法》第 39 條規定，《公民權利和政治權利國際公約》和《經濟、社會與文化權利的國際公約》在香港通過本地法律予以實施。由是，香港內部不斷湧現旨在發揮監察、制衡、挑戰和對抗特區政府甚至中央的政黨、政治羣體、民間團體、非政府組織和媒體，其中媒體尤其是一貫反共反中反政府的《蘋果日報》的作用和影響力尤其巨大。它們積極動員、組織、資助和「指揮」羣眾參與政治事務，竭力左右公共和選舉議題，大量利用正規和非正規的政治行動和手段來對付當權者並藉此來撈取政治資本。簡言之，回歸後政治權利和自由的大幅增加，讓香港人特別是反對勢力在政治體制之外，也獲得了比回歸前多得多的制衡立法會和挑戰特區政府的機會和力量。

總體而言，儘管在憲制和理論意義上，香港特區的政治體制是「行政主導」，行政長官擁有巨大權力，但立法機關和司法機關仍然擁有一定的實質和獨立的監察和制衡行政機關的權力。與此同時，這個「行政主導」政治體制又處於一個享有高度人權和自由的社會之中，經常受到社會上眾多有能力、管道和方法挑戰特區政府的力量的制約，而那些力量部分又與外部勢力有千絲萬縷的關係。這個體制內外的制衡和挑戰特區政府的力量，究竟有多大和有多少敵意，對「行政主導」原則能否實現，實際上有莫大關係。我在 2017 年出版的《回歸後香港的獨特政治形態》一書中，從政治學角度把香港的政治體制描述為一個「自由威權政體」，但同時亦指出其實際運作的情況卻取決於其「自由」和「威權」成分之間不斷變化的比重，如果「自由」（民主參與和人權自由）成分對「威權」（愛國力量長期執政、行政機關權力龐大）成分造成相當的掣肘，則「行

政主導」便無法彰顯。

　　一個不容否認的事實，是香港回歸祖國 25 年後，一個能夠實現「愛國者治港」、擁有廣闊和堅實羣眾基礎的、能夠駕馭複雜多變的政治局面的、具備維護國家安全能力的和能夠讓「一國兩制」在香港全面和準確貫徹的強大的特區新政權尚未建立起來。造成回歸後香港無法出現一個強勢和有效的特區新政權的原因很多，主要是來自政治方面的因素。也就是說，只有在掃除那些對新政權建設不利的政治因素後，建設強大的特區新政權的工程才能順利開展。當然，非政治性的因素也有相當的重要性，比如香港特區成立伊始，便受到突然而來的亞洲金融危機和前所未見的禽流感的猛擊，對香港造成了很大的傷害。香港的自由放任的資本主義的發展，又不斷地拉闊香港在回歸前本已是相當嚴重的貧富差距。香港產業基礎狹隘和經濟增長放緩，難以提供足夠的「向上流動」機會予教育水平不斷攀升的年輕人等。不少香港人無可避免地把他們的憂慮、痛苦和怨氣歸咎新的政府，並對「殖民地」政府有所緬懷，從而削弱新政府的政治威信，讓香港的反對勢力和外部勢力有可乘之機。即便如此，妨礙新政權建設的主要因素仍然是政治因素。如果強大的特區新政權在回歸前已經誕生，並已經積累了一些管治經驗和民眾支持，則那些非政治問題也許會得到比較妥善的處理，而新政權也可以借助對那些問題的有效應對而贏取一定的政治威望。

　　回歸後新政權建設之所以舉步維艱，英國人肯定是罪魁禍首。在其他英國殖民地，當英國人還能駕馭和操控其從殖民地撤退的方式、過程、步伐和時間時，他們會致力培植自己屬意的接班人來接管新的獨立國家，希望它們與「前宗主國」建立緊密合作關係，特別在外交、軍事和經濟事務上。倘若沒有出現這種對英國人而言的「理想情況」，那些憑藉帶領反殖或獨立運動而獲得政治威望的政治領袖和他們的政治組織，則會「單獨」建立自己國家的新政權。在這兩種情況下，在那些脫離了殖民管治後的獨立國家中都不會出現權力「真空」的情況，至於它們的管治表現和是否得到人民的愛戴則另作別論。與其他

英國的殖民地相比，香港作為英國的「殖民地」的情況極其獨特。英國沒有意圖和能力讓香港獨立，香港只能有「繼續當英國的『殖民地』」或回歸中國的兩個選項，因此英國人只會物色和培植協助「永久」殖民管治的同路人，把他們放到政府的次高層位置上，例如委任他們到行政局和立法局當政府的顧問，或者聘用他們為高級公務員從事行政管理工作，但並不會讓他們掌握真正或重要權力，更不會培植那些人日後成為獨立國家的領導人。當英國人在 1980 年代初醒覺到他們必須在 1997 年從香港撤退後，便打算把回歸後的香港變成一個「獨立政治實體」，因而不顧中國政府的反對，竭力將他們在其他殖民地使用過的「非殖化」的「正常」計劃在香港複製。毋庸諱言，即便英國人在香港推行的「非殖化」計劃未竟全功，但在阻撓和妨礙香港在回歸後構建以「愛國者治港」為基礎的特區新政權上，英國人卻取得了赫赫戰功。

毋庸置疑，英國人在回歸前處心積慮、竭盡全力干擾、阻撓和破壞中方培植和壯大愛國力量的工作。事實上，在長達一個半世紀的殖民管治中，英國人對所有對殖民統治構成威脅和干擾的政治勢力都予以無情的打擊、壓制、孤立和迫害。中華人民共和國成立後，在西方陣營策動以反共為主軸的東西方冷戰的大環境下，香港的愛國力量受到「殖民地」政府的嚴苛對待和香港社會上為數眾多的「反共反中」和「親英」人士的歧視和排斥，從而使得愛國力量不但難以成為政治上的主流勢力，反而逐步倒退為一個被「主流社會」擠壓的、孤立的和政治能量有限的力量。「香港前途問題」塵埃落定後，英國人為了「光榮撤退」、為自己謀取最大利益和阻止中方在回歸前「插手」殖民管治，不但沒有兌現與中方合作促成香港的平穩過渡的莊嚴承諾，反而反其道而行。在香港回歸祖國前長達 13 年的漫長過渡期內，英方斷然拒絕與中方一道壯大和扶持愛國力量，反而用各種或明或暗的手段削弱、威嚇和謀害愛國人士，不讓他們在回歸前樹立政治威信和在回歸後能夠順利接掌特區政權、從而為特區的有效管治和長治久安預先打穩基礎。英方在沒有取得中方的同意下在香港悍然推行「植根於香港人」、「立法主導」的「代議政制」改革，目的是為了加快扶

植和壯大「親英」和「反共反中」勢力。在「六四風波」發生後，英方更「樂觀」「預期」中國共產黨的政權行將結束，從而中英在解決「香港前途問題」上已經達成的協議可以推倒從來，因此更不惜撕毀中英兩國在政制改革上的協議而單方面對香港的選舉制度作大幅改動。「代議政制」改革在中方的強烈反對下雖然遇到挫敗，但畢竟已經取得相當成效，順利把那些「親英」和「反共」人士公然或者「不知不覺」地送入「殖民地」的管治架構之核心。英國人一方面鼓勵一些高層的華人公務員「變身」成為「政治領袖」，率先破壞了「公務員中立」的「規條」和「神話」；二方面通過政制改革和政治任命來扶植和壯大那些過去不受英國人青睞、甚至是受到懷疑和監視的「反共反中」人士和勢力，利用這些勢力來鞏固過渡期內的殖民管治和抗衡與打擊中方和愛國人士，並希望他們能夠深深嵌入香港特區的管治架構之中。在英國人的政治操作下，所謂「民主派」人士和高級華人公務員堪稱是最大的政治受益者；三方面則在容許甚至默許香港的「反共反中」勢力在社會上特別在教育、文化、思想和新聞傳播領域利用「六四」和其他事件擴大對中國共產黨的惡意宣傳和攻擊，尤其在年輕人當中進行，使得原來已經在香港頗為濃厚和普遍的「恐共」和「反共」情緒和意識更為猖獗，也令愛國人士陷入窘境和險境。在這種惡劣的政治環境下，儘管中國政府不遺餘力試圖單方面通過一些渠道培育愛國政治人才，但畢竟是事倍功半、徒勞少功的努力。

　　與此同時，在法律和管治層面英國人也憑藉大量的改革與舉措來干擾特區新政權的建設。在過渡期內，殖民政府不斷擴大香港居民所享有的各種政治自由和人權保障。除了「主動」和「率先」在言論和行動上表現其對人權的重視外，殖民政府更為香港制定在法律上具有凌駕地位的人權條例。即便人權條例在回歸後在香港特區的法律體系中再沒有凌駕地位，但「人權至上」的觀念在香港尤其在司法人員和部分政府官員當中已經深入人心，從而「人權」和「民主」雙雙成為反對勢力的政治圖騰和豐厚資本。在管治層面，英國人設置了大批旨在制衡和弱化行政機關的獨立機構，比如平等機會委員會、申訴專員公

署、私隱專員公署等，又把部分原來屬於行政機關的權力分拆開，並授予一大批專職專責的法定機構比如房屋委員會、機場管理局、醫院管理局等。為了大幅提升立法機關和民眾的重要性，殖民政府更主動積極樹立行政機關向立法機關「交代負責」和「尊重」民情民意的政治「範例」和憲制「慣例」，意圖左右和束縛日後特區政府的行為，從而令「行政」無從「主導」。

英國人在「光榮撤退」的幌子下的所作所為，的確使得中央無法在香港特區成立伊始，便能夠依靠一個以愛國者為主體的、比較強大的特區新政權在香港實行有效管治。在別無辦法，或者退而求其次的考慮下，中央只能「無可奈何」地在相當程度上依靠那些由英國人揀選和培訓的政治人才來擔當治港的工作，並容許那些「反共反中」的勢力通過選舉或委任進入特區的管治架構。不過，這種權宜之舉，不但引起了愛國人士的不滿和怨懟，打擊了他們的士氣和削弱了他們對特區政府的支持，更導致愛國力量和「親英」與「反共反中」力量彼此之間的不斷齟齬、摩擦和爭鬥，令特區的政治穩定和有效管治難以實現。長遠而言，中央的權宜舉措為建構一個以愛國者為主體的特區新政權，製造了一個難以避免的障礙。理由是：即使部分非愛國者願意轉化為愛國者，但客觀的事實仍然是「非愛國者」成為了特區政權的主體，而「反共反中」力量和其背後的外部勢力又已經盤根錯節地深嵌在特區的管治架構不同角落之內。在這種情況下，要培植和壯大愛國力量便極為困難。非愛國力量固然會忌憚愛國力量的崛起，亦會在「臥榻之旁不容他人酣睡」的心態上排斥和阻撓愛國人士與自己分享權力。如果中央要強力出手在特區扶植和擴大愛國力量，也必然會遇到管治架構內的「非愛國者」的抵制，社會上和國際上批評，而譴責中央干預香港事務和破壞「一國兩制」的聲音以一定紛至沓來。因此，從現實角度出發，中央亦只能按兵不動，並期望那些「非愛國者」最終能夠轉化為不折不扣的、誠心以國家民族利益為重、和切實貫徹中央的「一國兩制」方針政策的愛國者。

可惜的是，回歸後香港政治情勢的變化並沒有向中央的良好願望發展，反而很多不合中央之意的事態屢屢發生。事實上，回歸後一個對國家民族忠

誠，強大、睿智、能幹、有擔當和英勇的特區新政權不單尚未建立，反而特區政府卻長期處於弱勢、被動挨打和政治孤立無援的狀態，「威權」成分被「自由」成分大力擠壓和蠶食，「行政主導」名存實亡，而香港在回歸後亦長期出現管治失效和政治失序的情況。《基本法》賦予香港特區行政長官和行政機關的憲制權力在形格勢禁的的大環境下難以充分行使，即便行使也會被批判為「濫權」或「專橫」之舉。香港的政治體制既然是「混合體制」，行政機關的權力雖然不少，但行政機關卻同時受到政治體制內部的其他機構和力量的強力制衡。儘管行政長官作為特區的首長的政治地位崇高，而行政機關又擁有龐大的立法、政策制定、財政和人事任免權力，但在政治體制內其他機構和力量的強力制衡下，所謂「行政主導」只能是「理論性」的描述，與其他威權政制中的行政機關所享有的「主導」程度不可相提並論。如果行政機關的管治威信、能力和意志薄弱的話，則行政機關縱然有強大的憲制權力，實際上也行使不出來，甚至不敢公開說明那些權力的存在。比如，本來特區政府有廣泛和厲害的法律手段去對付和遏制反對勢力、港獨分子、外部勢力和暴力行為，但它卻怯於民意的反彈和外部勢力的制裁而不敢出手，從而讓那些法律手段變成具文，無法成為特區政府可資利用的強大管治武器。

「行政主導」墮廢的後果十分嚴重。特區政府不但難以有效管治，致使香港在回歸後長期處於政局不穩、鬥爭不絕和動亂頻仍的險境，特區的管治權不斷為內外敵對勢力所覬覦和侵蝕，連帶「一國兩制」實踐、國家安全和香港的社會與經濟發展也受到拖累。「威權」受到「自由」成分的擠壓的情況，亦隨着內外敵對勢力的力量和威脅的日益強大而愈趨嚴重和險峻。

回歸 25 年以來，香港特區出現的政治和管治亂象可謂罄竹難書，因此即使香港的資本主義體系大體上得到維持以及香港的經濟增長速度尚算不錯，「一國兩制」也難言得到全面和準確貫徹。那些亂象的犖犖大者包括：第一，特區政府難以有效制定和推行重大政策，尤其是那些政治爭議性比較大、對既得利益集團衝擊比較多、牽涉到香港與內地加強經濟合作和要求民眾承擔短期

犧牲的政策。換句話說，特區政府難以在推動香港長遠經濟發展和破解嚴重社會民生問題上有所作為。第二，特區政府無力在香港大力推展思想和教育方面的工作，特別是在國民教育、憲法和《基本法》推廣、「一國兩制」教育、歷史教育、國家安全教育等方面。更嚴重的是，在關乎「一國兩制」能否全面準確落實的話語權上，特區政府乃至愛國力量都未能主導和掌握。不少香港居民特別是年輕人對「一國兩制」方針政策、中央在香港享有的權力、國家安全等重大事項都只有膚淺、偏頗、片面或者錯誤的理解。其中一個嚴重後果是中央依法行使權力比如人大釋法時往往被斥責為損害香港的高度自治。第三，在不少特區官員當中滋生了「少做少錯」、「謹小慎微」和「明哲保身」的消極負面情緒。「以民意為依歸」的高尚政治原則，往往變成了逃避責任、免受責難、臨陣退縮和怯於擔當的代名詞。與此同時，大多數特區官員其實早已把「積極不干預」或「放任主義」奉為圭臬或「祖宗遺訓」，在管治艱難的情況下，這些思想復又被用作「不作為」的「理論」依據來掩飾自己政治擔當、勇氣魄力、開拓進取和創新思維的匱乏。

第四，特區政府的管治威信長期處於低落狀態，難以鼓起勇氣抗擊反對勢力和敵對民意，遂使反對勢力的氣焰更為囂張、行徑更加橫蠻跋扈、政治野心更不斷膨脹、勾結外部勢力更為明目張膽、策動抗爭和暴亂更為肆無忌憚。政治鬥爭此起彼伏和特區長期處於政治不穩便是必然的結果。第五，部分特區領導人和官員缺乏思想和制度自信，做事往往患得患失、瞻前顧後，更不敢果斷運用手上的權力。很多官員長期受到西方價值觀和反共意識的薰陶，對中華人民共和國和內地同胞抱持傲慢條斯理態度，對國家民族缺乏認同感、歸屬感、甚至有抵觸情緒，因此對自己作為「管治者」和「領導人」的認受性產生疑惑。一些官員覺得自己不是經由普及選舉產生或者為民選政府所任命，所以對自己是否有足夠的法律依據、政治權威和道德力量行使權力心中沒有底。部分官員甚至認為在這種情況下，他們理應盡量滿足香港人特別是反對派的「民主」訴求，並覺得只有把自己打造為「民主先鋒」、加強與反對派的合作和爭取到

反對派的認可才可以提升在民眾中的地位和「認受性」，才能夠減少施政上的障礙。由於他們缺乏國家民族觀念，更對中華人民共和國、中國共產黨和中央政府有抵觸情緒，不太願意接受其權力來源和認受性來自國家和中央的說辭，更畏懼被反對派和其支持者標籤為「親中」或「親共」人士。就算中央願意施加援手來減少特區政府的施政困難，那些官員也傾向「敬而遠之」，避免引發政治爭議，更避免被指責主動尋求中央的「干預」。這便解釋了為甚麼即便特區政府覺察到香港出現不符合「一國兩制」或《基本法》的情況，或者遇到香港獨力難支的危機，特區官員也不會主動向中央報告或請求協助，比如提請人大釋法或請求中央出手平亂，生怕這樣做會被反對派、「反共反中」民意和外部勢力嘲笑為「親中親共」和指控為斷送香港的高度自治。在這種畏首畏尾和缺乏自信的思想心態作祟下，特區政府自然也難以下定決心，排除萬難去完成《基本法》第 23 條有關維護國家安全的立法工作。

第五，由於部分特區官員的國家民族觀念薄弱，在治理香港時不會把國家主權、安全和利益放到重要位置上思考，不會把香港的發展與國家的發展連在一起研究和探索，也因此往往主要從香港的本位和個人利益的角度考慮香港的問題和出路。事實上，特區政府內部真正關注和切實認識國家的發展大勢、國家所面對的國際局勢和挑戰、國家所受到的來自外部勢力的安全威脅、中央的大政方針和中央的對港政策的官員可謂鳳毛麟角，而不少官員對於儘快「融入國家發展大局」的戰略意義和對香港未來的關鍵作用亦認識不足。有些官員更害怕如果過分積極推動香港與內地經濟合作，或者積極參與國家的發展計劃，便會受到反對派的揶揄和「民意」的責難，責備他們意圖讓香港這個國際大城市「淪為」一個普通的內地大城市。同時，他們也擔心與內地加強合作或協助內地發展，會為香港製造一些對香港不利的「競爭對手」。

第六，毋庸諱言，部分特區政府官員對反對派和西方勢力抱有一些微妙和難以言喻的好感，也存在某種程度的畏懼和景仰。事實上，他們其中一些人回歸前在殖民政府擔當要職。回歸前中英在香港事務上激烈較量，「殖民地」

官員與反對派站在同一陣線上「並肩作戰」，與中方和愛國人士處於對立面，因而彼此建立了友情、互信和默契。回歸後，這些官員「無可奈何」地與中央和愛國力量合作，然而卻對愛國人士態度消極負面，輕蔑之情往往溢於言表。他們仍然保留不少與反對派人士的聯繫，不時互通款曲，在對「一國兩制」的認識及在重大政治與憲制問題上，也與反對派立場相近。相對於愛國人士對自己的看法，不少政府官員對反對派和西方人對自己的觀感和評價更為重視和珍惜。外部勢力的介入和其對特區政府官員發出的種種威脅和恫嚇，對特區政府的行為構成嚴重掣肘，是以在對付各種敵對勢力時顯得膽怯畏縮、瞻前顧後、進退失據。這些官員一方面不願意也不敢與反對派和西方勢力為敵，另一方面則始終對他們抱有幻想，覺得可以最終爭取到他們的同情、理解甚至某種程度的支持。不少特區官員又懼怕與反對派交惡會引致西方勢力對自己和特區政府的攻擊和制裁。所以，長期以來，特區政府往往試圖拉攏反對派，儘可能回應反對派的訴求，為他們提供參政議政的機會，特別是希望盡量滿足他們對選舉制度改革的要求，以換取他們和他們的支持者對政府的好感和善意，減少他們對政府施政的阻撓和破壞。特區政府對反對派的懷柔、討好和姑息政策經常惹起愛國人士的不滿，對壯大和團結愛國力量不利，也減少了他們對特區政府的支持和配合。頗為諷刺的，是特區政府對反對派的取態雖然積極，但卻並不能滿足他們不斷膨脹的政治慾望，致使特區政府提出的溫和的、循序漸進的選舉制度改革大多數時候因為得不到反對派的認可而無法實施，只有 2010 年那次在滿足了民主黨的要求後才成事。這種息事寧人、趨吉避兇的心態讓反對派深信特區政府軟弱怕事，從而在與特區政府和愛國力量鬥爭時更加有恃無恐，越發冥頑不靈，言行愈趨激烈，處處與政府抬槓，不斷發動羣眾和加強與外部勢力的勾結進行反政府的政治鬥爭。特區政府這種「養癰為患」的行徑，是反對勢力在回歸後不斷坐大的主要原因之一。

第七，回歸後行政機關和立法機關爭鬥不斷。立法會內少數的反對派議員從不間斷地想方設法、無所不用其極地以各種「拉布」手段干擾立法會的正

常運作，並藉此來削弱特區政府的管治威信和管治能力，而這種刻意對抗的姿態，不會因為特區政府對反對派的懷柔和禮遇而改變。儘管大多數立法會議員在「本質上」是特區政府的「同路人」，但他們和特區政府的社會支持基礎卻並不相同，彼此的政治理念和利益也並不一致，因此難以全力支持政府。在反對派和外部勢力在香港人中仍然有相當影響力的氛圍中，很多「建制派」的立法會議員也不願意與政府走得太近，生怕受到嘲笑、攻擊和抹黑。由於特區政府長期處於弱勢，威信低落，「建制派」議員更加覺得有需要與政府保持距離，有些時候甚至以反對和批評政府作為撈取政治資本的手段。部分「建制派」議員對特區政府曲意逢迎反對派不以為然，又不滿政府視自己對政府的支持乃理所當然、無需言謝的事。他們尤其不滿政府游說中央官員向自己施加壓力，迫令自己在不符合自己利益和理念的情況下支持政府。在反對派處處與特區政府抬槓，而「建制派」又不能或不願意全心全意擁戴特區政府的情況下，特區政府在立法機關內一直都沒有穩定和可靠的大多數的支持。在推行政策時，特區政府往往要為某一政策或法案竭力在立法會內籌集「一次過」、「鋪鋪清」的大多數議員的同意，有時甚至要為此與一些議員進行利益交換。在《基本法》的起草過程中，起草委員們期望香港特區的行政和立法關係是一種「既相互制衡、又相互配合、又以配合為主」，充分體現互相尊重、互諒互讓精神的一種政治關係。可惜的是，這種良好設想在回歸以來尚未實現。

　　第八，回歸後行政機關和司法機關的關係與回歸前「殖民地」政府與法院的關係大為不同。回歸以來，香港特區的法院越來越活躍和主動，積極擴張其作為特區政府的監察者和人權自由，乃至「一國兩制」下香港高度自治的捍衛者的角色，希望香港回歸後的「新」司法人員得到海外尤其西方同儕的稱賞和信任。在對國家的憲制體系和法律傳統、中央的「一國兩制」方針政策和中央在香港特區享有的權力缺乏透徹的認知的背景下，司法機關起初甚至妄圖扮演中央權力的制約者、「一國兩制」的最權威詮釋者，和《基本法》的「最終」解釋者的角色。在中央嚴詞批判和警告後，司法機關的僭越言行大為收斂，然而

對中央的「不敬不臣」之舉仍然間歇性發生。回歸後，為法院接納受理的司法覆核的案件比回歸前大幅上升，而法院又利用司法覆核案件的審理「積極」介入特區政府的施政。在審理案件時，部分法官把「國際」而實際上「西方」人權標準和案例作為裁決的主要準則，而「一國兩制」的核心原則、《基本法》的立法原意、國家安全、政府的威信、集體利益、社會影響和對「一國兩制」的衝擊等因素則沒有給予足夠的重視。在 2019-20 年爆發的「顏色革命」嚴重暴亂期間，不少暴徒獲得部分法官的「從輕發落」，便是最生動的例證。

第九，回歸後香港愈來愈成為國家安全的隱患。不少人對中國共產黨和由中國共產黨締建的中國人民共和國有抵觸情緒，內外敵對勢力惡意地把維護國家安全立法，貶斥為保衛中共政權，賦予中央和特區政府更多權力鉗制香港人的自由和人權的「陰謀」和手段。《基本法》第 23 條被惡意和嚴重污名化，2003 年第 23 條的本地立法工作失敗，不但觸發了回歸以來最大規模的遊行示威，也大幅擴大了反對勢力的聲勢。嗣後，國家安全的本地立法工作不但舉步維艱，更成為了反對勢力不斷利用來在社會上散發政治恐懼，和挑起反共反中反政府行動的有效手段。由於香港缺乏強有力和具針對性的國家安全法律，內外敵對勢力遂得以盡量利用這個法律漏洞，來大肆宣揚其「反中亂港」的政治綱領和從事危害國家安全的行徑，最明顯是實例是支聯會多年來憑藉其對「六四事件」的扭曲論述，舉辦和進行大量煽惑香港人尤其是年輕人仇恨中國共產黨和中華人民共和國的宣傳和活動。部分香港媒體特別是《蘋果日報》、《立場新聞》，教育界和文化界人士也得以在社會上和學校大放反共反中的厥詞，嚴重毒化香港人與國家、中國共產黨和中央的關係。反共反中勢力又可以把他們的「反中亂港」行徑，轉化為選舉政治資本，讓他們在立法會的分區直選、若干功能團體選舉和區議會選舉中取得優勢。西方和台獨勢力更在國家安全法律缺位，而特區政府又缺乏膽識和能力用好香港原有的一些法律和行政手段，去維護國家安全的情況下肆意妄為，香港也就成為了外部勢力可以用來對內地進行顛覆、滲透、破壞和刺探的地方。回歸前，香港已經有「國際間諜之都」

的負面稱號，回歸後這個稱號不但沒有被摘掉，反而更符合事實，尤其是當美國和其西方盟友對香港特區和中國惡意盈盈之際。

第十，反共反中勢力在思想和意識形態領域佔盡優勢。為了保持人心穩定，避免中央對貫徹「一國兩制」的誠意受到西方國家的質疑，香港在回歸後並沒有像其他地方在脫離殖民管治後推行大規模的「去殖民化」運動和政策。香港人的權利與永久居留權掛鈎而非與中國公民身份聯繫，而擁有永久居留權的人，不少也擁有外國國籍或居留權。因此，原有的「親英」、崇洋媚外、反共反中、對國家民族認知和感情匱乏、對香港歷史和對香港過去所取得的成就盲目歸功於殖民者的「英明」管治、把「殖民地」政府奉行的管治方針當作不可違逆的「金科玉律」、對內地同胞傲慢輕蔑歧視的心態沒有得到應有的糾正，更在「反中亂港」勢力的大力鼓吹和推波助瀾下愈趨濃烈，嚴重損害香港人與中央和內地同胞的關係，妨礙了特區政府的政治威信的建立、亦損害了特區的管治和打擊了愛國力量的聲望。

第十一，鄧小平和中國政府對「一國兩制」包括其歷史背景、初心和核心原則的最權威闡述並沒有深嵌在大部分香港人的腦海之中。一直以來，英國人和香港的反對派對「一國兩制」有一套「另類詮釋」，將「一國兩制」視為「香港優先」的方針、漠視國家和中央的利益、把回歸後的香港當作「獨立政治實體」、不承認中央在「一國兩制」下對香港的權力、不認為香港有維護國家安全的責任、宣揚香港的政治體制乃「三權分立」體制而非「行政主導」體制、強調香港的法院才是《基本法》的最終解釋者等。回歸前，特別是在中英談判「香港前途問題」和中方「另起爐灶」處理香港回歸事務期間，國家領導人、中央官員和內地的專家學者不厭其煩地講述中央對「一國兩制」的詮釋，在社會上對英國人和反對派的「另類詮釋」雖然產生了相當的抵銷作用，但實際上較多的香港人在認知上和情感上都較為傾向認同那個「另類詮釋」。這種對「一國兩制」的錯誤認知在回歸前已經成為了回歸後「一國兩制」實踐和特區新政權建設的隱患。回歸後，基於種種政治考量，主要是不希望在香港引起政治紛爭

和削弱香港人和國際社會對中央實踐「一國兩制」的信心，國家領導人、中央官員和內地專家學者極少就「一國兩制」的初心和內涵進行解說，話語權和思想陣地逐越來越被反對派和外部勢力所掌控，越來越多香港人尤其是年輕人對「一國兩制」產生了錯誤和扭曲的理解，「另類詮釋」儼然成為了「主導思想」，對「一國兩制」的全面和準確貫徹、中央依法行使權力（比如人大釋法）、中央與特區關係、特區的管治、愛國陣營的發展、香港與內地的經濟合作，乃至國家安全，都產生了不少負面的影響。

第十二，回歸後，在殖民政府培植下迅速成長起來的、秉持「反共反中」主張的反對勢力在回歸後進一步坐大。在香港的「自由威權整體」中，反對勢力不但可以通過在立法會和區議會選舉中贏得議席，從而可以在管治架構之內向中央和特區政府發動政治鬥爭和阻撓特區管治。在社會上，那些制衡和挑戰特區政府的組織和力量，無論是在媒體、學校、文化藝術機構、民間團體、輿論民意、集體抗爭行動、西方宗教團體，都大量掌握在「反中」、「反共」和「反政府」的勢力的手中。反對勢力沒有因為香港政治地位和環境的根本性轉變而改轅易轍，反而利用較回歸前為寬鬆的政治氛圍、充裕的政治自由、中央的忍讓包容和「不干預」、「開放」的選舉制度和仍然彌漫在香港人之中的「反共」和「恐共」意識和情緒，加大力度挑撥離間香港人與中國共產黨的關係，尤其肆意宣揚他們對「六四事件」和內地不時發生的與「人權」和「執法」有關的事故的片面扭曲解讀。他們不斷抹黑和醜化內地情況和內地同胞，讓香港人對國家和內地同胞產生疏離和厭惡之情。他們對中央持對抗和藐視的姿態，經常中傷中央背信棄義，批評中央濫用權力、用人為親、侵害香港人的人權自由、破壞香港的高度自治和處心積慮強化對香港的政治操控。反對派不斷指控香港的政治體制和特區政府缺乏「認受性」、貶損侮辱特區的官員和無所不用其極地阻礙政府的管治。他們在議會內和在社會上掀起一波又一波、矛頭指向中央和特區政府的政治鬥爭，令香港長期陷入政治動盪不安狀態。回歸後，隨着新的反對勢力冒起，特別是那些以年輕人為骨幹的、鼓吹「港獨」和本土分離主義

的政治組織的抬頭，和新舊反對勢力的沆瀣一氣，反對派無論在言論上和行動上都愈趨乖張、激進和沒有底線，政治野心也是「慾壑難填」。為了分化社會和積聚力量，反對勢力更竭力用各種歪理和對香港歷史的扭曲解讀去建構一個與「中國人」對立的「香港人」身份，誆稱「香港人」或「香港民族」的制度、文化、生活方式和利益正在因為中央和內地的衝擊而走向式微或死亡，從而大力激化「身份政治」、在香港人中間製造恐慌和憤恨、和為「港獨」提供理論鋪墊。為了擴大實力，反對派不惜與和外部勢力加強勾結，互為表裏，在香港不斷策劃政治動亂，向中央和特區政府施加越來越大的壓力。長期處於弱勢的特區政府難以有效阻擋和抵禦反對派和外部勢力對其所策劃的連綿不斷的政治攻擊、干擾和破壞。即便特區政府未有處於弱勢，它也會窮於應對那股力量龐大、前所未有的內外敵對勢力聯合發動的「戰爭」。

第十三，在反對派的大力鼓吹和動員下，政制改革議題成為永恆的政治議題，嚴重擠壓了其他亟待解決的經濟、社會、民生和教育等議題。誠然，香港既然是一個高度現代化，並擁有龐大中產階層的社會，不少香港人對民主發展有憧憬和訴求不足為奇。部分香港人由於對中國共產黨有疑慮、對香港前景有擔憂，自然渴望民主改革能夠讓自己獲得更多的權力來保衛自己的利益。反對派正是看中這一點，無日無之地動員羣眾提出政制改革的要求，主要是要迫使中央和特區政府儘快採用西方的普選方法產生行政長官和立法會，強調無須理會《基本法》定下的「按照實際情況」「循序漸進」發展香港民主的原則。為了要達到「雙普選」一步到位的不切實際的目的，反對派曾經兩次否決不符合他們的「理想」的選舉辦法改革方案，並以政改「失敗」為由，煽動羣眾對中央和特區政府的怨憤，同時繼續讓政改問題不斷發酵並成為香港的「永久」首要議題和他們持續籠絡和發動羣眾的手段。由於政制改革問題在回歸後揮之不去，長期成為困擾特區政府施政的問題，特區政府因此難以集中精力和調撥資源去處理那些客觀上重要得多和越來越嚴重的實際問題，結果是因為羣眾的不滿和憂慮的累積而損耗政治威信和管治能力。

隨着時間的過去，上述的回歸後在香港出現的政治亂象越加重疊和交織，在過去十年中最後演化為暴力成分不斷增加的連場動亂。2014 年底爆發，為時達 79 天、以爭取雙普選為主要目標的「佔領中環」大型違法抗爭行動，在香港歷史上前所未見，對香港的法治、穩定和國際形象造成了難以彌補的傷害。2016 年發生的「旺角暴動」開啟了回歸後以暴力作為抗爭手段的「先河」。2019-2020 年爆發的、持續接近兩年、暴力橫行的「修例風波」更是在一貫崇尚和平穩定的香港歷史上出現令人匪夷所思的血腥暴亂和殘暴行為。尤為嚴重的，是在香港過去十多年的政治和社會動盪中，外部勢力扮演了積極和關鍵的角色。外部勢力之所以瞄準香港，是因為美國和其西方盟友在 21 世紀初開始視中國的迅速崛起為其國家安全和世界霸權的、關乎西方「生死存亡的威脅」(existential threat)，尤其擔心當中國主宰歐亞大陸後會把美國從那個戰略上和經濟上至關重要的地區攆出去，從而嚴重損害其戰略地位和經濟利益，因此把「圍堵」、「遏制」、「西化」、「孤立」和「弱化」中國作為其長遠對華政策的主軸。在這個新的、充滿惡意和狡詐的對華政策中，香港的繁榮穩定不再符合西方的根本利益。相反，一個動盪不安的香港，不但不能為中國的發展作出獨特的貢獻，反而會成為國家的隱患、負擔和麻煩製造者。由於香港在回歸後遲遲未能完成《基本法》第 23 條的本地立法工作，原來的維護國家安全的法律和執行機制又不健全，而特區政府又缺乏捍衛國家安全的意志和能力，香港遂成為了西方反華勢力可資利用的顛覆基地。與此同時，台獨勢力在台灣不斷壯大，他們拒絕承認「一個中國」原則，堅持與大陸對抗，明目張膽地從事各種「台獨」行徑，在島上大搞「去中國化」，並且加緊拉攏投靠美國，卑躬屈膝請求美國的保護，渴望被美國納入其旨在包圍中國的「印度—太平洋」的戰略之中。與西方勢力一樣，台獨分子拒絕接納「一國兩制」作為兩岸統一的方案，堅稱台灣「主權獨立」。為了阻撓國家的統一，他們執意要讓「一國兩制」在香港實踐失敗，從而使得「一國兩制」在台灣同胞當中缺乏吸引力。過去十多年，台獨勢力在香港的破壞活動愈趨頻繁，傾向台獨的民進黨政府為了自身的政治

利益更不斷對香港的「一國兩制」橫加攻擊和詆毀，在陳同佳引渡一事上更大肆進行政治操作，翻雲覆雨，煽風點火，推波助瀾。台灣當局又為「修例風波」中的暴亂分子提供精神上和物質上的支援，以及讓他們在失敗後潛逃台灣。

在愈趨緊張和複雜的國際局勢和兩岸關係中，西方和台獨勢力都在香港積極主動物色、培訓、鼓勵、組織、資助和指揮香港的「反中亂港」分子，彼此亦聯手在香港不斷策動動亂，企圖藉此搞亂香港和乘亂奪取特區政權。他們企圖通過集中打擊香港的警察隊伍，來瓦解特區治安力量的士氣和紀律，並以此為突破口來癱瘓特區的管治。他們也希望通過鼓動香港人對中央和特區政府的不滿，迫使中央答應他們對選舉制度改革的要求，讓他們得以通過在新選舉制度下贏得選舉而獲得大部分或全部的特區的管治權，讓香港實質上成為「獨立政治實體」，把香港從國家分裂出去和成為外部勢力的反華基地。可以說，香港在回歸後的亂局在 2019-20 年期間達到巔峰，不但繁榮穩定難保，特區政權也岌岌可危，就連國家的安全和利益也遇到前所未有的威脅。從新政權建設和發展的角度來看，香港過去十多年的經歷充分表明，一個能夠駕馭香港的政治局面、維護國家安全和全面準確貫徹「一國兩制」的特區新政權，在香港回歸二十多年後尚待成功建設。

我在 2020 年出版的《思考香港一國兩制的未來》的書中，把回歸後中央的對港政策演變劃分為三個階段，指出中央分階段用「被動」到「主動」到「主導」方式來處理香港事務。在 1997-2003 年的「被動」階段，中央對港方針的基本原則是盡最大可能恪守對「港人治港」、高度自治的承諾、儘可能讓特區政府自行解決問題、儘可能不參與香港的事務，只有在極為迫不得已的情況下，在國家主權安全利益以及在中央權力受到嚴重挑戰的情況下，才勉為其難運用中央的全面管治權作出必要的匡正。中央無疑甚為關注香港特區管治失效、政治失序乃至「一國兩制」未能全面和準確實踐的情況，但在「不干預」或者「不管就是管好」的大原則下，加上不希望打擊香港人和外國人對香港的信心、避免被批評不尊重香港的高度自治、不想在香港引發政治風波，內外敵對

勢力獲得了千載難逢的可乘之機。回歸後新成立的特區政府起初開局不錯，但不旋踵亞洲金融風暴、禽流感和「非典」來襲，加上一些施政上的失誤，行政長官董建華和特區政府的威信屢受衝擊，長期處於弱勢。國家領導人和中央官員雖然不時出言表示支持，但實質行動卻極為有限。由於香港的政治和管治狀況雖然困難卻又未於嚴重失控，所以中央未覺有迫切需要出手整治香港的局面，而對於出手與否中央也顧慮重重。在「被動」階段，反對勢力在管治架構內和在社會上雖然活躍，並積極利用民眾對經濟民生問題和對特區政府施政的不滿批評特區政府和質疑特區政治體制的認受性，但在言辭和手段上還不算過度激進，還留有一點餘地。由於中央極少就香港事務發言或表態，大多數香港人亦對中央的態度正面，認為中央「尊重」香港的高度自治，反對派除了間歇性利用一些議題比如由終審法院就居留權裁決而引發的「人大釋法」，和「鍥而不捨」地抓住「六四事件」離間香港人與中國共產黨的關係外，基本上沒有把中央當作主要政治鬥爭對象。在這個階段，中國與西方國家特別是美國的關係尚算良好，台獨勢力在香港的影響有限，兩岸關係不算緊張，從而外部勢力在香港雖有活動，但尚沒有明目張膽插手香港事務，尚沒有與反對派進行緊密勾連。不過，中央的「被動」政策卻讓反對勢力在「沒有對手」的情況下得到難得的不斷壯大機會。在爭奪取對「一國兩制」和《基本法》的話語權上，反對派在中央的「缺席」下可謂節節領先，其結果是扭曲和誤導了不少香港人尤其是年輕人對中央對港方針政策的認知，誘使他們相信中央蓄意不兌現對香港人的承諾。反對派的進一步冒起，難免對愛國力量的發展造成困難和障礙。與此同時，中央也沒有在監督和領導特區政府和建設特區新政權上花大力氣。中央對愛國力量雖然有幫手扶持，特別是在立法會和區議會選舉的時候，但卻沒有就如何壯大、組織、領導和動員愛國力量上擬定長遠和周詳的計劃。儘管中央對反對派的行為有所不滿，但卻甚少對反對派嚴詞批評、指責和警告，反映中央對反對派仍然懷抱一定的期待，希望他們最終能夠認清香港政治地位的改變而放棄他們對中央、國家和特區政府的負面態度、抵觸言行和對抗路線。

2003 年,《基本法》第 23 條本地立法計劃失敗,並觸發了回歸後最大規模的、矛頭直指行政長官和特區政府的、有數十萬人參與的遊行示威活動。中央對港政策可以說是從這年開始進入「主動」階段。無疑,該場大型抗爭行動也反映了不少香港人在非典疫情剛結束後對經濟和民生狀況的不滿和擔憂。政治上,反對勢力在大遊行後的聲威大振,更把特區政府和愛國人士不當一回事,其政治野心也隨之而陡然高漲。自此之後,反對派鍥而不捨地高舉選舉制度改革(所謂「政制改革」)旗幟號召和組織羣眾向中央和特區政府施壓,意圖在一個不斷開放的、向自己政治利益傾斜的選舉制度中攫取到更多的政治權力,並最終在特區政府的「爭取」和中央的「同意」下在 2010 年贏得選舉制度的重大改革。

在香港的政治形勢愈趨惡化的態勢下,特區政府在管治上也越來越受到反對派和他們的西方後台的挑戰和掣肘。基於權宜之計,加上不少特區政府的領導人和官員對愛國人士的政治能力和能量的評價甚低,但對反對派的頭面人物的政治立場和訴求又有微妙的認同,加上又忌憚反對派背後的龐大民意,所以對反對派欲拒還迎,禮遇有加,讓他們一些人出任政府中樞要職,盡量滿足他們的要求,希望藉此籠絡他們,減少政府在施政時的困難和「提升」政府的政治「認受性」。可惜的是,反對派和他們的支持者並不領情,反而變本加厲,對那個被他們肆意詆毀的「親中」政府諸多需索、百般為難,而且不斷採取行動削弱其本已有限管治威信。特區政府對反對派的懷柔討好、「姑息養奸」的手段雖然並不奏效,但卻對愛國力量的發展卻造成了不少的傷害和桎梏,增加了不少愛國人士對特區領導人的惡感和抗拒,對特區新政權的建設極為不利。

反對派的實力和羣眾基礎的進一步擴大,「自然地」會引起西方和台獨勢力的關注和重視,也逐漸強化了反對派與西方勢力和台獨分子的聯繫。2005 年,行政長官董建華在第二屆政府任期內中途離任,讓部分香港人特別是反對派的支持者相信是中央「俯順」民意的結果。反對派亦藉此機會頗為成功地透使香港人相信只要能夠集結強大的民意和羣眾壓力,中央「必然」會為

了政治穩定和香港的經濟繁榮而對他們的政治訴求作出正面回應。由於民意對反對派越來越有利，特區政府的管治也就越來越失效，而愛國陣營的發展更無從說起。在「主動」階段，中央的對港政策的主旨是「不干預但有所作為」。儘管中央意識到「一國兩制」實踐不順的癥結在於反對派的干擾和破壞，但基於各種政治顧慮，中央還難以下定決心運用中央權力和政治手段來處理香港的問題。當然，在「主動」階段，國家領導人、中央官員和內地專家學者偶爾會表達對香港局勢的關注、對反對派的所作所為予以批評和勸誡，有時甚至對反對派釋出善意，試圖促使他們改變對中央的敵意，或者偶爾提醒香港人香港的高度自治來自中央的授權以及在「一國兩制」下中央仍然享有相當的權力。不過，結果卻是「言之諄諄，聽者藐藐」，往往甚至被反對派和西方媒體趁機批評中央干預香港事務，意圖改變香港的現狀，或者恫嚇香港人。不過，儘管中央沒有在政治上，特別在積極推進新政權建設上有大動作，但中共中央卻強化了對香港事務的領導和協調工作，並提升了對香港事務的研究、重視和參與。在「主動」階段，中央的對港舉措主要集中在促進香港經濟發展和改善民生狀況之上。一系列對香港經濟和社會發展有利的政策陸續出台，較為重要和矚目的是內地同胞到香港的「自由行」、「內地與港澳關於建立更緊密關係的安排」(CEPA)、大量內地企業到香港投資和上市，給予香港金融機構越來越多的人民幣業務等。中央希望通過經濟和民生的改善來緩解香港人的不滿和怨氣，減少他們對反對派的認同和支持，更期望香港人感恩中央在香港面對困難時出手相助而改變對中央和國家的態度，從而促成人心回歸。平心而論，中央的各種「惠港」政策和措施在香港廣受肯定，整體而言確實對香港的經濟發展和民生改善有利，尤其為規模比較大、與內地在業務上聯繫比較緊密的企業、機構和專業帶來實利，然而卻沒有讓部分香港人和行業受惠，部分香港人和行業甚至覺得自己是「受害者」。內地同胞大批來港，帶來了他們與香港人在文化上和生活方式上的摩擦。部分香港人又懊惱香港的公共設施和福利資源被內地同胞所不當「佔用」。在在這些都部分抵銷了中央惠港舉措所產生的「人心回歸」的

應有效應，更成為了在香港特別是年輕一代之中逐漸滋生的「本土分離主義」和「港獨」意識的溫床。內外敵對勢力當然不會放過機會把中央對香港的支持曲解為對「港人治港」和香港高度自治的侵蝕和背叛。

在「主動」階段，中國所面對的國際形勢發生了深刻和複雜的變化。在 21 世紀伊始，美國和其西方盟友猛然對中國的快速崛起感到如芒在背。它們開始認定西方對中國現代化的「支持」並沒有促使中國走「西方式」發展道路、發生「和平演變」和融入美國主導的國際體系，反而一個遵循「中國特色社會主義」模式而愈趨富強的中國卻意圖「修正」和改革那個偏袒西方、對發展中國家不公平的國際體系。西方國家甚至認定中國有意在美國主導的國際體系之外建構另外一個中國主導的、對西方形成戰略威脅的國際秩序。我在 2015 年出版的《一國兩制在香港的實踐》一書中已經對此發出了預警，指出美國正在加緊對中國進行包圍、圍堵、孤立和顛覆，香港最終也會受到美國和其西方盟友的冷待、歧視和制裁。我預言美國和其西方盟友甚至會試圖把香港作為對付中國的棋子，而且為此會不惜犧牲部分它們在香港的利益。我相信，中央對於國際形勢的變化及其對「一國兩制」在香港實踐的影響肯定會有所察覺，而且會嚴陣以待，謀定後動。

大概在 2012-14 年之間，中央對港政策進入了「主導」階段，並實行了戰略性的調整，對香港的政策也隨之發生了根本性的變化。在這個仍在不斷發展的階段中，中央下定決心、排除萬難，以霹靂手段、雷霆萬鈞之勢，運籌帷幄，主動、積極和有效運用中央在國家憲法和《基本法》下享有的全面管治權對香港的制度結構、政治生態和管治模式進行徹底的、來自頂層設計的改造。這項巨大的政治工程的基本工作已經大體上完成，並取得了赫赫的成果，後續更艱巨和長期性的工作亦將會陸續展開。

中央之所以不得不在香港事務和「一國兩制」的實踐上發揮「主導」作用，是因為香港的局勢急遽惡化，特區的管治走向崩塌，香港陷入越來越嚴重的危局，反對派和外部勢力聯手奪取特區管治權的圖謀昭然若揭，香港作為西方勢

力用以遏制中國的棋子和危害國家安全的角色愈趨明顯。在這種情況下，「一國兩制」不可能全面和準確實施，反而向對國家和香港不利的方向變化。更令中央揪心的，是在龐大的內外敵對勢力的兇猛夾攻下，本已脆弱不堪的特區政府和力量仍然不足的愛國陣營自身難保，處於風雨飄搖狀態，難以有力有效作出防範和抵禦。因此，不少香港人尤其是愛國人士用不同方式向中央呼救。他們相信中央的出手將會如「甘露」般解救香港的「久旱」。毋庸置疑，香港極為嚴峻的政治局勢已經到了中央不能「袖手旁觀」的地步。

2010 年後，內外敵對勢力策動的大型政治鬥爭接踵而來。2010 年的「五區公投」、2012 年發生的「反國民教育」運動、2014 年的「佔領中環」抗爭、2016 年的旺角暴動、和 2019-20 年的「反修例」暴亂，標誌着香港陷入了難以自拔的動亂深淵之中。2019-20 年的「反修例」暴亂更是香港「開埠」一個半世紀以來最血腥和為時最長的暴亂。這些重大政治鬥爭事件都具有挑戰國家主權和分裂國家的意味，也標誌着香港的反對勢力快速走向激進化和加緊與外部勢力狼狽為奸。一些新冒起的、打着「港獨」和各式本土分離主義旗號的、高喊「光復香港、時代革命」口號的、以憤世嫉俗的年輕人為核心支持者的政治「領袖」和組織成為了反對派的耀眼「新星」和先鋒。過去比較「溫和」的反對派比如民主黨和公民黨，不但不敢與那些新興激進勢力劃清界限，或者走向他們的對立面，反而權宜地或者真誠地與他們沆瀣一氣，讓自己也變得越來越極端和激進，力圖爭取不斷增長的激進勢力和年輕人的好感，至少希望避免在政治上被「邊緣化」。反對派和各種「港獨」和本土分離勢力又通過對比方式來建構另類香港人的身份認同，突出香港的不同於中華文化的「西方」特徵（法治、人權、自由、文明、程序公義、管治透明度）、把香港歷史與中國歷史割裂開來、誇大香港與國家／內地的利益分歧、塑造國家落後野蠻的負面形象、強調香港受到為國家和中央的迫害，從而煽動香港人尤其年輕人對國家民族的怨懟和仇恨。在整個反對派愈趨偏狹和暴力化的大趨勢下，反對派對中央所釋出的善意嗤之以鼻，中央對反對派的本已不多的「幻想」也隨之而一掃而空。更令中央

擔憂和怒不可遏的,是反對派公然勾結美國、台獨和其他外部勢力圖謀不軌,合謀奪取特區管治權,視國家主權和領土完整為無物。

在「主導」階段,中央在思想和行動領域同時出擊,並制定一套全面和長遠計劃來建構一個能夠體現「愛國者治港」、捍衛國家安全和利益、全面準確貫徹「一國兩制」和實現長治久安的特區新政權。2014年6月國務院新聞辦公室發佈《「一國兩制」在香港特別行政區的實踐》白皮書(《一國兩制白皮書》),全面闡述「一國兩制」的初心和核心原則,目的在於「正本清源」,確立「一國兩制」的權威詮釋,掃除不少香港人特別年輕人因為內外敵對勢力的「另類詮釋」而造成的種種對「一國兩制」的誤解和曲解。

《一國兩制白皮書》明確闡述了中央對「一國兩制」的立場和原則,並詳細論述了中央在「一國兩制」實踐中的權責。當中尤其重要的是提出中央對香港擁有「全面管治權」,並藉此來說明香港的高度自治權來自中央的授予,而中央在確保「一國兩制」全面準確實施上則是「第一責任人」,因此有權有責依法採取措施糾正任何偏離正確軌道的「一國兩制」實踐。《一國兩制白皮書》強調:「憲法和香港《基本法》規定的特別行政區制度是國家對某些區域採取的特殊管理制度。在這一制度下,中央擁有對香港特別行政區的全面管治權,既包括中央直接行使的權力,也包括授權香港特別行政區依法實行高度自治。對於香港特別行政區的高度自治權,中央具有監督權力。」(《一國兩制白皮書》,2014:7)「全面管治權」的提出,釐清了中央在有需要時出手處理香港問題的法理依據,也同時宣告了中央將會在香港沒法解決危機之時,主動積極行使其全面管治權來扭轉香港的亂局和把「一國兩制」在香港的實踐納入正軌。

其實,儘管沒有用上「全面管治權」一詞,鄧小平早就意料到,保留中央對香港的權力對成功實施「一國兩制」非常重要,因為在一些緊急情況下只有中央出手才能讓香港化險為夷。1987年4月16日,鄧小平在會見香港特別行政區《基本法》起草委員會時指出:「還有一個問題必須說明:切不要以為香港的事情全由香港人來管,中央一點都不管,就萬事大吉了。這是不行的,這

種想法不實際。中央確實是不干預特別行政區的具體事務的，也不需要干預。但是，特別行政區是不是也會發生危害國家根本利益的事情呢？難道就不會出現嗎？那個時候，北京過問不過問？難道香港就不會出現損害香港根本利益的事情？能夠設想香港就沒有干擾，沒有破壞力量嗎？我看沒有這種自我安慰的根據。如果中央把甚麼權力都放棄了，就可能會出現一些混亂，損害香港的利益。所以，保持中央的某些權力，對香港有利無害。大家可以冷靜地想想，香港有時候會不會出現非北京出頭就不能解決的問題呢？過去香港遇到問題總還有個英國出頭嘛！總有一些事情沒有中央出頭你們是難以解決的。中央的政策是不損害香港的利益，也希望香港不會出現損害國家利益和香港利益的事情。要是有呢？所以請諸位考慮，《基本法》要照顧到這些方面。有些事情，比如1997 年後香港有人罵中國共產黨，罵中國，我們還是允許他罵，但是如果變成行動，要把香港變成一個在『民主』的幌子下反對大陸的基地，怎麼辦？那就非干預不行。干預首先是香港行政機構要干預，並不一定要大陸的駐軍出動。只有發生動亂、大動亂，駐軍才會出動。但是總得干預嘛！」(鄧小平，1993：36-37) 香港過去十多年發生的連場動亂印證了鄧小平的深謀遠慮。

在「主導」階段，中央處理香港事務的主導思想是香港回歸後的種種亂象歸根結底源於政治問題沒有得到妥善解決，而政治問題的核心則來自反對勢力和外部勢力的作亂。儘管可以想像中央一直以來都意識到政治問題的存在，但卻在香港面對嚴峻暴亂肆虐之際，才明確公開表明政治問題才是「一國兩制」在香港實踐受阻的癥結。2020 年 6 月 8 日，國務院港澳辦副主任張曉明在香港特區政府舉辦的香港《基本法》頒佈 30 週年的網上研討會上發言，首次代表中央指出在回歸後困擾香港的主要問題是政治問題。他認為：「香港主要問題不是經濟問題，也不是困擾基層民眾的住房、就業等民生問題，或者利益固化、年輕人向上流動困難等社會問題，而是政治問題。其集中體現是，在建設一個甚麼樣的香港這個根本問題上，存在嚴重分歧甚至對立。我們要建設一個真正實行『一國兩制』、高度自治並保持長期繁榮穩定的香港，但反對派及其

背後的外部勢力則企圖把香港變成一個獨立或半獨立的政治實體，變成一個反華反共的橋頭堡，變成外部勢力一枚牽制和遏制中國發展的棋子。這是影響『一國兩制』全面準確實施和香港保持長期繁榮穩定的主要矛盾，香港社會政治生活中的亂象和一些社會矛盾的激化，都是由這個主要矛盾決定的。」「有不少朋友說，中央這次出手是香港反對派和激進分離勢力逼出來的。我一定程度上認同這個說法。他們把中央和特區政府的克制忍讓當作軟弱可欺，做得太過分了。」

「反中亂港」分子和外部勢力肆虐固然是政治問題的一面，另外一面則無疑是愛國力量偏弱，致使「愛國者治港」只能是鏡花水月。在認真研究「一國兩制」在香港的實踐經驗教訓後，中央將「一國兩制」在香港未能全面和準確貫徹乃至回歸後香港所出現的各種亂象歸咎為「愛國者治港」未有充分實現所致。結論因此必然是：要撥亂反正，確保「一國兩制」在香港成功實踐，促進香港的繁榮穩定，完全實現「愛國者治港」乃不二法門。

追本溯源，「愛國者治港」本來就是「一國兩制」的核心原則之一。中央一早明白，只有在香港特區政府掌握在愛國者手上，「一國兩制」方能得到全面和準確實施，國家和香港的安全和利益方能得到切實的保障。「一國兩制」的總設計師鄧小平早在 1984 年 6 月 22、23 日已經斬釘截鐵說明：「港人治港有個界線和標準，就是必須由愛國者為主體的港人來治理香港。[…] 甚麼叫愛國者？愛國者的標準是，尊重自己民族，誠心誠意擁護祖國恢復行使對香港的主權，不損害香港的繁榮和穩定。只要具備這些條件，不管他們相信資本主義，還是相信封建主義，甚至相信奴隸主義，都是愛國者。我們不要求他們都贊成中國的社會主義制度，只要求他們愛祖國，愛香港。」《一國兩制白皮書》進一步闡述鄧小平有關「愛國者治港」的理念。它指出：「『香港人治港』是有界限和標準的，這就是鄧小平所強調的必須由以愛國者為主體的香港人來治理香港。[…] 愛國是對治港者主體的基本政治要求。如果治港者不是以愛國者為主體，或者說治港者主體不能效忠於國家和香港特別行政區，『一國兩

制』在香港特別行政區的實踐就會偏離正確方向，不僅國家主權、安全、發展利益難以得到切實維護，而且香港的繁榮穩定和廣大香港人的福祉也將受到威脅和損害。」(《一國兩制白皮書》，2014：35) 國家主席習近平在 2021 年 1 月 27 日聽取行政長官林鄭月娥作述職報告時強調：「香港由亂及治的重大轉折，再次昭示了一個深刻道理，要確保『一國兩制』實踐行穩致遠，必須始終堅持愛國者治港，這是事關國家主權安全發展利益，事關香港長期繁榮穩定的根本原則。只要做到愛國者治港，中央對特別行政區的全面管治權才能得到有效落實。憲法和《基本法》確立的憲制秩序才能得到有效維護，各種深層次問題才能得到有效解決，香港才能實現長治久安，並為實現中華民族偉大復興作出應有的貢獻。」

因此，對中央而言，大力遏制內外敵對勢力和全面實現「愛國者治港」乃中央在香港撥亂反正、促進香港長治久安和確保「一國兩制」成功落實的關鍵任務。

其實，從 2010 年代開始，中央已經開始陸續採取措施對反對勢力在管治架構內和社會上進行遏制，力度則仍屬溫和。不過，中央仍然對他們留有一手，有時甚至釋出善意，希望他們最終幡然改圖，放棄與中央對抗的立場，但對他們提出的激進政改要求則斷然拒絕接納。中央匡正工作的重點放在立法會的選舉上，目的在於儘可能削弱反對派在立法會的議席數量，希望減少行政立法的緊張對立程度。2014 年 8 月 31 日，全國人大常委會作出《關於香港特別行政區行政長官普選問題和 2016 年立法會產生辦法的決定》(「831 決定」)。該決定重申從 2017 年開始行政長官選舉可以實行由普選產生的辦法，並同意在行政長官普選之後，立法會選舉可以實行全部議員由普選產生的辦法。當然，在「831 決定」下，反對派分子不可能當選成為行政長官，也應該不能夠取得超過一半的立法會議席。「831 決定」旋即遭到反對派的激烈攻擊，並觸發了「佔領中環」行動。值得注意的，是外部勢力在「佔領中環」衝突中的參與不容小覷。自此之後，反對派的言行愈趨偏激，政治野心愈益膨脹，也越來越

明目張膽地與外部勢力加強勾結，最終利用「修例」事件策動「顏色革命」暴亂，迫使中央丟掉對反對派僅存的幻想和大幅提升對外部勢力的警惕。

「修例風波」愈演愈烈之際，中央在審視和研判香港的當前形勢後，對香港「一國兩制」的未來發展作出了戰略性的決定和長遠的謀劃，其主旨是中央通過主動、積極和認真行使全面管治權，在香港特區政府和愛國力量的配合下，標本兼治地在香港進行撥亂反正，把「一國兩制」在香港的實踐永久納入正軌，讓香港得以保持長期的繁榮穩定和長治久安。新的對港策略的主要任務是把內外敵對勢力從香港的管治架構中驅逐出去、消除反中亂港分子在香港社會上的影響力、維護國家安全、貫徹「愛國者治港」的原則、壯大和領導愛國陣營、提高特區政府的管治能力、加快香港融入國家發展大局的步伐、擴闊香港的產業結構基礎、破解香港的社會民生深層次矛盾，和推進各項有助於「人心回歸」的思想教育工作。

中央的對港新策略在 2019 年底中共十九屆四中全會通過的決定、2021 年 11 月 11 日中國共產黨的第三份《歷史決議》和 2021 年 3 月全國人大通過的「十四五」規劃等重要文件中有提綱挈領性的論述。

四中全會的決定在香港的「顏色革命」方興未艾的時候作出，具有劃時代意義，是今後中央對港政策的重要藍圖。它明確指出：「『一國兩制』是黨領導人民實現祖國和平統一的一項重要制度，是中國特色社會主義的一個偉大創舉。必須堅持『一國』是實行『兩制』的前提和基礎，『兩制』從屬和派生於『一國』並統一於『一國』之內。嚴格依照憲法和《基本法》對香港特別行政區、澳門特別行政區實行管治，堅定維護國家主權、安全、發展利益，維護香港、澳門長期繁榮穩定，絕不容忍任何挑戰『一國兩制』底線的行為，絕不容忍任何分裂國家的行為。（一）全面準確貫徹『一國兩制』、『港人治港』、『澳人治澳』、高度自治方針。堅持依法治港治澳，維護憲法和《基本法》確定的憲制秩序，把堅持『一國』原則和尊重『兩制』差異、維護中央對特別行政區全面管治權和保障特別行政區高度自治權、發揮祖國內地堅強後盾作用和提高特別行

政區自身競爭力結合起來。完善特別行政區同憲法和《基本法》實施相關的制度和機制，堅持以愛國者為主體的『港人治港』、『澳人治澳』，提高特別行政區依法治理能力和水平。（二）健全中央依照憲法和《基本法》對特別行政區行使全面管治權的制度。完善中央對特別行政區行政長官和主要官員的任免制度和機制、全國人大常委會對《基本法》的解釋制度，依法行使憲法和《基本法》賦予中央的各項權力。建立健全特別行政區維護國家安全的法律制度和執行機制，支持特別行政區強化執法力量。健全特別行政區行政長官對中央政府負責的制度，支持行政長官和特別行政區政府依法施政。完善香港、澳門融入國家發展大局、同內地優勢互補、協同發展機制，推進粵港澳大灣區建設，支持香港、澳門發展經濟、改善民生，着力解決影響社會穩定和長遠發展的深層次矛盾和問題。加強對香港、澳門社會特別是公職人員和青少年的憲法和《基本法》教育、中國歷史和中華文化教育，增強香港、澳門同胞國家意識和愛國精神。堅決防範和遏制外部勢力干預港澳事務和進行分裂、顛覆、滲透、破壞活動，確保香港、澳門長治久安。」國務院港澳辦主任張曉明對四中全會的《決定》的戰略重要性有這樣的解讀：「黨的十九屆四中全會審議通過的《決定》在深入總結『一國兩制』實踐經驗的基礎上，從制度層面特別是中央對特別行政區實行管治的層面，對推進『一國兩制』實踐作了系統的制度設計和工作部署。[《決定》] 彰顯了中央堅持『一國兩制』方針不動搖的堅定決心和戰略定力，也顯示了中央必定會把港澳兩個特別行政區管治得更好的制度自信和能力自信，具有重要現實意義和長遠指導意義。」（張曉明，2019：342-343）

　　2021 年 11 月 11 日中共第 19 屆六中全會通過了《中共中央關於黨的百年奮鬥重大成就和歷史經驗的決議》，《決議》在 2019 年四中全會決定的基礎上進一步闡述了中國共產黨在平息香港的「顏色革命」暴亂後的全面和長期對港政策。鑑於「決議」在中國共產黨在治國理政上有非凡的意義和重要性，《決議》詳盡加入有關香港的內容，突出顯示「一國兩制」在香港的成功實踐關係到中國共產黨的歷史功績。《決議》指出：「香港、澳門回歸祖國後，重新納入國

家治理體系，走上了同祖國內地優勢互補、共同發展的寬廣道路，『一國兩制』實踐取得舉世公認的成功。同時，一個時期，受各種內外複雜因素影響，『反中亂港』活動猖獗，香港局勢一度出現嚴峻局面。黨中央強調，必須全面準確、堅定不移貫徹『一國兩制』方針，堅持和完善『一國兩制』制度體系，堅持依法治港治澳，維護憲法和《基本法》確定的特別行政區憲制秩序，落實中央對特別行政區全面管治權，堅定落實『愛國者治港』、『愛國者治澳』。黨中央審時度勢，作出健全中央依照憲法和《基本法》對特別行政區行使全面管治權、完善特別行政區同憲法和《基本法》實施相關制度機制的重大決策，推動建立健全特別行政區維護國家安全的法律制度和執行機制、制定《中華人民共和國香港特別行政區維護國家安全法》、完善香港特別行政區選舉制度，落實『愛國者治港』原則，支持特別行政區完善公職人員宣誓制度。中央人民政府依法設立駐香港特別行政區維護國家安全公署，香港特別行政區依法設立維護國家安全委員會。中央堅定支持香港特別行政區依法止暴制亂、恢復秩序，支持行政長官和特別行政區政府依法施政，堅決防範和遏制外部勢力干預港澳事務，嚴厲打擊分裂、顛覆、滲透、破壞活動。全面支持香港、澳門更好融入國家發展大局，高質量建設粵港澳大灣區，支持港澳發展經濟、改善民生，增強港澳同胞國家意識和愛國精神。這一系列標本兼治的舉措，推動香港局勢實現由亂到治的重大轉折，為推進依法治港治澳、促進『一國兩制』實踐行穩致遠打下了堅實基礎。」

「十四五」規劃則詳細描述中央對香港為未來發展和融入國家發展大局的大力支持和配合。內容如下：「支持香港提升國際金融、航運、貿易中心和國際航空樞紐地位，強化全球離岸人民幣業務樞紐、國際資產管理中心及風險管理中心功能。支持香港建設國際創新科技中心、亞太區國際法律及解決爭議服務中心、區域知識產權貿易中心，支持香港服務業向高端高增值方向發展，支持香港發展中外文化藝術交流中心。[…] 完善港澳融入國家發展大局、同內地優勢互補、協同發展機制。支持港澳參與、助力國家全面開放和現代化經濟

體系建設，打造共建『一帶一路』功能平台。深化內地與港澳經貿、科創合作關係，深化並擴大內地與港澳金融市場互聯互通。高質量建設粵港澳大灣區，深化粵港澳合作、泛珠三角區域合作，推進深圳前海、珠海橫琴、廣州南沙、深港河套等粵港澳重大合作平台建設。加強內地與港澳各領域交流合作，完善便利港澳居民在內地發展和生活居住的政策措施，加強憲法和《基本法》教育、國情教育，增強港澳同胞國家意識和愛國精神。支持港澳同各國各地區開展交流合作。」

過去幾年，中央對港新政策和部署有序陸續執行，在恢復香港的穩定、秩序和法治方面已經取得了立竿見影的可喜成果。2020 年 6 月 30 日全國人大通過的《香港特別行政區維護國家安全法》(《香港國安法》) 尤其關鍵。一直以來，在香港內外敵對勢力的百般阻撓下，加上不少香港人對國家安全立法缺乏認知並存在疑慮，不但《基本法》第 23 條的本地立法工作無法完成，就連香港原有的一些與維護國家安全有關係的法律如《公安條例》和《刑事罪行條例》也因為特區政府長期處於內外交困而不敢執行。香港的「反中亂港」分子和外部勢力遂得以肆意利用維護國家安全的「法律真空」狀態不斷在社會、媒體、互聯網、文化藝術和學校等平台上詆毀抹黑國家、中國共產黨和中央，煽惑香港人尤其年輕人與中國共產黨和中央對抗，借助「反共反中」議題撈取政治資本，和在國際上損害國家的形象和威信。外部勢力特別是美國和台獨勢力也肆無忌憚在香港扶植代理人、策劃鬥爭動亂和通過香港對內地進行宣傳、滲透、顛覆、間諜和顛覆活動，將香港變成危害國家安全的基地。香港國安法的制定和實施對內外敵對勢力和那些對中國共產黨心存敵意的香港人可謂是當頭棒喝、晴天霹靂，一下子徹底改變了他們對中央的心理預期，扭轉了他們以為中國共產黨「軟弱可欺」的政治心態。自此之後，他們對自己的「反共反中」和禍亂香港的行徑再也不能心存僥倖，以為中央因為種種政治顧慮或者利益不敢出手對付他們，因此他們無需為其違法行為付出代價。香港國安法的「橫空出世」讓他們猛然明白，在國家主權和安全的重大問題上，中央不但會堅守立場、果斷

行動，而且會採取雷霆萬鈞、犁庭掃穴的手段，力求根本性地解決問題。誠然，香港國安法不是一條涵蓋面廣闊的國家安全法律，因為它集中針對四類涉及國家安全的罪行，即分裂國家罪、顛覆國家政權罪、恐怖活動罪和勾結外國或者境外勢力危害國家安全罪，但是這四類罪行恰恰就是回歸以來香港出現的對國家安全和香港安定的最嚴重、常見和迫切的威脅。香港國安法因而在頗大範圍和程度上，解除了香港作為國家安全的漏洞和隱患，並對「反中亂港」分子和外部勢力產生了極大的遏制、震懾和阻嚇作用。在香港國安法生效和實施後，中央駐香港特區維護國家安全公署、香港特區政府警務處維護國家安全處和由香港特區行政長官領導的香港特區維護國家安全委員會相繼成立，以及執行香港國安法的具體執行規則和程序的制定，都在相當程度上充實了在維護國家安全方面的執行機制。香港國家安全法的橫空出世，不但讓特區政府在捍衛國家安全上擁有強大法律武器，它更顯著增強了特區政府對抗內外敵對勢力的膽量和決心，從而讓那些長期以來被「塵封」的、對維護國家安全和香港安定有幫助的本地法律也被「激活」和積極有效地運用起來，特別是《刑事罪行條例》、《公安條例》、《社團條例》等。香港國家安全法又為往後要開展的《基本法》第 23 條立法工作鋪平道路和掃除障礙。可以想像，「反中亂港」分子和外部勢力在香港國家安全法的籠罩下，再也不敢在香港策動反對 23 條的本地立法工作。他們和他們的支持者深知，在香港過去十多年經歷鬥爭和暴亂之苦、國家安全威脅又因為美國和其西方盟友全力遏制中國崛起而愈趨嚴峻的時刻，中央不容許香港繼續成為國家安全短板的意志是無比堅定的，而中央也絕對不會如過去般長時間容忍香港拒絕履行在《基本法》下維護國家安全的憲制責任。

自從香港國家安全法頒佈實施後，不但內外敵對勢力無力策動抗議的行動，而蹂躪香港多年的動亂和暴亂亦嘎然停止。除了一些零星、小規模和「無傷大雅」的抗爭和竄擾活動外，大型的集體行動再難發動起來。眾多「反中亂港」的組織和外部勢力或自動解散，或偃旗息鼓，或改轍易轍，或撤離香港。長期以來被認為「老虎屁股摸不得」的《蘋果日報》的倒閉，支聯會、教育專業

人員協會、民間人權陣線和職工盟的解散乃標誌性的事件。大量「反中亂港」頭目被捕、被起訴、被羈押、被定罪或身陷囹圄，其中深受外部勢力倚重的、「反中亂港」分子的「統帥」的黎智英的被捕、檢控和定罪具有「里程碑」的意義。反對勢力處於四面楚歌、前路茫茫、內耗不斷、羣龍無首，和羣眾基礎流失的窘境。不少過去被內外敵對勢力蠱惑的香港人對「反中亂港」和外部勢力的所作所為有了新的體會、覺醒和警惕，沒有因為反對派組織和頭目被當局遏制而有明顯反彈，部分人甚至有「痛快」的感覺。過去一貫挾民意自重的反對勢力，勢難回復當年囂張跋扈的風光。很多來自美國、西方和台獨的官方和非政府組織在新的國安法律環境下，為了規避法律風險，大幅減少它們在香港的公開活動和索性離開香港。當然，他們在香港以外仍然會繼續從事對香港不利的勾當。事實上，「反中亂港」分子在新形勢下也不敢公然與外部勢力勾搭，只有那些潛逃在外的「反中亂港」人士為了自身生存和利益，在外部勢力的庇蔭和慈惠下，仍然在海外繼續他們的「反中亂港」「事業」。

　　一直以來，除了策動各種比如暴力衝擊、違法鬥爭、殺人放火、破壞公物、公然抹黑等「硬對抗」行動外，內外敵對勢力也掌握大量的可供發動「軟對抗」的資源。這是因為他們在教育、文化、媒體、宗教、藝術等與思想和信仰息息相關的領域中依然佔有主導或顯要地位，從而得以在眾多重大政治議題上享有相當的話語權。在新的國安法律環境下，不少過去肆無忌憚從事「反共反中反政府」勾當的教師、學者、新聞從業員、法律界人士、民權民運積極分子、「意見領袖」、文藝工作者和宗教界人士已經不敢繼續他們過去的言行。這幾類人當中不少已經因為擔憂恐懼而移民他國。即便他們心有不甘，但卻缺乏勇氣和膽量去進行對抗，大體上只會在「確保」自身「安全」的情況下以較為含蓄、隱喻、「幽默」、「諷刺」、「指桑罵槐」和「溫和」的表達方式，來試圖引發和煽起公眾對當權者和現狀的不滿，特別是對社會、經濟和民生狀況的不滿。一些逃到外國並投靠西方反華勢力的「反中亂港」分子，雖然仍然在其主子的指揮下不斷在國際上詆毀香港和中央，但也只能是蚍蜉撼樹之舉，充其量為西方反

華勢力提供一些「彈藥」，但在香港卻難以掀起風浪。然而，「反中亂港」分子仍然不會善罷甘休，仍然會伺機而動，對於香港的穩定仍然不能掉以輕心。

　　過去，反對勢力不但在香港社會內擁有龐大的政治資源和動員能力，更在香港的管治架構特別在立法會和區議會內佔有席位。鑒於區議會並非政權機構，理論上反對勢力在區議會內難以興風作浪。不過，2019 年底，在「修例風波」高峰期間舉行的區議會選舉，卻讓大批激進分子，包括不少港獨和本土分離主義分子，得以囊括絕大部分的區議會席位，從而得以把區議會當作鼓動政治鬥爭、挑戰中央權力、破壞特區管治和延續「反中亂港」分子未竟之業的場所。相對於區議會，立法會在管治架構內所享有的憲制權力大得多。反對派立法會議員縱然一直以來都屬於少數，但他們卻無所不用其極地從事拖延、妨礙或癱瘓立法會的行動、損害行政機關與立法會的關係和阻撓特區政府施政。如果特區的管治不順失效，則「反中亂港」分子便可以此為藉口發動羣眾要求政制改革，讓反對派得以攫取更多政治權力。「反中亂港」分子之所以能夠進入香港的管治架構，是因為香港的選舉制度包括候選人的資格審查制度存在嚴重漏洞和缺陷，致使那些不承認那個由國家憲法和《基本法》共同構成的香港憲制秩序的「反中亂港」分子，都可以堂而皇之進入立法會大肆搞亂。

　　為了徹底把「反中亂港」分子從香港的管治架構驅逐出去，中央早在 2016 年 11 月 7 日便通過全國人大常委會對《基本法》第 104 條進行解釋，對何謂「效忠中華人民共和國及其香港特別行政區」和「擁護《基本法》」的內容和要求清晰界定，為日後防止「反中亂港」分子進入立法會設置了必須的法律門檻。在香港國家安全法實施後，2020 年 8 月 11 日，全國人大常委會鑒於新冠疫情肆虐，同意讓第六屆立法會的任期延長一年，並讓中央有足夠時間重新審視和改革香港的選舉制度。2020 年 11 月 11 日，全國人大常委會作出決定，明確表明在一些情況下，比如宣傳或支持港獨主張，立法會議員將會喪失議員資格。全國人大常委會的決定導致了絕大部分立法會內的反對派議員被迫或「憤而」離開立法會，從而產生了回歸以來立法會首次由愛國者絕對主導的局面。

在延長後的一年內，立法會大幅多次修改了議事規則，對議員的言行嚴加管束，確保日後各種「拉布」和其他阻礙立法會運作的行動再難出現。

為了徹底杜絕「反中亂港」分子及其背後的外部勢力，通過選舉進入香港管治架構的可能性，中央採取釜底抽薪辦法，對香港原來的帶有「西方」特徵的選舉制度進行「刮骨療傷」的根本性改造，在制度上只容許愛國者參與香港的選舉和管治，並把所有不符合愛國者標準的人排除在選舉和管治體制之外。2021 年全國人大通過決定，明確完善選舉制度應當遵循的基本原則和核心要素，並授權其常委會變更香港行政長官和立法會的選舉辦法，其中最為關鍵的是一個具有法定權力的候選人資格審查委員會的設立。嗣後香港特區則依照人大常委會的決定，制定和實施相關的選舉安排。在新的選舉制度下，「反中亂港」分子通通被排除在選舉之外，而愈趨擴大和多元化的愛國力量的代表和成員則積極參與選舉委員會、立法會和行政長官的選舉。各場選舉體現了理性、務實、平和、團結和友好的情操，一洗長期以來選舉乃政治鬥爭和謾罵攻訐場所的歪風，有利於在香港逐步樹立高尚和理性的選舉和政治文化。

無論是香港國家安全法和新的選舉制度都為壯大和團結愛國力量形成了必要的條件。在排除了「反中亂港」分子的干擾、衝擊、離間和破壞後，越來越多愛國人士積極參政，亦有越來越多的香港人願意投身愛國陣營。與此同時，在內外敵對勢力仍然對香港構成嚴重威脅的大環境下，中央特意對在新時代新形勢下參與香港管治工作的愛國者，提出了明確和嚴肅的要求。

國務院港澳辦主任夏寶龍 2021 年 2 月 22 日在全國港澳研究會舉辦的「完善『一國兩制』制度體系，落實『愛國者治港』根本原則」專題研討會上致辭時鄭重指出：「凡是治港者，必須深刻認同『一國』是『兩制』的前提和基礎，旗幟鮮明維護憲法和《基本法》確定的憲制秩序，充分尊重國家主體實行的社會主義制度，正確處理涉及中央和特別行政區關係的有關問題，堅定維護國家主權、安全、發展利益和香港長期繁榮穩定，堅守『一國兩制』原則底線，堅決反對外國勢力干預香港事務。堅持『愛國者治港』是關係到『一國兩制』事業興

衰成敗的重大原則問題，容不得半點含糊。」他認為，第一，「愛國者必然真心維護國家主權、安全、發展利益。」「可以説，不從事危害國家主權安全的活動，這是對愛國者最低的標準。」第二，「愛國者必然尊重和維護國家的根本制度和特別行政區的憲制秩序。國家不是抽象的，愛國就是愛中華人民共和國。[…] 中國共產黨帶領人民締造了中華人民共和國，在我們這個實行社會主義民主的國家裏，可以允許有不同政見，但這裏有條紅線，就是絕不能允許損害國家的根本制度，也就是損害中國共產黨領導的社會主義制度的事情。『一國兩制』是中國特色社會主義的領導者，是『一國兩制』方針的創立者，是『一國兩制』事業的領導者，一個人如果聲稱擁護『一國兩制』，卻反對『一國兩制』的創立者，那豈不是自相矛盾？」第三，愛國者必須全力維護香港的繁榮穩定。」夏寶龍這段說話，是中央首次明確把愛國與愛中華人民共和國和維護中國共產黨的領導等同起來，嚴厲駁斥「反中亂港」分子將中國與中華人民共和國分割、以及愛國可以挑戰中國共產黨的謬論。中聯辦主任駱惠寧 2021 年 6 月 12 日在「中國共產黨與『一國兩制』」主題論壇上的主旨演講中也有相同的論點。駱惠寧這樣說：「推進『一國兩制』事業，必須堅持和維護中國共產黨的領導。歷史告訴我們，沒有共產黨就沒有新中國，就沒有社會主義，就沒有『一國兩制』，也就沒有香港的順利回歸和回歸後的繁榮穩定。中國共產黨的領導地位，是歷史和人民的選擇。中國共產黨是憲法規定的中國特色社會主義的領導者，也是當之無愧的『一國兩制』事業的創立者、領導者、踐行者和維護者。沒有誰比中國共產黨更深切懂得『一國兩制』的價值，沒有誰比中國共產黨更執着堅守『一國兩制』的初心。那些叫囂『結束一黨專政』、否定黨對『一國兩制』事業領導的人，那些企圖把香港作為地緣政治的棋子、遏制中國的工具、滲透內地橋頭堡的人，是在毀壞『一國兩制』制度根基，是香港繁榮穩定的真正大敵。事實將繼續證明，維護中國共產黨的領導，就是維護『一國兩制』，就是維護憲法和《基本法》確定的特別行政區憲制秩序，就是維護香港的光明前途和香港同胞的根本福祉。」

在上述的發言中，夏寶龍進一步表示，「在香港特別行政區政權架構中，身處重要崗位、掌握重要權力、肩負重要管治責任的人士，必須是堅定的愛國者。在愛國標準上，對他們應該有更高的要求。對於香港特別行政區肩負重要管治責任的人來說，理應達到以下幾點要求：一是全面準確貫徹『一國兩制』方針。要深入系統地學習領會『一國兩制』方針的精髓要義，並善於運用『一國兩制』理論，分析、解決香港面臨的各種困難和問題。無論遇到甚麼困難和挑戰，都始終堅定『一國兩制』制度自信不動搖，都始終站在國家根本利益和香港整體利益的立場上，把握正確方向，堅守原則底線。二是堅持原則、敢於擔當。在涉及國家主權、安全、發展利益和香港長遠繁榮穩定的重大原則問題上，掌握特別行政區管治權的人必須勇敢站出來，站在最前列，把維護『一國兩制』作為最高責任，同那些挑戰『一國兩制』原則，破壞『一國兩制』實踐的行徑進行堅決鬥爭。三是胸懷『國之大者』。香港命運從來與祖國命運緊密相連、休戚與共。要站在中華民族偉大復興的戰略高度和國家發展全局，謀劃香港的未來，辦好香港的事情，推進『一國兩制』實踐。必須拋開一切猶豫和搖擺，抓住祖國全面推進現代化建設的戰略機遇，把背靠祖國與面向世界結合起來，把國家所需與香港所長結合起來，為中華民族偉大復興增光添彩。四是精誠團結。愛國者要有共同的目標、共同的理想，要心往一處想、勁往一處使，在愛國愛港的共同旗幟下，緊密團結起來，把全社會的正能量激發出來，從而形成愛國者治港的強大力量和聲勢。」

　　2021 年 7 月 16 日，夏寶龍在全國港澳研究會舉辦的、「香港國安法實施一週年回顧與展望」專題研討會上發言時對肩負治港責任的愛國者臚列更為具體的要求：「在『一國兩制』下的香港特別行政區，人們無論持何種政治立場或觀點，都可以自由地生活、工作，都可以依法行使自己的權利。但是進入特別行政區管治架構的人都必須是愛國愛港者，絕不容許任何一個反中亂港分子通過任何途徑和方式混進特別行政區管治架構，變成管治者。這是一條鐵的底線。」「管理好香港絕非易事，沒有點真本領是不行的，管治者肩負的擔子

更重了。能不能夠把握好香港『一國兩制』實踐的大方向？能不能堅持為民情懷？能不能破解香港深層次矛盾和問題？能不能在日益激烈的國際競爭環境中鞏固和提升香港的競爭力？能不能在新的歷史起點上實現香港更好發展？這些都對管治者提出了新的更高要求，不僅要愛國愛港，還要德才兼備、有管治才幹。也就是說，他們不僅要想幹事，還要會幹事、能幹事、幹成事。」「二是善於破解香港發展面臨的各種矛盾和問題，做擔當作為的愛國者。具有戰略思維和宏闊眼光，注重調查研究和科學決策，勇擔當、敢硬碰，逢山能開路、遇水能搭橋，消除影響香港社會政治生態好轉的各種痼疾，衝破制約香港經濟發展和民生改善的各種利益藩籬，有效破解住房、就業、醫療、貧富懸殊等突出問題，不斷提高特別行政區治理能力和水平。三是善於為民眾辦實事，做為民愛民的愛國者。樹立市民至上的服務意識，想市民之所想、急市民之所急、解市民之所困，始終貼基層、接地氣。特別是要聚焦廣大市民關注的事，花大力氣採取務實有效的辦法加以解決，每年辦幾件讓廣大市民看得見、摸得着、感受得到的實事，以施政業績取信於民。」「大家可以暢想一下，當我們國家第二個百年奮鬥目標實現的時候，『一國兩制』在香港的實踐將會是一種怎樣的光明景象？我們期盼那時的香港，積極更加繁榮，各項事業發展更加均衡，社會更加和諧安寧。特別是現在大家揪心的住房問題必將得到極大改善，將告別劏房、『籠屋』。」

2022 年 3 月 9 日，夏寶龍在會見港區全國政協委員時再就愛國治港人員的精神狀態提出標準。他表示，愛國者要做到「五有」：有情懷、有格局、有擔當、有本領、有作為，維護國家安全，推動香港發展。

香港國家安全法、公職人員宣誓制度的嚴格執行和選舉制度的徹底改革為實現「愛國者治港」構建了必不可少的制度支撐和保證。中央更通過各種措施和手段鼓勵和推動來自社會各階層各方面的愛國精英，積極參與選舉和其他公共事務，尤其在物色政治人才、為他們的參政創造良好條件、化解參政人士之間的分歧和團結領導愛國精英等事務上。在新的政治和制度環境下，愛國

人士無需像過去那樣爭取和討好反對派、外部勢力和他們的支持者，從而更能保持團結、安詳冷靜，和無後顧之憂地和中央與特區政府在管治上通力合作。在實現「愛國者治港」的旗幟下，中央也希望那些尚未淪落為「反中亂港」分子的溫和反對派人士積極參政，包括那些有意參政但尚未參政、誠心誠意接受香港特區的憲制秩序、打算在政治上擔當「制衡」角色但基本上不以中央和國家為鬥爭對象的人士，而且期望這些人最終能夠轉化為不折不扣的愛國者。2021 年 3 月 12 日，國務院港澳辦副主任張曉明在國新辦全國人大關於完善香港特別行政區選舉制度的決定有關情況發佈會上回答記者問題時表明：「需要說明的一點是，中央強調『愛國者治港』，不是說要在香港的社會政治生活當中搞『清一色』。這裏有兩個政策界限：一是我們講不愛國的人不能進入香港特別行政區的政權架構或者管治架構，不等於說他們不能在香港正常工作和生活，只是說他們不能夠參與管治。二是把不愛國的人特別是「反中亂港」分子排除在香港特別行政區的管治架構之外，不等於說把所有的反對派或者範圍更廣一點的『泛民主派』全部排斥在管治架構之外，因為反中亂港分子和反對派特別是『泛民主派』是不能簡單劃等號的，反對派特別是『泛民主派』裏面也有愛國者，他們將來仍然可以依法參選、依法當選。」

「反中亂港」分子被驅逐出香港的管治架構，而實現「愛國者治港」原則的相關制度和機制又初步構建後，中央的重點便放在如何提升香港特區的管治能力和水平之上。過去在很長時間內，中央的注意力和工作大多投放在立法會的選舉和立法會的運作上，主要是要協助愛國力量贏得選舉、奪取立法會大多數議席。其後中央又把抗擊、約束和削弱反對派視作一項重要政治工作。儘管中央沒有忽視特區政府在實踐「一國兩制」和管治香港上的困難和失誤，特別是它在維護國家主權和安全上意志和能力的不足，但在相當長時間內卻沒有認真對特區政府進行嚴謹的領導、指導、監督和問責。事實上，過去十多年來，中央越來越意識到破解香港的諸般難題的關鍵在特區政府而非在議會，因此對特區政府的工作開始加強溝通、協助和提供意見，但仍然沒有進行強勢的領導。國

家領導人對行政長官的諄諄指示和告誡，經常得不到積極和切實的回應和落實，而「陽奉陰違」的例子也不少。今天，在內外敵對勢力受到相當的遏制的良好形勢下，中央得以有條件在提升特區政府的管治能力和水平上更為專注和用力。其中有幾個方面的發展會比較矚目。

首先，中央已經表明並下定決心要行使全面管治權來確保「一國兩制」的全面和準確實施。也就是說，中央要積極履行它在香港管治過程中的責任和職能，為香港構建一個長治久安的基礎，並讓香港特區政府在這個基礎上得以堅強有效管治香港。香港國家安全法和選舉制度的改革就是中央全面管治權運用的顯著成果，讓特區政府可以在不受內外敵對勢力的干擾和破壞後，較為順利和穩妥地施政。早在回歸前，內地早已有有識之士洞察中央在香港特區管治上的重要角色。《基本法》起草委員王叔文指出：「有人主張《基本法》還應規定一條中央人民政府不干預香港特別行政區根據《基本法》自行管理的事務。我們認為這種主張扭曲了中央和香港特別行政區的關係，因而是不正確的。依照《基本法》第 12 條的規定，香港特別行政區是中華人民共和國的一個享有高度自治權的地方行政區域，直轄於中央人民政府。中央人民政府和香港特別行政區之間是管轄和被管轄的關係。中央人民政府不僅在屬於中央管理的事務方面，要對香港特別行政區政府實行領導，而且就在香港特別行政區自行管理的事務方面，也負有對香港特別行政區是否遵守《基本法》的監督責任，至於香港特別行政區的日常具體事務，中央人民政府當然不會干預。」（王叔文，1997：140）

隨着香港形勢的不斷惡化，外部勢力干預香港事務愈趨頻繁和露骨，中央的對港政策也相應愈趨「主導」，因此如何把中央的全面管治權和香港特區的高度自治權有機結合起來，確保「一國兩制」的全面和準確實踐、香港的繁榮穩定和長治久安便是中央念茲在茲的問題。2017 年 10 月 18 日習近平總書記向中國共產黨第 19 次全國代表大會上作報告（《報告》）。在《報告》中，總書記強調：「堅持『一國兩制』和推進祖國統一是新時代中國特色社會主義」

的 14 項基本方略之一，充分彰顯了「一國兩制」在中共治國理政中的重要性。《報告》強調：「保持香港、澳門長期繁榮穩定，實現祖國完全統一，是實現中華民族偉大復興的必然要求。必須把維護中央對香港、澳門特別行政區全面管治權和保障特別行政區高度自治權有機結合起來，確保『一國兩制』方針不會變、不動搖，確保『一國兩制』實踐不變形、不走樣。」

2012 年，時為國務院港澳辦主任的張曉明明確指出要把中央的權力行使好。他表示：「『一國兩制』實踐不斷發展，《基本法》實施過程中不斷遇到一些新情況、新問題，客觀上要求完善有關制度和機制。特別要着眼於香港、澳門的長治久安，把《基本法》規定的屬於中央的權力行使好，使中央與特別行政區的關係切實納入法制化、規範化軌道運行。比如，要進一步完善行政長官向中央政府述職和報告重要情況、重大事項的制度，把行政長官向中央負責的關係落實好；完善與行政長官和主要官員任命相關的制度，把中央對主要官員的任命權落實好；完善對特別行政區立法機關制定的法律的報備審查制度，把全國人大常委會對特別行政區立法的監督權落實好；等等。」（張曉明，2012：344-345）

中共十九屆四中全會決定對香港實施新政策後，中央對於切實行使全面管治權的意向更為明確和具體。張曉明對此有相當詳細的論述。他表示：「黨的十八大以來，以習近平同志為核心的黨中央站在戰略和全局的高度，謀劃和推進治港治澳的制度建設，形成了許多新的制度成果。2014 年 8 月 31 日，全國人大常委會有關決定確定了香港特別行政區行政長官普選的基本制度。2016 年 11 月 7 日，針對香港特別行政區立法會部分議員違規宣誓的行為，全國人大常委會主動對香港《基本法》第 104 條有關規定作出解釋，明確了香港特別行政區公職人員宣誓的有關制度。今年 [2019 年]2 月 26 日，中央人民政府就禁止『港獨』組織『香港民族黨』運作向香港特別行政區行政長官發出公函，表明了中央的有關立場和意見，進一步確立了中央就涉及中央與特別行政區關係的重大事項發出指令的制度和機制。」（張曉明，2019：346-347）

「隨着『一國兩制』實踐的不斷深入，中央和特別行政區都有責任在全面檢視憲法和《基本法》實施情況的基礎上，進一步完善相關制度和機制，該制定的法律要制定，該修改的法律要修改，該廢除的法律要廢除，該補充的制度要補充，該配套的機制要配套。其中，香港特別行政區行政長官和立法會普選制度為社會各界所關注。無論有關政改工作何時重啟，都必須遵守《基本法》有關規定和全國人大常委會 2014 年 8 月 31 日通過的《關於香港特別行政區行政長官普選問題和 2016 年立法會產生辦法的決定》。以愛國者為主體實行『港人治港』、『澳人治澳』，是全面準確貫徹『一國兩制』方針的必然要求。必須確保行政長官由中央信任的愛國者擔任，符合愛國愛港或愛國愛澳、中央信任、有管治能力、香港或澳門社會認同等標準。特別行政區行政、立法、司法機關也必須以愛國者為主組成。行政長官領導的管治團隊作為治理特別行政區的第一責任人，需要不斷提高依法治理能力和水平。當前，港澳內外環境出現了許多新變化，管治也面臨不少新問題、新挑戰，更加需要特別行政區政府敢於擔當，善於作為。中央將繼續堅定不移地支持行政長官和特別行政區政府依法施政，發展經濟，改善民生，維護法治，推進民主，促進和諧，實現良政善治。」（張曉明，2019：346）

「把憲法和《基本法》賦予中央的各項權力切實用起來，是落實中央全面管治權的重要途徑，也是依法治港治澳的題中應有之義。[…]《基本法》解釋權的行使不應取決於某些人的主觀好惡，而應根據實際需要決定，該解釋就解釋。[…] 對特別行政區高度自治的監督權。重點是監督特別行政區的法律和政權機關的活動是否違背憲法和《基本法》、違背『一國兩制』。」（同上：347）「向特別行政區行政長官發出指令權。中央可就《基本法》規定的有關事務對行政長官發出指令。[…] 上述 [中央] 權力的行使都需要加以制度化、規範化、程序化。[…] 一方面，要完善行政長官對中央負責的制度安排，包括完善中央就《基本法》規定的有關事務對行政長官發出指令的制度，完善行政長官向中央述職制度、向中央報告特別行政區有關重大事項的制度等；另一方

面，要在特別行政區落實以行政長官為核心的行政主導體制，完善公務員管理制度，支持行政長官和特別行政區政府依法施政，確保行政長官代表整個特別行政區對中央負責的要求落到實處。[…] 中央將進一步完善支持香港、澳門同內地優勢互補、協同發展的政策體系；推動粵港澳大灣區制度機制創新，率先實現要素便捷流動；注重發揮香港、澳門參與共建『一帶一路』的獨特作用；完善便利香港、澳門與內地在各領域深入開展交流合作的各種機制。」（張曉明，2019：348-349）

對於外部勢力不斷插手香港事務，張曉明代表中央表達嚴正強硬立場。「香港、澳門回歸祖國是一個重大歷史轉變，從憲制秩序到政權機構，從輿論環境到社會主流價值觀，都應當順應這一歷史轉變，適應『一國兩制』實踐要求。[…] 外部勢力一直在通過多種方式干預港澳事務，在港澳進行分裂、顛覆、滲透、破壞活動。最近美國國會推動《2019年香港人權與民主法案》，公然以國內法方式為美國長期干預香港事務提供新鏈接，為香港反對派和激進勢力更加肆無忌憚地從事反中亂港活動提供保護傘，並為利用香港問題牽制和遏制中國發展提供新籌碼。我們必須針鋒相對，與特別行政區政府建立健全反干預協同機制，絕不能任由外部勢力在香港、澳門為所欲為。」（張曉明，2019：350）

綜合而言，在新的對港政策中，中央徹底釋除了過去對積極主動參與香港事務的種種顧慮，決心負起作為「一國兩制」的「第一責任人」的責任，切實行使全面管治權，確保國家主權和安全得到維護，重塑香港的政治形態，遏制內外敵對勢力，匡扶香港特區政府有效管治，嚴格對特區政府進行監督、指導和問責，維護中央的權力和威信，保證《基本法》得到恪守和推進「一國兩制」行穩致遠。在中央的全面管治權行使過程中，特區政府的管治工作變得較往前容易，「反中亂港」分子和外部勢力對特區政府和愛國力量的壓力和衝擊大為減少。那些長期以來困擾香港的政治議題，包括政制改革和各類「反共反中」的議題，走向消失，再難成為反對勢力用以動員羣眾參與針對中央和特區政府

的政治鬥爭的「法寶」。在中央的大力支持和配合下，特區政府亦轉趨強勢和有所作為，而新的行政長官李家超也肯定會與中央保持一致。與此同時，在中央加強對行政長官和主要官員監督、指導和問責的局面下，特區政府對國家主權、安全和利益的關切和維護有所增加，過去不時發生的特區政府對中央的指示「陽奉陰違」的情況有所減少，中央和特區政府共同出擊和並肩作戰的實例也不斷出現，特別明顯反映在抗擊外部勢力對國家和香港的污衊，和聯手控制香港的新冠肺炎疫情上。

在新的形勢下，特區政府領導班子對公務員隊伍的駕馭能力有顯著提升。一直以來，部分公務員對中央和那個被他們心裏揶揄為「親北京」的特區政府領導人存有抵觸情緒，不時出現消極抗拒特區政府政策的例子，極少數公務員甚至與反對勢力「暗通款曲」，泄漏對特區政府威信和施政不利的機密，借助和協助「反中亂港」分子反擊和反制特區政府的領導，對特區政府和愛國力量的聲望造成損害。在「修例風波」暴亂期間，少數公務員甚至公開搞抗爭集會和活動，公然否定政府政策和違反公務員的守則，在社會上製造政府內部意見分歧和不團結的印象，發動羣眾衝擊、藐視和反對特區政府。然而，處於四面楚歌的特區政府對那些不守紀律、冥頑不靈和意圖不軌的極少數公務員除了表達不滿外，卻不敢果斷嚴肅依法依規作出處分，徒然讓特區政府的權威遭受打擊。中央強硬出手，加上香港國家安全法的震懾力，整個政治局面大為改觀，大大壓抑了那些「叛逆」的公務員的囂張氣焰。特區政府亦得以借助香港國家安全法強制所有公務員宣誓效忠中華人民共和國及其香港特別行政區和擁護《基本法》，強硬表明不同意宣誓的人將不能進入公務員隊伍或者要離開公務員隊伍。最終只有極少數的現任公務員拒絕宣誓和選擇離開。由於這個宣誓制度具有法律效力，特區政府因此得以利用這個制度對公務員進行更嚴格的紀律管理。當然，單靠一個宣誓制度不足以改變那些存有「反共反中」意識的公務員的政治逆反心態，但畢竟可以對他們施加強大的壓力和約束。公務員職位乃「鐵飯碗」，「薪優糧準」，在不少香港人眼中是趨之若鶩的「好工作」。因此，

即便仍然有部分公務員不太接受中央和特區政府的領導，但相信他們在新的政治和法律環境下會規行矩步，就算不是心悅誠服執行特區政府的政策和命令，但起碼不敢公然搞抵制、對抗和破壞，這對提升特區政府的管治能力和水平有莫大幫助。再有，那些公務員也心知肚明不能再拉攏和依靠反對勢力為他們撐腰和張目，因而與中央和特區政府「抬槓」的動機和膽量也會有所下降。可以預期，特區政府會更加認真和嚴肅對公務員進行的體制改革、紀律監管和表現考核，提升公務員對國定的認知和忠誠，確保特區政府的領導人能夠「如臂使指」般駕馭公務員隊伍，確保特區政府的政令得到切實落實。

誠然，要建構一支更合乎「一國兩制」要求、有家國情懷、不再受「殖民地」意識形態禁錮、對國家民族有自豪感、明白自己對國家和中央須有責任和擔當的香港特區公務員隊伍絕非一朝一夕、一蹴而就的工作，只能期之長遠。要最終達到目的，對公務員隊伍的思想教育工作絕對不能缺少，而新的政治和制度環境則讓這項工作得以較以前容易展開。公務員學院的成立、香港公務員到內地機關掛職、高層公務員到內地接受培訓、中央官員為公務員講課等安排長遠而言對香港公務的「改造」將會有積極的意義。當然，在未來一段時間內，有部分香港人包括年輕人會對於加入特區政府尤其是警察隊伍卻步，但假以時日，隨着政治形勢的發展，「愛國者治港」取得佳績[1]，特別是反對勢力在思想領域的主導地位喪失和影響力萎縮，這個情況將會明顯改變。

新的行政立法關係將會體現《基本法》起草委員會設想的「行政機關和立法會既相互制衡、又相互配合、而以相互配合為主」的原則和要求。既然行政和立法機關都由愛國者所主導，彼此之間在基本政治議題上的立場的分歧不大，即使在經濟、社會、民生和管治等實際問題上也應該沒有根本性的差異，因此相互合作的空間很大。在選舉制度設計上，在 90 名立法會議員中，有 40

1　「反中亂港」分子的確在 2019 年的區議會選舉中取得壓倒性的勝利，從而控制了所有區議會，並把區議會變成鼓吹「港獨」和反政府的基地。2019 年的立法會選舉則因為中央決定讓原來的立法會的任期延長一年而沒有舉行。

人由選舉委員會選出，所有參與立法會選舉的人都要先得到若干選舉委員會委員的提名方能成為候選人，而選舉委員會又是選舉行政長官的機構，因此選舉委員會具備能力推進行政和立法之間的良性互動。在新的政治和制度環境下，立法會選舉不再是劍拔弩張、相互傾軋的政治鬥爭活動，而是各抒己見、相互尊重、比拼政綱和能力的競賽。同樣地，儘管來自不同階層、不同界別的立法會議員在實際問題上有不同立場，甚至分歧不少，但估計他們仍然能夠從香港的穩定和發展的大局出發協調分歧和尋求共識。在處理與政府關係時，立法會在履行監督、制衡、代表、建言和獻策職能時，出發點應該是促使政府改正錯失和改善施政而不是像過去反對派議員般以為反對而反對、打擊政府威信和阻撓政府施政為務。誠然，行政立法之間因為各自的職責不同而發生齟齬和摩擦不可避免，其實也應該是健康的現象，但在維護「愛國者治港」認受性的大前提下，彼此互諒互讓、真誠協作可望是行政立法關係的主旋律。在立法會的支持和配合下，一直以來只是「鏡花水月」的「行政主導」原則將會得到實現，而一個奮發有為、強勢有力和能夠破解香港的各種難題的特區政府也有望破繭而出。

回歸後，司法機關和特區政府之間存在的張力在新的政治和制度環境下將會得到一定程度的紓緩。在中央的密切監督下，加上中央決心通過人大釋法「常態化」來確保香港不會出現有違《基本法》的事態，司法機關在審判過程中錯誤理解和運用《基本法》的機率應會大幅減少。在任命高級法官時，中央和行政長官會發揮更積極和實質的作用，認真審慎挑選人才，確保非愛國者不能混進司法機關。如果部分法官因為其政治立場而對因政治動機而從事違法活動的人「網開一面」或者過度寬鬆包容，在立法會的支持和配合下，特區政府也可以比以前更容易通過修改法律或者訂立新法律來對那類法官作出規範。在「愛國者治港」和香港國家安全法實施的大環境下，內外敵對勢力難以如過去般向司法機關施加巨大政治壓力，反而愛國者的「民意」對司法行為將會產生明顯的影響。外國法官逐漸退出終審法院，會進一步減少西方勢力對香港司法

機關的影響，對日後在香港最終建構一個合乎「一國兩制」精神和需要的、以普通法的基礎、切合香港現實情況、「有香港特色」的獨特法律體系。我們看到，過去幾年，香港的法官對「一國兩制」方針、《基本法》的立法意圖、國家安全所面臨的威脅、「違法達義」歪理對法治的危害以及各種危害香港穩定的因素看來已經擁有更確切的認識，因此更有誠意從穩定大局、整體利益乃至國家安全等視角出發處理和審訊案件。我們也觀察到香港的司法機關對全國人大常委會作為國家最高法律權威和《基本法》最權威解釋者的地位，比過去更為尊重。此外，法官們似乎越來越不願意隨便被捲入涉及公共政策的案件之中，避免引起司法干預行政或者「法官治港」的批評，不少旨在挑戰行政權威和阻撓政策執行的司法覆核案件將來應會有所減少。隨着法律援助制度的改革，濫用法律援助、窒礙政府施政和浪費司法資源的情況也應會得到改善，而那些長期以來憑藉「包攬」法律援助官司而得益的反對派法律界人士也會失去部分他們的收入來源，減少他們慫恿或蠱惑人們參與違法抗爭並企圖從中獲利的誘因。

從特區新政權建設的角度看，過去幾年來自中央行使全面管治權所帶來的各項重大制度創新和建設，的確為建構一個符合實踐「一國兩制」需要、能夠捍衞國家主權安全、實施有效管治、實現「愛國者治港」原則、破解香港的深層次難題的新政權打下良好的基礎，其中尤其具關鍵性的效果是把內外敵對勢力從香港的選舉制度和管治架構驅逐出去。展望未來，在中央的領導和指導下，中央、新政權和愛國力量將攜手並進，共同形成一股強大的管治力量。然而，毋庸置疑，日後在鞏固這個特區新政權上的工作仍然相當繁重，而且大多是屬於長期性的工作。只有把這些工作處理好後，「一國兩制」的行穩致遠和香港特區的長治久安才會得到牢不可破的保證。

首先，長期被忽視和阻撓的思想教育的工作必須認真切實加快推進，尤其在教育、考試、媒體、互聯網、文化、藝術等領域。即便有了香港國家安全法這件「鎮山之寶」，使得「反中亂港」分子和外部勢力難以明目張膽從事危害

國家安全、特區管治、法律秩序和社會安定的勾當，但由於在這些領域內對中國共產黨、中央、特區政府和愛國力量心懷怨懟和深深不忿的人仍然不少，他們仍然會伺機而動，不斷使用「軟對抗」和「打擦邊球」的方式方法來宣揚他們的政治主張、挑戰當權者和蠱惑群眾，阻止香港人特別是年輕人接受香港的新政治秩序和制度架構。外部勢力與那些逃逸到外國並托庇於外國反華勢力的香港「反中亂港」分子，依然會聯手在海外不斷詆毀和抹黑香港，並意圖「從外而內」地繼續蠱惑和分化香港人，以期在香港引發政治鬥爭。逃逸在外的反中亂港分子亦會成為西方反華勢力可供使喚的政治奴僕。不過，縱然如此，在內外敵對勢力在香港難以立足的情況下，重大政治議題的話語權無可避免會越來越掌握在中央和愛國者的手上。未來一段時間是過去幾十年來難得一見的、讓中央和愛國力量可以較少受干擾下推行國民教育、國情教育、歷史教育、憲法和《基本法》宣傳和教育、國家安全意識推廣、「一國兩制」的正確認識、理性客觀理解中國共產黨，和批判性地重新認識香港的「殖民地」過去的「黃金時刻」，必須牢牢掌握和利用。核心目標是要增強香港人尤其年輕人的國家民族意識和情懷、作為中國人的自信心與自豪感，以及建構在「一國兩制」下的香港中國公民的國民身份認同。相關「人心回歸」的工作，特別是在學校和公務員隊伍開展的思想教育工作，正在陸續有序展開。與此同時，中央、特區政府和愛國力量也會携手對各種旨在宣揚「反共反中反政府」意識的「軟對抗」行為維持高度警惕狀態和猛力予以反制、打擊和消滅。由於過去在思想教育領域的漠視和忽略，致使不少香港人和起碼兩代年輕人飽受荼毒，上述工作可謂任重道遠，也必然會遇到不少公然和隱蔽的抗拒，其中如何培訓新一代能夠對重大政治事項和議題有正確認識的教師隊伍極為關鍵，但這肯定是只能放眼於長遠的宏偉事業。

第二，愛國力量的建設急不容緩。由於愛國人士在「殖民地」時期備受壓抑，而回歸二十多年來中央又沒有將愛國力量建設列為重中之重的任務，加上特區政府的領導人長期以來既對愛國人士缺乏尊重和信任、又缺乏團結和壯大

愛國力量的意圖，因此直到今天，愛國陣營整體力量可以説仍然薄弱、羣眾基礎不夠廣闊、戰鬥力有限、良莠不齊、人才短缺、構成複雜、團結性不足、而甄拔成員標準和程序亦欠嚴謹。在內外敵對勢力被遏制的環境下，一個良好的、有利於愛國力量發展的局面已經形成，但關鍵仍要看中央和特區政府能否下定決心、頂層設計、周詳謀劃、加大力度去推行這項龐大和艱巨的政治工程。愛國力量建設必須有足夠和有力的制度和政策支撐，方能吸引、培植、任用、鍛煉和挽留更多的人才進入愛國陣營並成為治港良才。其中，設立愛國人士政治事業發展和晉升的階梯，建立旋轉門制度，讓人才可以在內地與香港的政治與行政職位之間流動、以及在特區政府、立法會、司法機關、商界、大學、智庫、媒體職位之間流動的體制都是應該儘快啟動的政治項目。更不用説的，是在愛國陣營內引進一套完整的、對愛國政治人才的物色、甄別、考核、管理、紀律審查、賞罰、升降、調配和驅離等制度安排。過去一段時間，我觀察到不少社會精英在衡量研判新的政治形勢後，願意加入愛國陣營並建立自己的政治事業。這是一個令人鼓舞的現象和勢頭，必須好好利用和推進。

第三，必須儘快讓香港各界增強對「愛國者治港」的信心和支持，消除他們的疑慮。其中至關重要的是中央、特區政府和愛國力量聯手切實有效處理好香港人關切的各種重大問題。當前的迫切問題肯定是把新冠肺炎疫情和它引發的各種問題和「後遺症」控制好和解決好。那些長期困擾香港的深層次經濟、社會和民生等問題必須得到高度重視和妥善破解，並及早讓大多數人能夠看到成果和感到希望，尤其是房屋和貧窮問題。在此，中央支援香港經濟發展和民生改善的政策和措施必須落到實處，讓香港得以憑藉持續的經濟增長和產業多元化所帶來的更多的資源，來改善民生和創造更多的讓年輕人得以上流的機會。同樣重要的是香港特區在管治上需要顯現新風貌、新氣象和強能力。一個作風高尚、思想開放、行為端正、貼近羣眾、辦事負責得力、洞察民瘼、心繫民間疾苦和矢志為民謀福祉的特區政府方能贏取羣眾的愛戴、尊重和信任。當然，對於那些保持「反共反中反政府」和崇尚西方政治信仰的人來説，縱使香

港特區在那些實際問題上的表現優越，他們依舊不會減少對中央、特區政府和愛國力量的濃濃敵意，但一個能夠為香港人辦實事的政府，肯定能夠消弭不少政治上的怨懟和不滿，令香港的政治局面走向平穩，讓中央和愛國力量得以贏取民心。

第四，加快融入國家發展大局，建構「國家民族命運共同體」。融入國家發展大局要求香港充分利用「一國兩制」優勢、憑藉自身的所長，積極參與國家的現代化建設和中華民族復興的偉大事業。融入國家發展大局，也意味着香港能夠充分分享到國家高速發展的紅利，讓香港得以持續發展和提升發展的質量和水平。香港必須有自己的、能夠與國家發展對接的長遠發展戰略，包括「最大化」和加快利用國家發展和中央各項惠港政策所提供的機遇和條件。所以，特區政府在領導和統籌香港的經濟、社會發展和民生改善上的角色不可或缺。以此之故，特區政府一直奉行並當作圭臬的「放任主義」、「積極不干預」和「小政府、大市場」的消極、被動乃至消極的施政方針和模式其實早已不合時宜、理應及早揚棄。過去十多年香港連場動亂所揭露的香港的深刻經濟社會矛盾，已經昭示特區政府必須要加強在經濟和社會事務上的介入。過去兩年多在香港肆虐的新冠肺炎疫情更會加快解除那些消極鬆懈管治思維對特區政府施政的桎梏。一個奮發有為的特區政府的誕生又必然會帶動一系列制度、規則、政策措施乃至「潛規則」的改革，這也就要求中央對特區自我改革的鼎力支持和要求特區政府展現政治毅力、擔當和勇氣。

第五，引導反對勢力的轉化，讓他們短中期內在管治架構之外可以對特區的施政作出貢獻，長遠而言促成部分對國家和中央有抵觸情緒、對香港的新政治局面心存怨懟和不忿的人向「愛國者」身份過渡。在香港國家安全法下，反對派、有反對派傾向的人和他們的認同者和同情者在社會上已經受到遏制。「反中亂港」分子不能參與香港的選舉和進入特區的管治架構。他們當中不少人內心憤懣、氣憤不平可以預期，也可以理解。在中央出手撥亂反正之前，這些人他們懷着「鴻鵠將至」的心情，深信他們將會是「修例風波」中的勝利者和

日後特區的管治者。中央的猛然果斷出手，香港政治局面瞬間逆轉，不少反對派頭目淪為階下囚、被通緝者或逃亡人士。突然的轉變讓反對派和他們的追隨者瞠目結舌、惶惶驚恐、手足無措。時至今天，反對陣營潰不成軍、群龍無首、內訌不止，群眾基礎流失，更麻煩的是他們仍然摸索不到在新形勢下的出路，致使他們只能在心理上和行為上採區消極抵制的「策略」和「野貓式」的行動。這種沒有建設性的「策略」和行動的具體表現是拒絕參與立法會選舉、排斥那些人數不多的「非建制派」候選人以及對特區政府應對新冠肺炎疫情的措施加以批評和擺出「不合作」姿態。長遠而言，不能參與特區管治的反對勢力終歸在資源、人才、追隨者和影響力不斷減少的情況下不斷萎縮，也難以如過往般獲得外部勢力的青睞。所以，可以確定的，是在那些尚未「泥足深陷」的現行反對派人士、和有反對派傾向但尚未加入反對陣營的人之中會有部分人準備和願意加入愛國陣營，並期望以愛國陣營中的改革者身份，在特區的憲制秩序之中推動包括政制和管治方式改革在內的各種政治、經濟和社會改革。對於此類人士，中央應該持正面態度對待，並積極鼓勵和引導他們完成向愛國者身份過渡，從而讓愛國力量和其群眾基礎得以加快發展和擴大。考慮到香港未來在制度和政策上的改進和改革工作繁重艱巨，不但會碰到死而不僵的內外敵對勢力的反對和阻撓，更棘手的是會遭遇社會上眾多的既得利益者的頑抗和抵制，如果多了一些愛國力量內的改革者和願意放棄反對派傾向的改革者對各種改革的支持，對香港日後的改革事業肯定有幫助。中央如果對那些決心「歸化」的「反對派人士」採取包容和鼓勵的態度，則內外敵對勢力在香港的影響力將會加速消退。

香港回歸前和回歸後的頗長時間內，不少國家領導人、中央官員和內地專家學者都認為在「保持香港原有的制度和生活方式五十年不變」的綱領下，一個強勢的、能夠讓「一國兩制」能夠在香港特區成功實踐的特區新政權會「自然」誕生。在這種堅定信心和過度樂觀的預期下，中央甚至同意容許香港逐步走向「西方式」的「民主化」。這個信心的背後是中央對愛國力量的「自然」發

54

展有頗為樂觀的估計、對人心回歸有相當的憧憬、對香港的反對勢力有不少的期盼和對外部勢力缺乏足夠的警惕。以此之故，中央沒有認真考慮到特區新政權的建立不可能是「自然」發生的事情，反而必須為它提供必須的制度和政策支撐和保障。這些制度和政策的支撐與保障一方面是要確保那些對中國共產黨、中央、香港回歸、「一國兩制」和特區新政權懷有敵意和冥頑不靈的內外敵對勢力不能夠在政治體制內和社會上阻礙新政權的建設，另一方面則要在中央的主導和指導下建構有利於愛國力量發展、壯大和團結的制度、機制和政策及行動。這兩方面的工作都意味着，中央在回歸後特區新政權的建設上不能夠採取「不干預」甚至「迴避」的態度，反而要通過有效運用全面管治權、積極參與香港的事務來為新政權的建設打好基礎。

無論是「不干預」、「不管就是管好」或者「不干預但有所作為」等政策，都實際上表示中央對香港事務的參與「最小化」，肯定無助於特區新政權的建設。更為嚴重的後果是，不單止特區新政權長期處於被動挨打的窘境，內外敵對勢力則得到了難得的不斷膨脹和肆虐的機會。在這種惡劣的政治環境中，有效管治無從實現、深層次矛盾無從破解、「一國兩制」越走越偏、愛國力量無法發展壯大、越來越多香港人與國家和中央離心離德。香港長期的動盪不安最後竟演化為史無前例的激烈暴亂，令國家安全和發展受到前所未有的嚴重威脅和傷害。

過去幾年，中央痛定思痛、詳細謀劃、凌厲出手，一舉粉碎了內外敵對勢力奪取特區政權的險惡圖謀，恢復了香港的穩定和秩序。中央為了撥亂反正所制定的法律和政策其實對特區新政權的建設提供了必要的制度支持、政策配合和良好根基，並在香港開拓了嶄新的管治格局。今後，可以預期，中央在新政權的建設上必將繼續給與強大的支持和協助。可以這樣說，特區新政權的積極建設是在香港回歸祖國後「五十年不變」的中段才正式展開，同時也揭開了「一國兩制」在香港實踐的新一頁。

參考書目

王叔文主編：《香港特別行政區《基本法》導論》，北京：中共中央黨校出版社，1997 年。

中華人民共和國國務院新聞辦公室：《「一國兩制」在香港特別行政區的實踐》（《白皮書》），北京：人民出版社，2014 年。

中國人民共和國國務院新聞辦公室：《「一國兩制」下香港的民主發展》，北京：人民出版社，2021 年。

鄧小平：《鄧小平論香港問題》，香港：三聯書店 (香港) 有限公司，1993 年。

張曉明：〈豐富一國兩制實踐〉，載於本書編寫組：《十八大報告輔導讀本》，頁 339-347，北京：人民出版社，2012 年。

張曉明：〈堅持和完善『一國兩制』制度體系〉，載於本書編寫組：《中共中央關於堅持和完善中國特色社會主義制度、推進國家治理體系和治理能力現代化若干重大問題的決定 > 輔導讀本》，頁 342-350。北京：人民出版社，2019 年。

劉兆佳：《回歸十五年以來香港特區管治及新政權建設》，香港：商務印書館 (香港) 有限公司，2012 年。

劉兆佳：《一國兩制在香港的實踐》，香港：商務印書館 (香港) 有限公司，2015 年。

劉兆佳：《回歸後香港的獨特政治形態：一個自由威權整體的特殊個案》，香港：商務印書館 (香港) 有限公司，2017 年。

劉兆佳。2017a。〈在國家和民族的大局中理解和實踐『一國兩制』〉，《香港研究》，第 4 期 (總第 17 期)，第 3-11 頁。

劉兆佳：《思考香港一國兩制的未來》，香港：商務印書館 (香港) 有限公司，2020 年。

劉兆佳。2020a。〈香港國家安全法為香港的有效管治打好基礎〉，載於陳弘毅等：《香港國家安全法解讀：立法與管治》，第 72-105 頁。香港：中華書局 (香港) 有限公司。

劉兆佳。2020b。《〈香港國安法〉與『一國兩制』行穩致遠〉，載於橙新聞評論部編：《一國兩制與國家安全：香港國安法透視》，第 36-41 頁。香港：橙新聞出版社。

蕭蔚雲：《論香港《基本法》》，北京：北京大學出版社，2003 年。

重溫鄧小平對「一國兩制」的戰略目標和核心原則的論述

❖　❖　❖

　　鄧小平是「一國兩制」方針政策的總設計師。他在回歸前對「一國兩制」的一系列講話是對「一國兩制」的戰略目標和核心原則的最權威的論述,是「一國兩制」的理論基礎和依據。香港《基本法》的本質是「一國兩制」方針政策的法律體現,對《基本法》條文的解釋必須以「一國兩制」方針政策為依據。對此《基本法》的序言清楚說明,「根據中華人民共和國憲法,全國人民代表大會特制定中國人民共和國香港特別行政區《基本法》,規定香港特別行政區實行的制度,以保障國家對香港的基本方針政策的實施。」因此,要全面和準確理解《基本法》,必須全面和準確理解中央的「一國兩制」方針政策;而要全面和準確理解中央的「一國兩制」方針政策,則必須全面和準確理解鄧小平對「一國兩制」方針政策的論述。可惜的是,香港回歸超過二十年後,今天不少香港人對鄧小平的論述或惘然不知,或錯誤理解,或拒絕認同。更令人擔憂的,是很多香港年輕人因為受到外部勢力和香港的反對派的誤導和歪曲,對「一國兩制」有錯誤的理解,從而導致「一國兩制」在香港的貫徹出現了明顯的偏差,也引發了不少對中央和香港特區政府的抵觸情緒和行為。今年是《基本法》頒佈的第 32 個年頭,此時此刻,重溫鄧小平對「一國兩制」的論述對糾正錯誤認識、確立香港人對「一國兩制」的正確理解及今後全面和準確貫徹「一國兩制」十分必要。

　　1993 年由香港三聯書店出版的《鄧小平論香港問題》收錄了鄧小平對「一國兩制」方針政策的系列重要講話。那些講話系統清晰表述了「一國兩制」的戰略目標和核心原則。我在下文引述的鄧小平的講話全部來自該書的不同章節。

　　首先,「一國兩制」是「國家優先」的重大國策,其戰略目標是要達致國家統一和讓香港在回歸祖國後能夠繼續為國家的社會主義現代化建設發揮作

用。「一國兩制」絕對不是內外敵對勢力經常說的、目標為照顧香港利益和「安撫香港人」為先的「香港優先」政策。

「一國兩制」是在特殊的歷史時刻以和平方式達致國家統一的最佳辦法。鄧小平表明:「『一國兩制』是從中國的實際提出的,中國面臨一個香港問題,一個台灣問題。解決問題只有兩個方式:一個是談判方式,一個是武力方式。用和平談判的方式來解決,總要各方都能接受,香港問題就要中國和英國,加上香港居民都能接受。甚麼方案各方面都能接受呢?就香港來說,用社會主義去改變香港,就不是各方都能接受的。所以要提出『一國兩制』」。(頁 17)他進一步說明:「而採用和平方式解決香港問題,就必須考慮到香港的實際情況,也考慮到中國的實際情況和英國的實際情況,就是說,我們解決問題的辦法要使三方面都能接受。如果用社會主義來統一,就做不到三方面接受。勉強接受了,也會造成混亂局面。」(頁 27)

關於「一國兩制」與中國的社會主義現代化問題,鄧小平明確指出:「中國的主體必須是社會主義,但允許國內某些區域實行資本主義制度,比如香港、台灣。」(頁 6)「主體是很大的主體,社會主義是在十億人口地區的社會主義,這是個前提,沒有這個前提不行。在這個前提下,可以容許在自己身邊,在小地區和小範圍內實行資本主義。我們相信,在小範圍內容許資本主義存在,更有利於發展社會主義經濟。」(頁 29)他進一步稱:「如果說在本世紀內我們需要實行開放政策,那末在下個世紀的前五十年內中國要接近發達國家的水平,也不能離開這個政策,離開了這個政策不行。保持香港的繁榮穩定是符合中國的切身利益的。」(頁 29)

第二,在「一國兩制」下,中國政府承諾維持香港原有的資本主義體制和生活方式五十年不變。「五十年不變」的承諾對於穩定香港人、投資者和國際社會對香港未來的信心至關重要。「五十年不變」也讓英國和西方國家尤其是美國相信他們在香港的利益在相當長時間內會得到妥善照顧。當然,「五十年不變」並不是表示在 1997 年到 2047 年這段時間內甚麼東西都不可以變,而是

說香港不能夠發生根本性的大變、巨變。不然的話，中國政府這個承諾便沒有實際意義。中國政府如果違背承諾，不但要背上「背信棄義」的罵名，損害各方面的利益，而且更會動搖各方面對香港的信心，嚴重危害香港的繁榮穩定。香港內外反對勢力不時提出要大幅改變香港政治狀況、政治體制、經濟制度和施政方針的要求雖然有其一定的「合理性」，但卻罔顧中國政府信守承諾的重要性，容易陷國家和香港於不義，也會削弱各方面對「一國兩制」和香港的信心。

鄧小平嚴肅表示：「人們擔心中國在簽署這個協議 [中英聯合聲明] 後，是否能始終如一地執行。我們不僅要告訴閣下 [英國首相撒切爾夫人] 和在座的英國朋友，也要告訴全世界的人：中國是信守自己的諾言的。」（頁 28）又指出：「我們在協議中說五十年不變，就是五十年不變。我們這一代不會變，下一代也不會變。」(頁 12) 當然，鄧小平也沒有排除一些改變的可能，但卻絕對不可以是那些在本質上改變「一國兩制」的變化。他說：「再說變也並不都是壞事，有的變是好事，問題是變甚麼。[…] 如果有甚麼要變，一定是變得更好，更有利於香港的繁榮和發展，而不會損害香港人的利益。這種變是值得大家歡迎的。如果有人說甚麼都不變，你們不要相信。我們總不能講香港資本主義制度下的所有方式都是完美無缺的吧？即使資本主義發達國家之間相互比較起來也各有優缺點。把香港引導到更健康的方面，不也是變嗎？向這樣的方面發展變化，香港人是會歡迎的，香港人自己會要求變，這是確定無疑的。」（頁 12）

第三，「高度自治」不是「最高度政治」，更不是「完全政治」。在「一國兩制」下，中央保留了一定的權力，目的是要讓中央在必要時能夠有能力處理香港發生的問題、維護國家安全和利益、以及確保「一國兩制」成功實施。香港內外反對勢力老是要把香港變成「獨立政治實體」，少數人更要搞「港獨」。他們基本上不承認中央在「一國兩制」享有的權力，經常挑戰中央的權力，甚至反對中央依法行使權力。這在「一國兩制」下是不能允許的。鄧小平鄭重指出：「還有一個問題必須說明：且不要以為香港的事情全由香港人來管，中央

一點都不管，就萬事大吉了。這是不行的，這種想法不實際。中央確實是不干預特別行政區的具體事務的，也不需要干預。但是，特別行政區是不是也會發生危害國家根本利益的事情呢？難道就不會出現嗎？那個時候，北京過問不過問？難道香港就不會出現損害香港根本利益的事情？能夠設想香港就沒有干擾，沒有破壞力量嗎？我看沒有這種自我安慰的根據。如果中央把甚麼權力都放棄了，就可能會出現一些混亂，損害香港的利益。所以，保持中央的某些權力，對香港有利無害。大家可以冷靜地想想，香港有時候會不會出現非北京出頭就不能解決的問題呢？過去香港遇到問題總還有個英國出頭嘛！總有一些事情沒有中央出頭你們是難以解決的。」（頁 36）

第四，在「一國兩制」下，香港人必須負起維護國家安全的責任，否則中央一定會出手干預，而維護中國共產黨政權和內地的社會主義體制的安全乃維護國家安全的重中之重。鄧小平嚴正表明：「中央的政策是不損害香港的利益，也希望香港不會出現損害國家利益和香港利益的事情。要是有呢？所以請諸位 [香港特別行政區《基本法》起草委員會委員] 考慮，《基本法》要照顧到這些方面。有些事情，比如一九九七年後香港有人罵中國共產黨，罵中國，我們還是容許他罵，但是如果變成行動，要把香港變成一個在『民主』的幌子下反對大陸的基地，怎麼辦？那就非干預不行。干預首先是香港行政機構要干預，並不一定要大陸的駐軍出動。只有發生動亂、大動亂，駐軍才會出動。但是總得干預嘛！」（頁 36-37）香港的內外敵對勢力特別着意否定香港人對維護國家安全的責任，於是有把《基本法》第 23 條妖魔化為「惡法」之舉。鄧小平當然能夠預料到回歸後外部勢力會插手香港事務，但他也許沒有想像到香港會出現「港獨」和其他分離主義的言行，或者發生類似「佔領中環」和「修例風波」的「顏色革命」。不過無論如何，所有危害國家安全的行為都是「一國兩制」所不能容許的，都是會迫使中央果斷出手應對的。

第五，「愛國者治港」乃「一國兩制」、「港人治港」和高度自治成功實踐的前提，不然的話香港會變成一個與國家和中央對抗的地方，而「一國兩制」

的成功實施也失去了保證。鄧小平明言：「港人治港有個界線和標準，就是必須由以愛國者為主體的港人來治理香港。[…] 甚麼叫愛國者？愛國者的標準是，尊重自己的民族，誠心誠意擁護祖國恢復行使對香港的主權，不損害香港的繁榮和穩定。只要具備這些條件，不管他們相信資本主義，還是相信封建主義，甚至相信奴隸主義，都是愛國者。我們不要求他們都贊成中國的社會主義制度，只要求他們愛祖國，愛香港。」（頁 8）既然「港人治港」就是愛國者治港，則那些不符合愛國者資格的香港人便沒有治港的資格。進一步說，為了體現愛國者治港的原則，中央有責任和需要去壯大和支持愛國力量，包括在不違反香港特區法律下在各項選舉中「助其一臂」。香港內外反對勢力一貫批評中央「偏袒」愛國者，沒有做到「一視同仁」，因此對他們不公平，更譴責中央這樣做是干預香港事務、破壞香港的高度自治和「港人治港」以及損害香港選舉的公平性。那些批評的背後當然是不承認不接受「愛國者治港」這項「一國兩制」的基本原則。

第六，香港的選舉制度必須為達致「一國兩制」的戰略目標服務。也就是說，香港的民主發展不能產生對國家主權、安全和領土完整不利的後果，不能導致非愛國者治港的情況，也不可以破壞「行政主導」原則。鄧小平提出，「香港的制度也不能完全西化，不能照搬西方的一套。香港現在就不是實行英國的制度、美國的制度，這樣也過了一個半世紀了。現在如果完全照搬，比如搞三權分立，搞英美的議會制度，並以此來判斷是否民主，恐怕不適宜。[…] 對香港來說，普選就一定有利？我不相信。比如說，我過去也談過，將來香港當然是香港人來管理事務，這些人用普遍投票的方式來選舉行嗎？我們說，這些管理香港事務的人應該是愛祖國、愛香港的香港人，普選就一定能選出這樣的人來嗎？最近香港總督衛奕信講過，要循序漸進，我看這個看法比較實際。即使搞普選，也要有一個逐步的過渡，要一步一步來。」（頁 35-36）香港內外反對勢力的立場剛好截然相反。他們視普選為「一國兩制」要達到的最高甚至是唯一的目標，至於普選會產生甚麼後果則不在考慮之列。正是因為他們意圖通

過普選而取得香港特區的管治權，所以他們才在回歸後用爭取普選為藉口，發動連綿不斷的政治鬥爭。

　　誠然，中央在香港實踐「一國兩制」的過程中，考慮到世界格局、國內形勢和香港狀況的變化，中央對香港方針政策也要作出相應的具體調整。然而，鄧小平所樹立的「一國兩制」的戰略目標和核心原則依舊是「一國兩制」的基石，今天仍然有重大的理論和實際指導意義。對中央和香港特區來說，廣泛宣揚鄧小平對「一國兩制」的論述有助於糾正香港人對「一國兩制」認識的偏差，因此也應該是積極推動《基本法》教育、國民教育和歷史教育的首要任務。

（原載《大公報》2020 年 4 月 2-3 日）

「維護國家主權」和「尊重中央權力」
乃成功實踐「一國兩制」的基礎

✦　　✦　　✦

香港回歸祖國已經 25 年，實踐證明，「一國兩制」方針是一項務實和睿智的重大國策。它妥善解決了中英兩國之間歷史上遺留下來的問題，讓國家能夠以和平方式收回香港，從而推進了國家統一的進程。「一國兩制」也有利於維持香港的繁榮穩定，保存香港原有的制度和生活方式，鞏固香港人對香港前景的信心，維繫國際社會對香港的重視和支持，保留香港對國家的價值，讓香港得以繼續在國家的發展中發揮獨特和不可替代的作用。過去 25 年，雖然歷經風雨，但「一國兩制」政策的正確性和生命力確實是毋庸置疑的。

然而，我們也得承認，「一國兩制」在實踐過程中的確碰到一些困難，而歸根究底，主要的困難其實是政治困難，具體表現在長期以來香港的反對派和部分香港人仍然傾向從「香港乃獨立政治實體」的觀點對「一國兩制」作「另類詮釋」，並以之來抗衡中央對「一國兩制」的論述，而這個「另類詮釋」又在香港取得了一定的話語權，這不但妨礙了「一國兩制」在香港的全面和準確實施，為香港特區的管治帶來不少困擾，並使香港陷入無休止的政治內耗之中。

毫無疑問，「一國兩制」的要義在於國家對香港擁有主權，而香港高度自治的權力則來自中央的授權。「一國兩制」方針是從國家的整體和長遠利益出發的重要國策，而非單純着眼於香港利益的舉措，其中國家的利益遠比香港的利益更為重要。在「一國兩制」的成功實踐上，中央而非香港特區需要承擔最終的責任，是「一國兩制」成功與否的「第一責任人」，為此中央必須享有足夠的相關的權力來確保「一國兩制」的全面和準確實踐。因此，要保證「一國兩制」在香港的實踐「不變形」、「不走樣」，必須要讓絕大多數甚至全體香港人明白到「維護國家利益」和「尊重中央權力」乃「一國兩制」的基礎，而缺乏了

這個基礎，不但「一國兩制」會走歪路、走錯路，而國家和香港的利益都會兩蒙其害。

在過去 25 年乃至更長的一段時間，香港的反對派和部分香港人沒有擔負起切實維護國家利益的責任，反而不斷作出對「一國兩制」的成功實施不利的言論和行為，具體表現在阻礙《基本法》23 條的立法工作上、把香港《基本法》與國家憲法割裂起來、否定國家憲法在香港的適用性、積極利用香港提供的條件介入內地政治、提出各種「本土分離主義」甚至「港獨」的主張、鼓吹「公民自決」、把國家的利益和香港的利益對立起來、反對在香港推行國民教育、離間香港人尤其是年輕人與國家的關係、鼓勵外部勢力插手香港的內政和勾結外部勢力在香港圖謀不軌等。與此同時，中央的權力沒有得到應有的尊重，具體表現在否定香港高度自治的權力來自中央的授予、不承認中央對香港享有全面管治權、指責中央依法行使權力的行為有損香港的高度自治、批評人大釋法破壞香港的法治和司法獨立、不接受中央對香港的政治體制的發展擁有主導權和決定權、質疑中央所任命的行政長官的認受性和合法性、對中央採取「凡中央必反」的對抗性姿態等。

為了更全面和準確實施「一國兩制」，中央和「愛國愛港」人士必須在未來的一段日子中大力向香港人講解「一國兩制」的初心或政策目標，改變部分人視香港為「獨立政治實體」的錯誤和有害觀點，壓縮反對派的影響力，確立國家主權、安全和發展利益在「一國兩制」中的核心位置，闡述中央在「一國兩制」下享有的權力和擔負的責任。在「撥亂反正」的過程中，至關重要的是要讓更多的香港人重溫鄧小平過去對「一國兩制」的權威論述，更好的理解「一國兩制」的緣起、內容和目標，更深刻體會「一國」和「兩制」、國家與香港、中央和特區、內地同胞和香港人之間利益一致和命運與共的關係，讓香港人更能夠從歷史、全局、國家和戰略的高度全面和正確認識「一國兩制」，減少反對派尤其是「反中亂港」分子和外部勢力對「一國兩制」的「另類詮釋」在香港的影響，促進香港與中央和內地同胞的良好關係的發展，讓香港在維護國家安

全和參與國家發展上發揮更大的積極性和建設性，並讓香港可以通過參與國家的發展比如「一帶一路」、粵港澳大灣區建設、深港合作和區域全面經濟夥伴協定 (RCEP) 來推進自身的發展。

　　總的來說，只有在香港全面和牢固確立了「維護國家利益」和「尊重中央權力」的兩大基本原則後，「一國兩制」在香港的全面和準確實施才具有確切的保證，而「一國兩制」才能行之久遠，才能讓國家和香港兩蒙其利。

（原載《紫荊論壇》2017 年 7-8 月號）

對習近平主席視察香港的系列講話的一些體會

✦　✦　✦

2017 年 6 月 29 日至 7 月 1 日期間，習近平主席蒞臨香港視察。在視察期間，習主席發表了一系列重要講話。在這系列講話中，習主席全面回顧了「一國兩制」方針在香港實施所取得的經驗，指出當前「一國兩制」實踐所遇到的問題，闡述「一國兩制」未來成功落實的關鍵，並講述中央和特區各自在確保「一國兩制」成功實踐上所應擔負的責任。毫無疑問，習主席的系列講話代表了中央對「一國兩制」在香港的實踐最權威的分析和總結、清晰闡述中央今後對香港的方針政策和確立「一國兩制」往後在香港的發展方向。

習主席肯定了「一國兩制」讓國家得以用和平方式收回香港和保持香港的繁榮穩定的作用，從而印證了鄧小平提出的「一國兩制」方針的正確性和睿智性，也同時展示了中央長遠推行「一國兩制」的堅定決心。

不過，儘管回歸後香港在各方面都取得了良好的成績，但毋庸諱言，在某些方面「一國兩制」在香港也出現了「走樣」和「變形」的跡象。之所以出現那些情況，是因為有部分港人特別是反對派人士傾向把香港視為「獨立政治實體」，對「一國兩制」作「另類詮釋」，缺乏國家意識和不尊重中央在「一國兩制」下的權力，並在思想和行動上一方面把香港與國家對立起來，另方面則否定或挑戰中央的權力。在國家意識缺位的情況下，那些人往往罔顧國家主權、安全和發展利益，從事損害國家和香港利益的行徑。在不承認中央的權力的情況下，他們又經常反對和阻撓中央依法行使權力，為「一國兩制」在香港的全面和準確實施設置重重障礙。

對此，習主席作出嚴正批判，並鄭重申明樹立國家意識和維護中央權力乃香港成功實踐「一國兩制」的關鍵。倘非如此，「一國兩制」在香港的實踐只會走向使國家和香港對抗不斷、兩蒙其害的錯誤軌道和惡性循環上。

關於樹立國家意識方面，習主席着重提出幾點。

第一，「一國兩制」方針是以促進國家利益和發展為前提的重大和長遠國策，其中確認了保持香港的資本主義體制對國家有利，同時又讓香港得以維持繁榮和穩定。習主席刻意提醒香港人，「『一國』是根，根深才能葉茂；『一國』是本，本固才能枝榮。『一國兩制』的提出首先是為了實現和維護國家統一。」「一國兩制」是中國特色社會主義的有機組成部分，絕對不是單單為了照顧香港人的需要和憂慮的短期或權宜解決「香港前途問題」的辦法。因此，在推行「一國兩制」時，必須在思考香港利益時把國家利益放在更加重要甚至最高的位置上考慮，不能單從香港本位出發，更不能把香港利益和國家利益對立起來。

第二，國家憲法和香港《基本法》共同構成香港特區的憲制基礎，不能把《基本法》抽離來處理，不能否定國家憲法在香港的效力，更不容許把國家憲法和《基本法》對立起來。國家憲法是《基本法》之本，是《基本法》的權力來源。國家憲法和《基本法》共同構成香港法律的權力基礎。香港的法律不能與國家憲法和《基本法》相抵觸。香港人既要遵守《基本法》，也要尊重國家憲法，尤其不能做那些破壞國家制度、危害國家安全、威脅政權安全和損害內地的社會主義體制的事。

第三，國家與香港是「命運共同體」，國家與香港相互促進，共同發展。習主席點讚：「香港同胞一直積極參與國家改革開放和現代化建設，作出了重大貢獻。」國家的不斷發展，為香港帶來源源不絕的發展機遇，而香港則利用其獨特的優勢為國家的發展作出貢獻。雖然回歸以來香港的經濟總量在全國的比重下降了不少，但憑藉其獨特的優勢在長時間內對國家仍然具有相當的戰略價值。對此，習主席相信，「香港享有『一國兩制』的制度優勢，不僅能夠分享內地的廣闊市場和發展機遇，而且經常作為國家對外開放『先行先試』的試驗場，佔得發展先機。」

第四，習主席指出：「不論是過去、現在還是將來，祖國始終是香港的堅強後盾。經過近 40 年改革開放，中國實現了從站起來到富起來再到強起來的

偉大飛躍」。中央會擺脫過去「不干預」的消極態度，更多地從國家發展的高度來引領香港未來的發展，並適當地把香港納入國家的發展規劃之中，為香港的發展提供條件和動力。在中央的新思維下，香港特區政府和社會各界也需要調整過去的「積極不干預」的心態，從全國一盤棋的角度構思和擘劃香港的長遠發展戰略，讓香港在實現中華民族偉大復興中國夢過程中作出新的貢獻。香港參與國家的五年規劃、「一帶一路」戰略、粵港澳大灣區建設、深港合作和人民幣國際化等重大項目都是屬於國家主導，香港積極參與和配合的突出例子。

針對維護中央的權力方面而言，習主席也提出了幾個重要觀點。

第一，習主席強調：「作為直轄於中央政府的一個特別行政區，香港從回歸之日起，重新納入國家治理體系。中央政府依照憲法和特別行政區《基本法》對香港實行管治，與之相應的特別行政區制度和體制得以確立。」在國家治理體系中，國家擁有對香港的主權和全面管治權，但中央卻授權香港特別行政區實行高度自治。中央在國防、外交、中央和特區關係、建構香港的政治體制、解釋《基本法》等事項上則擁有權力。在「一國兩制」方針下，「維護中央權力和保障香港特別行政區高度自治權」並不矛盾，反而是相輔相成，共同形成一個既符合國家利益又合乎香港利益的香港高度自治的治理體系。要成功實踐「一國兩制」，屬於中央的權力必須得到香港人的尊重，中央不會容許那些權力受到任何方式的挑戰。習主席嚴正警告：「任何危害國家主權安全、挑戰中央權力和香港特別行政區《基本法》權威、利用香港對內地進行滲透破壞的活動，都是對底線的觸碰，都是決不能允許的。」

第二，中央會運用其權力來確保「一國兩制」在香港的全面和準確實施。中央會認真履行它在「一國兩制」下的責任和職能，確保『一國兩制』在香港的實踐不走樣、不變形，始終沿着正確方向前進。」在新的憲制秩序下，那些不符合國家憲法和《基本法》的東西都應該並會得到糾正。

第三，在「依法治國」的前提下，中央會在制度基礎和框架內行使它在「一

國兩制」下的權力，因此「要完善與《基本法》實施相關的制度和機制」，讓中央在行使權力時有更清晰、具體和透明的制度、程式和規則可以依循。

為了更好的在香港樹立國家意識和維護中央的權力，習主席對香港特區政府和香港人也提出了一些具體的任務，以確保「一國兩制」在香港的實踐能夠行之久遠。首先就是要對香港社會尤其是公職人員和青少年進行廣泛的國家憲法和香港《基本法》的宣傳和教育，讓他們了解和擁護國家憲法和《基本法》，成為合格的「愛國者」。其次就是要改變香港的「泛政治化」的情況，抵制反對勢力蓄意把實務問題轉化為衝擊中央和特區政府的政治鬥爭議題的行為。其三就是要努力維護國家主權和領土完整，大力遏制各種「本土分離主義」乃至「港獨」的主張和行動，也要果斷強力抗擊外部勢力對香港事務的干預。其四就是要「在當前全球經濟格局深度調整、國際競爭日趨激烈的背景下」，聚精會神謀發展，利用好國家發展和中央對港政策為香港所提供的發展機遇和支持。

與此同時，習主席的系列講話，對內地和香港的社會科學工作者也提出了不少重要的研究課題，那些課題尤其值得兩地學者取長補短，共同進行深入和嚴謹的探討。研究的目標，不僅是謀求學術方面的建樹，更是要為兩地決策者提供有理論根據的政策建議，並為「一國兩制」在香港的成功實踐及國家與香港的長遠發展作出學者應有的貢獻。

在眾多的研究課題中，我認為有幾項在短期內特別帶有戰略意義。

第一，把「一國兩制」的研究提升到理論層面。按照鄧小平的說法，「一國兩制」方針的提出，不但要解決香港回歸祖國的問題，也要「為國際上許多問題的解決提供一些有益的線索。」回歸20年來，「一國兩制」在香港的實踐，加上「一國兩制」在澳門的實施，應該說已經為「一國兩制」研究的理論化提供一些有用的經驗來。作為研究的起步，我們可以嘗試發問一些問題，比如在哪些環境和條件下「一國兩制」或類似的安排比較適用，如何處理好「一國」和「兩制」之間的矛盾，如何理解「兩制」之間的互動形態，如何在「兩制」之

間建立必要的「防火牆」機制，「一國兩制」運行的「規律」為何，「一國兩制」的長遠變化軌跡會是如何，如何促進「兩制」的共同發展，哪些因素會導致「一國兩制」的成功或失敗等等。有了一套「一國兩制」的理論，才能讓「一國兩制」在世界上取得廣泛的應用性。

第二，全面探索回歸以來「一國兩制」在香港實踐的成敗得失，找出問題所在，並提出解決的辦法。當中牽涉到如何讓與「一國兩制」相關的規章制度的建設完備化、如何糾正與「一國兩制」和《基本法》相違背的東西、如何改正部分港人對「一國兩制」和《基本法》的錯誤理解和如何防止內外敵對勢力搞動亂、奪取香港特區的管治權和把香港變成威脅國家安全的基地。研究的主要目標是要在 2047 年之前讓「一國兩制」在香港的運行能夠納入正軌，讓「一國兩制」原來的戰略目標或初心得到貫徹，從而讓「一國兩制」在 2047 年，即「五十年不變」結束之時，能夠順利延續。

第三，認真探討香港在國家發展中的準確定位。所謂準確定位是要明確了解、運用、鞏固和增加香港的獨特競爭優勢，讓香港能夠好好配合國家在當前和日後的發展戰略的需要，既讓香港不但能夠從國家的發展中得益，特別是在推動產業向創新和高增值方向轉型上，也能為國家的發展和中華民族偉大復興中國夢的達成作出貢獻。當前尤其重要的是香港如何主動積極有效的參與到「一帶一路」計劃、粵港澳大灣區的建設、深港合作、人民幣國際化，以至完成香港在國家「十四五」規劃中所要做的工作。

第四，全面研究世界政治和經濟格局的巨大和深刻變化對香港的影響。作為一個高度外向型的「國際城市」，國際環境的變化對香港影響廣泛和深遠。「去全球化」、經濟保護主義抬頭、民粹主義冒起、世界經濟重心向東亞地區移動、地緣政治衝突頻繁、恐怖主義肆虐、大國競爭劇烈、西方國家對香港的態度愈趨敵視等都對香港造成不可等閒視之的影響。為了有效應對那些影響，香港單憑自己的知識和能力肯定不夠，國家和中央對香港的指導和支持更不可或缺。

第五，為了更好的發揮香港在國家發展戰略和推動香港的發展，香港特區政府的管治理念和工作部署也需要作出相應的調整。「殖民地」時期的「放任主義」或「積極不干預」方針已經落伍，而事實上連英國人也沒有完全按照那些方針辦事。不過，目前香港社會各界對政府在經濟發展上的角色、功能和責任仍然缺乏共識，具體尤其反映在對政府的財政政策和公共資源的配置方面的諸多分歧上。學術界和社會各界有需要在國際、國內和香港的環境的巨變中找出政府在香港發展上的功能定位，好讓政府能夠成為香港發展的主動的謀劃者和推動者，而非被動的回應者，更不是旁觀者或障礙。

第六，對「殖民地」時期香港的管治和狀況進行全面和客觀的研究和評估。「一國兩制」方針的核心內容之一，是保持香港原來的制度和生活方式「五十年不變」。在這個前提下，儘管「殖民地」並非是光彩的東西，但香港在「殖民地」時期的部分情況實際上獲得了肯定，甚至被當作「金科玉律」和「祖宗遺訓」，包括殖民政府的政治思維、典章制度、管治方式和公共政策。這樣一來，制度和政策創新便難以推行。更甚者，由殖民政府和一些西方學者倡議的東西，比如香港過去的成功往往歸功於殖民政府的管治，導致中國內地和香港華人的貢獻被嚴重淡化、刻意扭曲或完全漠視。因此，不少香港人尤其是年輕人對香港過去一個半世紀的歷史的認識偏頗，對「殖民者」乃至西方片面膜拜，不單對國家和民族乃至對自己的自信心難以樹立，而民族自卑感亦油然而生。這種被扭曲了的歷史觀對在回歸後培養國家觀念和民族意識非常不利。當務之急是對香港過去的「殖民地」歷史進行全面的資料梳理，科學研究，還原歷史真相，特別是講解清楚殖民統治的複雜性、避免過度美化殖民管治，講述在殖民管治下華人在香港的經濟發展、社會穩定和民生改善等方面的不可或缺的作用，論述香港過去與中國內地的唇齒相依的關係，彰顯中國內地對香港發展的巨大貢獻，以至突出華人在國家的發展中的巨大作用。尤其重要的，是把香港歷史放在中國歷史的長河中予以認識和理解。這正如習主席所說的：「香港從一個默默無聞的小漁村發展成為享譽世界的現代化大都市，是一代又一代香港

同胞打拼出來的。香港同胞所擁有愛國愛港、自強不息、拼搏向上、靈活應變的精神，是香港成功的關鍵所在。」

第七，對回歸後香港經歷的巨大的社會、經濟和政治變遷、重大政治事件、乃至香港尤其是年輕人的思想心態進行深入研究，並探討在 2047 年後如何改善「一國兩制」的內容，讓「一國兩制」方針在 2047 年後更能適應香港各方面的變化，並以此為依據探究如何在未來 25 年讓原來的「一國兩制」方針實踐得更好。有一點可以肯定的，是 2047 年後，保持「原來的制度和生活方式不變」應該不會是「一國兩制」方針的核心內容，反而如何讓香港特區的管治和發展在維護國家主權、安全和發展利益的前提下更能切合國際形勢變化、國家發展、香港不斷變遷的情況和香港的意願更為重要。其實，現在的香港與上世紀 80 年代的香港大為不同，也與 1990 年《基本法》頒佈時所要保持的香港「現狀」差異甚大。因此，在未來的 25 年，在現有的「一國兩制」方針和《基本法》的框架內，在香港國家安全法、新的選舉制度和「愛國者治港」的環境內，中央的對港政策和香港特區的管治也需要不斷調整來應付香港各方面的變化，從而讓香港得以保持繁榮穩定、減少社會尤其是年輕人的不滿，和達致有效管治。

第八，為香港的國民教育注入重要內容。國民教育在香港一直是一個爭論不休的議題。香港的反對勢力一直視國民教育為洪水猛獸，必欲去之然後快。習主席的系列講話中提出的東西，應該可以成為國民教育的核心內容，包括增強對國家憲法、對「一國兩制」方針的歷史背景和戰略目標、對《基本法》的核心內容、對中央在「一國兩制」下的全面管治權、對國家發展戰略和對香港與內地愈益緊密關係、以及對國家安全和領土完整的關注和理解。我相信，那些內容應該是在當前香港的複雜政治環境中爭議較少的東西，也是香港尤其是年輕人必須掌握的東西。

第九，香港對國家安全的影響。為了讓「一國兩制」行穩致遠，香港必須要切實維護國家主權、安全和發展利益。「港獨」和各種本土分離或自決主張

的冒起，雖然缺乏社會支持基礎，但在外部勢力介入的情況下，對國家安全和領土完整無疑構成一定的威脅。這在過去香港十多年不斷出現的動亂和暴亂特別是「佔領中環」和後來的「修例風波」中，已經可以充分看到。在國際形勢和地緣政治愈趨緊張的情況下，即便有香港國家安全法，香港作為國家安全威脅的來源仍然不可小覷。《基本法》第 23 條尚未成功進行本地立法，部分傳統的國家安全威脅依然難以有效依法消除。各種各樣的非傳統國家安全威脅，有可能來自香港或來自外部但通過香港發揮作用。因此，認真研究香港對國家安全的影響事關重大。除了傳統的國家安全威脅外，金融安全、意識形態安全、網絡安全、政治安全、社會安全、恐怖主義等非傳統國家安全領域同樣應該獲得研究者的重視，尤其在提出實際可行的關於中央和香港各方面應如何切實維護國家安全的方法上。

總之，在深刻體會習主席所宣示的中央對港政策的基礎上，內地和香港的社會科學工作者在推動「一國兩制」在香港的全面和準確實施上，有着廣闊的大演身手的空間。

(原載陳一言主編《行穩致遠：習近平主席視察香港重要講話解讀》[香港：新民主出版社，2017]，頁 56-61)

「一國兩制」乃謀之久遠的重大國策

✦　✦　✦

直至最近的多年來，一些香港人開始擔心「一國兩制」在實施 50 年後將會結束，甚至會被「一國一制」所取代。他們擔心的理由很多，包括香港在國家發展中的地位和角色不斷下滑、香港擁有的優勢隨內地改革開放的深化而越來越不「獨特」和非「不可替代」、香港經濟越來越依靠內地和中央的支持、香港在政治和安全上越來越成為國家的隱患和威脅、「一國兩制」和《基本法》在香港沒有全面和準確貫徹、香港各種反對勢力堅持對「一國兩制」作「另類詮釋」和與中央對抗、香港長期處於動蕩不安和管治失效、外部勢力越來越多插手香港事務並意圖把香港變成顛覆基地等。過去幾年，中央甚至要主動強力出手，方能平息香港不能自行應對的「修例風波」和新冠肺炎疫情等。這些人認為，既然香港在經濟上和政治上都越來越成為國家的累贅，沒有達到中央定下的「一國兩制」的主要目標，則在 2047 年後繼續實施「一國兩制」便不再符合國家的利益，中央因此也沒有理由讓「一國兩制」在香港繼續下去。

中央對部分香港人的擔憂十分清楚，也意識到這些擔憂對香港的繁榮穩定不利，更會讓香港的反對中央的各種勢力、特別是那些「本土分離主義」和「港獨」勢力及外部勢力有機可乘。所以，國家領導人和中央官員多次重申中央對堅持「一國兩制」的決心不動搖，強調「一國兩制」是讓國家和香港兩蒙其利的政策。即便「一國兩制」在香港尚未全面和準確落實，但總體來說仍算成功，不過需要在實踐過程中不斷改進和鞏固而已。過去兩三年，中央的確果斷在制度上和政策上採取有效行動重塑香港的政治和管治格局，在相當程度上糾正了「一國兩制」在香港實踐的偏差，讓「一國兩制」在新的基礎上能夠全面準確貫徹和行穩致遠。

一些香港人的擔憂，其實是出於對中央的「一國兩制」政策和對香港在國

家發展中的地位和角色的片面理解，尤其未能從歷史、戰略和宏觀角度去認識「一國兩制」。「一國兩制」的總設計師鄧小平對「一國兩制」乃「謀之久遠」的重大國策深有體會。要了解「一國兩制」的初心或戰略意圖，必須重視和重溫鄧小平對「一國兩制」乃長遠國策的講話。

鄧小平在香港回歸前在不同場合和不同時間都作出了「一國兩制」政策長期不變、絕不限於 50 年的承諾，並提出相關的理據。這裏我引述數段：「我們在協議 [中英聯合聲明] 中說五十年不變，就是五十年不變。我們這一代不會變，下一代也不會變。到了五十年以後，大陸發展起來了，那時還會小裏小氣地處理這些問題嗎？所以不要擔心變，變不了。」「香港在一九九七年回到祖國以後五十年政策不變，包括我們寫的《基本法》，至少要管五十年。我還要說，五十年以後更沒有變的必要。[…] 按照『一國兩制』的方針解決統一問題後，對香港 […] 的政策五十年不變，五十年之後還會不變。當然，那時候我不在了，但是相信我們的接班人會懂得這個道理的。」「實際上，五十年只是一個形象的講法，五十年後也不會變。前五十年是不能變，五十年之後是不需要變。所以，這不是信口開河。」「如果說在本世紀內我們需要實行開放政策，那麼在下個世紀的前五十年內中國要接近發達國家的水平，也不能離開這個政策，離開了這個政策不行。保持香港的繁榮穩定是符合中國的切身利益的。所以我們講『五十年』，不是隨隨便便、感情衝動而講的，是考慮到中國的現實和發展的需要。」「如果開放政策在下一世紀前五十年不變，那末到了後五十年，我們同國際上的經濟交往更加頻繁，更加相互依賴，更不可分，開放政策更不會變了。」

鄧小平和其他國家領導人都是從歷史、動態、廣闊、長遠、戰略視野及以自信和樂觀的態度來審視「一國兩制」政策在建設中國特色社會主義上的作用，預期國家的未來發展必定會取得舉世矚目的成就，也認定「一國兩制」不僅在 50 年內，而且在更悠長的歲月中都是建設中國特色社會主義的有機組成部分。當然，這並不是說「一國兩制」政策可以完全按照理論或「理想」來設計

而無需考慮實際情況和困難，比如英國和西方在香港的利益必須得到好好的照顧，香港的憂慮和訴求也必須獲得適當的關照。因此，在具體安排上，妥協和讓步不可或缺。然而，由於「一國兩制」方針是由中央主動提出，中央在國家長遠發展上的戰略思維無疑對「一國兩制」政策的主體和核心內容起着關鍵的影響。誠然，隨着時間的推移和環境的變遷，在「一國兩制」的基本原則和戰略目標不變的前提下，「一國兩制」的具體內容是可以改變的，而改變方能讓「一國兩制」與時並進、能夠維持香港的繁榮穩定及對國家的發展繼續作出貢獻。

從中央的戰略思維看，「一國兩制」方針是一項「謀之久遠」的重大國策，是建設中國特色社會主義戰略的有機組成部分，也是中華民族偉大復興事業的重要部分。這個戰略是一項極為長遠的戰略，充分考慮了世界、亞洲、國家和香港在未來一段相當長時間的發展態勢，認識到香港在未來很長的時間內以它所擁有的獨特條件和優勢，可以在中國特色社會主義建設的不同階段中，發揮不可取代的作用。

「一國兩制」是推行中國特色社會主義戰略的一個組成部分，而不斷深化改革和開放則是中國特色社會主義戰略的核心。該戰略背後的思想是中國共產黨必須把工作重心轉移到經濟發展和改善民生上，市場機制在此需要發揮重大的作用。鄧小平和其他國家領導人研判，冷戰結束後，和平與發展是當前和往後一段相當長的日子中世界的主旋律。國際環境的變化對中國的發展有利，為中國的發展提供難得的機遇。香港的資本主義體系和現代化國際大都會的地位能夠有力支撐國家的改革和開放戰略，特別是在「引進來」方面，讓國家可以通過香港從外邊引進資金、人才、信息、市場、科技和管理方式等有利於國家發展的不可缺少的元素。「一國兩制」政策對和平收回香港、達致平穩過渡和保存香港的繁榮穩定有利，讓香港在脫離英國的殖民管治並成為中國的特別行政區後，仍然可以為國家的改革開放戰略，作出不可取代的貢獻。

中央對建立中國特色社會主義抱有極大信心，因此對未來各方面事態的

發展也做出了比較樂觀的判斷，其中比較重要的有：中國的經濟總量和綜合國力不斷上升、中國人民的生活水平持續提高、中國的國際影響力越來越大、中國的利益無遠弗屆。儘管鄧小平和其他國家領導人不可能準確預測世界和中國的未來，但他們肯定知道，隨着中國的崛起，國際格局會出現深刻變化，長期以來西方特別是美國主導的世界秩序不可避免要做出調整，尤其在東亞地區而言。與此同時，在中國也需要不斷調整自身的發展戰略，以解決過去發展中產生的問題和掌握新的發展機遇。隨着中國的快速崛起，國內外的學者和專家紛紛斷言世界經濟的重心正在逐漸向東亞地區移動、西方的勢力和優勢正在下降、一個「後西方世界」(post-Western world) 正在形成、而「東方化」(Easternization) 則是一股新的世界歷史潮流。當前西方主導的世界秩序雖然為非西方國家提供了不少發展機會，但畢竟這個秩序本質上是一個由西方支配、遊戲規則由西方制定和以西方利益為依歸的不公平和不合理的秩序，並越來越為發展中國家所詬病。中國和其他發展中國家一方面致力謀求改革現有的世界秩序，過程中卻遇到西方國家的抗拒；另一方面則積極聯合一些其他國家建構一個與西方主導的世界秩序並存但較為公平合理的新的世界秩序。「金磚五國集團」的興起、上海合作組織的強化和擴大、「一帶一路」的倡議、亞洲基礎設施發展銀行、絲路基金、中國國際支付系統、中國銀聯、大公國際資信評估有限公司、清邁多邊倡議、區域全面經濟夥伴關係協定、亞太自貿區等舉措都是中國倡議的新世界秩序的組成部分。

另外，隨着中國經濟的增長與改革與開放的不斷深化，中國與世界的聯繫和依存程度越來越高，「引進來」已經不再是中國發展戰略的重心，而「走出去」則成為更重要的戰略。除了資金「走出去」外，人才、企業、產能、勞工、工程項目、技術標準、服務等也要「走出去」。

憑藉它擁有的獨特的優勢，特別是其廣泛的國際聯繫、與國際接軌的制度、法律、專業人才和服務水平以至其「誠信」、「可靠」和「具可預測性」的國際聲譽，香港在國家建構新世界秩序和「走出去」的戰略中在將來很長的歲

月中可以擔當不可缺少的角色。比如，香港是最重要的離岸人民幣中心，是人民幣走向國際化（尤其是亞洲化）和逐步按照市場運作訂立匯價的跳板和實驗場。香港是涉及到人民幣的貨幣兌換、結算、清算和融資的平台、香港是內地資金走出去和離岸人民幣「回流」內地的通道，為國家逐步開放資本帳提供條件。又比如，在「一帶一路」的戰略中，香港作為國際金融中心、高端服務中心、法律仲裁中心、信息中心、企業總部所在地、海外華人網絡的樞紐、大型項目融資和管理基地等更可以在國家新一輪的改革開放征程中作出重要貢獻。

因此，香港在國家發展戰略中所要擔負的任務絕非只局限在 2047 年前的 50 年，而是在更悠久的將來。鄧小平曾這樣說：「我們搞的是有中國特色社會主義，所以才制定『一國兩制』的政策，才可以允許兩種制度的存在。[…]『一國兩制』也要講兩個方面，社會主義國家裏允許一些特殊地區搞資本主義，不是搞一段時間，而是搞幾十年、成百年。」

在建設中國特色社會主義的過程中，隨着國家的崛起，內地與香港在經濟和人民生活水平上的差距會不斷縮小，香港原來擁有的優勢變得沒有那麼「獨特」和「不可替代」，香港在國家發展中的地位和功能無可避免會下降，這是意料中的事，也意味着建設中國特色社會主義事業取得可喜的進展。同時，這也標誌着「一國兩制」政策的成功而非失敗。鄧小平曾說過：「現在有一個香港，我們在內地還要造幾個『香港』，就是說，為了實現我們的發展戰略目標，要更加開放。」因此，就算內地有更多的大城市越來越像香港，也不等於說香港便會失去它對國家的價值。實際上，考慮到國家體積的龐大，國家的確需要多幾個「香港」或者「自由貿易區」，才能滿足不斷增加和多樣化的發展需要。可以肯定的說，就算內地多了幾個「香港」，原來的香港仍會擁有一系列內地的「香港」所缺乏的一些特色和優勢。

在建設中國特色社會主義的征程上，從動態的角度看，隨着內地社會主義「一制」的不斷變革，香港資本主義的「一制」也會因為中央的要求、內地的影響、香港加入國家的五年規劃、香港參與粵港澳大灣區建設、香港逐步融入

國家發展大局、香港國家安全法的頒佈實施、香港選舉制度的深刻改革、香港特區政府施政方針的改變、香港的經濟社會民生等深層次矛盾的處理、和香港社會各方面自行作出調適而發生變化。「兩制」之間的互動會越來越頻繁、彼此之間的「融合」和「依存」程度會不斷提升、香港的產業結構、人才組合和在國家和國際上的功能和定位也會不斷更新，從而讓香港的「一制」能夠繼續為國家的發展和中華民族的偉大復興作出貢獻。中央和香港需要不斷努力、採取措施讓香港的「一制」能夠不斷改進，以提升和擴大優勢來配合國家的發展需要，這樣方能讓「一國兩制」永葆青春、活力和價值。

從另外一個角度看，如果 2047 年後不再在香港實施「一國兩制」，則必然會在香港引起震盪，打擊投資者的信心，破壞香港的穩定和繁榮，引發香港的恐懼，香港亦因此不再是國家的瑰寶，反而變成負擔和亂源。所以，對中央來說，改變甚至放棄「一國兩制」並非一個輕易做出的決定。

部分港人與其杞人憂天地擔心「一國兩制」在 2047 年或甚至在此之前不保，反而應該更認真地去理解「一國兩制」的初心、它所要達到的目標和它在建設中國特色社會主義戰略中的角色，充分分析和了解國家和世界發展態勢，放棄對內地和中央的「抵觸」心態，防範香港成為「顛覆基地」和「滲透基地」，警惕「港獨」和「本土分離主義」，停止內耗內鬥，鍥而不捨地強化和擴大香港的獨特優勢，擔負好「國家所需、香港所長」的任務，永遠讓香港成為國家的寶貴資產而非包袱，則「一國兩制」在香港的實踐不但會源源不絕取得成果，而「五十年不變」也會是難以量度的、更長時間的「不變」。

「一國兩制」不單是一項國家的重大長遠政策，更為關鍵的，是它也是中國共產黨治國理政的一個核心部分，所以不會輕易改變。這一點可以從中國共產黨最近幾年發表的兩份重要文件中得到證明。在 2017 年 10 月 18 日習近平總書記提出的中共十九大報告中，「一國兩制」是新時代堅持和發展中國特色社會主義的 12 項基本方略之一。習近平總書記表示：「保持香港、澳門長期繁榮穩定，實現祖國完全統一，是實現中華民族偉大復興的必然要求。必須把

維護中央對香港、澳門特別行政區全面管治權和保障特別行政區高度自治權有機結合起來，確保『一國兩制』方針不會變、不動搖，確保『一國兩制』實踐不變形、不走樣。」在 2021 年 11 月 11 日的《中國共產黨第十九屆中央委員會第六次全體會議公報》中，「一國兩制」方針亦佔有顯著位置。《公報》指出：「香港、澳門回歸祖國後，重新納入國家治理體系，走上了同祖國內地優勢互補、共同發展的寬廣道路，『一國兩制』實踐取得了舉世公認的成功。[…] 黨中央強調，必須全面準確、堅定不移貫徹『一國兩制』方針，堅持和完善『一國兩制』制度體系，堅持依法治港治澳，維護憲法和《基本法》確定的特別行政區憲制秩序，落實中央對特別行政區全面管治權，堅定落實『愛國者治港』、『愛國者治澳』。」

今天，所有那些擔心「一國兩制」難以持之以恆的言論都應該一掃而空。各方面反而應該就「一國兩制」的長遠和穩妥發展貢獻盡心盡力。

（原載《大公報》2017 年 5 月 23 日）

「一國兩制」體現中國特色社會主義的本質

❖　❖　❖

　　從 1978 年末開始，中國走上了一條中國共產黨自創的、以改革開放為核心、揉合了社會主義思想和中國國情、認真吸收總結歷史經驗教訓、並切合和靈活應對世界發展大勢和變遷的發展戰略。經過四十多年的艱苦卓絕奮鬥，中國已經崛起成為在世界上舉足輕重的大國。這套「中國特色社會主義」的發展戰略滿載了幾千年積澱下來的中國人的智慧和經驗。它由於植根於中國的歷史和文化，縱然難以在其他國家複製，但卻仍然富有有益的參考價值。

　　按照我個人的體會，中國特色社會主義的最明顯的特徵是胸懷全局、自信滿滿、心態樂觀、實事求是、理性務實、靈活應變、趨利避害、善抓機遇、定力充足。在複雜多變的國際環境中明辨機遇和挑戰，並在歷史發展的長河中辨識大趨勢。它緊緊咬住國家民族的根本和長遠利益之所在，清醒知道國家的強項和短板，絕對不受教條主義的桎梏，不為意識形態狂熱所左右，不會因為外部批評或壓力而退縮，也不會因為出現短期波折而放棄或改變，反而通過不斷改進而使之能行之久遠。

　　「一國兩制」乃中國特色社會主義的組成部分，更是它的一個重要特色。「一國兩制」的總設計師鄧小平明確指出：「我們的社會主義制度是有中國特色的社會主義制度，這個特色，很重要的一個內容就是對香港、澳門、台灣問題的處理，就是『一國兩制』。」既然「一國兩制」是中國特色社會主義的本質性特色之一，則「一國兩制」方針政策也必然體現中國特色社會主義的重要特徵。

　　首先，和中國特色社會主義一樣，「一國兩制」也是迄今在世界上和歷史上一項獨一無二的制度安排，體現了中國特色社會主義的獨特性、創作性和開拓精神。儘管古往今來在有些國家或社會內存在一些政治或經濟制度的差異，但在一個社會主義國家內同時存在着一個實行資本主義的地區的事例卻是絕無僅

有的，因此「一國兩制」在人類歷史上可謂一項創舉。饒具意義的，是制定「一國兩制」方針政策的中國共產黨從來都將社會主義視為人類歷史上最進步和最優越的社會制度，也是人類歷史的歸宿，而資本主義則是一種代表階級剝削和難以持久永續的腐朽制度。因此中國共產黨領導的中國政府從務實的角度，願意讓香港的資本主義在回歸後繼續下去，便構成了中國特色社會主義的一大特色。當然，在「一國兩制」下，社會主義是主體，是香港的資本主義得以存在和發展的前提，而香港的資本主義亦絕對不能損害內地的社會主義。鄧小平在這方面的立場非常清晰和堅定。他鄭重明確指出：「一國兩制」必須先有中國的社會主義為前提。他說：「[中國這個社會主義]主體是很大的主體，社會主義是在十億人口地區的社會主義，這是個前提，沒有這個前提不行。在這個前提下，可以容許在自己身邊，在小地區和小範圍內實行資本主義。我們相信，在小範圍內容許資本主義存在，更有利於發展社會主義。」又強調：「要保持香港五十年繁榮和穩定，五十年後也繁榮和穩定，就要保持中國共產黨領導下的社會主義制度。我們的社會主義制度是有中國特色的社會主義制度，這個特色，很重要的一個內容就是對香港、澳門、台灣問題的處理，就是『一國兩制』。這是個新事物。這個新事物不是美國提出來的，不是日本提出來的，不是歐洲提出來的，也不是蘇聯提出來的，而是中國提出來的，這就叫做中國特色。」他進一步告誡說：「中國要是改變了社會主義制度，改變了中國共產黨領導下的具有中國特色的社會主義制度，香港會是怎樣？香港的繁榮和穩定也會吹的。要真正能做到五十年不變，五十年以後也不變，就要大陸這個社會主義制度不變。」

第二，作為中國特色社會主義的一個重要特色，「一國兩制」的另一個體現中國特色社會主義的本質性的特徵，便是它反映了中國共產黨的創新勇氣和膽識，而這個勇氣和膽識則來自中國共產黨對中國自己創立的發展道路的高度自信。中國共產黨堅信，在一段相當長的時間內，保留香港的資本主義制度對中國的社會主義現代化有利。鄧小平對此非常清楚。他表示：「從世界歷史來看，有哪個政府制定過我們這麼開明的政策？從資本主義歷史看，從西方國家

看，有哪一個國家這麼做過？」鄧小平在會見香港特別行政區《基本法》起草委員會委員時，就中國共產黨和「一國兩制」的關係說了一番發人心省、也振聾發聵的話。他斬釘截鐵說：「我們堅持社會主義制度，堅持四項基本原則，是老早就確定了的，寫在憲法上的。我們對香港、澳門、台灣的政策，也是在國家主體堅持四項基本原則的基礎上制定的，沒有中國共產黨，沒有中國的社會主義，誰能夠制定這樣的政策？沒有哪個人有這個膽識，哪一個黨派都不行。你們看我這個講法對不對？沒有一點膽略是不行的。這個膽略是要有基礎的，這就是社會主義制度，是共產黨領導下的社會主義中國。我們搞的是有中國特色的社會主義，所以才制定『一國兩制』的政策，才可以允許兩種制度存在。沒有點勇氣是不行的，這個勇氣來自人民的擁護，人民擁護我們國家的社會主義制度，擁護黨的領導。」

第三，「一國兩制」體現了中國特色社會主義的理性務實的本質性特徵。事實上，在處理香港問題時，中華人民共和國政府從來都秉持理性務實的態度和手法。從本質看，「一國兩制」方針政策是回歸前中國共產黨對香港「長期打算，充分利用」的策略在回歸後的延續。解放初期，中國政府不但不急於收回香港，反而借助香港的特殊地位和英美兩國之間的矛盾，來突破以美國為首的西方陣營的圍堵和封鎖，而香港這個獨特作用在後來中蘇交惡後蘇聯力圖窒礙中國發展的環境下更形重要。「一國兩制」的目的就是要在回歸後保持香港對國家的價值，讓香港在中西方關係比較良好的大環境中，為國家改革開放的事業發揮獨特和不可替代的作用。鄧小平坦率說道：「我們採取『一個國家，兩種制度』的辦法解決香港問題，不是一時的感情衝動，也不是玩弄手法，完全是從實際出發的，是充分照顧到香港的歷史和現實情況的。」又說：「『一國兩制』是從中國的實際提出的。」

第四，中國特色社會主義強調「互讓互諒」和「互利共贏」。中國政府明白到英國人既不願意把他們手上的「會生金蛋的鵝」拱手交回中國，必然會千方百計阻撓香港的回歸和中國的統一。與此同時，香港也有不少人強烈抗拒中

國恢復在香港行使主權，所以必須要穩定香港的人心，防止人才和資金的大規模流失。要與英國人和平解決香港問題，並爭取他們在為時十多年的過渡期內不搞陰謀和破壞，亦必須要讓英國人、香港人和各方投資者都接受中國政府提出的解決香港回歸問題的方案。所以，即使「一國兩制」是一項以國家利益為優先的重大國策，但為了達至和平統一和保持香港的繁榮穩定，中國願意與其他利益攸關方在「互諒互讓」和「互利共贏」的基礎上協商解決問題。對此，鄧小平態度十分清晰明確。他表示：「我們就是要找出一個能為各方所接受的方式，使問題得到解決。」「用和平談判的方式來解決，總要各方都能接受，香港問題就要中國和英國，加上香港居民都能接受。甚麼方案各方都能接受呢？就香港來說，用社會主義去改變香港，就不是各方都能接受的。所以要提出『一國兩制』。」「而採取和平方式解決香港問題，就必須既考慮到香港的實際情況，也考慮到中國的實際情況和英國的實際情況，就是說，我們解決問題的辦法要使三方面都能接受。如果用社會主義來統一，就做不到三方面都接受。勉強接受了，也會造成混亂局面。即使不發生武力衝突，香港也將成為一個蕭條的香港，後遺症很多的香港，不是我們所希望的香港。所以，就香港問題而言，三方面都能接受的只能是『一國兩制』，允許香港繼續實行資本主義，保留自由港和金融中心的地位，除此以外沒有其他辦法。」的確，「一國兩制」充分照顧了投資者的利益和緩解了香港人的顧慮，讓國家能夠和平統一，令「一國兩制」能夠順利推行，也讓香港的繁榮穩定得到制度和政策的堅實保障。

第五，中國對中國特色社會主義滿懷自信，因此相信中國的發展經驗可供其他發展中國家參考借鑒，「一國兩制」作為中國特色社會主義的組成部分亦如是。經過40多年的改革開放後，中國取得的舉世矚目的成就備受發展中國家的推崇。部分發展中國家因為來自西方國家的脅迫而不得不採用所謂「新自由主義」的資本主義發展模式而吃盡苦頭，因此對中國採用非西方發展策略而取得巨大成功倍感欣賞和欣慰，紛紛希望能向中國取經。中共總書記習近平2017年10月18日在中共第十九次全國代表大會上的報告中指出：「中國特色

社會主義進入新時代，[…] 意味着中國特色社會主義道路、理論、制度、文化不斷發展，拓展了發展中國家走向現代化的途徑，給世界上那些既希望加快發展又希望保持自身獨立性的國家和民族提供了全新選擇，為解決人類問題貢獻了中國智慧和中國方案。」

就「一國兩制」而言，鄧小平自豪地說：「『一個國家，兩種制度』的構想是我們根據中國自己的情況提出來的，而現在已經成為國際上注意的問題了。」他也相信，「現在中英兩國政府關於香港問題的會談基本上達成一致了。[…] 這件事情會在國際上引起很好的反應，而且為世界各國提供國家間解決歷史遺留問題的一個範例。[…] 我認為有些國際爭端用這種辦法解決是可能的。」「香港問題的成功解決，這個事例可能為國際上許多問題的解決提供一些有益的線索。」誠然，作為一項前無古人的特殊安排，「一國兩制」在其他國家和社會難以仿製，但卻並不妨礙其原則和精神成為「普世價值」。事實上，不少國家對國內不同地區的宗教、民族、語言、文化、發展水平等差異採取更務實與寬鬆的處理手法，或者對一些地區授予更高的自治權力，從而促進國家的團結和穩定，都與「一國兩制」背後的理念和精神若合符節。

第六，中國特色社會主義自我糾正和修復的能力。既然中國特色社會主義和「一國兩制」都是理性務實的策略，則在維護國家利益和安全這個大原則不變的基礎上，具體政策和措施可以因時而變、因勢而改，絕對不能受制於條條框框。起初，改革開放面策略是在一個中西方關係不錯、和平與發展乃世界局勢的主旋律以及中國處於絕佳的發展機遇期等環境下制定，因此外來投資、基本設施建設和工業產品出口成為了驅動中國經濟增長的主要動力。時至今天，在全球化退潮和在以美國為首的西方國家力圖遏制中國崛起的大環境大趨勢下，中國不得不對改革開放策略作出重大的調整。當然，改革開放仍然是中國的根本國策，但擴大內需、推動創新和提升科技水平則成為了新時代下促進中國持續發展的要素，而「雙循環」戰略也應運而生。香港的情況也一樣。儘管「一國兩制」在香港的實踐基本上可算成功，但那些深層次政治經濟社會民生問題卻

越來越嚴重，而內外敵對勢力對國家安全和香港穩定的威脅又越來越大。過去十多年，在內外敵對勢力的策動下，香港發生一次又一次的、旨在奪取特區管治權的動亂和暴亂，而「修例風波」更是香港歷史上最血腥的暴力事件。事實證明，香港特區政府不但無法單獨「止暴制亂」，就連控制新冠肺炎疫情以及妥善應對香港的深層次矛盾也需要中央和內地的鼎力相助。如果中央不果斷出手，行使中央的全面管治權，動員國家力量，拯救香港於水火，恐怕香港會陷入萬劫不復之地，連帶「一國兩制」也要泡湯。《基本法》規定在緊急關頭，特區政府可以向中央請求駐軍出動幫忙，可以說是中央高瞻遠矚的安排。其實，鄧小平早就預見到香港會遇到嚴重麻煩，而中央必須出手相救的情景。他估計，「但切不要以為沒有破壞力量。這種破壞力量可能來自這個方面，也可能來自那個方面。如果發生動亂，中央政府就要加以干預。由亂變治。這樣的干預應該歡迎還是應該拒絕？應該歡迎。」又指出，「某種動亂的因素，搗亂的因素，不安定的因素，是會有的。老實說，這樣的因素不會來自北京，卻不能排除存在於香港內部，也不能排除來自某種國際力量。」對香港內外敵對勢力，鄧小平更提出嚴厲警告：「有些事情，比如一九九七年後香港有人罵中國共產黨，罵中國，我們還是允許他罵，但是如果變成行動，要把香港變成一個在『民主』的幌子下反對大陸的基地，怎麼辦？那就非干預不行。」最近幾年，中央制定了香港國家安全法，完善了香港的選舉制度，平息了香港的暴亂，恢復了香港的穩定和秩序，阻止了「反中亂港」分子進入香港的管治架構，支援香港抗擊新冠肺炎疫情，為香港的長治久安奠定基礎，在在都印證了鄧小平的預言。

要確保「一國兩制」在香港能夠行穩致遠，中央和香港特區政府將要對香港的制度和政策作必要的、進一步重大改革和改善，並出台一些重大舉措，讓纏擾香港多年的深層次矛盾得以解決。換句話說，要對香港的資本主義制度進行改造，但卻並非要推倒香港的資本主義。對此，鄧小平語重心長指出：「我們總不能講香港資本主義制度下的所有方式都是完美無缺的吧？即使資本主義發達國家之間相互比較起來也各有優缺點。把香港引導到更健康的方面，不也

是變嗎？向這樣的方面發展變化，香港人是會歡迎的，香港人自己會要求變，這是確定無疑的。」

　　無論是香港國家安全法、完善香港和選舉制度、遏制內外敵對勢力、中央支援協助香港抗擊新冠肺炎疫情、積極解決香港的深層次矛盾、推動香港參加粵港澳大灣區建設和引領香港融入國家發展大局，都是「一國兩制」自我糾正和修復能力的顯示和實現，都充分體現了中國特色社會主義自我完善的潛能和特徵。

　　我相信，「一國兩制」所體現的中國特色社會主義的本質性特徵在往後「一國兩制」的實踐中將會繼續發揮讓其行穩致遠的作用。

（原載《橙新聞》2021 年 5 月 24 日）

西方勢力對「一國兩制」
和香港《基本法》的誤解和曲解

✦　✦　✦

　　香港回歸祖國以來，西方勢力對「一國兩制」方針和《基本法》在香港的落實都存在着扭曲了的理解，都對它們採取批判和懷疑的態度，不斷質疑中國政府對香港的莊嚴承諾，藉此打擊中國在國際上的威望和信用，意圖削弱中國的軟實力和損害香港的國際地位和投資環境。近年來，西方勢力對國家和香港的敵意隨着美國遏制中國崛起的力度不斷強化而有增無已。最近，特別是在中央頒佈實施香港國家安全法和徹底改革香港的選舉制度後，有些人甚至斷言「一國兩制」在香港已經不復存在。這裏所說的西方勢力包括西方國家的官員、政客、媒體、學者、智庫、意見領袖、公民團體、人權組織和非政府機構，也包括那些以西方勢力為核心的部分「國際組織」。這種對「一國兩制」和《基本法》的扭曲理解和由此衍生出來的批評和責難，其實是源於部分西方勢力對「一國兩制」和《基本法》的誤解、刻意曲解和不求甚解，不認識中國的歷史背景和法律傳統，不信任中國共產黨，不相信香港可以在中國共產黨領導的國家中保持繁榮穩定和原有的生活方式。更重要的原因是一些西方國家特別是英國和美國刻意和惡意宣揚一套對「一國兩制」和《基本法》的錯誤理解，意圖達到打擊國家和香港、保護香港的反共反華勢力、灌輸西方的一套價值觀和信仰、減少香港對中國的價值和貢獻，以及讓香港繼續成為西方用以對付中國的棋子的目的。

　　西方勢力的所作所為也在相當程度上發揮了支持和壯大香港的反對勢力、削弱部分香港人尤其是年輕人對「一國兩制」和《基本法》的信心、淡化香港人尤其是年輕人的國家觀念和民族意識、煽動香港人與中央和香港特區政府對抗，以及左右香港的公權力行使者特別是司法人員的行為等效用。更嚴重的

是，由於部分對「一國兩制」和《基本法》的話語權旁落在西方勢力的手上，「一國兩制」和《基本法》在香港也難以全面和準確實施。

籠統來說，基於我對西方勢力過去多年來對「一國兩制」和《基本法》的論述，那些對「一國兩制」和《基本法》的誤解或曲解的犖犖大者包括：

（一）把《中英聯合聲明》當成是「一國兩制」和《基本法》的法律基礎和認受性來源，強調《中英聯合聲明》在香港回歸中國後繼續有效，從而讓英國、美國乃至部分西方國家可以有「法律依據」過問和插手回歸後的香港事務，宣稱自己擁有和必須承擔和履行對香港人的「道義責任」，並且「有權」以違反《中英聯合聲明》為由向中國「追究違反國際協議」的「責任」。西方勢力意圖讓香港人相信，「一國兩制」方針是中國在西方的壓力和勸諭下才授予香港的。西方勢力不斷重申《中英聯合聲明》在香港回歸後繼續有效的說法其實並沒有法律依據。內地的《基本法》權威和原《基本法》起草委員會委員蕭蔚雲教授早在香港回歸前已經表明，國家憲法才是「一國兩制」和《基本法》的法律依據，而非《中英聯合聲明》。這個原則不但在憲法中作了規定，而且在《中英聯合聲明》中也得到體現。《中英聯合聲明》正文第三點中指出：「中華人民共和國政府聲明，中華人民共和國對香港的基本方針政策如下：（一）為了維護國家的統一和領土完整，並考慮到香港的歷史和現實情況，中華人民共和國決定在對香港恢復行使主權時，根據中華人民共和國憲法第 31 條的規定，設立香港特別行政區。」同時，《中英聯合聲明》附件一的第一點又說明：「中華人民共和國全國人民代表大會將根據中華人民共和國憲法制定並頒佈中華人民共和國香港特別行政區《基本法》，規定香港特別行政區成立後不實行社會主義的制度和政策，保持香港原有的資本主義制度和生活方式，五十年不變。」從上述《中英聯合聲明》的內容看，第一，中央根據憲法制定香港特別行政區《基本法》；第二，中央根據憲法第 31 條成立香港特別行政區。這就進一步說明了制定香港特別行政區《基本法》的法律根據是憲法，包括第 31 條，而不只是憲法第 31 條。在《中英聯合聲明》中，中國對香港的基本方針政策和《中英聯合

聲明》附件一都是中國憲法第 31 條的具體體現，符合「一個國家，兩種制度」的方針，中國政府承諾了將這些內容寫入香港特別行政區《基本法》的義務，因此，香港特別行政區《基本法》的內容必須符合《中英聯合聲明》內中國對香港的基本方針政策和《聯合聲明》的附件一。但是準確地從法律上說，制定香港特別行政區《基本法》的法律依據是中國憲法，而不能說是根據《中英聯合聲明》。當《基本法》於 1990 年頒佈實施後，中國已經切實履行了對《中英聯合聲明》的責任和承諾，而英國對此從未有提出異議，《中英聯合聲明》在香港回歸後因此已經成為歷史文件，不再有法律效力。英國作為香港的「前佔領者」和「前管治者」固然沒有法律依據援引《中英聯合聲明》向中國發難，更遑論美國乃至其他西方國家的「非持份者」。尤為重要的是，很難想像，在整個中英兩國談判「香港政治前途」過程中把維護國家主權放在至高無上的位置上的中國政府，會與英國簽訂協議，容許英國在香港回歸後繼續擁有法律依據來插手香港事務。

（二）仍然把回歸後的香港當作是受到西方國家特殊照顧和保護的地方，甚至在實質上仍然視香港為西方陣營的成員。這點從 1992 年美國制定的《美國—香港政策法》和最近幾年美國國會通過的一系列所謂「旨在維護香港的自治、人權、自由和民主」的法律中可以看到。西方勢力儼然有把香港當為中國主權以外的地方、而這個地方又有義務為西方勢力服務，包括抗衡中國的意味。美國甚至認為它可以根據它國內的法律隨意干預香港的事務和對香港施加制裁，並以香港人尤其是香港的反對勢力的「保護者」姿態質疑和攻擊中國政府的對港政策和行為。西方勢力這個立場本質上是在挑戰中國對香港的主權和威脅中國的國家安全，把香港變成顛覆、滲透和情報基地，從而讓「一國兩制」在香港的實踐「變形、走樣」。

（三）把香港在「一國兩制」下享有的高度自治理解為「完全自治」，實際上把香港當成是「獨立政治實體」，這樣做不單罔顧香港的自治權力來自中央的授予這個基本事實，同時否定中央在香港所享有的權力和必須履行的責任。

在這種誤解或曲解下，中央表明對香港特區所享有的對香港的全面管治權固然受到西方勢力的口誅筆伐，人大釋法、中央對「一國兩制」在香港實施的監督權、中央對香港行政長官的實質任命權、中央對香港特區政府的問責權、中央在制定香港政治體制上的主導權和決定權、中央頒佈實施香港國家安全法、改革香港的選舉制度等權力行使都被西方勢力批評為破壞香港高度自治、侵蝕香港人的人權自由、阻撓香港的民主發展、矮化香港，和違反「一國兩制」和《基本法》的舉措。

（四）既然香港享有「完全自治」，西方勢力遂「順理成章」地否定香港有履行對《基本法》第 23 條進行本地立法來捍衛國家安全的憲制責任，尤其是當西方勢力傾向把國家安全界定為中國共產黨的「安全」和擔心其在香港的不軌活動會受到限制之際。西方勢力從來不理會亦不重視鄧小平曾經說過如果香港變成針對中國內地的顛覆基地，中央不但要干預，而「一國兩制」也有可能無以為繼的話。這裏還有一個西方勢力自相矛盾之處。西方勢力一方面要求中國政府和香港政府遵守《基本法》辦事，另一方面則警告說如果香港按照《基本法》第 23 條進行本地立法，則會損害香港的人權自由法治和香港的高度自治，並威脅說會對香港實施各種制裁。在這個背景下，西方勢力對港區國家安全法的頒佈實施反應極為激烈便不難理解，尤其是當港區國家安全法嚴重觸碰西方勢力及其代理人在香港的政治利益和生存的時候。事實上，美國和其一些西方盟友已經因為中央制定香港國家安全法而實施對香港個人和實際的制裁。

（五）從來不把中國憲法放在眼內，不接受國家憲法和《基本法》共同構成香港在回歸後的新憲制秩序，也不接受國家憲法在香港適用。西方勢力自然也不承認中央可以依照國家憲法所賦予的權力制定與香港有關的法律。因此，當全國人大常委會在 2020 年中制定和頒佈實施香港國家安全法後，來自西方勢力的譴責和制裁便紛至沓來。他們認為有了《基本法》第 23 條後，中央便永久失去了為香港制定國家安全法律的權力。即便香港因為內外敵對勢力的阻撓而不能完成第 23 條的本地立法，導致國家安全受到危害，中央也只能「徒呼

奈何」、「逆來順受」。所以，在西方勢力眼中，香港國家安全法的頒佈實施足以「證明」中央對香港、英國和國際社會背信棄義，既摧毀了《基本法》，也摧毀了香港的高度自治。

（六）把香港的民主發展當作是「一國兩制」和《基本法》的首要目標，而罔顧其他更重要的目標，從而處處偏幫和慫恿香港的反對勢力以鬥爭方式爭取「民主」。西方勢力尤其是美國素來把輸出西方民主為其對外事務中的首要任務。無論是在別的國家策動「顏色革命」或者以軍事入侵方式改變別國的政權，只要有利於「西方民主」的實踐，都會被西方勢力認為是正義之舉，都是應該受到西方的歡迎和支持的。事實上，在「一國兩制」下，香港政治體制的首要目的是要維護國家利益、捍衛國家安全、保存香港的資本主義體系和保持香港的繁榮穩定，民主發展作為「一國兩制」所要達到的目的相對次要，而且香港的民主發展不能妨礙其他更重要的目的的達致。在西方勢力的眼中，香港的政治體制是一個方便中國共產黨操控香港的威權體制，是箝制個人自由的非民主體制，當然也是一個缺乏認受性的政治體制。因此，不斷否定和衝擊香港政治體制的香港的反共反華分子便成為西方勢力的寵兒。西方勢力不斷鼓動香港的反對勢力爭取政制改革以達到奪取香港管治權的目標。那些人被吹捧為反共分子、民運人士和人權鬥士，而他們以「爭取民主」、「打倒暴政」、「違法達義」為口號的違法抗爭和暴力行為更得到西方勢力的認可、鼓勵、培養、資助和包庇。至於那些人的所作所為是否才是破壞「一國兩制」和《基本法》的惡行和元兇，在西方勢力的雙重標準下根本不在考慮之列，他們更不會被西方勢批評和譴責。西方勢力甚至認為只有在反共反華勢力在香港掌權後，西方勢力所理解和界定的「一國兩制」才真正能夠得到體現。

（七）把「一國兩制」和《基本法》理解為單純為了維護香港的繁榮穩定的舉措，而罔顧其作為「國家優先」的大政方針的本質。西方勢力一貫相信剛剛進入「改革開放」階段的中國極度重視和依賴香港，因此整個「一國兩制」的設計都是為了讓香港人尤其是投資者放心的一套制度。西方勢力無視中央的「一

國兩制」對港方針的首要考慮是國家統一、安全和發展，但同時盡量照顧香港人和各方面投資者的利益。因此，每當中央出手維護國家的利益與撥亂反正、並遇到香港反對派阻撓和批評的時候，西方勢力總會與香港的反對勢力沆瀣一氣，嚴厲質疑中國政府對履行「一國兩制」和《基本法》的誠意和決心。近年來，當西方勢力無所不用其極遏制中國的崛起之際，他們與香港的「反中亂港」分子的勾連，更是明目張膽和愈趨狂妄。

（八）把普通法當成是解釋《基本法》的唯一方法，否定《基本法》是一部全國性基本法律的本質，不認同《基本法》的本質是落實中央對港政策的法律手段，不接受全國人大常委會的立法解釋權，質疑內地法律工作者的專業修養、道德和能力，又不認同中央按照內地的大陸法系傳統解釋《基本法》的做法。因此，西方勢力把香港的法院特別是香港終審法院當成是對「一國兩制」和《基本法》解釋的「終極權威」，否定全國人大常委會對《基本法》的最終解釋權力和解釋結果。任何人大釋法或中央對香港終審法院的裁決的不同意見都被批評為中央的政治行為、破壞香港的法律制度和司法獨立、以及損害國際社會對香港法治的信心。

（九）把香港與內地愈趨緊密的經貿關係當成為高度自治的隕落，讓中國政府更有能力和渠道「干預」香港事務和侵蝕「港人治港」。西方勢力反對接受香港加入國家的五年規劃，批評香港改變了香港原來的資本主義體系，為特區政府越來越干預經濟活動鋪路。西方勢力不明白也不接受在「一國兩制」原來的構思中，香港與內地加強往來，讓香港的「一制」能夠為國家的中國特色社會主義的發展作出獨特甚至是不可替代的作用就是「一國兩制」的本來意圖，也是「一國兩制」能夠行穩致遠的基本條件。中央出手協助香港應對香港獨力無法平息的「修例風波」和新冠肺炎疫情，更被一些別有用心的西方人貶損為中央要削弱香港的高度自治。

（十）任何在香港推行的憲法教育、《基本法》教育、國民教育、歷史文化教育、國家安全教育都被妖魔化為政治「灌輸」或者「洗腦教育」，因為那些

教育內容肯定不會符合西方勢力對中國、香港、「一國兩制」和《基本法》的理解，都會提高香港人對西方對國家和香港的警惕，從而削弱西方勢力和香港反對勢力的政治和文化影響力和他們在「一國兩制」詮釋上的話語權。

毫無疑問，在未來中國與西方不斷較量的過程中，意識形態的爭鋒肯定會越來越激烈。香港則必然是兩股勢力鬥爭的戰場之一，而鬥爭的焦點則是對「一國兩制」和《基本法》的不同理解和詮釋。2019 年底，中共中央四中全會決定了要大力整治香港的亂局、維護國家安全、確保「一國兩制」在香港全面和準確實施，而廓清西方勢力對「一國兩制」和《基本法》的錯誤詮釋在香港的影響，特別是對年輕人的荼毒，必然是中央和香港愛國力量重奪話語權的關鍵一步。

（原載《橙新聞》2021 年 1 月 16 日）

「和平統一、一國兩制」是台灣未來的最佳和唯一出路

✦　✦　✦

2019 年 1 月 2 日，中共中央總書記習近平出席在北京舉行的《告台灣同胞書》發表 40 週年紀念活動並發表重要講話。習近平總書記的講話面向全世界，尤其面向全體台灣同胞。他的講話標誌着大陸方面正式啟動兩岸統一的具體進程，因此意義非凡。習近平總書記在講話中指出，國家統一是不可逆轉的歷史大勢，是海內外中國人的熱切盼望，而「和平統一、一國兩制」則是實現國家統一的最佳方式。然而，即便和平統一乃最好的結局，但中國大陸不會承諾放棄使用武力以達致國家統一，但針對的是外部勢力干涉和極少數「台獨」分子及其分裂活動。

習近平總書記的講話清晰闡明了新時代中國政府的對台方針政策，日後將會認真落實和嚴格執行。由此以觀，台灣同胞已經到了抉擇時刻，要麼繼續堅持兩岸分裂的立場，要麼積極誠懇與大陸方面磋商探索「一國兩制」的具體實現形式。時至今天，大陸方面對台灣以各種拖延或阻礙國家統一的伎倆已經越來越不耐煩，尤其是有理由相信美國意圖把台灣納入其旨在遏制中國崛起的「印度太平洋」戰略、令台灣成為國家安全威脅之際。國家愈遲統一，兩岸的實力對比將更為懸殊，台灣面對的風險和將要付出的代價將會越來越大。繼續拒絕承認「一個中國」原則，甚至推動「台獨」，加強勾結美國和日本，只會迫使大陸以武力達致國家統一，讓台灣陷入險境，這不但會為台灣同胞帶來災難，也為中華民族帶來傷害。

事實上，無論是從歷史發展大勢或是從國際形勢變化的角度看，「和平統一、一國兩制」絕對是台灣未來的最佳和唯一出路，捨此別無他途。維持「兩個中國」、「一中一台」、「兩岸分治」的局面只會對台灣的發展不利，而「台獨」更是死路一條。台灣同胞如果接受「一國兩制」，國家便能夠達致和平統一，

而台灣作為中國的不可分割的部分的發展、福祉和國際活動空間亦將大為提升。

　　首先，國際社會尤其是東亞和東南亞國家越來越不願意看到兩岸分裂和由此而帶來的對世界或地區和平的潛在或現實威脅。世界各國最為擔憂的事，莫過於中國以武力促統。中美兩大強國如果因為台灣問題而爆發戰爭，對全世界必然會帶來毀滅性的打擊。因此，很難想像在愈趨強大的中國的堅決反對下，「台獨」或任何形式的、久久解決不了的兩岸分裂局面會得到國際社會的接受。習近平總書記在講話中提到的「世界上只有一個中國，堅持一個中國原則是公認的國際關係準則，是國際社會普遍共識」是有堅實依據的，具體表現在世界上絕大多數國家都承認中華人民共和國為唯一的中國，而承認台灣為『中國』的國家只是寥寥幾個小國，而且其數量還在減少之中。總書記進而指出，「中國的統一，不會損害任何國家的正當利益包括其在台灣的經濟利益，只會給各國帶來更多發展機遇，只會給亞太地區和世界繁榮穩定注入更多正能量，只會為構建人類命運共同體、為世界和平發展和人類進步事業作出更大貢獻。」因此，在國際社會的反對下，「台獨」和任何形式的長期「兩岸分裂」都難以成為事實。如果國際社會認同「一國兩制」對台灣的生存、福祉和發展有利，世界各國會樂見中國的統一，從而讓台灣問題作為一個威脅世界和平的因素從此徹底消除。美國國內的確有一股勢力不斷鼓吹加強與「台獨」分子的聯繫，不時在台灣問題上挑釁中國，試圖利用台灣牽制中國，甚至希望引爆兩岸戰爭來達到弱化中國的目的，但卻從來不敢保證會在大陸以武力收復台灣時出兵協防台灣。然而，即便在美國，近年來也出現一種聲音，認為美國應該放棄台灣，不再堅持那個長期以來所作出的「保衛台灣」的「模糊」承諾，從而不讓台灣問題繼續成為困擾中美兩國關係的重大因素，防止因為台灣問題而發生會令美國蒙受巨大損失的中美大戰。再者，無論是誰當美國總統，美國衰落的趨勢還會延續下去，「美國優先」的政策仍將會繼續奉行，美國將會不斷減少或放棄對其他國家包括其盟友過去曾作出的安全保證，伊拉克和阿富汗乃證明美國不可靠的最佳實例。這些發展趨勢已經促使不少國家丟掉對美國的期盼並謀

求自保之道，日本和歐洲各國是最佳的例子。所以，如果大陸最終在不得已情況下採取武力達致國家統一的話，期望美國為了台灣而不惜與強大的中國一戰越來越不切實際。當然，為了其國內軍工產業的利益，美國還會繼續售賣次等武器裝備予台灣，或者強制台灣購入美國的次等武器裝備，不過那些東西不可能在大陸武力攻台時有效保衛台灣，只會增加台灣的財政負擔和對美國的無實際意義的依附而已。

「台獨」固然不能成事，長期維持「兩岸分治」的現狀其實也不可能。即便兩岸的經貿和民間交往頻繁，但由於統一問題遲遲未能解決，兩岸的政治和軍事緊張狀態難以終結，從而讓兩岸關係始終籠罩在陰霾之中。2016 年蔡英文當選台灣「總統」後，拒絕承認「一個中國」的「九二共識」，並在香港的「修例風波」中扮演極不光彩的角色，引致兩岸關係嚴重倒退。在大陸的強力反制下，台灣的國際活動空間大為壓縮，在世界上愈趨孤立，嚴重影響台灣的發展：兩岸經貿關係也因此而大幅萎縮，重創了台灣的經濟和民生。只要台灣繼續抗拒國家統一，則大陸對台灣的反制力度將會不斷升級，台灣將會陷入難以自拔的困局。鑒於世界經濟將長期處於低迷狀態，國際貿易、金融和科技保護主義肆虐日甚，而美國和其西方盟友又對中國施加各種制裁，與大陸經濟關係密切的台灣的未來經濟不但會困難重重，而其發展也只會更多地依賴大陸、亞洲和一些其他發展中國家，而加入一些對台灣經濟發展至關重要的區域性經濟合作組織（「一帶一路」、中日韓自貿區、區域全面經濟夥伴關係協定 [RCEP]、東盟 + 中國自由貿易區）更是重中之重。然而，在兩岸關係惡化和缺乏大陸支持的情況下，台灣難以為自己開拓新的經濟發展空間。

兩岸關係惡化所帶來的經濟困境，最終也會導致台灣內部的政治矛盾和不穩。如果台灣的經濟和民生凋敝問題持續或惡化，則無論是國民黨或民進黨都會失去民心和管治能力，引發島上連綿不斷的政治衝突和動盪不安。內部不穩將會促使台灣同胞深切思考台灣的政治前途，同時認真對待大陸提出的「一國兩制」方針，屆時圍繞着是否應該與大陸開展以「一國兩制」達致國家統一的談

判將會觸發台灣內部的激烈政治鬥爭。在政治和經濟困局不斷惡化的情況下，務實和求變心態有望在台灣抬頭，為以「一國兩制」方式統一中國鋪平道路。

1981 年全國人大委員長葉劍英提出的有關和平統一台灣的九條方針政策（「葉九條」）中，已經具備了「一國兩制」的雛形。不過，由於台灣方面對「一國兩制」反應冷淡，「一國兩制」反而率先應用在解決香港問題上，並讓國家得以透過和平方式從英國人手中收回香港，推進了國家統一的進程。1997 年香港回歸祖國，迄今「一國兩制」在香港已經實施了超過 20 年。總體而言，儘管出現了一些偏差和震盪，「一國兩制」在香港的貫徹基本上是成功的，既符合了國家的利益，也符合了香港的利益。那些偏差和震盪包括維護國家安全的《基本法》第 23 條尚未完成本地立法的工作、香港的反對勢力仍在不斷阻撓「一國兩制」在香港的全面和準確實施、內外敵對勢力不時在香港策動鬥爭、動亂和動亂、中央在「一國兩制」下的權力和責任仍然沒有得到部分香港居民的理解和尊重等。縱然個別西方國家對香港回歸後出現的一些情況和現象有所批評，但總的來說它們也不得不承認香港在法治、人權、自由、開放、包容、廉潔、行政效率、營商環境、國際聯繫、經濟發展、生活水平等方面在世界上名列前茅。香港政治體制的民主程度比回歸前要高得多。香港經濟的持續發展更得益於中央一系列惠港政策和香港積極利用國家發展所帶來的機遇。香港仍然是連接中國和世界的重要橋樑和通道，而且這個角色隨着中國的進一步開放將會更形重要，在一些方面更是不可取代（比如作為中國的國際金融中心、法律仲裁中心、信息中心、航運中心、國際聯繫中心）。近年來，一些來自西方國家和台灣的人士，無論是出於惡意或者對香港的「一國兩制」的誤解而指控中國政府違背了對「一國兩制」的承諾，悍然干預香港的「內部事務」，因此導致「一國兩制」在香港失敗，令香港朝「一國一制」「過渡」。出於惡意的人顯然是極不願意看到「一國兩制」在香港成功實施，因為他們壓根兒不相信一個在中國共產黨領導下的中國能夠真心容納和搞好一個奉行資本主義的香港。他們不喜歡看到香港在回歸祖國後能夠在「一國兩制」下發揮獨特優勢配合中國的崛起，從而讓中國對

西方世界成為越來越大的「威脅」。對一些台灣同胞，尤其那些有「台獨」和「分裂」傾向或者是掌控政治權力的人來說，「一國兩制」在香港成功實施，將會讓更多台灣同胞願意接受「一國兩制」來達致中國統一，從而威脅他們的利益、地位和「信念」。無論是那些西方人或台灣同胞，他們指控中國政府的理據不外乎是近年來香港發生的一些事件，特別是香港沒有西方模式的行政長官普選制度、「佔領中環」行動沒有能夠促使中國政府在政改問題上對反對派讓步、中國政府收窄香港反對派的政治活動和參與議會選舉的空間、人大釋法、「一地兩檢」、外國記者會署任主席馬凱的續期工作簽證申請被拒、中聯辦為了偏幫愛國力量而介入香港的議會選舉、言論自由收窄、香港國家安全法的頒佈實施、選舉制度的深度改革等，不一而足。然而，所有這些批評在相當程度上是出於對香港「一國兩制」的錯誤理解或蓄意歪曲，背後的假設是香港乃獨立政治實體，因而否定了中央在香港特別行政區依法享有的權力和需要履行的責任。其實，按照「一國兩制」的「總設計師」鄧小平的構思，香港的「一國兩制」有四大核心內容。其一是中央授予香港高度的自治權；其二是與此同時香港必須履行維護國家主權和安全的責任，具體要求是香港不能成為反對中國共產黨、顛覆中央政府和破壞內地社會主義體系的顛覆和滲透基地；其三是中央享有確保「一國兩制」全面和準確實施、維護國家利益、制定香港特區的政治制度、解釋《基本法》、履行外交和國防職能等權力。其四是必須由愛國者治理香港，不能讓與中央對抗的勢力掌控香港特區政權。在維護國家安全和保證「一國兩制」在香港特區成功實踐上，中央而不是香港特區才是「第一責任人」。回歸以來一段頗長時間內，中央對香港特區採取了甚為優容和寬鬆的政策，但那些政策卻未能防止那些堅持與中央對抗的香港反對勢力的壯大，以及未能避免不少香港居民有從「香港乃獨立政治實體」的角度來理解「一國兩制」的情況。結果是「一國兩制」在香港的實施出現了偏差和震盪，具體表現在中央的權力和責任不受尊重，而香港發生越來越多與中央對抗的事態和動亂。近年來，為了糾正「一國兩制」在香港實施所出現的偏差，確保「一國兩制」不變形、不走樣，保證「一國兩制」的實施

能夠達到原來的戰略目標，中央在不得已的情況下才出手匡正局面，讓「一國兩制」在既能對國家有利，又能對香港有利的基礎上得以行之久遠。經過數年來的努力，特別是香港國家安全法的實施和選舉制度的改革，中央的撥亂反正方針已經取得了相當成效，各種對國家和政權構成威脅的香港內部和外部勢力受到嚴密的約束，他們從事不利於「一國兩制」的全面和準確實施及威脅國家和政權安全的「自由」和「權力」也被「收回」。然而，雖然中央的撥亂反正工作實際上是讓香港的「一國兩制」回到正軌，符合「一國兩制」的原意，但那些工作卻無可避免地被一些別有用心的西方人和香港特區的反對派人士曲解為中央違反「一國兩制」的例證。在台灣，不少媒體和政治人物也刻意歪曲事實去誤導台灣同胞，導致不少台灣同胞對「一國兩制」達致中國統一產生抗拒。為了國家統一大業的完成，中央和香港各界有需要通過細緻、耐心和積極的解說工作，讓台灣同胞明白中國政府恪守它對香港「一國兩制」的承諾，從而增強他們對在台灣實施「一國兩制」的信心。

不過，因為中國政府授予台灣的「一國兩制」方針政策一定會比香港的「一國兩制」更為優厚和寬鬆，實際上縱使部分台灣同胞對回歸後香港發生的一些事情不滿或誤解，他們也應該知道那些事情絕對不會在台灣出現。一直以來，儘管中國政府宣示的對台灣的「一國兩制」方針基本上是原則性的，但從中已可窺見與香港「一國兩制」的差異。根據「葉九條」，其中一個差異是台灣的「一國兩制」沒有「五十年不變」的時間規限。另一差異是「台灣現行社會、經濟制度不變」，意味着台灣可以保留其比香港「民主」程度更高的產生政治領導人和議會成員的制度。再有一個差異則是台灣「並可保留軍隊」。1995 年江澤民總書記提出的對台政策的「八項主張」和 2008 年胡錦濤總書記倡議的「胡六點」對台方針，大體上都沒有改變「葉九條」的內容，不過卻因應台灣出現的事態而特別強調「一個中國」、維護國家主權和反對「台獨」的原則。習近平總書記銳意啟動國家統一進程，因此對台灣的「一國兩制」內容說得更為具體和詳細，特別強調中央會以開放態度與台灣同胞共同探討「一國兩制」的具體安排。他

說：「『一國兩制』的提出，本來就是為了照顧台灣現實情況，維護台灣同胞利益福祉。『一國兩制』在台灣的具體實現形式會充分考慮台灣現實情況，會充分吸收兩岸各界意見和建議，會充分照顧到台灣同胞利益和感情。在確保國家主權、安全、發展利益的前提下，和平統一後，台灣同胞的社會制度和生活方式等將得到充分尊重，台灣同胞的私人財產、宗教信仰、合法權益將得到充分保障。」習近平總書記更示意在中國統一後台灣同胞在「一國兩制」下將會得到的東西。他指出：「我們對台灣同胞一視同仁，將繼續率先同台灣同胞分享大陸發展機遇，為台灣同胞台灣企業提供同等待遇，讓大家有更多獲得感。和平統一後，台灣將永保太平，民眾將安居樂業。有強大祖國做依靠，台灣同胞的民生福祉會更好，發展空間會更大，在國際上腰桿會更硬，底氣會更足、更加安全、更有尊嚴。」由此以觀，台灣「一國兩制」的條件比香港的「一國兩制」的條件更為優厚。所以，即便部分台灣同胞對「一國兩制」在香港的實踐有不同意見，但他們現在所擁有的高度民主、自由和人權不會被削弱，反而有進一步擴大的可能性。再者就是，台灣將會有更多機會參與區域性經濟合作組織和擴大國際活動空間，有更大能力抵禦國際貿易、金融、投資和科技保護主義及應對難免會不時出現的全球經濟衰退，並可充分利用中國崛起帶來的發展機遇來推動自身的提升。

總而言之，在國際社會不支持、大陸與台灣的力量差距不斷擴大和大陸必然會以強硬手段對付「台獨」的情況下，「台獨」乃死路一條，維持「兩個中國」、「一中一台」或「兩岸分治」只會讓台灣目前的困局不斷惡化並引發台灣的內部動盪。誠如習近平總書記所言，「統一是歷史大勢，是『正道』。『台獨』是歷史逆流，是絕路。」可以肯定地說，「和平統一、一國兩制」是台灣未來的最佳和唯一出路，也是達致中國統一和中華民族團結的最好方式。機不可失，時不再來，現在應該是台灣同胞作出英明抉擇的歷史時刻。

(原載《大公報》2019 年 1 月 16 日)

香港當務之急是止暴制亂

✦ ✦ ✦

當前，香港正發生回歸以來最嚴重的違法暴力活動，究竟何時和以何種方式結束現在尚未可知。此時此刻，重溫「一國兩制」事業的奠基人鄧小平過去對香港問題的論述最能發人深省。儘管鄧小平深信如果要以和平方式從英國人手上收回香港與保持香港長期繁榮穩定，則「一國兩制」乃最佳的方針政策，捨此別無他途。可是，考慮到香港內部的政治複雜性和西方國家對中國崛起的抗拒，鄧小平從居安思危和深謀遠慮的戰略高度，早就預見到回歸後香港內部和外部反華勢力聯手在香港製造動亂，並以此牽制中國崛起的可能性。為了應對那些可能出現的動亂，「一國兩制」和香港《基本法》都制定了相關的法規和對策，讓中央在必要時可以出手平息香港的動亂，從而保障「一國兩制」的運行，維護香港和國家的主權、安全和發展利益。當然，如果香港特別行政區能夠自行平息動亂，則「港人治港」和高度自治便更能充分體現。

鄧小平分別在 1984 年和 1987 年發表的兩段講話，清晰地看出他在香港問題上的高瞻遠矚和憂患意識。他在 1984 年 10 月 3 日說：「再一個是有些人擔心干預。不能籠統地擔心干預，有些干預是必要的。」「切不要以為沒有破壞力量。這種破壞力量可能來自這個方面，也可能來自那個方面。如果發生動亂，中央政府就要加以干預。由亂變治，這樣的干預應該歡迎還是應該拒絕？應該歡迎。所以事物都要加以具體分析。」「在香港駐軍還有一個作用，可以防止動亂。那些想搞動亂的人，知道香港有中國軍隊，他就要考慮。即使有了動亂，也能及時解決。某種動亂的因素，搞亂的因素，不安定的因素，是會有的。老實說，這樣的因素不會來自北京，卻不能排除存在於香港內部，也不能排除來自某種國際力量。」

鄧小平在 1987 年 4 月 16 日又說，「不要以為香港的事情全由香港人來

管，中央一點都不管，就萬事大吉了。這是不行的，這種想法不實際。中央確實是不干預特別行政區的具體事務的，也不需要干預。但是，特別行政區是不是也會發生危害國家根本利益的事情呢？難道就不會出現嗎？那個時候，北京過問不過問？難道香港就不會出現損害香港根本利益的事情？能夠設想香港就沒有干擾，沒有破壞力量嗎？我看沒有這種自我安慰的根據。如果中央把甚麼權力都放棄了，就可能會出現一些混亂，損害香港的利益。所以，保持中央的某些權力，對香港有利無害。」「有些事情，比如一九九七年後香港有人罵中國共產黨，罵中國，我們還是允許他罵，但是如果變成行動，要把香港變成一個在『民主』的幌子下反對大陸的基地，怎麼辦？那就非干預不行。干預首先是香港行政機構要干預，並不一定要大陸的駐軍出動。只有發生動亂、大動亂，駐軍才會出動，但是總得干預嘛！」

鄧小平這兩段講話，對中央和香港特別行政區應該如何應對香港當前的亂局有明確和適時的戰略指導意義。鄧小平的講話的核心意義，是中央乃維護「一國兩制」和香港繁榮穩定的「第一責任人」。即便中央在迫不得已的時候出手平定香港的動亂，也不表示「一國兩制」在香港的結束，反而是中央履行中央對國家和對香港的神聖責任，讓「一國兩制」能夠排除香港反中亂港勢力的干擾或破壞而行穩致遠。當然，最好的結局還是香港特別行政區能夠自行妥善平息亂局，從而證明香港人有足夠智慧和能力治理香港和維護國家的安全和利益。

香港當前這場嚴重暴亂源於香港內部和外部反華勢力聯手反對香港特區政府修訂《逃犯條例》，並在香港社會引發政治恐慌及反政府情緒。然而，在香港特區政府正式宣佈已經徹底終止修例工作，並鄭重就有關工作的失誤向公眾道歉之後，違法暴力活動不但沒有停止，反而越演越烈。香港的反對派、激進暴力分子乃至外部的反華勢力趁機提出更高的政治要求，矛頭甚至直指中央，其最終目的無疑是要在實質上破壞「一國兩制」，奪取香港的管治權力，讓香港走向「完全自治」，讓香港成為美國和其西方盟友遏制中國崛起的棋子

或作為與中國博弈的籌碼。2019-2020 年爆發的違法暴力鬥爭可以說是 2014 年非法「佔中」行動的延續或「死灰復燃」。各種內外「反中亂港」勢力試圖借助此次違法暴力活動「翻盤」。他們不但希望一舉「收復失地」，更力圖大幅擴大「戰果」。種種跡象表明，此次暴亂關係到國家主權、安全與領土完整，關係到「一國兩制」在香港能否全面和準確貫徹落實，關係到香港與國家的關係，關係到香港的管治權歸屬，關係到國家聲譽，關係到中美戰略博弈，關係到香港在國際上的定位，也關係到香港的長期繁榮穩定。

為了得到勝利，香港內外的「反中亂港」勢力進行了前所未有的政治動員，不斷引爆香港的深層次矛盾和多年來積累下來的政治怨氣，發動特區政府內部和社會上不同界別的人，以大規模抗爭和鬥爭行動向特區政府和中央連番施壓。他們又在世界各地通過外國媒體對中央和特區政府大肆攻擊，並動員他們的支持者在一些西方國家的城市進行示威活動，目的是要爭取外部勢力進一步介入香港事務。在 2019 年下半年，大型示威遊行和激烈衝擊行動在香港此起彼落，一時間香港陷入回歸以來最嚴重的違法暴力行動之中。

此次違法暴力行動的一個突出現象是暴力犯罪活動屢屢發生，且暴力程度不斷上升。大量的違法暴力行為嚴重破壞了香港經濟的運作、社會的安定、治安、人身安全保障、法律制度、道德底線和香港人一直珍而重之的自由、人權、法治、包容和文明等核心價值。

據我觀察，肆無忌憚從事暴力犯罪的人數其實不多，核心分子的數量應該在數千人左右，其他暴力犯罪分子則不時利用他們提供的機會加入發難。表面上這些核心分子沒有組織、沒有「大台」(後台或領導)、欠缺周詳計畫和缺乏資源。不過，既然他們能夠進行長時間和顯然有策略的犯罪活動，則我們便很難相信沒有人對他們進行招募、收買、組織、培訓、思想灌輸、指揮和源源供應大量所需物資，也很難排除他們的後台是香港的反對派、「台獨」勢力和美國及其西方盟友。事實上，西方和台灣的某些政客、媒體不斷為他們吶喊助威，並警告中央和特區政府不要對他們以武力相向，否則便會對香港採取行動。

香港內外的反華勢力認為，單靠和平抗爭手段無法奏效，所以必須以更激烈的手段去取勝。他們希望通過發動大量的違法暴力行動來達到自己的不同政治目標，而香港警隊則在他們的策略中成為頭號必須打倒的絆腳石。

第一，他們意圖利用暴力手段在香港社會製造恐慌和憂慮，讓香港人感到「人人自危」，驅使香港人逼迫特區政府承諾推行「雙普選」來滿足他們奪取管治權的要求。

第二，他們希望通過暴力活動迫使香港警察以更大的武力進行遏制，從而激起那些對西方國家警察防暴手段不熟悉的香港人對香港警察「突然」「濫用武力」的不滿和譴責，轉而控訴香港警察殘暴，在香港人和警察之間製造對立，在香港社會製造更大的分化和對抗，讓香港亂上加亂。

第三，假如特區政府和香港警察不能夠有效遏止暴力行為，則他們的管治威信必受重創，社會上的反政府和仇恨警察的情緒會更加高漲，從而讓香港內外的反華勢力取得更大的、可以左右特區政府施政的力量，並因此而取得部分管治權力。

第四，連綿不斷的暴力行為無可避免會削弱香港的經濟活力和競爭力、導致各類資產貶值、引發裁員潮和增添民生疾苦。在這種情況下，特區政府會飽受香港人的怨懟和批評，讓香港反對派有擴大政治力量的機會。

第五，暴力充斥讓特區政府疲於奔命，難以集中精力推動有利於發展經濟和改善民生的工作。

第六，他們促使香港社會一些害怕暴力蔓延和抗爭不止的「有心人士」或熱衷於充當「和事老」的人，提出各種表面上是對反對派有利但實際上卻使局勢更為混亂的「建議」和「勸諭」，從而對中央和香港特區政府構成壓力。

第七，如果特區政府和香港警察最終不能平定亂局，則中國人民解放軍或武警便要出動平亂。屆時香港內外的反華勢力便會宣告香港的「一國兩制」已經壽終正寢，打擊香港人和國際社會對香港的信心，也為美國及其西方盟友進一步干預香港事務和向中國實施各種「制裁」提供口實。

總而言之,這些「反中亂港」勢力相信,一個政治動盪、社會不安、民生凋敝、經濟滑坡和民眾惶恐不安的香港會有利於他們迫使中央和特區政府答應香港內外「反中亂港」勢力的要求,讓他們取得相當部分的香港特區的管治權。一方面,「反中亂港」勢力在這樣的一個香港很有機會在政治上「翻盤」,甚至取得更多的政治力量。具體來說,「反中亂港」分子渴望這場違法暴力行動能夠讓他們在今年 [2019 年] 11 月的區議會選舉和明年 9 月的立法會選舉中取得佳績,從而讓他們可以用議會包圍政府,左右特區政府的施政,尤其是阻止香港訂立維護國家安全的法律法規。就算他們這些政治目標落空,起碼香港也會因為遭受違法暴力行動的踐踏而元氣大傷,使得特區政府管治困難和政局不穩,要恢復過來恐怕也要一段時間。這樣的一個香港對國家的發展不但作用下降,香港更會成為國家的政治包袱和安全威脅,而美國及其西方盟友和台灣也會經常利用香港製造麻煩。在那些情況下,「一國兩制」實在難以在香港全面和準確貫徹。

要有效妥善應對香港當前的亂局,逐步恢復香港的政治穩定和重建有利於經濟發展和民生改善的環境,當務之急就是止暴制亂,儘快遏止暴力和結束香港的亂局。誠然,就算暴力行為平息,和平示威活動也會在一段時間內繼續發生。不過,暴力行為平息後,香港人的理性和務實心態會有機會重新抬頭,而中央和特區政府也可以在較為平和的環境下,推展各項有利於改善經濟和社會局面的工作。

在止暴制亂的過程中,香港警察隊伍的重要性不言而喻。在中央不出手的情況下,香港警隊是守衛「一國兩制」、維護治安和遏制暴力的中流砥柱。在過去的兩個多月中,香港警隊恪守本分,忍辱負重,刻苦耐勞,在止暴制亂上發揮了重要作用。香港內外的「反中亂港」勢力當然清楚明白香港警隊對於保衛香港特區政權和維護「一國兩制」的重要性,所以才把香港警隊作為他們的主要攻擊目標。他們以各種手段抹黑警察,試圖瓦解警隊的士氣、分化警察隊伍和削弱其戰鬥力、散播對警察不利的虛假信息,通過各種方式在社會上製造「仇警」情緒,公開警察和他們家人的個人訊息,更鼓動部分市民妨礙警察的制

暴行動，等等。但即便如此，香港市民依然願意配合香港警隊的工作。更重要的是，在香港警隊面對嚴峻挑戰之際，中央和香港的愛國力量及時給予他們最大的支持、肯定和鼓勵，發揮了重要的鼓舞警隊士氣和加強其團結性的作用。

時至今天，隨着香港特區政府和警隊對暴力行為的遏制力度不斷加強，香港人對暴力行為的容忍度逐步下降，而越來越多的暴力分子又因為被抓捕而要付出沉重代價，暴力行為已經開始無以為繼。策劃、組織、資助和指揮暴力分子也開始意識到參與行動的香港人的人數亦在下降，而美國和其西方盟友對他們的支援也會因為中國的反制而有所收斂。不過，短期內香港內外的反華勢力仍會負隅頑抗，不會輕易收手，所以局勢還會相當反覆。因此，止暴制亂的工作依然迫切，但這項工作相信會越來越得到廣大香港人的支持，而反對暴力的社會氛圍亦已開始逐步形成。

展望將來，止暴制亂的工作必會成功完成，並對香港內外反華勢力產生相當的警示作用，讓他們知道以暴力行為迫使中央和特區政府屈服的圖謀是不可能得逞的。此次香港的嚴重違法暴力行動印證了鄧小平對回歸後香港可能出現動亂的判斷的正確性，也加強了廣大香港人對香港未來政局的危機感。在將來一段頗長時間，為了遏制中國的崛起，美國和其西方盟友、「台獨」勢力、香港的反對派和激進暴力分子不會因為此次未有成功而善罷甘休，必會捲土重來，在香港興風作浪，並以香港來脅迫中國。中央、特區政府和香港人對此也必會提高警惕，構築好各種防禦工事，目的是更好地維護國家和香港的安全，遏制那些妨礙「一國兩制」成功實踐的內外反華勢力，消除那些不利於「一國兩制」全面準確貫徹的消極因素，改變香港人尤其是年輕人對「一國兩制」和國家的認知，讓他們明白在「一國兩制」下所應該承擔的責任，從而讓「一國兩制」在香港得以行穩致遠。

（原載《人民日報》2019 年 8 月 30 日）

「五中全會」決定與香港

✦ ✦ ✦

去年 10 月底召開的第 19 屆中共中央四中全會制定了對香港的新的、全面的政策。具體內容包括:「健全中央依照憲法和《基本法》對特別行政區行使全面管治權的制度。完善中央對特別行政區行政長官和主要官員的任免制度和機制、全國人大常委會對《基本法》的解釋制度,依法行使憲法和《基本法》賦予中央的各項權力。建立健全特別行政區維護國家安全的法律制度和執行機制,支持特別行政區強化執法力量。健全特別行政區行政長官對中央政府負責的制度,支持行政長官和特別行政區政府依法施政。完善香港、澳門融入國家發展大局、同內地優勢互補、協同發展機制,推進粵港澳大灣區建設,支持香港、澳門發展經濟、改善民生,着力解決影響社會穩定和長遠發展的深層次矛盾和問題。加強對香港、澳門社會特別是公職人員和青少年的憲法和《基本法》教育、國情教育、中國歷史和中華文化教育,增強香港、澳門同胞國家意識和愛國精神。堅決防範和遏制外部勢力干預港澳事務和進行分裂、顛覆、滲透、破壞活動,確保香港、澳門長治久安。」

「五中全會」在今年 10 月 26-29 日召開,在會後的會議公報中,涉及香港的部分只有寥寥一句:「要保持香港、澳門長期繁榮穩定。」這表示,中央決定繼續執行「四中全會」制定的對港政策,所以無需再就對港政策作詳細論述。

「四中全會」對港政策的主軸是「止暴制亂」,維護國家的安全,遏制香港內外敵對勢力,而首要手段是「建立健全特別行政區維護國家安全的法律制度和執行機制,支持特別行政區強化執法力量。」

當前香港的新情況主要是香港國家安全法已經頒佈實施,並發揮了重

要的震懾作用，香港內外敵對勢力在香港的活動在中央和香港特區政府聯手對付後受到有效遏制，香港的穩定和秩序正在快速恢復。然而，以美國為首的西方陣營卻不斷加大對香港的制裁，減少與香港的聯繫，打擊香港的經濟，詆毀「一國兩制」，力圖削弱香港在國家發展中所擁有的獨特優勢和所能發揮的不可取代作用。香港一直以來作為中西方橋樑的角色難免會不斷弱化。突然而來的新冠疫情重創了西方國家的經濟，再加上「逆全球化」趨勢方興未艾，民粹主義和保護主義在西方國家抬頭，香港能從西方獲得的發展機遇亦會不斷減少。同樣地，香港亦受到新冠疫情的蹂躪，原來因為過去一年多的暴亂已經飽受摧殘的香港經濟情況更為嚴峻，香港當前迫切需要借助能夠成功控制疫情，抵禦美國和其西方盟友的打壓，並恢復經濟增長的內地的支援。國家在新時代和新形勢下擘劃了「以國內大循環為主體、國內國際雙循環相互促進」的發展戰略，而粵港澳大灣區建設和把深圳建設成為中國特色社會主義先行示範區則是重大部署。

　　儘管「五中全會」沒有對香港提出新的政策，但鑒於過去一年香港面對更為險惡的外部環境和嚴重的經濟困難，而在美國和西方陣營的進一步遏制下，國家安全面對更為嚴峻的威脅，按照「四中全會」對港政策的目標和精神，儘管止暴制亂已經取得顯著成效，香港仍然必須進一步鞏固保衛國家安全的屏障，而加速「融入國家發展大局」則無疑是香港突破發展困局，重上發展軌道的不二法門和迫切任務。積極參與粵港澳大灣區建設和深化強化深港合作則肯定是重中之重。香港必須積極有效利用其在「一國兩制」下的獨特優勢配合國家的新發展戰略才有可能煥發生機、處理好自己的深層次社會矛盾和保持其在國家發展中的重要角色。

　　「五中全會」決定體現了中央主動大力推動香港「融入國家發展大局」的意向、決心和佈局。要讓香港儘快「融入國家發展大局」，單憑香港自身努力不為功，中央的支持和領導不可或缺。可以預期，在推動香港「融入國家發展大局」、深度加入國家「十四五」規劃、參與粵港澳大灣區建設和深

港合作等方面，中央將會發揮更積極的引領和扶持作用，而「四中全會」所宣示的一些對港政策的實施亦更形迫切。

(2020 年 10 月 30 日《橙新聞》，原題為〈「五中全會」對港政策延續『四中全會』主軸，止暴制亂維護國安〉)

「一國兩制」、國家安全和《逃犯條例》修訂

❖　❖　❖

「一國兩制」的總設計師鄧小平很久以前已經明確指出，「一國兩制」要成功實踐，須要滿足兩個核心要求。那就是，中央尊重香港的制度和生活方式，但香港不能成為國家安全的威脅。如果香港變成危害中央和內地的「顛覆基地」的話，則中央非干預不可，而「一國兩制」亦將無以為繼。換句話說，「一國兩制」的未來與香港能否切實擔負維護國家安全的重責有密切關係。

然而，儘管香港回歸祖國已經超過 20 年，但從法律角度看，香港的維護國家安全的機制依然存在兩大漏洞。一是《基本法》第 23 條尚未完成本地立法工作；二是香港與內地尚未簽訂一項涵蓋各種危害國家安全罪行的相互移交逃犯的協定。更甚者，即便香港與內地已經簽訂了相互移交逃犯的協定，如果《基本法》第 23 條尚未成為香港的本地法律的話，那些在內地干犯了類似第 23 條所涵蓋的罪行的人即使潛逃到香港，香港也沒有法律依據應內地要求將有關逃犯移送內地執法機關。這兩大漏洞的存在，讓國內外的敵對勢力可以派遣人員到內地進行顛覆、滲透和情報收集活動，並利用香港作為策劃基地、庇護所和逃逸到外地的通道。也因為如此，在某程度香港其實已經被香港的反對派勢力和外部勢力利用作為針對中國共產黨和內地社會主義體制的「顛覆基地」、「滲透基地」和「情報中心」。與此同時，香港也成為了在內地犯有貪污、資金外逃、洗黑錢、國有資產流失等罪行人士的避難所和「指揮中心」，嚴重威脅國家的經濟和金融安全。從「一國兩制」的角度看，因為《基本法》第 23 條和《基本法》第 95 條有關香港與內地進行司法合作和互助安排的條文尚未落實，「一國兩制」在香港特區也就難言已經全面和準確貫徹。

更為嚴重的是，在移交逃犯一事上，內地與香港關係既不對等也不公平。香港回歸後，內地司法機關為支持香港特區打擊犯罪，克服了種種法律障礙，

單方面地先後向香港移交了 260 多名嫌疑犯，但卻未曾有過一起香港向內地移交逃犯的案例。這種情況對促進兩地同胞的感情不利，也容易讓中央和內地同胞質疑香港人對維護國家安全的誠意和承擔。香港特區長期成為國家安全的隱患和威脅，是眾所周知的事情。國家領導人和中央官員近年來也對此頻頻提出忠告。這種狀態長此下去，香港「一國兩制」的未來也會蒙上陰影。越來越多人會質疑究竟「一國兩制」是否真的一項同時對香港和對國家有利的重大國策。

為了體恤香港人的憂慮，中央把維護國家安全的立法工作交託香港人。雖然有關立法工作在香港回歸 20 多年後尚未完成，而迄今香港與內地尚未簽訂相互移交逃犯的協定，但只要國家安全沒有受到嚴重威脅，中央會繼續容忍這種不理想和不合理的情況存在。

時至今日，香港的法律漏洞、國家安全和「一國兩制」等問題因為香港居民陳同佳涉嫌在台灣殺害女友後返回香港，香港與台灣卻因為沒有相互移交逃犯的協定而無法將陳同佳引渡到台灣受審而同時暴露出來，成為了一個難以迴避的問題。香港特區政府因此向立法會提出修訂《逃犯條例》的建議。此次修訂的目的是要讓特區政府有法律依據可以用個案方式與台灣、澳門和內地相互移交逃犯。就香港與內地關係而言，此次修訂並非是香港與內地簽訂正式、全面、恆常和制度化的相互移交逃犯的協定，但總算走出了重要一步，為日後兩地簽署正式協定、讓兩地相互移交逃犯的安排的制度化和恆常化鋪路。即便如此，此次修訂對維護國家安全、鞏固「一國兩制」肯定有一定幫助。

不過，為了減少政治敏感性和反對聲音，避免讓反對派和外部勢力把《逃犯條例》修訂與《基本法》第 23 條本地立法掛鈎、不讓他們趁機批評特區政府為了討好中央而不惜破壞香港的高度自治，或者不希望得罪那些與香港經貿關係密切但卻在一些方面對國家安全構成威脅的西方國家，又或者維護國家安全在此次修訂中不是最重要考慮，特區政府從一開始便把此次法例修訂當作一樁由特區政府主動提出的、簡單的、「技術性」的、與政治無關的、只涉及現有法律條文修訂的、屬於高度自治範圍內的、不涉國際政治的香港「內部」事務，

從而讓《逃犯條例》的修訂工作能夠儘快順利完成，因此把此次法律修訂的目標「狹隘」地定為（一）讓香港可以向台灣移交涉嫌殺人的疑犯陳同佳，（二）堵塞法律漏洞，防止香港成為來自其他地方的逃犯的庇護所，從而更好地維護香港和其他地方的治安、彰顯法律公義、以及提升香港在法治方面的國際聲譽。然而，由於《逃犯條例》修訂涉及香港與內地相互移交逃犯和落實《基本法》第 95 條，要順利執行的話，必須得到內地的配合和中央的認可與支持，因此從一開始《逃犯條例》修訂便屬於國家層面的事情，不可能單方面由特區政府自行處理。香港特區政府在提出《逃犯條例》修訂前不可能不與中央進行磋商。由於特區政府把《逃犯條例》修訂為一樁簡單的、「技術性」的和局限於法律層面的本地立法事務，所以沒有作出周詳的政治評估和策略部署，沒有在事前先徵得愛國力量的認同與支持，沒有做好事先安撫商界的工作，沒有在社會上營造有利於法律修訂工作的民意氛圍，更沒有與中央一起制定一套聯手作戰的政治策略。此外，特區政府恐怕也沒有充分意識到當前波譎雲詭的國際形勢，和西方國家的可能反應對《逃犯條例》修訂所帶來的障礙和衝擊。

無論如何，香港特區政府意圖把《逃犯條例》修訂「非政治化」的「如意算盤」沒有打響，反而讓自己最終在話語權上處於下風。《逃犯條例》修訂的建議提出後，起初的確沒有太多人關注，而香港的反對派也不以為意。不過，不旋踵，外部勢力率先發難，先由若干外國商會尤其是美國商會「打頭陣」，表示《逃犯條例》修訂後對外國商人構成威脅，擔心西方國家的公民會被香港特區政府移交內地審判並在內地服刑，同時藉此機會對內地的司法體系大加詆毀。嗣後，部分香港商人也表示擔憂《逃犯條例》修訂後，會令他們在自覺沒有違法下干犯內地法律，或被內地「羅織」罪名而身陷囹圄。近年來處於低潮的香港反對派見獵心喜，認定《逃犯條例》修訂為他們提供一個在政治上「翻盤」的黃金機會，因此馬上以不同方式，包括接受西方國家政客的邀請到美國、加拿大、德國等國陳情，聯同外部勢力（包括台獨分子）向香港特區政府發動前所未有的攻勢反對《逃犯條例》修訂，用粗暴手段在立法會內阻止《逃

犯條例》修訂的審議工作，通過散播假消息、歪曲事理、嘩眾取寵、污衊詆毀等卑劣手段在香港社會製造恐慌，並在香港全面、多領域和多層次地發動羣眾反對法律修訂，務求打擊中國的國際聲譽、香港的法治形象、香港的穩定與秩序、香港特區政府的管治威信和能力、增值反對派在香港特區的政治「話事權」，更希望讓《基本法》第 23 條的本地立法工作從此壽終正寢，讓香港得以繼續成為外部勢力對付中國的「顛覆基地」、「滲透基地」和「情報中心」。

事實上，外部勢力和香港反對派已經合謀把《逃犯條例》修訂一事演化為重大政治事件。他們上綱上線地與「一國兩制」、《基本法》第 23 條本地立法（恐嚇說《逃犯條例》修訂「衰過」23 條）、高度自治、司法自主權、香港與內地關係、香港與中央關係、香港與西方國家關係、香港人和在香港居住的外國人的人權、安全和自由捆綁在一起，趁機抹黑中國政府和內地的司法制度，威脅要對香港施加各種各樣的懲罰和制裁，意圖重新團結和強化香港的反對勢力，並在外部勢力的庇蔭下大幅提升其在日後與中央、特區政府和愛國力量較量時的政治籌碼。經過外部勢力和香港反對派的「重新詮釋」，《逃犯條例》修訂在香港便不再是一樁簡單的法律修訂工作，而是一場重大的政治鬥爭，更涉及到重大的政治利益和原則，包括國家主權、安全、香港特區的管治權、特區政府的管治威信與能力、國家榮譽、中美戰略較量等方方面面。特別值得留意的是，反對《逃犯條例》修訂的國家其實只有美國和一些與其關係較好的西方盟友，但其他與香港和中國經貿關係密切的國家比如東南亞國家卻沒有提出異議。因此，說外商、外國政府或國際社會對《逃犯條例》修訂「普遍」有憂慮並非事實，反而更加印證了美國和其西方盟友此次發難懷有明顯的不可告人的政治陰謀。如果參考美國過去在其他國家策動的政變，《逃犯條例》修訂所引發的連場抗爭行動更帶有奪取政權的「顏色革命」的影子。

香港特區政府的說法是，《逃犯條例》修訂之所以迫切，是因為香港特區政府需要在那名因為其他罪行正在香港服刑的台灣殺人案疑犯陳同佳出獄後有機會逃離香港前，把他移交台灣當局。然而，在《逃犯條例》修訂一事迅速政

治化、並在香港造成政治對立和牽涉到諸般原則性問題的情勢下，單憑這方面的考慮難以說服公眾此次法律修訂工作的迫切性。不幸地，台灣的民進黨政府更乘機利用《逃犯條例》修訂事件與西方勢力和香港反對派聯手打擊特區政府，並表明即便《逃犯條例》修訂在香港立法會通過，台灣當局也不會向香港特區政府提出移交陳同佳的請求。結果之一，是過度聚焦在台灣殺人案反而讓特區政府陷入被動挨打的困境，也不利於在香港社會爭取廣泛的理解和支持。結果之二，是強調《逃犯條例》修訂乃由特區政府單獨和主動提出而並非來自中央的要求或壓力則讓人以為中央對此事無意見，因此可以「放膽」圍剿特區政府，從而讓特區政府陷入單打獨鬥的局面。外部勢力和香港反對派當然會盡量利用特區政府的「軟肋」不斷敲打特區政府，並竭力遊說香港人《逃犯條例》修訂沒有特區政府所講的需要和迫切性。

不過，揆諸近一兩年來香港內部和世界局勢的急劇變化，以及此次法律修訂所引發的內外勢力勾結攻擊國家和香港的現象，《逃犯條例》修訂乃至《基本法》第 23 條本地立法已經是刻不容緩，甚至應該是迫在眉睫的頭等大事。之所以刻不容緩，是因為過去一兩年和在未來很長時間，美國和其西方盟友全力、全方位和多層次對中國進行遏制中國，務求一舉而擊倒中國，解除中國對美國和西方的戰略威脅。在這種情況下，國家面對極為嚴峻和急速惡化的國家安全環境，而最壞情況為何，現在難以設想。香港是國家的一個舉足輕重的國際大都會和金融中心，但卻也是國家安全的一個漏洞，必然會誘使香港外部和內部的反共反華勢力利用香港為基地危害國家安全、或在香港製造動亂來破壞「一國兩制」、又或以香港為籌碼迫使中國對其妥協與讓步。然而，《逃犯條例》修訂的迫切性與國家安全的關係的解說卻並未大幅展開，致使香港人特別是愛國力量對此的危機感和積極性，尚未能夠充分調動起來以應對外部勢力和香港反對派的猛烈攻勢。一般老百姓對《逃犯條例》與國家安全的關係，更惘然不知。

從國家安全的角度看，過去兩年出現的事態充分顯示中國面對的國家安

全環境急劇惡化，香港作為國家安全的漏洞愈趨明顯，而香港自身的安全也越來越受到威脅。在香港，「港獨」和其他危害國家安全和領土完整的分離主義勢力的湧現在相當程度上暴露了香港在維護國家安全上的種種制度和法律上的不足。此次外部勢力和香港反對派聯手反對《逃犯條例》修訂，肯定是香港安全和國家主權同時遇到嚴峻挑戰的實例，也同時暴露出《基本法》第 23 條本地立法未成所帶來的嚴重後果。《逃犯條例》修訂在香港所觸發的無比激烈的政治鬥爭，更把香港社會陷入政治動盪的境地。反對派與中央也因為此次鬥爭而走向決裂。中央會把那些勾結外部勢力國家安全的反對派當為「敵對分子」，彼此的關係乃「敵我矛盾」，對他們再無妥協的空間。

在國際層面，美國總統特朗普總統上台後，經過多番的人事更替後，他身邊的官員和幕僚都是極度仇視中國的人。特朗普政府懼怕中國的崛起，認為對美國的全球霸主地位、美國建構和主導的所謂「自由國際秩序」、美國的國家安全和美國國內的團結穩定都構成嚴重威脅。他們認為須要在中國尚未完全崛起之前把中國打到，「長痛不如短痛」地免除中國對美國的威脅。他們的主張帶有「文明衝突」和「種族衝突」的「生死決鬥」的意味。總的來說，美國遏制中國崛起的行動其實是一套跨黨派和長期奉行的國家戰略。早在特朗普上台之前，美國已經擬定了遏制中國崛起的策略，比如「亞洲再平衡」或「重返亞洲」策略，但實施的速度和力度尚屬溫和。然而，在過去兩年，美國卻突然舉全國之力，裹挾其西方盟友，以及逼迫其他國家對中國發動全方位和猛烈的進攻，務求一舉而得勝。一個明顯和惡劣的實例是美國傾盡全力、無所不用其極地、並逼迫其西方盟友和由其主導的國際組織來打擊華為和其他中國高科技公司，其目的昭然若揭，就是要扼殺與中國國家安危有密切關係的高科技產業的發展。美國此舉其實已經對中國的國家安全構成嚴重的威脅，而其所作所為，已經帶有戰爭行為的特徵。

為了遏制中國的崛起，美國通過一系列旨在加強美國與台灣官方和軍事關係的法律，並致力拉攏主張台灣獨立的蔡英文政府，一步一步把台灣納入

美國的「自由和開放的印度太平洋」戰略之中，強化台灣在美國圍堵中國戰略中的地位和角色。與此同時，大陸方面亦啟動了推動兩岸統一的進程，並對台獨勢力施加巨大經濟、政治、軍事和外交壓力。在可預見的將來，海峽兩岸的摩擦必會不斷上升，甚至不能排除軍事衝突的可能，而台灣民進黨政府對香港的敵意也在不斷升溫。兩岸關係緊張和美國利用台灣遏制中國加劇了中國面對的國家安全威脅，就連香港的安全也成為必須應對的「危機」。

回歸後的香港對美國和其西方盟友的戰略價值持續下降。那些西方國家不再認為香港可以發揮推動中國走上「和平演變」的作用，反而協助中國沿着一條對西方世界構成威脅的「威權政治」和「國家資本主義」道路前行。美國和其西方盟友對香港越來越不友善，甚至懷有敵意。一些西方政客不斷向香港叫囂，甚至威脅對香港施加各種制裁和「懲罰」，並藉此動員香港人反對中央和特區政府。故無論最終美國和其西方盟友會否對香港「下狠手」，香港日後難免要面對凶險的安全形勢。中央和香港都應該從最壞的角度出發，做好各種應對國家和香港安全的「防禦工事」。實際上，外部勢力是否會懲罰或制裁香港與香港做或不做一些事情無關。最重要是他們如何衡量自身的利益和他們與中國的關係。

總的來說，《逃犯條例》修訂之所以迫切，而現在就是適當處理的時候，當然與台灣殺人案和需要完善香港的法律體系有關。不過，這種論據在外部勢力和香港反對派的駁斥下卻有點理屈詞窮。在我看來，由於今天國家和香港的安全正面對回歸以來最嚴峻的威脅，而那個威脅將會是長期性和愈趨嚴重的，所以堵塞香港在保衛國家安全乃至香港自身安全的法律漏洞急不容緩，而且必須馬上進行。香港必須切實負起維護國家安全的責任，爭取中央和內地同胞對香港的信任，讓「一國兩制」在香港的實施能夠行穩致遠。

香港不但要與內地簽訂正式和全面的相互移交逃犯的協定，還要抓緊時間完成《基本法》第 23 條的本地立法工作。在推進這些重要工作的過程中，無論中央和特區政府都難以迴避維護國家安全與全面和準確貫徹「一國兩制」的

有機關係的問題。外部勢力和香港反對派肯定會竭盡全力阻撓那些工作的進行，並為此而在香港發動一波又一波的政治鬥爭。為了打好日後的硬仗，中央和香港特區政府都不可能也不應該迴避國家安全和「一國兩制」的論述，反而應該從一開始便把保衛國家安全和維護「一國兩制」作為爭取香港各方面支持的主要依據，勇於揭露外部勢力對香港的圖謀，敢於批判香港反對勢力勾結外部勢力的勾當，並藉此引發香港人的憂患感和家國情懷，從而讓中央和特區政府從一開始便可以立足於道德高地之上，以居高臨下之勢剋敵制勝。在此次《逃犯條例》修訂事件中，特區政府沒有理直氣壯、義無反顧地把這項工作與「一國兩制」和國家安全拉上關係，廣泛團結各路勢力和大力駁斥外部勢力與反對派的歪論，致使自己陷入被動挨打局面，最後甚至要延緩《逃犯條例》修訂。即便「最終」能夠依靠中央的鼎力相助和建制派的團結配合才能「強硬地」完成《逃犯條例》的修訂工作，但卻難免在社會上和建制派內引起不少憤憤不平之氣，而特區政府的管治威信和能力亦會大受打擊。當然，我們也必須承認，就算以「一國兩制」和國家安全為理據進行《逃犯條例》修訂，要順利完成任務也非易事，但起碼比較容易爭取較多人的理解。[1] 不過，往者已矣，亡羊補牢，尚未為晚，此次《逃犯討論》修訂事件為日後進行的《基本法》第 23 條的本地立法工作，提供了有益的經驗和教訓，所以必須認真總結和吸取。

(2019 年 6 月 15 日在一個由亞太法律協會、香港理工學院校友會、香港城市大學教師工會及香港高等教育評議會合辦的「修訂《逃犯條例》的依據和作用」公開講座上致辭)

1　在暴亂頻仍下，特區政府最終於 2019 年宣佈撤回《逃犯條例》修訂。

香港的特大動亂對「一國兩制」全面和準確貫徹的啟示

❖　❖　❖

2019 年中開始，香港爆發了自回歸以來為時最長、規模最大和最血腥暴力的動亂，而部分暴力的兇殘程度不但令人髮指，更是過去幾十年來所罕見。這場動亂的觸發點是香港特區政府提出的《逃犯條例》修訂，但卻沒有因為修訂工作終止而結束，反而在特區政府陷入空前弱勢的情況下愈演愈烈，而且不斷有新的旨在削弱特區政府管治能力和奪取特區管治權的要求提出。與過去香港發生的動亂最大的不同之處，是除了香港內部的反共反華勢力外，外部勢力特別是美國與其西方盟友加上台獨勢力，在這場特大動亂中擔當了明顯和重要的策動、培訓、組織、資助、鼓勵、領導和保護的角色。美國政客甚至不斷恐嚇中央和特區政府不要鎮壓動亂，否則便會對香港、中國乃至個別官員和政治人物施加制裁。

由於中央和特區政府沒有滿足動亂分子的奪權要求，而動亂分子又相信在不少香港人和外部勢力的支持下，他們成功在望，所以不斷把鬥爭延長和升級，並更多地對中央駐港機構、特區政府、中資和與內地有關的企業、交通設施、異己分子、內地同胞甚至一般市民暴力相向，大量毀壞公共設施和私人財產，在社會上散佈恐慌情緒、打擊特區政府管治威信和損毀警察隊伍的聲譽和士氣，企圖以此來迫使中央和特區政府就範。

由於這場動亂涉及維護國家主權和安全，以及防止香港特區因為管治權旁落而成為國家安全的威脅，所以中央和特區政府頂住壓力，堅決拒絕動亂分子的要求，並竭盡全力止暴制亂。最後，繼 2014 年「佔領中環」行動失敗後，香港內外的反共反華勢力的奪權圖謀再一次只能以失敗告終。

這場特大動亂無疑對香港特區各方面都帶來了巨大的破壞和損失，部分破壞和損失甚至需要很長時間才能修復，然而它卻讓那些嚴重干擾「一國

兩制」的全面和準確貫徹的問題、矛盾和挑戰得以徹底暴露出來，為日後全面和準確落實「一國兩制」提供難能可貴的參考材料和政策指南，也提高了中央、特區政府、香港的愛國者乃至普羅大眾的憂患意識，促使他們下定決心在日後調整「一國兩制」實踐的航道，讓「一國兩制」將來得以在香港行穩致遠。

國家安全威脅嚴峻

回歸 20 多年來，香港尚未完成《基本法》第 23 條的本地立法，[1] 而針對維護非傳統國家安全的法律也欠完備。那些「理論上」對維護國家安全有一定作用的本地法律比如《刑事罪行條例》和《公安條例》的法律有效性和實際作用又不確定，因此香港長期成為國家安全的隱患和短板。近幾年來，「港獨」和各種本土分離主義在香港肆虐，兩岸關係因為「台獨」勢力坐大而愈趨緊張，而美國則決意全方位和全力遏制中國的崛起。尤其重要的發展是美國改變了對香港的戰略取態。長期以來，美國期望中國逐步走上西方的發展模式，並積極融入美國主導的國際秩序，而香港則會在中國「和平演變」的過程中擔當引領角色。然而，美國近年來對此已經不存幻想，反而認定中國是它的頭號和長期戰略對手，而香港卻為這個對手的崛起發揮「獨特」和「不可替代」的作用，尤其是在人民幣國際化和資金企業「走出去」層面。所以，美國對香港的態度越來越不友善，卻同時意圖讓香港變成美國用來遏制中國的一顆棋子。[2] 對台灣而言，如果香港「一國兩制」成功，則台灣便難以抗拒大陸提出的以「一國兩制」方式達致兩岸統一的提議，因此對香港的敵意

---

1 《基本法》第 23 條規定，「香港特別行政區應自行立法禁止任何叛國、分裂國家、煽動叛亂、顛覆中央人民政府及竊取國家機密的行為，禁止外國的政治性組織或團體在香港特別行政區進行政治活動，禁止香港特別行政區的政治性組織與外國的政治性組織或團體建立聯繫。」

2 我在幾年前對美國對香港的政策的可能轉向曾作論述，見劉兆佳：《一國兩制在香港的實踐》，香港：商務印書館（香港）有限公司，2015 年，頁 261-268。

也愈趨明顯。

香港這場動亂之所以規模龐大、為時甚久和暴力不斷，是因為它是香港內部和外部的反共反華勢力共同合力策動所致。香港的特大動亂本身已經構成國家安全的嚴重威脅，如果那些內外勢力的企圖得逞，則香港的管治權勢必落到他們的手中，而香港也難免會長期成為危害國家安全的顛覆基地和滲透基地。在這場特大動亂中，在社會上尤其在大學內出現的大量鬥爭行為和現象，都明顯違反了《基本法》第 23 條的條文，包括鼓吹「港獨」和各種分裂國家的主張、意圖顛覆中央政府的言行、外國政治性組織積極介入香港事務、香港的政治性組織明目張膽尋求外國政府和外國的政治性組織的支持、香港的政治性組織和政客要求外國制裁國家和香港、內外勢力不斷煽動和組織叛亂等。如果《基本法》第 23 條已經成為香港的本地法律，則就算不能完全防止那些行為，但卻可以讓特區政府擁有有效的法律手段對其進行壓制。國務院港澳辦主任張曉明在《〈中共中央關於堅持和完善中國特色社會主義制度、推進國家治理體系和治理能力現代化若干重大問題的決定〉輔導讀本》中，以「堅持和完善『一國兩制』制度體系」為題撰文，當中指出，「香港尚未完成《基本法》第 23 條立法，也未設立相應執行機構，這也是近幾年來『港獨』等本土激進分離勢力的活動不斷加劇的主要原因之一。」

習近平主席 2017 年 7 月 1 日在慶祝香港回歸祖國 20 週年大會暨香港特別行政區第五屆政府就職典禮上明確宣示，「任何危害國家主權安全、挑戰中央權力和香港特別行政區《基本法》權威、利用香港對內地進行滲透破壞的活動，都是對底線的觸碰，都是絕不能允許的。」香港的特大動亂恰恰就是對習主席提出的「三條紅線」的悍然觸碰，充分反映了國家安全形勢的嚴峻性。

展望將來，美國和它的若干西方盟友對中國的遏制力度只會有增無減，因此仍然會運用不同手段介入香港事務，可能的手段包括以美國的國內法插手

香港的管治、[3] 培植和指導香港的反共反華勢力、對香港實施貿易、科技和金融制裁、對個別中國和特區官員施加懲罰、鼓動西方企業從香港撤資和在國際上抹黑國家和香港等。能夠對美國對香港政策做成一定約束的，是美國顧慮到中國對美國的報復，以及美國在香港的龐大經濟、金融和政治利益受損。與此同時，為了抗拒兩岸統一和削弱「一國兩制」對台灣老百姓的吸引力，「台獨」勢力也會不斷利用香港發生的事件和動亂不斷敲打香港，更會積極與香港的「港獨」和分裂勢力串聯。因此，在可預見的將來，外部反共反華勢力仍然會在香港持續興風作浪。當中央和特區政府着力在香港建構維護國家安全的法律制度和執行機制時，內外反共反華勢力勢必竭力動員香港人與中央和特區政府對抗，企圖引發更大規模和激烈的動亂。既然香港在未來頗長時間都會是中美戰略博弈和兩岸鬥爭的重要平台，因此香港作為國家安全的威脅也會越來越嚴重。如何確保香港不會成為國家安全的威脅，是「一國兩制」在香港全面和準確實踐所要面對的首要課題。

「自由」和「威權」失衡

回歸後香港的政治體制與回歸前香港的政治體制都基本上是「行政主導」體制，理論上都屬於「威權體制」的類別，然而卻又有重大差異。最大的差異是為了回應不少香港人對「民主」的訴求，香港《基本法》加進了許多人權自由法治民主等「自由」成分的保障，又為行政長官和立法會的產生辦法逐步走向普選定出路線圖。我把回歸後香港的政治體制界定為一個「自由威權政體」。[4] 在設計這個政治體制時，中國政府希望在行政長官的強勢領導下，香港既能成功實踐「一國兩制」、實現有效管治、維護國家利益與安全、又能循序漸進地

---

3   比如 1992 年美國制定的《美國—香港政策法》和 2019 年美國國會通過、美國總統簽署生效的《香港人權和民主法案》。美國還有許多國內的法律可以用來對付香港。

4   劉兆佳：《回歸後香港的獨特政治形態：一個自由威權政體的特殊個案》，香港：商務印書館（香港）有限公司，2017 年。

滿足香港人對民主政治的訴求。在這個政治體制中，「威權」和「自由」成分的比重相差不遠。從政治權力分配而言，「威權」部分明顯對愛國力量有利，讓他們成為「永久」的執政力量，也讓特區政府有廣泛和強大的憲制權力令其在一定程度上能夠有效管治香港。另一方面，香港的反對勢力卻在相當程度上得益於「自由」部分，讓他們在政治體制內和體制外都可以憑藉各種政治行動和民意支持來制衡甚至掣肘特區政府。「威權」和「自由」成分的勉強共存使得香港在回歸後即使政治鬥爭不斷，但特區的管治仍能維持一定的有效性，而香港的政局也不至於太不穩定。不過，我曾經指出，「在香港的『自由威權政體』內，『威權』成分和『自由』成分之間難以相安無事，[…] 以『自由』為其生存和壯大基礎的香港反對勢力，肯定鍥而不捨地推動政治制度，特別是選舉辦法的改革，來提升『自由』成分在混合政體中的比重，並且為此目的從不間斷地通過發動羣眾和挑起鬥爭向中央和特區政府施加壓力。以此之故，『自由』成分不斷衝擊『威權』成分乃回歸後香港政治的常態。」[5]

在這場特大動亂中，在外部勢力高度介入和策動的情況下，反共反華和分離主義力量聯手利用香港的「自由」成分發難，並迅速形成一股龐大的政治力量，「威權」成分因而受到巨大的壓制，而特區政府和愛國力量更飽受各方敵對勢力的猛烈衝擊。如此「失衡」的惡劣局面在香港歷史上從未出現過，政府官員也從未面對過如此嚴峻的考驗。在這次特大動亂中，特區政府和愛國力量所表現出來的管治能力、政治勇氣和擔當意識都明顯不足。在「自由」的制約和在外部勢力的威脅下，政府的憲制權力難以充分運用。在內外勢力兇猛夾擊下，特區政府和愛國力量招架乏力，進退失據，動輒得咎，政府內外「明哲保身」者眾、官員鬥志渙散、綏靖心態瀰漫、施政乏力等情況普遍，難以儘快採取果斷和嚴厲措施止暴制亂。部分官員在民意和外部勢力的壓力下，對特區政府和中央的忠誠不牢靠。政府內部統籌協調工作沒有到位，對這場暴亂性質

5　同上，頁 62-63。

的嚴重性認識不足，沒有全面動員政府力量迎戰。更甚者是一些異己分子甚至存在於特區政府和愛國力量內部。部分公務員公然摒棄「政治中立」原則，成為反對政府的力量，公然進行反對政府的集體活動，進一步打擊政府的威信和止暴制亂能力。一些愛國人士也表現出立場不穩、首鼠兩端和機會主義的弊端。結果是：特區政府處於極度弱勢，不斷受到激進反對勢力和外部勢力猛烈衝擊，不但暴力橫行、香港人惶恐渡日，而政府、經濟和社會也不能正常運作。

明顯地，香港這場特大動亂打破了那個過去微妙和脆弱的「威權」和「自由」之間的「平衡」，導致「威權」受壓，而「自由」則大為擴張。鑒於內外反共反華將長期在香港肆虐，如果其他情況不變，則這場特大動亂便會引致香港的政治體制長期「失衡」，將導致愛國力量萎縮、內外反共反華勢力囂張壯大、特區管治失效、香港動盪不安、香港無法有力維護國家安全和領土完整等嚴重後果。從另外一個角度看，儘管香港已經回歸中國 20 多年，一個能夠全面和準確貫徹「一國兩制」方針、有心有力維護國家主權安全利益，體現愛國者治港和強力有效治理香港的特區「新政權」實際上尚未構建成功。[6]

對「一國兩制」「另類詮釋」對「一國兩制」的干擾

這場暴亂可以被視為是 2014 年發生的「佔領中環」的延續。「佔領中環」行動雖然最終以失敗告終，然而不少參與「佔領中環」的積極分子不甘心運動失敗，處心積慮謀求「東山再起」。他們從那次運動中取得了鬥爭經驗、建立了自己的組織網絡和積攢了一定的羣眾支持基礎，尤其是來自年輕人的支持。更嚴重的，是他們「學懂」了利用美國遏制中國和兩岸關係緊張的機會，拉攏外部勢力插手香港事務和成為他們的奧援。

本質上，「佔領中環」行動和這場特大動亂都是兩種對「一國兩制」詮釋的

6　我在八年前出版的《回歸十五年以來香港特區管治及新政權建設》（香港：商務印書館（香港）有限公司，2012）一書中已經臚列了一系列反映香港特區新政權尚未建成的現象，這些現象在這場特大動亂中更清晰的暴露出來。

第二輪「決戰」。[7] 內外反共反華勢力企圖利用《逃犯條例》修訂引發的政治風波，把其對「一國兩制」的「另類詮釋」強加於香港，從而達到奪取香港特區的管治權的目的。由於策動和參與這場特大動亂的內外敵對勢力傾巢而出，大有「不勝無歸」之意，因此這場特大動亂更可能是決定香港「一國兩制」前途命運的「最後一戰」。

其實，回歸之前直到今天，香港內外反共反華勢力對「一國兩制」的「另類詮釋」在香港的影響力極大，嚴重干擾了「一國兩制」的實施。由於這些勢力在教育、媒體、文化和民意領域享有主導地位，不少香港人和大部分年輕人所理解的「一國兩制」就是經過「另類詮釋」灌輸後的「一國兩制」。在「另類詮釋」下，中國政府的「一國兩制」方針是以照顧香港利益為前提的「香港優先」的方針。香港是一個享有「完全自治」的獨立政治實體。香港人可以「自行」決定香港的選舉制度。中央在香港的權力和職能極小，而香港在維護國家安全上的責任則似有實無。在「一國兩制」下，香港仍然是西方陣營的一分子，而西方則負有監督中國政府落實經「另類詮釋」後的「一國兩制」的責任。中央對「一國兩制」的詮釋則包括：中國對香港擁有主權、「一國兩制」乃「國家優先」方針、中央享有對香港的全面管治權、回歸後香港的高度自治來自中央授予、中央在「一國兩制」下享有重要的權力和職能、香港的政治體制由中央制定、香港負有維護國家主權和安全的責任、香港不能成為顛覆基地等。毫無疑問，「一國兩制」的「另類詮釋」嚴重背離了中央對「一國兩制」的理解，妨礙了「一國兩制」的全面和準確貫徹，也是回歸以來毒化中央和特區關係，和導致不少年輕人對國家和中央懷有逆反心態的元兇。

這場特大動亂充分揭示了「一國兩制」的「另類詮釋」在香港人當中的巨大影響力。當不少香港人特別是年輕人從「另類詮釋」角度來理解「一國兩制」

7　劉兆佳，〈政改爭論及兩種「一國兩制」理解的「對決」〉，《港澳研究》，2015 年總第 7 期，頁 19-28。

的時候，他們便很容易得出這樣一個結論：即中央在過去幾年打擊「港獨」和其他分離主義的行動乃破壞「一國兩制」、削弱高度自治和侵犯人權自由之舉。這些人同時認為中央不應該從防止香港成為國家安全威脅的角度來處理香港行政長官和立法會的普選辦法。在這場特大動亂中，參與者尤其是年輕人就是從他們對「一國兩制」的「另類詮釋」來為自己的激烈或暴力行為解說和開脫，甚至相信他們是為了保衛香港的高度自治、自由人權，推動香港民主乃至「拯救」香港而奮鬥和犧牲，他們從而對自己的嚴重的違法行為，給予濃重的理想和道德包裝。

「核心價值」並不牢固

不少香港人特別是反對派和部分年輕動亂分子經常說香港存在着一組源於西方的「核心價值」，而那些「核心價值」就是他們要誓死捍衛的東西。對那些人而言，香港的「核心價值」包括法治、人權、自由、民主、包容、尊重真相、理性、和平非暴力。他們甚至相信，那些「核心價值」已經在香港深入人心和根深蒂固，並且已經成為香港人的「身份」的元素和特徵。其實，香港的「核心價值」也應該包括那些植根於傳統中華文化和不少香港人十分珍惜的價值，比如忠孝仁義、誠信可靠、關愛他人、樂善好施、社會和諧等，但它們卻往往被那些人動亂分子所忽略。那些一向以來被大部分香港人崇奉的諸如「繁榮」、「穩定」、「務實」和「發展」等價值更被他們鄙視為庸俗和腐朽的東西。誠然，我們也不否認那些源於西方的「核心價值」對於維護香港的資本主義體制和支持香港作為中西方的橋樑有重要的實際意義，而「一國兩制」方針恰恰就是要容許那些「核心價值」繼續在香港存在和體現，但並不表示它們是香港「唯一」「凌駕一切」或者「排斥一切」的價值。

然而，在這場特大動亂中，違法行為層出不窮，卻沒有受到社會各界的普遍和強烈譴責，不少人對此甚至頗為包容和同情，反而負起執法任務的警察卻屢遭責難。眾多法律界「翹楚」對嚴重暴力行為噤若寒蟬，甚至以「違法達

義」或「公民抗命」或「官逼民反」為其開脫。不少香港人更因為年輕暴徒乃懷抱理想的學生、而又認為其行為的目的乃爭取社會政治公義而非個人利益而給予同情和支持。個別法官更對激進暴力行為從輕發落。一些暴力違法者甚至被個別媒體頌揚為「英雄」、「義士」,從而為他們積累日後從政的政治資本。這些現象其實都反映了香港這個自詡為「法治社會」、「守法」乃香港人的基因的虛妄。參與動亂者不但堅持己見,對異見者不但惡言相向,更往往以暴力襲擊。社會上充斥着虛假新聞和信息,而這些東西又是動亂分子經常用作政治鬥爭的「理據」和手段,令人嘆息的是這些所謂「真相」又得到不少香港人的相信。隨着動亂的開展,「守法」、「文明」、「禮貌」、「和平」、「包容」、「理性」、「尊重真相」和「務實」等過去被描繪為香港這個高度現代化的特徵不斷褪色。這種種令人揪心的現象正好說明那些被認為一直以來支撐香港資本主義「一制」的、源於西方的「核心價值」在香港其實並不牢固,未有被廣大香港人所堅守,而實際上頗為脆弱,從而也反映香港的「一制」的根基其實並不強固和深厚,容易被憤怒、恐懼、仇恨、偏執等負面情緒所掩蓋和壓抑。[8]「核心價值」在這場特大動亂中被肆意侵蝕其實也打擊了香港人對香港「一制」和對自己的信心,更挫傷了他們在內地同胞面前的「優越感」。畢竟,那些「核心價值」被界定為香港的主流價值也只是回歸後的事,回歸前很少人會那麼認為。在某程度上,提出「核心價值」的人的目的,是要用「核心價值」作為阻止中央「干預」香港事務、防範內地價值觀「入侵」香港,和「制衡」特區政府的擋箭牌,是用來證明香港人比內地同胞優勝的「特質」,也是用來表達香港渴求繼續得到西方眷顧的舉措。這場特大動亂恰恰反映了香港的法治、穩定和秩序乃至繁榮都不能過度依靠所謂「核心價值」所產生的社會自我維持平穩和秩序的能

8　1930年代日本和德國也出現過類似現象,也是因為仇恨、恐懼和歧視而導致這兩個現代化的民族投向極端政治主張、從事兇殘的暴力行為和走上毀滅性戰爭的歪路。近年來在美國和歐洲肆虐並衝擊西方的民主人權價值的的左翼和右翼民粹主義同樣是來源與恐懼、怨恨和對外來移民、少數民族和伊斯蘭教的歧視。

力。相反，在極端惡劣情況出現下，香港社會更需要依賴強大的公權力和嚴刑峻法來約束各種不理性的危害社會和個人安全的行為。如果公權力受到嚴重損毀和執法能力薄弱，則香港的繁榮穩定乃至香港的資本主義體制也勢將不保。由此可以得知，在「核心價值」不被尊重，而香港特區政府的管治權威和能力又因為處理《逃犯條例》修訂不當而極度受創的情況下，這場特大動亂一發不可收拾便是自然的結果。

「親西方、抗中國」心態強韌

在這場特大動亂中呈現的一個突出現象，是動亂的參與者、支持者和同情者所表達的對西方的仰慕和依附之情和對國家民族的詆毀和敵視。年輕人尤其是大學生和部分教育程度較高的中產人士厥為其中的表表者。這些人長期在社會和學校受到反共反華的媒體包括西方媒體和老師的薰陶，對西方國家的狀況缺乏真實的掌握和批判性的了解，而對中國內地的情況不但欠缺認識，而且更多是一面倒地從負面和偏見角度認知和評價。這種「親西方」和「仰視西方」的情意結，反映了不少香港人認為香港在回歸後仍然是西方陣營的一部分、特別得到西方的鍾愛，而崇奉西方文化的香港則是中國國內擁有最先進文明的城市。所謂「香港人的身份認同」的主要特徵是在刻意通過把香港的「先進文明」與內地的「落後文明」對比而形成。因此，所謂「香港人」是「內地人」的反面，而香港人自己也因此而獲得某種虛幻的「自豪感」和「優越感」。然而，隨着香港回歸中國、中國的快速崛起、內地對香港各方面的影響不斷增加、香港在經濟上愈益依靠內地和中央對港政策，乃至兩地同胞來往愈趨密切所產生的諸般利益和文化衝突，都讓部分香港人特別是年輕人和較高教育水平的中產人士滋生了某種「身份認同」危機，擔心香港因為走向「大陸化」而「沉淪」，而「香港人」也因此失去了香港的制度和文化獨特性和優勢，從而導致「香港人」與「內地人」無異。回歸後香港深受各種政治、經濟和社會問題困擾，香港人對香港原有的制度和傳統的信心也開始動搖，對香港的制度和價值觀能否抵禦來

自崛起中的內地的衝擊也因此缺乏足夠自信。回歸後，香港的教育、文化和思想的主導權長期掌握在反對派和西方勢力的手上，對西方的景仰和依附以及對香港可能「沉淪」的「危機感」也有增無已。

正是因為這種濃烈的「危機感」、「救港」恐懼感和使命感，才讓不少年輕人和中產人士加入暴力抗爭行列。與此同時，他們也毫不羞愧地極力爭取西方國家特別是美國對香港「伸出援手」，期望拉攏西方國家遏止中央「插手」香港事務、迫使中央答應他們的「奪權」訴求、保存香港的原有特色，和讓香港繼續成為那個意圖遏制中國崛起的西方陣營的一分子。

那些人的「親西方」思想心態和行為無可避免地促使他們走向與國家民族對抗的道路，其中部分人更否定自己是「中國人」，而且把香港與內地／國家對立起來。在這場特大動亂中，「港獨」和各種或明或暗的本土分離主義紛紛湧現。動亂分子有選擇性地衝擊那些代表國家民族的符號、象徵和機構，對內地同胞更是惡言惡行惡意相向。同時，這類人在中美戰略博弈愈趨激烈的大環境下，更容易也更甘心成為美國和其西方盟友用來遏制中國、搞亂香港和削弱香港對中國的戰略價值的棋子。

回歸以來中央出台的大量有利於香港經濟發展和民生改善的政策，基本上沒有改變那些動亂分子和他們背後的同情者和支持者對國家民族的蔑視態度，反而讓他們更加相信中央會在他們和外部勢力的壓力下滿足他們的政治訴求。這場特大動亂背後明顯是動亂分子對「成功在望」的憧憬，從而支撐了他們「長期戰鬥」的決心。然而，這場特大動亂與過去香港發生的政治鬥爭的最大分別，是它對國家主權和安全的悍然挑戰和衝擊，而更為嚴重的則是美國和其他外部勢力的、前所未有的高度介入。

按照鄧小平的「一國兩制」的思路，在「一國兩制」下香港人可以「保留」他們對中國共產黨的抵觸情緒和對西方文化的認同，也沒有要求他們愛中華人民共和國和愛中國共產黨，因為那些不是「一國兩制」能否成功實踐的前提和關鍵。不過，香港人卻被禁止讓香港「變成一個在『民主』的幌子下反對大陸

的基地」，否則大陸非干預不可。[9] 當年鄧小平和其他國家領導人關注的是香港人會否把香港變成對香港和內地構成威脅的「顛覆基地」或「滲透基地」，他們應該沒有意想到回歸後有部分香港人會勾結外部勢力不但要把香港變成與國家對抗之地，還要把香港從國家分裂出去。因此，這場特大動亂清楚暴露出部分香港人對國家民族的態度不止是「抵觸」，而是到了「敵視」的地步。這種態度和由此衍生的行動已經侵蝕了「一國兩制」的根基和原則。更為嚴重的是，由於敵視自己的國家民族的人是年輕人中的相當部分，假設那些人的思想心態在日後沒有徹底改變，則「一國兩制」在將來的全面和準確實施便缺乏足夠的思想保證。

國家憲法和《基本法》教育不到位

為了安定人心，讓香港人確信香港的制度和生活方式在回歸後會「保持不變」，並讓原來對英國人效忠的政治精英和公務員放心留下來繼續為香港服務，中央在香港回歸後並沒有在公務員隊伍之中和在社會上推行任何形式的「去殖民化」行動和政治教育。中央雖然希望香港人特別是年輕人認識「一國兩制」方針和其背後的中央對港政策的目的和主要內容，但一直以來「一國兩制」教育和《基本法》教育在香港從未認真推行，而香港特區政府官員對此不但缺乏積極性，甚至作出某種程度的消極「抵制」。有利於培植國家民族觀念的國家憲法教育更是嚴重缺位，而事實上國家憲法在香港的地位和適用性時至今天也是模糊不清。這種情況便為內外反共反華勢力在香港宣揚一套與國家憲法和《基本法》違背的對「一國兩制」的「另類詮釋」有廣闊的空間。其所帶來的嚴重惡劣效果在這場特大動亂中表露無遺。

長期以來，內地和香港不少人認為既然香港已經成為中國的一部分，而「一國兩制」方針又是對香港絕對有利的政策，則為了自身的利益及避免受到

9　鄧小平：《鄧小平論香港問題》，香港：三聯書店（香港）有限公司，1993 年，頁 36-37。

中央的懲罰，香港人也不會採取與中央和內地對抗的行動，更不會妄圖讓香港脫離中國。他們又相信，在香港已經回歸的情況下，香港的反對勢力也會礙於對中央的恐懼和顧慮而不敢在香港造次。不過，這種樂觀的看法在回歸後的香港卻被連綿不斷的、由內外反共反華勢力策動的政治鬥爭所粉碎。這場特大動亂進一步證明了不少香港人（特別是年輕人）不認識和不尊重國家憲法和《基本法》，更不知道或不理會他們的所作所為已經嚴重違反了國家憲法和《基本法》，也嚴重衝擊了「一國兩制」的根基。在國家憲法和《基本法》教育缺位的情況下，要香港人尤其是年輕人清楚了解到自己作為中華人民共和國公民的權利和責任並不容易。他們更不會通過國家憲法和《基本法》的教育而得以認識新中國誕生的歷史過程、國家各方面的情況、國家的發展成就、中央的大政方針、國家在世界上的地位和國家所面對的安全的威脅。他們也不會知道「一國兩制」乃是一項充分務實照顧外國、國家和香港各方面的利益的重大國家政策，而任何因為對香港某些現狀的不滿而進行抗爭和衝擊都會引發連鎖的、對國家和香港內外各種負面的後果，破壞那個微妙的利益分配格局，而其結果則會危害國家的利益和安全、香港的繁榮穩定和香港人乃至自己的福祉，因此必須理性謹慎從事而不能莽撞或任性而為。

國家憲法和《基本法》教育缺位對「一國兩制」全面和準確貫徹的最大影響，是國家民族觀念淡薄和對「一國兩制」的理解不足，不利於建構理性務實的香港人與國家民族的關係。這也會讓香港人特別是年輕人對「一國兩制」方針所要處理的錯綜複雜的問題缺乏理性和務實的認知。他們也因此不會認識到表達不滿和付諸行動時所會引發的種種負面後果，因此會容易隨便訴諸各種損人損己的激進和暴力行為。

自由放任資本主義體制的缺失

「一國兩制」方針的一項重要內容，是要保持那個香港原有的、主要是在上世紀八十年代已經存在的自由放任的資本主義制度「五十年不變」，其中最

重要的目的是要讓投資者放心，避免香港出現大規模撤資和由此而引發的人才流失、經濟崩潰的情況。香港的獨特的自由放任的資本主義體制，雖然在特殊的歷史條件下為香港帶來了經濟「奇蹟」，但卻同時產生了嚴重的產業基礎狹隘、經濟不平等、財富集中、行業專業壟斷、利益固化和階級矛盾。由於過去的「殖民地」政府和回歸後的香港特區政府都以「小政府、大市場」和「積極不干預」為金科玉律，而這個金科玉律又基本上被納入《基本法》之中，所以政府只願意承擔有限的推動產業發展和多元化以及縮窄貧富差距的責任，因此香港的社會矛盾無法通過政府的行為和政策而得以紓緩。其實，即便在上世紀八十年代，對當時的社會經濟狀況不滿的人已經為數不少，他們對「一國兩制」所要維護的香港現狀一向頗有怨氣。更嚴重的是「一國兩制」不但維持原來的狀況，而且更鞏固和強化了那些現狀的既得利益集團的利益、地位和政治影響力，讓他們得以憑藉其政治主導地位去進一步增值和固化其利益，讓香港的貧富不公和產業基礎狹隘的問題持續惡化，同時也讓他們得以限制和阻撓政府介入社會經濟事務來改善不公不義情況的能力。在香港特區政府本來也根本沒有積極介入社會經濟事務的意向和能力的情況下，香港在回歸後的社會經濟矛盾不斷累積，並已經到達極其見尖銳和嚴重的地步，而房屋供應極度短缺、房價高不可攀、貧窮問題和年輕人缺乏發展機會等問題尤為突出。雖然中央對此有所察覺並出台各種政策措施來推動香港的產業多元化和刺激香港經濟的增長，但成效卻未如理想，而且另一方面受惠者又往往是那些既得利益集團。不少基層羣眾和年輕人不但不認為自己是受益者，反而相信自己是受害者，因此對社會、特區政府、中央乃至對「一國兩制」都有怨懟情緒。部分年輕人甚至認為他們過去沒有機會表達他們對「一國兩制」和《基本法》的意見，因此他們不是它們的「持份者」，所以今天有權利提出對「一國兩制」和《基本法》的不同意見，特別是特區政府的施政路向和行政長官與立法會的產生辦法。有些人甚至要求就香港的「前途」問題再來一次「公投」，而「港獨」也是一個可能的選項。凡此種種都為內外反共反華勢力提供蠱惑年輕一輩和把他們引向暴力抗爭行為

的「良機」。

這場特大動亂揭示了香港存在的嚴重的社會經濟矛盾和部分香港人特別是年輕人對香港現狀的高度不滿。值得注意的是，參與動亂的人主要是憤世嫉俗的年輕人和大學生，而他們的首要鬥爭對象是特區政府和中央。相反，基層和勞工的參與者不但人數疏落，而且往往是動亂的受害者。香港的大財團和富人也沒有成為動亂分子的矛頭。當中理由包括基層和勞工的「階級覺悟」有限、要有效打擊資本家存在巨大實際困難、動亂分子相信要推行社會經濟改革的前提是奪取特區的管治權力和中央與特區政府乃他們首要的怨恨對象等。不過，不能排除日後部分香港人的社會經濟政治怨氣會投射到資本家和其他既得利益者身上，而損毀他們的財產和威脅他們的人身安全在「暴力文化」抬頭下，則會成為「階級鬥爭」的手段。

無論如何，這場特大動亂標誌着香港的深層次社會經濟矛盾已經到了相當為危險的地步，社會、經濟、教育、文化、政治體制乃至管治方式的改革也到了刻不容緩的階段。一直以來，要求推行社會、經濟和選舉制度民主化的聲音從未間斷，而社會經濟怨氣的長期積累更成為內外反共反華勢力要求政制改革的理據和動力。香港特區政府一直信守的「小政府、大市場」或者「積極不干預」的信條已經越來越難以服眾，社會各界要求政府承擔更大的社會經濟責任的呼聲也越來越高漲。如果香港的自由放任的資本主義體制不作出重大調整和改革，讓更多的產業可以發展起來、大多數人都能夠享受到經濟增長的成果、更多香港人尤其是年輕人獲得發展機遇、更多的嚴重社會民生問題得到良好處理以及更多的利益和羣體在香港的管治和政策制定過程中得到照顧，則香港的「一制」在香港便不可能得到廣泛的認同和支持。在這種情況下，維持現有的「一國兩制」首先便在香港難以落實。

結語

香港這場特大動亂清晰明確揭示了一系列妨礙「一國兩制」在香港全面和

準確貫徹所面對的重大問題，同時也為日後成功實踐「一國兩制」提供有益的參考材料和政策指引。對此中央已經有所覺察並提出應對方略，而其基本原則是要積極和主動運用中央在「一國兩制」下享有的權力維護國家安全，和確保「一國兩制」在香港全面和準確貫徹。

2019 年 10 月 31 日，《中共第 19 屆中央委員會第四次全體會議公報》在總結和檢討「一國兩制」在香港的實踐經驗後，首次引入「國家安全」概念，充分突顯中央在香港發生特大暴亂後，對於香港成為國家安全威脅的深切關注和憂慮。《公報》提出要「建立健全特別行政區維護國家安全的法律制度和執行機制。」2019 年 11 月 1 日，在 19 屆四中全會的新聞發布會上，港澳《基本法》委員會主任沈春耀更斬釘截鐵表明，「[我們] 絕不容忍任何挑戰『一國兩制』底線的行為，絕不容忍任何分裂國家、危害國家安全的行為，堅決防範和遏制外部勢力干預港澳事務和進行分裂、顛覆、滲透、破壞活動。」可見作為維護國家安全的「第一責任人」的中央將要承擔越來越重要的為香港建構維護國家安全體制的責任。

如果香港已經具備能夠有效有力維護國家安全的法律制度和執行機制，則對於遏止在社會上、媒體中和在學校內大量和普遍出現的反共反華的宣傳活動有相當的幫助。無論是媒體、學校或者「意見領袖」都因此不會肆無忌憚地鼓動敵視國家、民族和中央的情緒，而且在組織和動員羣眾和學生參與挑戰國家主權和威脅國家安全的活動時，會更加小心。外部勢力也會難以在香港肆無忌憚的從事危害國家安全和香港穩定的陰謀和勾當。那些法律制度和執行機制同時也可以作為日後推行的國民教育的重要依托，可以通過它們在社會上和學校內講解國家面對的嚴峻國家安全威脅、西方勢力對中國崛起的遏制，和在「一國兩制」下香港人必須承擔的維護國家安全和領土完整的責任。[10]

---

10 2020 年 6 月 30 日，全國人大常委會通過《中國人民共和國香港特別行政區維護國家安全法》，給予香港一件強大的法律工具來維護國家安全。

這場特大動亂揭示了在香港推行國民教育、歷史教育、憲法和《基本法》教育與國家安全教育的重要性和緊迫性。為了有效推行，減少疑惑，短期內這些教育的重點應該放在國家憲法、「一國兩制」、《基本法》、國情教育和歷史教育上。這些教育的首要目標，是要戳破反共反華分子對「一國兩制」的「另類詮釋」的虛妄和為害，讓中央對「一國兩制」的權威詮釋儘快成為社會上對「一國兩制」的主流認識，特別要讓年輕人明白到中央在「一國兩制」下享有的權力和需要承擔的責任，從而讓香港人認識到在「一國兩制」下何謂正確的中央與特區關係，以及香港的高度自治的權限和界線。

　　考慮到外部勢力深度介入香港事務和內外反共反華勢力相互勾結在美國和其西方盟友全力全方位遏制中國的崛起的大環境下乃長期和複雜現象，中央必須加大力度鞏固和強化香港特區政府的管治威信和能力，更要加強愛國力量的建設，確保「愛國者治港」，並與特區政府的愛國力量一道強化香港管治的有效性、增大執法能力和壓縮內外反共反華勢力在香港的政治活動空間。也就是說，特區新政權的建設工作要更加緊張和快速地推進。從另外一個角度說，就是要強化香港的「自由威權政治體制」中的「威權」部分，不讓其「自由」部分所壓倒，從而讓「行政主導」的原則得以充分體現。

　　這場特大動亂對香港的「核心價值」造成了嚴重的傷害，香港的法治、穩定和秩序遭受重創。在未來的一段時間裏，鑒於國際環境的險惡和複雜和香港內部矛盾的嚴重和多樣，即便有了較為完備的維護國家安全的法律和執行機制，政治鬥爭和暴力衝擊仍會不斷發生。由於「核心價值」在維護法治、穩定和秩序上的作用已經下降，香港需要更依賴政府的合法武力來止暴制亂，而強化公權力的重要性因此是不言而喻的。公權力的強化其實與新政權建設和「威權」成分的加強，不可避免的是香港特區在動亂後的政治發展的主要內容。

　　香港的自由放任資本主義體制的缺失，在這場特大動亂後的弊端已經顯露無遺。儘管「一國兩制」的要義之一是要維持香港原有的制度和生活方式「五十年不變」，而《基本法》又以法律的方式把上世紀八十年代的香港狀況保存

下來，但在《基本法》的框架內依然有一定的空間，讓香港特區政府加強和擴大它在香港社會經濟民生事務上的參與，並推行一系列社會、經濟和財政政策的改革來擴寬香港的產業基礎、推進香港的經濟發展、增加房屋土地供應、應對貧富差距惡化，為香港人尤其是年輕人開拓更廣闊的發展空間，以及讓更多不同階層的香港人都能夠分享到香港與內地經濟融合的好處。其中加大力度推進粵港澳大灣區建設的經濟整合、積極參與「一帶一路」倡議和加快推進香港融入國家發展大局應該是工作中的重中之重。

最後，不少香港人的「重西輕中」的思想心態，不是在短時間內可以改變過來的。國家的不斷走向富強、更多人得以從國家的發展中獲利、國民教育的推展長遠而言都會增進香港人對國家的認識和信任。尤為重要的是西方國家內外交困，已經使得不少西方人和非西方人士對西方的制度和價值觀的認同感下降。各種形式的民粹主義、排外主義和保護主義正在腐蝕西方文明的根基。香港人會越來越對西方的制度和價值觀存疑、越來越會感受到西方的偽善、越來越對西方國家對香港的不友善言行反感、對西方利用甚至犧牲香港來遏制中國的險惡圖謀增加認識，和越來越了解到西方能夠給與香港的發展機遇越來越少。中國的成功發展經驗最終也會讓更多的香港人對國家的發展道路、制度、政策和執行力有新的體會。

（原載《港澳研究》2020年第1期，原標題為〈香港修例風波背後的深層次問題〉）

持續動亂已經動搖了香港社會的根基

✤　✤　✤

去年中開始，香港爆發了一場回歸後最大規模的政治動亂，動亂迄今尚未完結。在這場動亂中，外部反華勢力及香港的反對與港獨勢力為了挑戰國家主權、威脅國家安全、奪取香港特區的管治權和破壞香港的「一國兩制」，明目張膽地聯手利用《逃犯條例》修訂事件，策劃、組織和資助了大量的大大小小的針對中央、香港特區政府和香港警察隊伍的抗爭行動，而行動的暴力成分更隨着動亂的擴大和長期化而不斷升級。這場動亂已經對香港的經濟、社會、民生、政治與管治、投資與營商環境以及國際聲譽造成了巨大的破壞和傷害。更為嚴重的，而後遺症又更為長久和深遠的，是這場為時甚久的動亂對香港社會的根基所帶來的廣泛和難以修復的侵蝕。如果動亂不儘快戢止，長遠而言香港的生機更會被嚴重斲喪。

作為一個高度現代化的資本主義社會、國際金融中心和國際大都會，香港的生存和發展建築在一系列現代制度和價值觀之上。那些制度和價值觀構成了香港社會的根基，也可以說是香港人長期以來引以為傲的香港寶貴「家底」。如果這個根基因為受到猛烈衝擊而動搖，香港社會也難以如過去般正常運作，而香港的繁榮穩定、生活方式、國際地位乃至對國家的價值亦將不保。可惜的是，當不少香港人仍然沉湎於政治鬥爭的時候，他們尚未能察覺到自己社會的根基愈趨不穩所衍生的危機。只有當大部分香港人清楚明瞭這場動亂對香港的根本性禍害、並願意採取措施和行動作出補救的話，香港才能避免走上長期衰敗之路。即就短期而言，持續動亂已經令眾多香港人生活於恐懼、仇恨、徬徨、偏執、不安和悲觀情緒之中。香港在應對新型冠狀病毒來襲時所碰到的種種困難和障礙，正好揭示了制度和價值觀崩壞後所衍生的惡劣後果。

構成香港社會的根基的主要制度包括：法律和司法制度、管治架構（包括

執法力量）、私有財產制度和專業體系。主要的價值觀包括：守法意識、對政府和執法機關的信任、理性務實、互信包容、和平非暴力、尊重知識和真相。這些制度和價值觀關係密切，互為依託，共同構成現代社會的本質。它們是香港社會經過長年累月的歷史發展和艱苦實踐後，才逐步形成的寶貴財產和文化傳承。從近年來民粹主義和種族主義興起重創西方社會原有的制度和價值觀等事態可知，香港原有的基本制度和價值觀其實也是難得而易失，一旦失去了便難以尋回。

　　香港這場動亂對香港的法律和司法制度的殘酷打擊，是顯而易見的。為數眾多的抗爭者和暴徒特別是年輕人肆無忌憚地從事各種違法行為，比如進行非法遊行、示威和集會，堵塞道路，散播謠言，抹黑和攻擊政府官員、警察和公眾人物，甚至從事打、砸、燒等暴力行為，企圖以恐怖主義行動在社會上製造恐慌，悍然視法律法規和社會規範如無物。他們相信他們的所作所為乃正義公義之舉，是「違法達義」的體現，能夠迫使中央和香港特區政府屈服，而且有利於推進香港的民主進程，維護香港的高度自治，甚至可以把香港變成「獨立政治實體」乃至「獨立國家」。更為令人揪心的是，不少香港人乃至部分法律界和司法界人士對各類違法行為採取姑息、包容、同情乃至鼓勵的態度。部分法律界人士甚至鼓吹「違法達義」、「公民抗命」、「暴力能夠解決問題」和「坐牢令人生更美好」等歪理，策動年輕人以違法手段來促進香港的民主和人權，並吹捧那些年輕人為香港的「英雄」和「義士」。香港經過長年累月才得以建立起來的法治社會的形象和實質，遭受了殘酷的打擊。

　　儘管不時有人對香港司法機關的裁決有微言，特別是批評個別法官對一些自詡為「民運人士」、「人權分子」或「反政府人士」的犯罪分子「網開一面」或「從輕發落」，但總體來說，香港的司法機關仍然得到香港人的尊重和信任。然而，這場動亂對香港的司法機關的威信帶來了巨大的衝擊。一些過去慣常捍衛司法權威的反對派法律界人士也不時對司法裁決嚴加批評，特別是那些他們認為對違法抗爭人士「不公平」的裁決。這場動亂在香港社會造成了極為嚴重

的政治分化和對立，在「敵我」矛盾濃烈的氛圍中，任何司法裁決都必然引起不同政治立場的人的截然不同的激烈反應，而個別法官更被指名道姓惡意詆毀和攻擊，甚至遇到人身安全的威脅。一些激烈抗爭者更希望以恐嚇手段迫使法官怯於嚴正司法。西方媒體和政客作為這場動亂背後的支持者，更屢屢質疑香港的司法機關，並誣稱香港的法官受到政治操縱或香港的法治已死。在這種惡劣、廣闊和無底線的政治鬥爭環境下，司法機關的處境十分困難，而其威望也難免受到相當程度的挫傷。

回歸以來，不認同香港的新憲制秩序的香港的反對勢力對香港特區政府無休止地攻擊、對抗和阻撓，已經造成了特區管治極為艱難的局面。在這場動亂中，外部和內部反華勢力為了癱瘓特區的管治和奪取管治權力，更全方位和全力向香港特區政府發動猛烈進攻，並利用各種方法煽動香港人對特區政府的不滿、誤解，懷疑和憤怒。更甚者是部分政府公務員公然批評和反對政府和警察，進一步削弱政府的管治威信。香港特區行政長官和特區政府的管治威信因為這場動亂而備受衝擊，嚴重削弱了其原來本已不強的管治能力和管治意志。在內外反華勢力的猛烈攻擊下，特區政府動輒得咎、處處挨打、施政乏力，因此在政策制定和政策執行上都步履蹣跚，對推進經濟發展和紓解民生困苦極為不利。

他們的反政府「戰略」的核心，是要打垮一直以來享譽世界和深得香港人信任的香港警察隊伍，主要手法是驅動入世未深但卻憤世嫉俗的年輕人，尤其是大學生和中學生，不斷向警察使用暴力，迫使或「誘使」警察以武力進行遏制。他們同時以大量文宣材料抹黑警察，並對警察和其家人與朋友發動網上欺凌。由於不少香港人對年輕人的暴力行為比較包容和寬恕，內外反華勢力遂得以趁機在社會上燃起「仇警」狂飆，並希望藉此瓦解警察的士氣和摧毀香港特區的最重要管治力量。不過，由於香港的警察隊伍訓練有素，而那些人對警察的攻擊和誣陷反而讓警隊在同仇敵愾下更為團結一致。儘管內外反華勢力的意圖沒有得逞，但作為香港執法力量的核心的香港警隊在社會上的聲譽和公信

力，無疑已經受到不少傷害。這不但造成了香港治安出現明顯惡化的跡象，連帶香港作為治安良好之都的國際美譽也蒙上陰影。

作為一個成熟的資本主義社會，香港賴以成功的要素之一是對私有財產的尊重和保護。香港乃至西方的法律體系的核心原則是承認和保衛私有財產。儘管不少香港人對香港的貧富不均的狀況有怨氣，但在尊重私有財產制度的社會共識下，香港社會極少出現響亮的「平均財富」、「劫富濟貧」或「仇富厭富」的呼聲。不過，在這場動亂中，違法暴力分子屢次大肆攻擊、破壞乃至焚燒那些與其政治立場不合的商戶，包括銀行、店舖和餐廳，企圖讓其難以經營甚至倒閉，從而迫使香港的商人噤聲。雖然警方盡力保護商人的私有財產，但礙於警力不足，難以提供周全保護，以至有一些商號蒙受重大損失。部分商人在無奈之下只好縮減業務、結業甚至搬離香港。大部分商人為了避免麻煩而不敢譴責暴徒，小部分更「虛情假意」地表示肯定動亂分子。暴力分子基於政治理由踐踏私人財產的行徑，對香港的投資和營商環境極為不利。既然妥善保護私人財產乃資本主義社會基本特徵，這場動亂其實已經在一定程度上侵蝕了香港的根基。

各類專業人士是香港社會的中流砥柱，而高端服務業更是香港作為一個高度現代化國際大都會的支柱。香港的專業人才素來不單以其專業水平能夠與先進國家的同行媲美而得到肯定，其專業道德操守更為各方所讚頌。2003 年香港爆發非典型肺炎疫情，香港醫護人員的承擔、犧牲和忘我精神已經載入史冊。可惜的是，在這場動亂中，部分專業人士在「政治掛帥」和「敵我意識」的驅使下，不但遺忘了他們作為專業人士的操守和承諾，反而蓄意從事一些有損社會利益和民眾福祉的勾當。部分法律界人士甚至「翹楚」不斷漠視或美化動亂和暴力分子的違法行為，在法庭上和社會上竭力為他們辯護和開脫，公開在本地和西方媒體上指控香港特區政府和警察非法踐踏人權和自由，並要求西方國家插手香港事務和對香港施加制裁。當香港人面對新型冠狀肺炎的嚴重威脅、社會上瀰漫恐慌情緒之際，部分同情和參與這場動亂的醫護人員，尤其是

年輕從業員，悍然「乘人之危」而策動罷工行動，企圖以病人為「人質」向香港特區政府施壓，同時藉機擴大抗爭隊伍，為日後的政治奪權計劃作準備。事實上，同樣的專業失德現象也發生在一些其他專業界別之中。經過漫長時間而形成的香港人對專業人士的信任、尊重和依賴因為這場動亂而受到磨損，而專業服務的水平和可靠性也受到質疑。

這場動亂除了損害了香港重要制度之外，香港人的主要價值觀也經受了嚴峻的考驗，側面反映了香港人的所謂「核心」價值其實基礎並不穩固，也並未得到香港人的篤信。在恐懼、仇恨、偏執、不安和「敵我」意識的籠罩下，不少香港人尤其是動亂和暴力分子已經不再受到那些「核心」價值觀的約束和規範，從而在思想和行為上從自己一直以來賴以「自律」的「束縛」中「解放」出來，讓自己公開或暗地裏「放膽」做一些過去自己不敢想和不敢幹的事。對那些人來說，「守法」與否視乎相關法律是否對自己的「政治陣營」有利、是否有助於打擊「對手」、是否符合自己對「公平公義」和「法治」的「理解」。由是，「違法達義」、「公民抗命」和促進社會公平公義民主人權，成為了違法行為的「理據」、護身符和道德授權。

「包容」在香港這個多元化社會素來被視為香港社會的本質。不過，過去幾十年來，連綿不斷的政治鬥爭早已讓「包容」在政治領域「蒙塵」。「黨同伐異」在不同政治派系之間已經成為常態。這場動亂不但進一步擴大了不同政治派系的鴻溝，使得他們之間的鬥爭更為激烈和惡毒，更讓政治鬥爭在社會上全面滲透擴散。家人、親戚、同事、朋友、生意夥伴和政府與民眾因為政治立場不同而時生齟齬，彼此甚至形同陌路。暴力分子更對持不同意見者經常以殘酷手法相向。政治立場不同往往被視為道德情操和人格的高低。持異議者容易被界定為「敵人」、「異類」甚至「不是人」。「包容互信」在香港社會大幅減少，社會關係、日常生活和機構運作受到嚴重損害。在這種環境下，政府的政策和措施備受質疑，「對手」的公益慈善行動容易被批評為懷有不軌政治意圖，集體利益經常被個體利益所凌駕。同情、關懷變成了奢侈品。任何需要萬眾一

心、同舟共濟的集體行動都難以組織和動員起來。

在「包容互信」匱乏的情況下，香港人過去廣受國際社會讚譽的理性和務實精神也大為遜色。作為一個典型的利潤掛帥的資本主義社會，錙銖必較、實事求是和冷靜客觀研判一直以來乃不少香港人的個性特質。可是，在這場動亂下，大量的非理性、情緒化、政治化和劣質化的言行充斥於市面。何謂事實與真相讓路予虛假信息。很多人尤其是動亂分子按照自己的主觀喜好、政見、偏見、仇恨和鬥爭需要而判斷是非、對錯和真偽，甚至刻意炮製用以打擊對手的虛假新聞。種種極為反智和集體失智的現象十分普遍，就連不少知識水平較高的人也不能倖免。

曠日持久的暴力衝擊和本土恐怖主義的抬頭，成為了某種「暴力文化」滋生的溫床，對年輕人的影響尤其惡劣，充分表現在大批大學生和中學生參與暴力衝突，而且又大批被警方拘捕之上。一向以來，香港人把穩定和秩序視為最高價值，暴力和動亂則是他們最反對和害怕的東西。這場動亂對香港社會造成的最深刻的傷害不單是暴力和恐怖主義所帶來的種種破壞和傷害，更是不少香港人包庇、同情和縱容暴力，甚至相信只有暴力才能迫使中央和香港特區政府答應他們的奪取管治權力的政治訴求。部分訴諸極端暴力的年輕人更被內外反華勢力大力吹捧，進一步強化了那些年輕人的「救港」使命感。經過大半年的動盪，某種「暴力文化」在香港已然形成。香港社會容忍暴力的程度比以前明顯上升，而認同暴力能夠解決問題的人的比例也有所增加。這種事態的發展對香港的安定和發展肯定有害無利。

作為一個基本上沒有實業和自然資源，但卻高度依賴金融、貿易和現代與高端服務業的國際大都會，香港的主要制度和價值觀毫無疑問是它的寶貴的「家底」，必須珍而重之，小心呵護，不能讓其有任何損傷。「家底」如果變薄了，香港社會的根基便不牢固，而香港的繁榮、穩定、和平與秩序也將不保。香港對國家的重要性和所能發揮的作用更將大打折扣。這場動亂在一定程度上已經動搖了香港社會的根基，而不少香港年輕人對香港的「家底」既不認識，

更不懂得珍惜，無疑已經引起不少香港人的擔憂。諷刺的是，動亂分子策動動亂的「初心」是要捍衛香港的制度和「核心價值」，防止其因為「大陸化」而被摧毀，但那些制度和「核心價值」卻反而因為他們所策動的動亂而崩壞。

　　新型冠狀病毒在動亂時期在香港肆虐，使已經水深火熱的香港陷入更嚴峻的困境。然而，一個積極的發展趨勢卻似乎正在萌芽。越來越多的香港人看來正在開始認真對這場動亂進行反思，並認真思考香港的生存與發展的基礎和條件。從比較樂觀的角度觀察，理性和務實心態有望在香港重新抬頭，並促使香港人開啟修復和重建制度和價值觀的工作。

(原載《紫荊雜誌》2020 年 4 月號，原標題為〈只有認清暴亂危害並努力補救香港才能避免長期衰敗〉)

香港國家安全法對止暴制亂發揮關鍵作用

✦　✦　✦

全國人民代表大會常務委員會於 2020 年 6 月 30 日以全票通過香港國家安全法後，在短短三個月之內，已經產生了立竿見影的可喜效用。暴亂行為雖然並沒有完全戢止，但卻已大為減少，社會秩序大體上已經恢復，廣大香港人不再生活於恐懼之中。策動暴亂的幕後黑手有所收斂，其囂張氣焰已不復再。若干大力鼓吹暴亂的頭面人物打退堂鼓。涉及暴亂的一些搞手為了規避刑責而倉皇外逃。部分有份煽動和組織暴亂的組織和團伙偃旗息鼓。那些長期以來在立法會內以激烈甚至暴力手段從事鬥爭的反對派議員在一定程度上自我約束。部分外部勢力尤其是那些策劃「顏色革命」的西方政府、半政府和非政府組織已經或正在減少活動，或索性撤出香港。

當然，在西方國家特別是美國全方位和無所不用其極地遏制中國崛起的大環境下，香港內部和外部的敵對勢力絕對不會因為香港國家安全法的出台而善罷甘休，即便他們在難以如過去般肆無忌憚地攪亂香港，並利用香港來危害國家安全，但其政治能量已經大為削弱。今後，他們肯定會更多地在香港的外部發動各種危害香港和國家安全的大大小小的行動和動作。不過，縱然如此，他們對香港所能造成的打擊和傷害與過去相比，卻不可同日而語。

香港國家安全法之所以在香港「止暴制亂」上能夠發揮關鍵作用，有兩個重要原因。其一是香港國家安全法表達了中央要在香港撥亂反正的堅定決心和強大能力。其二是香港國家安全法從根本上重塑了香港回歸以來的政治遊戲規則，迫使內外敵對勢力改變其意圖和行為。總體結果是，他們在重新評估在香港策動暴亂所涉及的利害得失後，會覺得香港不再是他們能夠隨意用武和馳騁之地。

香港國家安全法的橫空出世，和事前準備工作的周詳和隱秘，讓所有人

因為意料之外而驚愕不已。香港內外的敵對勢力對此更是措手不及和惶恐不已。香港國家安全法讓內外敵對勢力清楚知道中央已經下定決心、不惜代價要主動果斷強力出手來徹底平息香港曠日持久的暴亂，讓香港不再成為國家安全的威脅和隱患，並把「一國兩制」在香港的實踐重新納入正確的軌道上。中央的主動出擊，同時鼓舞了香港特區政府和愛國力量，並讓他們在中央的領導下與中央和全國人民一起勇敢地與香港內外敵對勢力展開搏鬥。中央的突然出手，徹底改變了內外敵對勢力和他們在香港的支持者對中央的政治心理預期。他們再也不會相信中央會因為畏懼美國和其西方盟友、害怕香港發生動亂、擔憂香港民意的可能反彈以及擔心台灣民眾的批評而向內外敵對勢力低頭。香港國家安全法的頒佈實施，清晰表達了中央在維護國家主權、安全、發展利益，捍衛中央對香港的全面管治權和確保「一國兩制」在香港全面和準確貫徹的決心和能力，從而讓內外敵對勢力知道他們的政治野心和圖謀絕對不可能得逞，而繼續犯險則只會付出沉重代價。

香港國家安全法對香港那個殘缺不全的維護國家安全的法律體系和執行機制做出了妥善的修補，也在根本上改變了香港的政治遊戲規則。一直以來，香港原有的法律在維護國家安全上的涵蓋面和有效性都不足，讓內外敵對勢力可以明目張膽和無所顧慮地在立法會、區議會、媒體、學校、社會團體乃至在特區政府內部從事挑戰國家主權、蔑視中央權力、衝擊特區管治和破壞政治穩定的行為。部分香港法官對此類行為更往往是網開一面。香港的反對和激進勢力更經常挑起香港人對中國共產黨、中國政府、內地同胞和香港特區政府的敵意和不滿作為撈取政治資本的手段。本土分離主義分子和「港獨」勢力更在年輕人之中長期肆虐。這些內部敵對勢力更肆無忌憚地與外部勢力勾連，乞求外部勢力對中國政府和特區政府施加壓力，並向自己提供支持和保護。香港國家安全法對此類行為進行了嚴厲的遏制和懲處。今後，中央和特區政府對議會內和社會上出現的危害國家安全的活動都可以依法取締和禁止。這樣一來，不但社會安定得到保障，香港的青少年也會因為較少受到內外敵對勢力的荼毒而前

途盡毀、抱恨終生。

　　總之，即便香港迄今尚沒有人因為觸犯香港國家安全法而被定罪，但其震懾力已經充分彰顯出來，並快速產生積極和正面的效果。

（原載《橙新聞》2020 年 10 月 1 日）

香港國家安全法為香港的有效管治打好基礎

✦　✦　✦

　　回歸以來，「一國兩制」在香港的實踐雖然總的來說可算成功，但香港的管治迄今仍然是舉步維艱，有效管治依然是可望而不可即的構想。其中最重要的原因與香港的政治體制，特別是行政和立法關係以及立法會選舉的安排設計有密切關係。儘管香港的政治體制基本上是為了讓「一國兩制」得以全面和準確貫徹來設計，讓「一國兩制」的核心目標比如達致國家統一、維護國家主權安全、促進良好的中央與特區關係、維持香港原來的資本主義制度和生活方式、「行政主導」等得以達致，然而那些核心目標能否達致則又與香港特區政府能否推行有效管治有莫大關係。遺憾的是，從一開始，在相當程度上香港的政治體制本身已經是一個體現多方妥協、需要同時兼顧不同目標的產品，因此它難以在回歸後香港的複雜政治環境中讓香港特區政府實現有效管治。

　　簡單來講，香港的政治體制在憲制層面而言是一個「行政主導」政治體制，但在實際操作上它屬於一種「混合政體」；更具體一點來說，它是一個「自由威權政治體制」。[1] 在這個政治體制中，反對中華人民共和國、中央和香港特區政府的勢力因為立法會和行政長官的「包容性」產生辦法，被容許在政治體制內特別在立法會內運作和活動，利用其在政治體制內的存在與社會上的各種反對勢力聯動，並與外部反共反華勢力勾連，不斷挑起香港民眾的反中和反政府情緒，長期以政治體制改革為公共議題來組織與動員羣眾，竭力干擾和妨礙香港特區政府的管治，阻撓香港的經濟發展和民生改善，並意圖最終奪取香港的管治權，讓香港成為威脅國家安全的顛覆和滲透基地。與此同時，反中反政

1　參看劉兆佳：《回歸後香港的獨特政治形態：一個自由威權政體的特殊個案》，香港：商務印書館（香港）有限公司，2017 年。

府勢力的龐大和桀驁不馴，也對愛國力量造成壓抑作用，在相當程度上擠壓愛國力量活動空間和窒礙愛國力量的壯大，削弱和左右愛國力量支撐特區政府施政的意向和能量，也是造成香港管治失效的重要原因。

回歸以來，反中反政府勢力在香港立法會內和在社會上發動一波又一波的政治鬥爭，不但導致香港政局長期動盪不安，更讓香港特區政府管治艱難，無法集中精力處理眾多的深層次經濟、社會和民生問題，嚴重挫傷特區政府的政治威信和管治能力。近年來，隨着國際局勢波譎雲詭，以美國為首的西方陣營全力、全方位和無所不用其極地遏制中國的崛起，外部勢力特別是美國和台獨勢力加緊介入香港事務，並與香港內部愈趨激進的反中反政府勢力乃至港獨分子沆瀣一氣，在立法會內和社會上策動一連串回歸以來規模最大、為時最長和野心勃勃的動亂和暴亂，目標不但是要搞亂香港，讓香港成為國家的麻煩和負累，更要一舉而癱瘓特區政府，拖垮警察，伺機奪取香港的管治權，把香港變成嚴重危害國家安全的基地。在這種嚴峻的政治鬥爭環境下，特區政府自身的生存也受到前所未有的威脅，有效管治更無從談起。

在香港處於危急存亡之際，2020 年 6 月 30 日，《中華人民共和國香港特別行政區維護國家安全法》（簡稱《香港國家安全法》）橫空出世。它不但確保了香港不再成為國家安全的隱患和威脅，更會大幅壓縮了香港內部和外部的反共反中反政府勢力乃至港獨分子的活動空間，不再讓他們在立法會內和社會上肆意妄為，改變一直以來行政立法的緊張對立狀態，以及在社會上遏制各類反共反中反政府行為與活動，為香港實現「行政主導」下的有效管治打好基礎。

政治體制存在明顯矛盾

從一開始，在「一國兩制」的構思中，香港的政治體制主要是要發揮工具作用，其功能是要讓「一國兩制」得以全面和準確貫徹，是要為達致「一國兩制」的戰略目標而服務。戰略目標包括維護國家主權、安全、領土完整和發展利益，包括保存香港原有的資本主義制度和生活方式，也包括確保「行政主導」

和愛國者長期治港。政治體制民主化絕非如香港內外敵對勢力所「一口咬定」的「一國兩制」方針的最高目標，而且也絕對不能妨礙核心目標的達致。因此，香港的政治體制的設計，只能參照「一國兩制」實施的需要和考慮香港本身的實際情況。「一國兩制」的總設計師鄧小平早已斷言：「香港的制度也不能完全西化，不能照搬西方的一套。香港現在就不是實行英國的制度、美國的制度，這樣也過去一個半世紀了。現在如果完全照搬，比如搞三權分立，搞英美的議會制度，並以此來判斷是否民主，恐怕不適宜。［…］對香港來說，普選就一定有利？我不相信。比如說，我過去也談過，將來香港當然是香港人來管理事務，這些人用普遍投票的方式來選舉行嗎？我們說，這些管理香港事務的人應該是愛祖國、愛香港的香港人，普選就一定能選出這樣的人來嗎？最近香港總督衛奕信講過，要循序漸進，我看這個看法比較實際。即使搞普選，也要有一個逐步的過渡，要一步一步來。」[2]

的確，在「五十年不變」的基本原則下，中央政府原本不太願意在回歸後大幅改變香港原來的以英國總督為核心、以「行政主導」為主軸、政治權力牢牢掌握在英國殖民統治者手上、而社會上缺乏反對勢力存在空間的威權政治體制的。中央政府認為在因應香港回歸祖國這個事實後、對原來的政治體制稍作變更，原來的政治體制便可以適當保存下來。這樣做的好處是回歸後的行政長官得以對中央政府完全效忠和負責，中央政府可以充分依賴行政長官來全面和準確貫徹「一國兩制」、維護國家利益和安全，而香港在殖民管治下的管治和行政效率也可以得到維持。

不過，中央政府的構想卻難以如願以償，回歸後香港的政治體制除了保留了不少「威權」成分外，也引進了許多「自由」（或者說「民主」）的元素。最重要的原因是英國人在撤退前從中作梗，包括在立法機關中引入選舉產生的議員、激起香港人的民主訴求、通過大量行政、法律和政治改革來削弱行政機關

2　鄧小平：《鄧小平論香港問題》，香港：三聯書店(香港)有限公司，1993年，頁35-36。

的權力、營造政府向民眾和立法機關「負責」的「憲制慣例」和遏制愛國力量的發展。雖然最終中央政府沒有全部「吞下」英國人製造的「苦果」，但在形格勢禁的情況下也只好無奈讓部分英國人的「改革」在回歸後留下來。與此同時，為了彰顯香港特別行政區的政治體制比「殖民地」香港的政治體制優越，中央政府也願意在回歸後的香港建構一個更為開放和民主的政治體制，所以加進了許多對人權、自由、法治、民主等「自由」成分的保障，並且承諾讓香港在實際情況容許下以循序漸進步伐普選行政長官和立法會。不過，無論如何，中央政府始終從「工具」和「實用」角度構思香港的政治體制，這和香港內外敵對勢力的立場剛好相反。那些勢力視普選為「一國兩制」要達到的最高甚至是唯一的目標，至於普選或否會產生對國家和香港不利的後果則不在考慮之列。

在這個歷史背景下，回歸後香港的政治體制是一個頗為獨體的「混合政體」，並由「威權」和「自由」兩個成分共同組成。「威權」成分主要體現在那個並非由普選產生的行政長官享有龐大的決策權、立法創意權和人事任免權之上，也體現在選舉制度的設計容許愛國力量長期執政之上。「自由」成分則反映在部分立法會議席通過地區普選產生、立法會享有否決特區政府的法案與財政預算案的權力、司法獨立、人權保障、新聞、表達、集會、結社等自由之上。其中由於香港不少法官基於其西方法律背景特別重視人權保障和西方審訊案例，而大部分香港媒體又以「第四權」自詡，法院和媒體也就儼然充當了人權分子和反對派人士的「保護傘」。

儘管這個「自由威權政體」並非完全依據中央政府的構想而建立，但中央政府仍然希望在行政長官的強勢領導下，在行政機關和立法會既相互制衡、又相互合作但又以合作為主的行政和立法關係下，並在反對派願意面對香港已經成為中國的一部分而知所收斂的情況下，香港既能全面和準確實踐「一國兩制」、維護國家利益與安全，實現有效管治，又能循序漸進地滿足香港人對民主政治的追求。事實上，在這個政治體制中，「威權」和「自由」成分的比重相差不遠。從政治權力的分配而言，「威權」成分明顯對愛國力量有利，讓他們

成為「永久」的執政力量，也讓特區政府有廣泛和強大的憲制權力有機會在香港實施有效管治。另一方面，香港的反對勢力卻在相當程度上得益於「自由」成分，讓他們在政治體制內和體制外都可以憑藉各種政治行動和所謂的民意支持，來制衡甚至掣肘特區政府。然而，儘管如此，「威權」和「自由」這兩個成分卻從來都不可能和諧共處的，彼此之間存在着難以消除的張力和結構性矛盾。如果香港的反對勢力願意接受香港在回歸後已經是中華人民共和國的不可分離的一部分、願意接受以國家憲法和香港《基本法》共同組成的香港憲制秩序和願意在這個秩序之內活動和追求目標、願意避免做任何對國家民族不利的事、摒棄以非法、對抗和暴力手段為政治鬥爭工具、抗拒香港變成顛覆和滲透基地以及同意不讓外部勢力插手香港事務，則一方面香港的反對勢力便是一股理性的、具建設性的、忠誠的反對派。這個忠誠的反對派與特區政府的衝突也就是良性的、對改善特區管治有利的對政府的監察與督促，而「威權」和「自由」成分之間的衝突也會是推動香港進步和發展的建設性和良性互動。在這種「理想」的情況下，愛國力量和反對勢力之間的差異也只是政治立場在程度上而非本質上的差異，而部分反對派人士也有可能逐步蛻變為愛國者並參與到執政者的行列中去。

政治體制越來越不利有效管治

遺憾的是，事實上，回歸後「威權」和「自由」成分在香港卻並非處於「和平共存」狀態，這充分反映在回歸以來政治鬥爭不斷、特區政府管治艱難和失效的現象上。我早前已經指出：「在香港的『自由威權政體』內，『威權』成分和『自由』成分之間難以相安無事，[…] 以『自由』為其生存和壯大基礎的香港反對勢力，肯定鍥而不捨地推動政治制度，特別是選舉辦法的改革，來提升『自由』成分在混合政體中的比重，並且為此目的從不間斷地通過發動羣眾和挑起鬥爭向中央和特區政府施加壓力。以此之故，『自由』成分不斷衝擊『威權』

成分乃回歸後香港政治的常態。」[3]

　　回歸後，直到數年前，「威權」和「自由」的勉強和不和洽共存儘管使得香港即便政治鬥爭不斷，但特區的管治仍能維持一定的有效性，而香港的政局也尚算穩定，但特區政府要推動重大策略來推動香港與內地經濟融合、推進產業結構轉型、紓緩嚴重會社會矛盾、改變土地房屋政策和稅制改革等重大事務上卻舉步維艱，嚴重妨礙香港的長遠發展。反對派不斷在立法會內和在社會上阻撓特區政府施政、打擊政府管治威信、踐踏特區官員的尊嚴和動員羣眾與特區政府進行鬥爭。反對派在立法會內的議席雖然只佔少數，但卻不斷濫用立法會的議事規則來拖慢立法會的工作進度，直接和間接令特區政府政策制定和推行的工作延誤，難以及時應對重大社會、經濟和民生問題和民眾的需要與訴求，其目的是要引起民眾對特區政府的不滿和怨氣，並藉此指控香港的政治體制的不公和不民主，繼而鼓動香港人支持他們所提出的政制民主化的訴求。反對派頗為成功地利用部分香港人對特區政府和對香港現狀的不滿、對中國共產黨的抵觸情緒而把政治體制改革塑造為回歸後香港的首要公共議題和民眾的迫切政治訴求。一天這個政治訴求沒有得到滿足，一天政治議題便是香港的首要公共議題，其他急迫的經濟、社會和民生議題便難免被嚴重擠壓，而特區政府也因此無法聚合社會力量和公共資源來處理那些實際上更亟需處理的議題。那些實際議題沒有處理好，民眾對政府的不滿便會不斷累積，這種情況反過來又讓反對派用來作為攻擊政府和推動政治體制改革的「理由」，由此便形成了一個嚴重妨礙有效管治的惡性循環。除了矛頭指向特區政府外，反對派又積極與中央展開對抗，利用香港社會因為歷史原因而長期存在、揮之不去的反中反共情緒、部分人對殖民管治的緬懷、中央政府對政治體制改革的審慎態度、香港與內地經濟不斷融合和兩地同胞交往日增所產生的各種問題和矛盾等情況來離間部分香港人尤其是年輕人與中央和國家的關係，製造和散播歧視甚至敵視內

3　劉兆佳：《回歸後香港的獨特政治形態》，頁 62-63。

地同胞的情緒和歪風，並鼓吹各式本土分離主義的主張。2003 年，反對派成功大規模發動羣眾反對和終止特區政府推動的《基本法》第 23 條立法，抹黑和妖魔化維護國家安全的工作，從此讓國家安全立法在香港成為「無法完成的任務」、「政治禁區」或「死亡之吻」，也因此讓香港成為國家安全的隱患和威脅，更讓外部勢力得以在國家安全法律體系存在嚴重漏洞下在香港興風作浪、肆意妄為。

在社會上，尤其在媒體、學校、宗教組織和不少公民團體中，乃至在民意領域，反對勢力都佔有優勢。反對派宣揚的把香港視為「獨立政治實體」的「一國兩制」主張在香港大行其道。在反對派對「一國兩制」的「另類詮釋」中，中央在香港享有的權力和所應擔負的責任不被承認，從而每當中央依法行使權力和履行責任時，比如人大釋法和制定香港國家安全法，反對派都會大力發動香港人反對所謂中央不尊重香港的高度自治、蔑視「港人治港」、違反《基本法》和背離「五十年不變」的承諾。這種「另類詮釋」不但讓中央制定的「一國兩制」方針政策無法在香港全面和準確實踐，更是部分香港人特別是年輕人執意與中央對抗、甚至提出分裂國家的口號和主張的罪魁禍首。

反對派勢力之所以長期以政治鬥爭為綱為務，是因為基於反共和親西方意識，他們自始至終從來都沒有打算當「忠誠的反對派」。然而，儘管他們不承認由國家憲法和香港《基本法》共同組成的香港特區的憲制秩序，否定香港的政治體制和特區政府的認受性或者合法性，也拒絕承擔維護國家利益和安全的責任，但他們當中大部分人和黨派卻積極參與立法會和區議會的選舉，以求獲得豐厚的物質和政治回報，並利用議會提供的資源和平台壯大其勢力和組織與動員羣眾。他們也相當樂意接受特區政府的邀請參加香港各類諮詢組織和法定機構以及接受特區政府頒授的勳銜和榮譽，並趁機增值對公共政策的影響力和個人的政治地位。以此之故，我們只可以把香港的反對派歸類為「半忠誠的反對派」。對「半忠誠的反對派」來說，參與現行的政治體制的最終目的是要「推翻」或者徹底「改造」現有的「不民主」和「缺乏認受性」的政治體制，要把

現有政治體制改變為一個讓他們能夠執政的政治體制。在他們的眼中，只容許愛國者治港不但不合理、也不「民主」。他們無視「愛國者治港」這個「一國兩制」的核心原則和要求，硬要讓他們作為非愛國者也可以管治香港，其目的不外乎要讓香港成為推動中國內地走「和平演變」道路的力量，讓中國永遠成為西方的附庸。

反對勢力在香港之所以能夠阻礙特區政府實現有效管治，不單是由於他們能夠通過選舉取得小部分立法會的議席，也不單是因為他們在社會中的影響力，也是由於在不少香港人對新中國和中國共產黨仍有抵觸情緒下，特區政府和愛國力量仍然未能享有較反對派為高的政治威望和對「一國兩制」的詮釋權。回歸後各種金融危機和大型傳染病疫情的出現，種種社會經濟矛盾的激化以及香港人和內地同胞的各種摩擦，都打擊了民眾對特區政府和愛國力量的信心和信任，從而弱化了他們在與反對派交手時的戰鬥力。更為關鍵的是香港的選舉制度。雖然特區政府不會倒台，而愛國力量又不虞失去對立法會的控制權，但為了在立法會的地區直選中和在區議會的選舉中獲勝，部分愛國者不能不重視那些反中和反政府的民情民意，在一些情況下甚至要站到民眾一方而不願意支持特區政府和中央。另方面，特區政府由於長期處於弱勢，在面對反對派步步緊逼的情況下，為了減少施政障礙，它不得不與反對派爭奪民眾的支持，更不想因為被批評為過度偏袒愛國力量和敵視反對勢力而失去人心。然而，當大部分香港人都有不同程度的反中反共意識時，特區政府和部分愛國人士「俯順」民意反而讓反對派得到更大的活動空間和社會支持。在這種環境下，特區政府和愛國力量也就缺乏足夠的意志和能力去扳倒反對勢力、奪取對「一國兩制」的話語權、大刀闊斧行使行政長官享有的龐大的憲制權力、糾正「一國兩制」在香港實踐所出現的偏差、推動國民教育和壯大與強化自己，而更甚者是沒有決心和能力去完成《基本法》第23條的本地立法工作，以及運用和強化各種法律和行政手段來捍衛國家安全。

以上描述的種種現象其實已經表明在香港的政治體制的設計和運作已經

無法讓「一國兩制」在香港全面和準確實踐、不能讓香港實現有效管治、也不能讓香港切實履行維護國家安全的責任。政治體制中「自由」成分和「威權」成分從香港特區成立伊始已經出現失衡的情況，而立法會的選舉制度和行政與立法機關之間權力的配置則是導致失衡的最重要原因。

近年來，這個失衡情況愈趨嚴重，不但進一步削弱本已低落的特區政府的威信和管治能力，使得有效管治變成鏡花水月，香港更處於曠日持久的政治動盪之中。2014年，香港發生前所未有的、為時長達79天的「佔領中環」違法行動，對香港的經濟、法治和秩序造成了難以彌補的傷害和破壞。2019年中開始，香港更爆發超大規模的、源於反對勢力策動香港人反對《逃犯條例》修訂，其中出現大量打、砸、燒、堵塞交通幹道、毀壞公共設施、破壞私人財產等帶有恐怖行為，其中最矚目的是暴徒強行闖入立法會大樓大肆破壞和圍堵警察總部，對「傷後未癒」的香港更全方位帶來了深遠和深刻的、難以痊癒的創傷。立法會內反對派議員不僅對政府擺出勢不兩立的鬥爭態勢，甚至不惜以武力阻撓甚至癱瘓立法會的正常運作，從而讓特區政府難以正常施政。尤為嚴峻的是，在外部勢力深度介入香港事務下，香港加速成為西方國家與中國的角力場和國家安全的威脅。「一國兩制」的全面和準確實踐不但無從說起，它能否長期延續下去也頓成疑問。

過去幾年來香港局勢的急劇質變和惡化，與國際形勢的大氣候和香港內部局勢的小氣候的丕變有莫大關係。由於香港政治形勢的改變既深且廣，而且持續變壞，單憑香港自身和特區政府的能力已經無法匡正。造成形勢丕變的主要原因有幾個。

首先也是首要的原因，是美國和它的一些西方盟友徹底改變了對崛起中的中國的戰略，而香港對他們的戰略價值和意義也發生根本性的變化。中國的迅速崛起，是美國意料之外的。對美國來說，中國的崛起對美國的世界霸主地位形成嚴重的和全面的挑戰和威脅。美國尤其擔心中國的崛起在意識形態、政治經濟社會制度和發展模式上減少西方陣營在全球的吸引力，甚至導致西方國

家之間的分化、部分西方國家包括美國本身朝「威權主義」方向發生質變和西方國家內部的分化、內耗和動亂。以此之故，美國徹底改變了過去的比較着重接觸和對話的對華政策，代之以以對抗和遏制為主軸的、帶有濃烈敵意的對華政策。在新的對華政策下，美國不再相信香港作為西方陣營的「非正式成員」和得到西方「撐腰」和「保護」的非正式「獨立政治實體」能夠協助西方推動中國走向「和平演變」，反而越來越成為給力中國崛起的、對西方不利的「幫兇」。在新的對華政策下，在不嚴重損害自己在香港的龐大利益的前提下，美國和其一些西方盟友加緊插手和干預香港事務、在香港培植西方的代理人、積極削弱香港對中國的戰略價值和大力利用香港來遏制中國。在「佔領中環」行動和由《逃犯條例》修訂觸發的暴亂中，美國和它的一些西方盟友的官方機構、半官方機構、非政府組織、民間團體、媒體、政客、工會和宗教勢力發揮了重要的策動、教導、支持、鼓勵、配合、資助、統籌、指揮和保護的角色。美國更通過威脅援引 1992 年通過的《美國—香港政策法》、2019 年的《香港人權與民主法》和 2020 年的《香港自治法》等美國國內法律對香港和中國事務說三道四、橫加批評和施加制裁，意圖迫使中央和香港特區政府對香港內外的敵對勢力不敢輕舉妄動，逼迫中央交出全部或者部分對香港特區的管治權，從而讓香港更加成為牽制中國崛起的力量和國家安全的缺口。

第二，香港內部的反對勢力也經歷了質變和分化。原來的「半忠誠的反對派」意慾借助他們在立法會內的鬥爭和社會上的動員來迫使中央和特區政府答應他們的政制改革的要求，但一般不會訴諸暴力和提出過度極端的政治主張。客觀而言，這種所謂「和平、理性、非暴力」的鬥爭手段其實已經取得不錯的成果，但卻往往因為不知進退、野心過度、錯判形勢，令香港的民主發展停滯不前。然而，新近冒起的、以入世未深、思想偏激的年輕人為骨幹的反對勢力卻毫不滿足，反而相信使用更激進和更暴力化的手段會更能迫使中央和特區政府讓步，甚至更能得到外部勢力的垂注和支持。當這些人認為這些激烈手段也沒有能夠達到自己的目的後，也就進一步提出「港獨」、「本土自決」和其他分

離主義主張，並以暴力和破壞為主要鬥爭手段。對激進反對派來說，過去一年多的暴亂仍然未能迫使中央和特區政府就範，他們因此更進一步提出「攬炒」（既玉石俱焚或同歸於盡）「策略」，希望通過奪取立法會的控制權和癱瘓特區的管治來迫使中央和特區政府向他們讓渡香港的管治權。新一代的反對勢力的最大特徵是他們不單國家觀念和民族意識淡薄，而且敵視乃至仇恨自己的國家和民族。他們當中不少人「緬懷」和美化他們從未經歷過的殖民管治，把中央和特區政府妖魔化，對西方人則膜拜嚮往，把西方國家當作自己的「守護神」、「靠山」和「精神支柱」。所以，他們不以為恥地乞求美國和一些西方國家介入香港事務。他們相信中國政府和特區政府會屈服於西方的壓力而回應他們的要求。他們相信，就算那些要求得不到滿足，最低限度中央政府和特區政府在西方國家的恫嚇下也不敢對他們下手，所以無論如何他們也無需付出代價。反對派內極端勢力的冒起，對原來的「主流」反對派造成了極大的壓力。為了爭取年輕一代和愈趨偏激的中產人士的支持，「主流」反對派特別是他們當中的新世代也走上激進之途，不但不敢譴責暴力，而且自己也往往使用暴力。同時，他們也加劇與中央和特區政府的對抗，甚至積極拉攏美國、台灣和其他外部勢力。立法會內和社會上暴力橫行以及幾乎所有反對派人士都竭力勾結外部勢力就是反對勢力愈趨極端化的結果。可以這樣說，「半忠誠的反對派」基本上已經不復存在。中央、特區政府和愛國力量面對的是一個與外部勢力勾連在一起，矢志與中央對抗到底、意圖改變香港的政治體制、密謀奪取特區的管治權、讓香港長期成為顛覆基地甚至把香港從國家分裂出去的「不忠誠的反對派」或「反中亂港」勢力。

第三，內部和外部敵對勢力深度勾結，聯手利用香港的「自由」成分發難，並迅速形成一股龐大的政治力量。「威權」成分因此受到巨大的壓制，而特區政府和愛國力量更飽受內外各方敵對勢力的猛烈攻擊，負責維持治安與法治的警察隊伍更成為敵對勢力狂攻、分化、污衊和決心打倒的對象。在外部勢力的深度介入下，「自由」成分和「威權」成分的出現前所未有的失衡狀態，特區政

府和官員也從未面對過如此嚴峻的考驗。在「自由」成分的制約和外部勢力的威脅下，特區政府和愛國力量所表現出來的管治能力、政治勇氣和擔當意識都明顯不足，更遑論大膽積極充分運用手上的憲制權力來「克敵制勝」。在內外敵對勢力的兇猛攻擊下，加上部分官員和愛國人士怵於美國對自己個人可能施加的制裁，特區政府和愛國力量招架乏力、進退失據、動輒得咎，「明哲保身」者眾，難以儘快採取果斷和嚴厲措施止暴制亂。部分官員和愛國人士在民意、媒體、反對派和外部勢力的壓力下對特區政府和中央的忠誠不牢靠。政府內部統籌工作沒有到位，對過去幾年的動亂和暴亂的性質和嚴重性、特別對其與西方遏制中國策略的關係，也認識不足，沒有全面動員政府力量迎戰，更談不上組織和發動民間力量。更甚者是一些異己分子存在於特區政府和愛國力量之內，並與內外敵對勢力互通款曲。部分公務員，包括一些位居要津的政務官，公然摒棄「政治中立」和「效忠政府」的原則，儼然成為反對政府的力量，這進一步打擊政府的威信和止暴制亂能力。一些愛國人士也表現出立場不穩、首鼠兩端和機會主義的動向。這些因素導致的局面是：特區政府處於極度弱勢、不斷受到激進反對勢力和外部勢力猛烈攻擊，管治乏力，社會上暴力不止，香港人惶恐度日，政府、經濟和社會不能正常運作。新冠肺炎的突然來襲更對香港雪上加霜，讓本已殘破不堪的政治經濟民生局面更加危如累卵。

顯然，香港過去幾年的動亂徹底打破了過去「威權」成分和「自由」成分之間微妙、勉強和脆弱的「平衡」，導致「威權」成分受壓，而「自由」成分則大為擴張，具體表現在內外敵對勢力越來越強而特區政府和愛國力量越來越弱的態勢。鑒於內外敵對勢力將長期在香港肆虐，如果其他情況不變，則過去幾年的動盪便會引致香港的政治體制長期「失衡」，特區政府萎靡不振、愛國力量怯懦萎縮、內外敵對勢力囂張坐大、特區管治失效、動盪不安、經濟民生凋敝、香港無法有力維護國家安全和領土完整等。從另一個角度看，儘管香港已經回歸祖國 20 多年，一個能夠全面和準確貫徹「一國兩制」方針，有心有力維護國家安全利益、體現愛國者治港和強力有效治理香港特區的「新政權」實際

上尚未建構成功。

　　正是在香港處於危急存亡之秋、「一國兩制」危如纍卵、特區政府和愛國力量無力扭轉局勢、國家安全受到來自香港的威脅日趨嚴峻之際，中央毅然決然出手駕馭香港的形勢、匡正香港的亂局。香港國家安全法的出台，正是順應時代、形勢和民情之舉。誠然，香港國家安全法的首要目標是要維護國家安全、填補香港在維護國家安全法律上的漏洞，但揆諸香港回歸以來管治維艱的困境，香港國家安全法實際上也為特區政府的有效管治打下堅實的基礎。

國安法與有效管治

　　一直以來，國家領導人都把維護國家安全作為「一國兩制」的要務，也是「一國兩制」能否成功實施的前提。國家領導人不斷諄諄告誡香港人不能讓香港成為內外反華勢力對付國家的顛覆和滲透基地。「一國兩制」總設計師鄧小平早在 1987 年已經鄭重指出，香港能夠切實維護國家安全乃「一國兩制」方針的先決條件。他說：「有些事情，比如一九九七年後香港有人罵中國共產黨，罵中國，我們還是允許他罵，但是如果變成行動，要把香港變成一個在『民主』的幌子下反對大陸的基地，怎麼辦？那就非干預不行。」江澤民主席在 1989 年則告誡英國和香港人不要試圖利用香港改變中國的社會主義制度。他明言：「在『一國兩制』問題上，我曾在同香港許多工商界人士、香港特別行政區《基本法》起草委員會委員的談話中引用過一句諺語，叫做『井水不犯河水』。有的香港人不太理解，說：『井水不犯河水，河水必定犯井水。』其實，我這句話完整地說是：『井水不犯河水，河水不犯井水。』」2017 年，習近平主席到香港視察時更清晰劃出「一國兩制」的三條底線：「任何危害國家主權安全、挑戰中央權力和香港特別行政區《基本法》權威、利用香港對內地進行滲透破壞的活動，都是對底線的觸碰，都是絕不能允許的。」

　　香港國家安全法的頒佈實施，能夠有效堵塞香港法律在維護國家安全上的漏洞，讓香港得以切實履行維護國家安全的責任。一個不言而喻的道理是，

如果香港不斷被內外敵對勢力危害國家安全，香港本身肯定會陷入難以自拔的政治鬥爭和動亂之中，特區政府也就不可能有一個穩定平和的環境來實現有效管治。

毋庸諱言，香港回歸以來特別是過去幾年，香港之所以無法達致有效管治，主要原因是因為內部和外部反共反中反政府勢力的諸般干擾和阻撓。近年來香港反對派向「非忠誠的反對派」或「反中亂港」勢力蛻變和他們與外部勢力加緊勾連，更使得管治情況急速惡化，已經到了不能不處理的地步。一直以來，中央政府極為關注香港「一國兩制」的實施情況，對一些情況尤其表達憂慮，並概括之為深層次問題。儘管中央政府非常清楚內外反中反政府勢力的肆虐是「一國兩制」全面和準確貫徹的首要障礙，但通常國家領導人卻選擇突出與經濟、社會、民生、住房和青年人有關的問題，反而政治問題卻較少提到，原因估計是政治問題比較棘手，中央在沒有下定決心和擬定對策處理香港的政治問題時不想過早引起政治爭議和衝突，也不想過早「泄露天機」。可是，過去一段時間，美國和其一些西方盟友對中國充滿敵意，而近幾年香港發生嚴重動亂和外部勢力悍然插手香港事務，中央再也不能迴避香港的政治問題了。

2020 年 6 月 8 日，港澳辦副主任張曉明在香港《基本法》頒佈 30 週年網上研討會上，發表題為「國家安全底線愈牢，『一國兩制』空間愈大」的主旨演講，代表中央明確點出政治問題才是妨礙「一國兩制」在香港全面和準確實施的首要問題。他說：「那麼，到底甚麼是香港現在的主要問題呢？答案無疑會是見仁見智。我認為，香港的主要問題不是經濟問題，也不是困擾基層民眾的住房、就業等民生問題，或者利益階層固化、年輕人向上流動困難等社會問題，而是政治問題。其集中體現是，在建設一個甚麼樣的香港這個根本問題上，存在嚴重分歧甚至對立。我們要建設一個真正實行『一國兩制』、『港人治港』、高度自治並保持長期繁榮穩定的香港，但反對派及其背後的外部勢力則企圖把香港變成一個獨立或半獨立的政治實體，變成一個反華反共的橋頭堡，變成外部勢力一枚牽制和遏制中國發展的棋子。這是影響『一國兩制』全

面準確實施和香港保持長期繁榮穩定的主要矛盾，香港社會政治生活中的亂象和一些社會矛盾的激化，都是由這個主要矛盾決定的。」他又說：「從現象上看，我們看到的更多是社會高度政治化、泛政治化和民粹主義化，是政府施政動輒得咎，是國家安全處於不設防狀態，是國民教育難以推行，是充斥於媒體的對國家的各種負面報道，是學校考試題的荒誕不經，是把香港與內地隔絕的各種言論和舉動，是為香港發展提供空間和動力的粵港澳大灣區建設受到抵制，等等。究其本質，是香港內外反華反共勢力蓄意製造的政治對立。他們的目標，不只是要搞亂香港，在香港奪權變天，而且要推翻國家政權，顛覆中國共產黨的領導和中國特色社會主義制度。」

明晰了內外反中反政府勢力是對國家和對香港最大的和最急迫的威脅後，中央下定決心徹底解決香港的政治問題。

2019 年 10 月 31 日，中國共產黨第 19 屆中央委員會第 4 次會議通過《中共中央關於堅持和完善中國特色社會主義制度、推進國家治理體系和治理能力現代化若干重大問題的決定》，當中制定了一套以維護國家安全為主軸的新的對香港政策，提出要健全中央依照憲法和《基本法》對特別行政區行使全面管治權的制度。《決定》中這樣說：「建立健全特別行政區維護國家安全的法律制度和執行機制，支持特別行政區強化執法力量。」又說：「堅決防範和遏制外部勢力干預港澳事務和進行分裂、顛覆、滲透、破壞活動，確保香港、澳門長治久安。」

四中全會的決定就是香港國家安全法的來自中央的政策依據，而香港國家安全法的出台，正是要貫徹四中全會有關建構維護國家安全的法律制度和執行機制的決定。如上所述，特區政府實現有效管治的最大障礙，是外部和內部敵對勢力在立法會和社會上鍥而不捨、肆無忌憚地干擾、阻撓和破壞特區的管治。香港國家安全法所要禁止和政治的四類罪行，恰恰正好精準針對內外敵對勢力的行動進行打擊和遏制，目的在於大幅壓縮他們在立法會內和社會上的活動空間。

香港國家安全法第 20 條明確針對分裂國家的罪行。它規定：「任何人組織、策劃、實施或者參與實施以下旨在分裂國家、破壞國家統一行為之一的，不論是否使用武力或者以武力相威脅，即屬犯罪：（一）將香港特別行政區或者中華人民共和國其他任何部分從中華人民共和國分離出去；（二）非法改變香港特別行政區或者中華人民共和國其他任何部分的法律地位；（三）將香港特別行政區或者中華人民共和國其他任何部分轉歸外國統治。」第 20 條旨在禁止和懲治近年越來越猖獗的「港獨」和其他分離主義的勢力、台獨勢力和那些意圖分裂中國的外部勢力，讓他們難以在香港立足，更難以進入香港的政治體制內活動，亦無法在學校內荼毒青少年。估計各種分裂勢力不但會大為萎縮，而且會走向分化內訌，而在不再受到分裂勢力的裹挾的情況下，部分反對派人士會有空間和理由調整立場，走一條比較理性務實的反對道路。

香港國家安全法中有關顛覆國家政權罪對遏制香港內外反中反政府勢力最為有力有效。第 22 條規定：「任何人組織、策劃、實施或者參與實施以下以武力、威脅使用武力或者其他非法手段旨在顛覆國家政權行為之一的，即屬犯罪：（一）推翻、破壞中華人民共和國憲法所確立的中華人民共和國根本制度；（二）推翻中華人民共和國中央政權機關或者香港特別行政區政權機關；（三）嚴重干擾、阻撓、破壞中華人民共和國中央政權機關或者香港特別行政區政權機關依法履行職能；（四）攻擊、破壞香港特別行政區政權機關履職場所及其設施，致使其無法正常履行職能。」無論是回歸前或者回歸後，香港的反對派高度依賴反共和反中主張、口號和行動來製造與激化部分香港人與國家和中國共產黨的對立，並以此作為爭取羣眾支持信任和贏得立法會議席的首要手段。「六四風波」、人大釋法、內地發生的涉及執法的案件和事件、《基本法》第 23 條本地立法、「銅鑼灣書店」事件、全國人大常委會「831」決定和《逃犯條例》修訂都往往被反對派利用來煽動部分香港人與中央的摩擦。長期以來，為數不少的、具有反中反共傾向的教師盤踞在大、中和小學之內，不遺餘力地散播仇恨國家、民主、內地同胞、中國共產黨、特區政府和愛國力量的思想和言論，

並驅使和誘使入世未深的青少年參與違法乃至暴力行動。不少香港媒體都在不同程度上對國家、民族、中國共產黨、特區政府和愛國力量存有嚴重和深刻的偏見、成見乃至仇恨，個別實體媒體和眾多網上媒體甚至積極肆意擔當煽動、教唆、頌揚、指揮和支援動亂和暴力的角色。一些宗教組織和民間團體也積極從事反共反政府的勾當，並在社會上發揮政治宣傳和動員的作用。宗教界人士的介入，更讓抗爭和暴力披上信仰、道德、理想和正義的面紗，對年輕人的荼毒更深。當出現大型反中或者反政府活動時，不同方面的反中反政府勢力更連成一氣、相互呼應和彼此給力，對社會和政治穩定造成極大的震盪。立法會內的反對派議員更越來越多濫用立法會的議事規則和訴諸武力來癱瘓立法會的運作，並藉此來阻撓特區政府施政。一些極端的勢力更希望利用「一國兩制」下授予香港的高度自治權力來推動內地的「和平演變」和結束中國共產黨的執政地位。上述所有活動都有可能在不同程度上觸犯香港國家安全法第 22 條，而香港國家安全法頒佈實施後這些活動都肯定會有所收斂甚至止息。

儘管從事暴力行為的反對派人士只屬少數，但仍有一些極端分子和迷信暴力的年輕人相信暴力手段可以引起社會恐慌，驅使民眾要求中央和特區政府向抗爭者讓步。香港國家安全法第 24 條就以打擊恐怖活動為目標。第 24 條規定：「為脅迫中央人民政府、香港特別行政區政府或者國際組織或者威嚇公眾以圖實現政治主張，組織、策劃、實施、參與實施或者威脅實施以下造成或者意圖造成嚴重社會危害大恐怖活動之一的，即屬犯罪：（一）針對人的嚴重暴力；（二）爆炸、縱火或者投放毒害性、放射性、傳染病病原體等物質；（三）破壞交通工具、交通設施、電力設備、燃氣設備或者其他易燃易爆設備；（四）嚴重干擾、破壞水、電、燃氣、交通、通訊、網絡等公共服務和管理的電子控制系統；（五）以其他危險方法嚴重危害公眾健康或者安全。」香港國家安全法頒佈實施後，暴力分子要面對嚴刑峻法的對待，其氣焰可望有所收斂。飽受暴亂煎熬的香港人亦得以鬆一口氣。

我個人認為，香港國家安全法對外部勢力的打擊力度和威脅程度，較諸

香港內部的反對勢力其實更大，這是美國、其一些西方盟友和台獨勢力始料所不及的。這就解釋了為甚麼他們既憤怒又擔憂，上躥下跳，而且匆匆忙忙對香港和中國施加制裁。香港國家安全法有幾項條文都是特意要制止外部勢力插手香港事務，和禁止香港的反對勢力勾結外部勢力對國家和香港圖謀不軌而擬定的。第 29 條規定：「為外國或者境外機構、組織、人員竊取、刺探、收買、非法提供涉及國家安全的國家秘密或者情報的；請求外國或者境外機構、組織、人員實施，與外國或者境外機構、組織、人員串謀實施、或者直接或者間接接受外國或者境外機構、組織、人員的指使、控制、資助或者其他形式的支援實施以下行為之一的，均屬犯罪：（一）對中華人民共和國發動戰爭，或者以武力或者武力相威脅，對中華人民共和國主權、統一和領土完整造成嚴重危害；（二）對香港特別行政區政府或者中央人民政府制定和執行法律、政策進行嚴重阻撓並可能造成嚴重後果；（三）對香港特別行政區選舉進行操控、破壞並可能造成嚴重後果；（四）對香港特別行政區或者中華人民共和國進行制裁、封鎖或者採取其他敵對行動；（五）通過各種非法方式引發香港特別行政區居民對中央人民政府或者香港特別行政區憎恨並可能造成嚴重後果。」

　　第 34 條、第 37 條和第 38 條對外部勢力具有極大的震懾作用。第 34 條規定：「不具有香港特別行政區永久性居民身份的人實施本法規定的犯罪的，可以獨立適用或者附加適用驅逐出境。不具有香港特別行政區永久性居民身份的人違反本法規定，因任何原因不對其追究刑事責任的，也可以驅逐出境。」第 37 條則表明香港人和組織在外地違反香港國家安全法亦屬犯罪。第 37 條規定：「香港特別行政區永久性居民或者在香港特別行政區成立的公司、團體等法人或者非法人組織在香港特別行政區以外實施本法規定的犯罪的，適用本法。」第 38 條更賦予香港國家安全法「域外管轄權」。外國人在外地觸犯香港國家安全法亦屬犯罪，可以被追究刑責，這條對外國的政客、情報人員和策劃「顏色革命」的人員特別具有威脅。第 38 條規定：「不具有香港特別行政區永久性居民身份的人在香港特別行政區以外針對香港特別行政區實施本法規定的

犯罪的，適用本法。」香港國家安全法頒佈實施後，外部勢力包括其在香港各類從事政治性活動的政府和半政府機構，乃至眾多的非政府和民間組織在香港的活動或者存在，都會受到密切的關注、經常的監督和嚴格的管理，尤其是他們與本地反對勢力的聯繫和對他們提供的資助。部分外國機構已經撤離香港、沒有撤離的也減少工作和小心翼翼從事。有了香港國家安全法後，即便那些對國家和香港圖謀不軌的外國人、台獨分子和居住在外國的香港人都會因為懼怕在香港被抓而盡量避免到香港來活動或者與本地的反對派人士串聯，這樣他們對國家安全和香港穩定的威脅便會有所減輕。

香港國家安全法對香港公職人員的言行施加嚴格的規範，防範他們做出危害國家安全的事，否則便會失去從政的資格，也因此而丟失「高官厚祿」和政治前途。比較重要的是，內外反中反政府勢力不再能夠利用立法會作為政治鬥爭和奪取特區管治權的平台。過去，反對派的立法會議員不時在立法會內憑藉《基本法》第 77 條提供的法律「保障」提出針對中央和中國共產黨的動議辯論來維繫他們的反中和反共的「資歷」和取悅支持者。《基本法》第 77 條規定：「香港特別行政區立法會議員在立法會會議上發言，不受法律追究。」2016 年 11 月 7 日全國人大常委會因為立法會發生違法而且侮辱國家民族的宣誓事件而對《基本法》104 條作出解釋，明確規定《基本法》第 104 條對包括立法會議員在內的特定公職人員的宣誓要求，「是該條所列公職人員對中華人民共和國及其香港特別行政區作出的法律承諾，具有法律約束力。宣誓人必須真誠信奉並嚴格遵守法定誓言。宣誓人作虛假宣誓或者在宣誓之後從事違反誓言行為的，依法承擔法律責任。」這裏特別值得留意的是「及其」兩字。不少在香港從政的人和公務員以為《基本法》第 104 條只是要求宣誓者效忠香港特別行政區而無需效忠中華人民共和國，因此即便他們做出對國家不利的事也不至於違反誓言。人大常委會對《基本法》第 104 條的解釋明確糾正了這個錯誤理解，因此在立法會內從事傷害國家的事便有可能被剝奪議員身份，而公務員也會因為違反誓言而丟官。不過，由於《基本法》第 77 條的存在，人大對《基本

法》第 104 條的釋法是否可以剝奪那些在立法會內發表涉及「顛覆國家政權罪行」言論的議員的資格尚不清晰，但香港國家安全法作為後於《基本法》而制定的全國性法律應該可以「凌駕」《基本法》第 77 條所給予立法會議員的「護身符」，迫使反對派議員在立法會內謹言慎行。更為嚴厲的是香港國家安全法第 35 條可以用來取消違反香港國家安全法的人的參政資格。它規定：「任何人經法院判決危害國家安全罪行的，即喪失作為候選人參加香港特別行政區舉行的立法會、區議會選舉或者出任香港特別行政區任何公職或者行政長官選舉委員會委員的資格；曾經宣誓或者聲明擁護中華人民共和國特別行政區《基本法》、效忠中華人民共和國香港特別行政區的立法會議員、政府官員及公務人員、行政會議成員、法官及其他司法人員、區議員、即時喪失該等職務，並喪失參選或者出任上述職務的資格。」資格喪失甚至可以是永久性的。與此同時，香港國家安全法第 35 條又可以用來遏制那些濫用議事規則和行使武力暴力來阻礙立法會的正常運作的反對派議員，削弱他們在立法會內的鬥爭能量。對於其他公職人員，特別是高層公務員，人大常委會對《基本法》第 104 條的解釋和香港國家安全法同樣有強大的制約作用，防止他們從事危害國家安全的勾當。

香港國家安全法也賦予香港特區法律依據處理長期盤踞在不同社會領域的反中反政府勢力。第 9 條規定：「香港特別行政區應當加強維護國家安全和防範恐怖活動的工作。對學校、社會團體、媒體、網絡等涉及國家安全的事宜，香港特別行政區政府應當採取必要措施，加強宣傳、指導、監督和管理。」

而第 10 條則規定：「香港特別行政區應當通過學校、社會團體、媒體、網絡等開展國家安全教育，提高香港特別行政區居民的國家安全意識和守法意識。」可以預期，特區政府和愛國力量將會積極有力地整治在不同社會組織和媒體內的從事危害國家安全的勢力，特別是不讓他們誤導民意、組織和發動政治鬥爭、荼毒年輕人、聲援和支持那些仍然在政治體制內活動的反對派、配合外部勢力針對香港的政治行動等。

香港國家安全法產生的最大震懾力，肯定是來自中央對一些涉及國家安

全罪行可以直接行使管轄權的制度安排，而涉嫌干犯香港國家安全法的人，不論是香港人或者外地人可以被移送到內地接受法律制裁。第 55 條規定：「有以下情形之一的，經香港特別行政區政府或者駐香港特別行政區維護國家安全公署提出，並報中央人民政府批准，由駐香港特別行政區維護國家安全公署對本法規定的危害國家安全犯罪案件行使管轄權：（一）案件涉及外國或者境外勢力介入的複雜情況，香港特別行政區管轄權確有困難的；（二）出現香港特別行政區政府無法有效執行本法的嚴重情況的；（三）出現國家安全面臨重大現實威脅的情況的。」第 56 條規定：「根據本法第五十五條規定管轄有關危害國家安全犯罪案件時，由駐香港特別行政區維護國家安全署負責立案偵查，最高人民檢察院指定有關檢察機關行使檢察權，最高人民法院指定有關法院行使審判權。」第 55 條肯定已經對內外敵對勢力構成嚴重威脅和阻嚇，進一步對他們的行為造成約束。

結語

毫無疑問，香港國家安全法對外部勢力和香港內部的反對勢力發揮了顯著的震懾、阻嚇和遏制作用，讓他們在政治體制內和社會上不能那麼容易興風作浪，但不等於說因此而天下太平、特區政府的有效管治唾手可得，因為有效管治還要取決與其他因素，比如中央對香港的全面管治權所發揮的深度和廣度、特區政府的管治威信和能力、愛國力量的團結和戰鬥力、香港的反對勢力會否向「忠誠的反對派」或者「愛國者」轉化、香港內部諸多深層次矛盾紓緩或者激化、外部勢力對香港的打擊力度等等。現在我們只能斷言香港國家安全法為香港的有效管治打好基礎，但要全面實現有效管治，路途仍很遙遠。

首先，儘管內外敵對勢力肯定會盡量避免幹那些觸犯香港國家安全法的事，但相信他們在美國和西方竭力遏制中國的陰霾下依然會想盡一切辦法和用盡一切手段來繼續打擊中央、特區政府和愛國力量，否則他們在香港的政治舞台只會不斷走向邊緣化。從本地的反對勢力來說，力量越來越微不足道和無法

奪取香港特區政權的本地反對派不會獲得外部勢力的青睞，因此只有堅持政治鬥爭才有生存的希望。在美國和其西方盟友絕不會放棄他們遏制中國崛起的大戰略下，香港仍然會是他們用來對付中國的棋子。因此，外部勢力和香港的反對派仍舊會保持某種合作，尋找各種機會來發難。畢竟對外部勢力來說，利用香港的反對派來興風作浪涉及的成本有限，但卻效用不少，肯定是本小利大的政治生意。中央在香港事務上的參與、新冠肺炎疫情、特區政府在工作上的失誤、香港的深層次經濟社會民生矛盾、政治體制改革等都仍然是他們可資利用的問題。可以說，在香港國家安全法頒佈實施後，香港仍要面對不少來自內外反中反政府勢力的挑戰，但他們卻難以如過去般構成對國家安全的那麼嚴峻的威脅，而香港也肯定不會再受到港獨和其他分離主義的打擊、破壞和摧殘。

第二，在內外敵對勢力受到遏制的利好環境下，特區政權的建設應該加快進行。其中重中之重的任務是如何把中央對香港的全面管治權和香港的高度自治權有機地結合起來，讓中央和特區政府通過分工合作共同擔負好治理香港的責任。涉及到國家和中央層面乃至「一國兩制」的基本原則與核心事務的事情應該主要由中央處理，而特區政府則專注於經濟發展和民生改善的事宜，當然雙方都要共同負起維護國家安全的責任。中共中央四中全會決定中有關「完善特別行政區同憲法和《基本法》實施相關的制度和機制、堅持以愛國者為主體的『港人治港』、『澳人治澳』，提高特別行政區依法治理能力和水平」的要求應該加快實現。在內外敵對勢力的政治空間收窄後，愛國力量的拓展空間應該大為擴寬，必須好好利用這個難得的機會團結、組織和壯大愛國力量，強化愛國力量的政治戰鬥力和與社會各方面的聯繫，讓它成為能夠駕馭香港政治局面的主流政治力量。在中央、特區政府和愛國力量的緊密和衷誠協作下，在內外敵對勢力干擾的能力下降情況下，香港的管治能力應該可以增強，中央、特區政府和愛國力量應該可以透過亮麗的政績贏取香港人更大的信任和支持。

最後，在新的政治形勢下，中央、特區政府和愛國力量有更多的機會糾正部分香港人尤其是年輕人對中央的「一國兩制」對香港方針政策的誤解，明確

他們在「一國兩制」下對國家和對香港的責任，統一全社會對這些關鍵性問題的認識和理解，消除反對勢力對「一國兩制」的「另類詮釋」所造成的惡劣影響。這個工作牽涉到減少存在於學校、媒體、社會團體、政治組織、文化藝術機構、宗教組織乃至在政府架構內的反中反政府勢力的影響力。中共中央四中全會要求：「加強對香港、澳門社會特別是公職人員和青少年的憲法教育、國情教育、中國歷史和中華文化教育，增強香港、澳門同胞國家意識和愛國精神。」落實這個要求對在香港推進有效管治至關重要。

　　總而言之，在香港國家安全法頒佈實施後，我們可以對香港的有效管治和長治久安有所期待，但大量艱鉅的任務仍然擺在中央、特區政府和愛國力量面前，必須以爭分奪秒的速度、嚴肅急迫的態度和認真扎實的工作來完成之。

(原載於陳弘毅等著《香港國家安全法解讀》[香港：中華書局(香港)有限公司，2020年])

香港國家安全法與「一國兩制」行穩致遠

❖　❖　❖

　　1980 年代初，中國政府決定以「一國兩制」作為處理香港回歸祖國的方針。作為國家的重大國策，「一國兩制」的首要目標是要促進國家的統一和維護國家的利益，並在這個大前提下保持香港的繁榮穩定和維持香港原來的制度和生活方式五十年不變。在這項「國家優先」的國策中，香港必須切實負起維護國家安全的重責。換句話說，「一國兩制」的先決條件是香港特別行政區必須能夠履行好維護國家安全的責任。不然的話，不但「一國兩制」無法在香港全面和準確貫徹，而「一國兩制」能否長期實施也會產生疑問。更嚴重的是，如果香港特別行政區不單不能夠保衛國家安全，甚至成為國家安全的隱患或威脅，則「一國兩制」也就不再是對國家和對香港有利的政策，反而成為危害國家統一和利益的弊政。

　　一直以來，國家領導人不斷諄諄告誡香港人不能讓香港成為內外反華勢力對付國家的顛覆和滲透基地。「一國兩制」總設計師鄧小平早在 1987 年已經指出，香港能夠切實維護國家安全乃「一國兩制」方針的先決條件。他說：「有些事情，比如一九九七年後香港有人罵中國共產黨，罵中國，我們還是允許他罵，但是如果變成行動，要把香港變成一個在『民主』的幌子下反對大陸的基地，怎麼辦？那就非干預不行。」江澤民主席在 1989 年則告誡英國和香港人不要試圖利用香港改變中國的社會主義制度。他明言：「在『一國兩制』問題上，我曾在同香港許多工商界人士、香港特別行政區《基本法》起草委員會委員的談話中引用過一句諺語，叫做『井水不犯河水』。有的香港人不太理解，說：『井水不犯河水，河水必定犯井水。』其實，我這句話完整地說是：『井水不犯河水，河水不犯井水。』」2017 年中，習近平主席到香港視察時更清晰劃出「一國兩制」的三條底線：「任何危害國家主權安全、挑戰中央權力和香港特別行政區《基本法》權威、利用

香港對內地進行滲透破壞的活動,都是對底線的觸碰,都是絕不能允許的。」

可惜的是,回歸 23 年後,香港仍然沒有切實負起維護國家安全的責任。《基本法》第 23 條的本地立法工作不但沒有完成,反而在香港內部和外部反對聲音和力量越來越大的情況下,在可預見的將來單憑特區政府之力根本沒有完成的可能。在內外反華勢力在學校、媒體、教會和民間團體的積極灌輸下,大量年輕人對國家、民族和中國共產黨懷抱偏見、誤解、抵觸甚至仇恨,對「一國兩制」和《基本法》更在不少方面認識錯誤。不少年輕人成為了港獨和激進勢力的主要動員對象,盲目或衝動參與到各種危害國家安全的行動之中,對國家安全和社會穩定造成了嚴重的損害。香港的反對勢力在回歸後不但沒有向「忠誠的反對派」轉化,反而愈趨激進,加劇與中央和香港特區政府對抗和鬥爭的態勢,不斷提出各種中央無法回應的政治訴求,越來越多從事破壞性的政治活動,意圖癱瘓香港政治體制的正常運作和特區政府的管治。更嚴重的是,不同的反對派系不斷向外部勢力尤其是美國和台灣靠攏,招攬外部勢力插手香港事務,並以與內外反華勢力勾結聯動的方式試圖迫使中央和香港特區政府就範。2014 年發生的「佔領中環」動亂和 2019 年中開始爆發、香港歷史上最大規模的暴亂可謂是香港成為國家安全威脅的最佳範例。

打從十年前開始,美國和其一些西方盟友從根本上改變了對中國的策略,把競爭與合作並存的對華策略改變為視中國為對手甚至敵人、全方位遏制中國崛起的策略。在這個新對華策略下,香港不再被視為西方的朋友,反而是協助中國崛起的「幫兇」。美國和其一些西方盟友從此對香港「另眼相看」。一方面這些國家雖然仍然重視它們在香港的龐大利益,仍然希望積極利用香港來發展它們在中國內地和亞太地區的業務,但這並沒有妨礙它們惡意要夥同香港內部的反對勢力在香港策動動亂、為中國製造麻煩、削弱香港對中國的經濟價值乃至奪取香港的管治權。台獨勢力為了抗拒大陸方面提出的、以「一國兩制」達到兩岸統一的主張,也在策動香港的動亂上擔當了積極角色,目的是要「證明」「一國兩制」在香港失敗,「行不通」,所以一定不適合台灣。

過去幾年香港事態的發展充分證明了在內部和外部反華和激進勢力的干擾和破壞下，在香港年輕人積極參與下，和在不少香港人默許或支持下，香港已經成為了內亂頻仍、政府管治失效乃至暴力橫行之地，更成為各方敵對勢力用以威脅中國內地穩定和安全的地方。「一國兩制」成功在香港實踐的先決條件，即香港不能成為顛覆和滲透基地，已經不復存在。如果沒有其他因素介入，香港的局勢只會不斷惡化，而「一國兩制」的生存條件也終將會永久失去。中央和全國 14 億同胞也肯定不會同意讓那個危害國家安全和民族利益的香港的「一國兩制」繼續實施。「一國兩制」在 2047 年「五十年不變」後固然難以延續下去，它能否維持到 2047 年也頓成疑問。香港不少人對事態的發展和「一國兩制」的將來憂心忡忡，但在香港特區政府處於極度弱勢，而香港內外敵對勢力又愈趨強橫和囂張的情況下，單憑香港自身的能力實在無法扭轉困局。對大多數香港人來說，「一國兩制」始終是對香港最有利的重大國策，「一國兩制」因此不能有任何閃失，否則香港便會陷入極度動盪和困難的境地。

就在香港「一國兩制」處於「存亡絕續」的關鍵時刻，中央毅然決然出手，挽救「一國兩制」於危難之中和拯救香港人於水火。2019 年 10 月中共 19 屆四中全會通過決定，中央決意在香港實施新的方針政策，把香港「一國兩制」的實踐重新納入正確的軌道上，其中重中之重是要解除香港作為國家安全的隱患和威脅，並為香港的長治久安和持續發展奠定穩固基礎。2020 年 5 月，全國人民代表大會通過決定，授權其常務委員會制定名為《中華人民共和國香港特別行政區維護國家安全法》(以下簡稱香港國家安全法) 的全國性法律。2020 年 6 月 30 日，人大常委會通過香港國家安全法。該法旋即加入《基本法》附件三，並在 7 月 1 日由香港特區政府宣佈於香港正式實施。

香港國家安全法為香港「一國兩制」的行穩致遠和長期實施提供了扎實的法律保障。首先，該法讓中央和香港特區政府擁有強有力的法律手段禁止和懲治那些利用香港從事危害國家安全和香港穩定的內外反華反共、港獨和激進勢力。雖然該法只針對分裂國家、顛覆國家政權、恐怖活動和勾結外國或者境外勢力危害

國家安全四類罪行，但揆諸過去香港發生的事端，此四類罪行恰好是那些現實存在的、對國家安全構成最嚴重威脅的罪行。有了香港國家安全法，內外敵對勢力在香港的不軌活動就算不會完全止戢，也會大為收斂。第二，香港國家安全法讓中央、香港特區政府和愛國力量有扎實法律依據在香港開展以該法為核心或者基礎的國家安全、國家憲法、「一國兩制」、香港《基本法》、國民、國情、中國歷史和公民教育，從而推動「人心回歸」和改變青少年的種種錯誤的政治認知和思想。第三，香港國家安全法讓香港的各種反對勢力再不能利用反華、反共和分離主義主張進行政治號召和動員，並藉此來壯大自己陣營、擴大社會支持基礎和撈取政治資本。在香港教育界、宗教界和媒體內長期存在的敵對勢力應該得到相當程度的遏制。最後也最重要的，是香港國家安全法填補了香港的法律體系在維護國家安全上的漏洞，讓香港得以有能力負起維護國家安全的責任，從而在相當程度上讓香港能夠滿足「一國兩制」對香港提出的基本要求。

在挽救香港「一國兩制」的過程中，香港國家安全法可算是走出了重要的一步。它標誌着在未來的日子中，中央、香港特區政府和香港的愛國力量將會緊密合作，共同捍衛國家安全，讓「一國兩制」能夠行穩致遠。從動態的角度看，維護國家安全的立法工作不會因為香港國家安全法的頒佈實施而戛然而止。香港仍然要加快《基本法》第 23 條本地立法的工作，切實履行香港對國家的憲制責任。因應在美國和其西方盟友對中國崛起的力度只會有增無減，再加上世界上不斷湧現、日新月異的國家安全威脅，香港作為國家安全的隱患和威脅不會完全消失。因此，無論在國家層面或者在香港層面，國家安全立法工作將會是一項永不休止的工作。只要中央和香港竭力聯手把這項工作做好，「一國兩制」在香港的將來才能堅如磐石，而香港亦能不斷為國家發展作出新的貢獻。

(原載於橙新聞評論部編：《一國兩制與國家安全：香港國安法透視》。香港：橙新聞評論部，2020 年)

香港國安法為香港的長治久安創造良好條件

✦　✦　✦

2020 年 5 月 28 日，全國人民代表大會以壓倒性票數通過了關於建立健全香港特別行政區維護國家安全的法律制度和執行機制的決定。2020 年 6 月 3 日，中共中央港澳工作領導小組組長韓正接見香港特別行政區行政長官林鄭月娥時指出，中央制定香港國家安全法的根本目的，是要維護國家主權、安全、發展利益，保障香港的長治久安和長期繁榮穩定，確保「一國兩制」實踐行穩致遠。香港國家安全法是要打擊極少數人，從而讓大多數人的利益和安全得到維護。值得注意的是，「保障香港的長治久安」作為一項重要政策目標過去較少提出，顯示中央日後對此必會高度關注和大力促進。

回歸以來，香港的長治久安是中央和香港人可望而不可即的政治渴求，而事實反而是香港長期處於管治艱難和政局動盪的困境。香港外部和內部敵對勢力的肆意干擾、愛國陣營政治力量散漫不足、香港特區政府多年來陷入劣勢弱勢和香港社會上維護國家利益和安全的意識和責任感匱乏等乃主要原因，而那些長期存在於香港的各種深層次社會、經濟和民生矛盾和難題當然也是導致政局不穩、政治鬥爭頻仍的重要因素。

對中央而言，香港國家安全法的頒佈實施是在逼不得已和忍無可忍的情況下出台的重大舉措。在美國全方位遏制中國崛起，外部勢力和香港內部反共、反華和反政府勢力加緊勾結、多次在香港策劃動亂和意圖奪取特區管治權，以及香港自身無法無力擺脫政治困局的嚴峻形勢下，中央毅然斷然出手建立健全維護國家安全的法律制度和執行機制不但必要，而且十分緊迫。毋庸諱言，香港國家安全法當然不可能一下子完全和徹底消除所有對香港長治久安不利的因素，特別是那些存在已久的深刻因素，但它卻肯定可以為香港構建一系列讓香港將來能夠實現長治久安的有利條件。

首先，香港國家安全法可以大幅壓縮外部勢力在香港的活動空間，削弱它們干預香港事務的能力，減少它們聯同香港內部敵對勢力在香港製造鬥爭和動亂的機會。外部勢力特別是美國和台獨勢力在 2014 年的「佔領中環」動亂和 2019 年中開始爆發的「反修例」暴亂中都充當了相當積極的策劃和資助的角色。除了官方機構外，外國和境外的各種半官方、非政府組織、民間機構乃至眾多的間諜和情報機關都是主要的「黑手」和推手。香港國家安全法可以阻止外部勢力把香港變成情報、宣傳、滲透和顛覆基地，不讓他們通過在香港扶植、培訓、資助、組織、指揮和動員反華、反共和反政府勢力來發動「顏色革命」和各種鬥爭和動亂。

　　第二，在失去外部勢力的支持和保護下，香港的反對勢力的政治能量會大幅萎縮，其在香港的社會基礎會愈趨狹隘，而其招募和培訓人員的能力也會不復從前。日後他們在香港的活動會受到越來越有力和越來越嚴厲的法律的約束和制裁，其政治前景也會越來越暗淡。美國、個別西方國家和台獨勢力雖然疾言厲色、聲色俱厲地譴責和反對香港國家安全法的頒佈實施，但卻無法拿出一些能夠對香港和中國造成嚴重傷害而自身卻不用付出重大代價的「制裁」和「報復」政策措施。對此，香港的反共、反華和反政府分子顯然感到十分失望和沮喪，甚至產生「被背叛」的悲涼感覺。外國和境外勢力能夠給予他們的支持和資助在香港國家安全法頒佈實施後將會大為減少。反對派和他們的支持者和同情者也會明白到再也不能依仗外部勢力來保護自己，更會意識到外部勢力既不可靠，又缺乏能力，基本上只是口惠而實不至，把他們當作用完即棄的棋子而已。

　　長期以來，反對派利用立法會作為重要的與中央和特區政府鬥爭的平台。儘管反對派議員在立法會只佔有少數議席，但他們卻擁有不能小覷的政治能量。他們出盡渾身解數阻止立法會的有效運作，有時甚至不惜以暴力和卑劣的手段干擾，因此足以嚴重阻撓立法會的正常運作和特區政府的有效管治。全國人大常委會 2016 年對《基本法》第 104 條的釋法和香港國家安全法對約束反對派立法會議員在立法會的言行會發揮很大作用，大大減少立法會作為對中央

和特區政府鬥爭平台的作用。反對派人士如果要當立法會議員,他們必須按照其所作誓言真誠效忠中華人民共和國及其香港特別行政區和擁護香港《基本法》,否則不但會失去議席,也要承擔法律責任。如果他們要參加立法會選舉,他們也要令選舉主任相信當選後會履行立法會議員的誓言,不然他們便得不到候選人的資格。這樣一來,反對派人士即便能夠僥倖獲選而成為立法會議員,他們再也不可以把立法會作為反共、反華和反政府的基地,並藉此撈取政治資本,而由於他們不再能夠利用反共、反華和反政府議題做政治號召,部分原來支援他們的激進勢力也會捨棄他們。

香港國家安全法頒佈實施後,反對派不但不能在立法會進行反共、反華和反政府活動,也不能在區議會和所有諮詢與法定組織進行,而在社會上他們亦失去了香港國家安全法頒佈實施前的反共反華活動空間。他們在英國人的殖民管治下和在回歸後「享有」的反共反華「機會」亦會大幅減少。反對派失去了那些讓他們長期佔領「道德高地」和「情感高地」的反共反華議題之後,他們在香港的政治動員能力會大幅下降。大部分香港人也會因為害怕觸犯香港國家安全法而不敢跟反對派走得太近。

反對派內部會在香港國家安全法頒佈實施後出現嚴重的內訌和分化,並因此而失去不少政治能量和戰鬥意志。反對派在對日後的發展路向,內部不同派系之間的關係,鬥爭策略、目標和物件,應否聚焦於經濟、社會和民生問題,與中央和內地的關係,與香港特區政府和愛國力量的關係,與外部勢力的關係等重要問題上也會出現明顯的分歧和裂痕。

在缺乏外部勢力的有力支持和配合下,反共、反華和反政府勢力的羣眾越來越是那些激進和分離主義分子。這些人的行為會愈趨偏激,會越來越多做那些對香港不利的事情,但也只會讓他們越來越脫離羣眾。反對勢力,尤其是激進和港獨勢力將日暮窮途,越來越得不到香港人的同情和支持,在政治上愈趨邊緣化。隨着反對勢力在香港日漸式微,其阻撓和破壞特區管治的能力也勢必下降。

第三，由於反共、反華和反政府勢力的百般阻撓，《基本法》第 23 條在香港回歸祖國後遲遲未能完成本地立法工作，再加上香港在維護國家安全上的原有法律制度和執行機制又不完備（比如英國人在撤出香港之前拆掉了警方的政治部和弱化了部分原有法律），香港反對派遂可以在香港不斷策動大量反對和打擊新中國、中國政府和中國共產黨的政治行動。一直以來，反對派依靠一系列極具挑釁性和分化性的反共反華政治議題，來製造香港人特別是年輕人對國家民族的仇恨和敵意，從而吸引外部勢力的關注、支持和資助。其中「平反六四」乃重中之重、「歷久不衰」的議題。反對派不斷利用「六四風波」在香港散播反共反華和散播對國家和中央偏見、敵意和仇恨的歷史事件。他們也經常利用和「重新包裝」內地發生的「法治」和「人權」事故來激起香港人對內地政府的不滿和對內地「人權鬥士」的同情，藉此抹黑內地和中央。他們更可以明目張膽、肆無忌憚地勾結外國勢力（主要是美國和英國）和境外勢力（主要是台獨分子）在香港興風作浪，利用外部勢力對中央和香港特區政府施加壓力。香港國家安全法頒佈實施後，這些行動會受到相當的制約，從而大幅減少反共反華分子的政治煽動和動員能力。

第四，香港國家安全法的頒佈實施，充分表明了中央決心把中央對香港特區的全面管治權與香港的高度自治權有機地結合起來，更好地駕馭和改變香港的政治局勢，更有力地領導和駕馭公務員隊伍，確保香港特區能夠在免受內外敵對勢力的干擾下實行良好和有效管治。換句話說，在中央的堅強領導下，中央、特區政府和愛國力量共同組成一股強有力的、廣義的「管治力量」，強勢應對內外敵對勢力的挑釁，聯手強化香港特區的管治能力、處理和解決香港存在已久的種種深層次社會和經濟難題、加速香港融入國家發展大局和促進香港的產業轉型和經濟發展。

第五，自從中央積極發揮中央在香港事務上的主導作用以來，特區政府和愛國力量的士氣大振、鬥志高昂。在中央的領導、鼓勵和監督下，特區官員和愛國陣營的頭面人物的政治信心大增，底氣充盈，膽子大了不少，政治戰

鬥力亦大為提高，並且能夠主動對內外敵對勢力予以打擊和還擊。愛國陣營的團結性和紀律比前有所提升。香港特區政府與愛國力量的合作和互信亦有所增加。在新的政治形勢下，在愛國力量和反對勢力的力量此消彼長下，壯大和團結愛國力量的條件越來越有利，更多的香港精英人才願意投身愛國陣營。有志從政的香港人更會明白到只有加入愛國陣營才能發展自己的政治事業，舒展抱負，並報效香港與國家。只有在一股強大的愛國力量支撐下，長治久安在香港才能實現。

第六，香港國家安全法讓香港特區擁有更有力有效的法律工具去處理長期潛伏在媒體和學校裏面的反共、反華和反政府分子，防止部分反共、反華和反政府的傳媒和教育工作者利用「新聞自由」和「教學自主」/「院校自主」為保護傘和庇護所向社會尤其心智未成熟的青少年散播反共、反華和反政府的虛假資訊和敵對情緒，驅使他們參與各種違法和暴力行動，致使部分年輕人因為墮入法網而前途盡毀。在香港其他法律（包括被「啟動」的一些舊有法律）的配合下，香港國家安全法有力禁止那些人以媒體和學校為基地去組織和策動針對國家、中央、政府乃至社會的違法、暴力和破壞行動，並因此而挽救大批可能誤入歧途的青少年。

「港獨」和其他各類分離主義在香港國家安全法頒佈實施後再無立足之所。那些或明或暗宣揚和灌輸「港獨」和其他分離主義主張和思想的人和勢力難以在社會上存在，特別是網上與網下媒體和大學和中學。香港國家安全法頒佈實施後，香港特區政府有足夠的法律手段懲罰、取締和約束那些勢力，而有了香港國家安全法後，學校的負責人亦獲得了更多了理據、膽量和能力去取締那些在校內活躍的非法政治組織和活動。

第七，香港國家安全法可以為在香港推進國民教育鋪平道路。人大的決定要求香港特區政府開展國家安全教育並要定期向中央政府提交報告。特區政府將會更積極地以國家安全教育為中心全面推廣國民教育。國家安全教育除了讓學生和公眾明瞭國家所面對的諸般國家安全威脅和他們在維護國家安全上的

責任外，更可以提升他們對國家民族的認識和認同、家國情懷、對中國歷史特別是近、現代史的正確理解、對香港所處身的國際局勢的了解和對內地與香港的唇齒相依關係的感受。在越來越多香港人尤其是年輕人的家國情懷不斷提升的良好環境下，內外敵對勢力要在香港挑起針對國家民族乃至香港特區政府的意圖也越來越難得逞，而「一國兩制」在香港行穩致遠也就越有保證。

第八，香港國家安全法的頒佈實施，在很大程度上會改變不少香港人對中央的政治心理預期，降低了他們參與敵對勢力策動的、矛頭指向中央和新中國的鬥爭行動。當香港人不再認為外部勢力特別是美國能夠嚇倒中國，不再相信中央會害怕在香港激起反中央情緒，不再認為中央會忌憚香港的「民意」壓力，不再以為中央會擔心香港和內地經濟受損、不再認為中央會擔心香港的反對勢力因此而壯大，不再覺得大陸會忌憚台灣人民會進一步抗拒「一國兩制」、不再以為中央會畏懼西方對香港施加種種制裁而不敢出手維護國家主權、安全和領土完整、不敢採取行動確保「一國兩制」在香港全面準確和實踐的時候，他們對香港外部和內部的敵對勢力的支持和依靠會快速動搖和萎縮。香港國家安全法的頒佈實施，顯示出中央下定決心，不惜一切維護國家利益和安全的鋼鐵意志，也大大出乎香港人意料之外。中央的霹靂手段對香港人的政治心理產生了巨大的震盪，也在根本上減少了香港人響應內外敵對勢力與中央鬥爭對抗的動機和意慾。

第九，長遠而言香港國家安全法的頒佈實施對香港的民主發展有利，香港的民主前景也因此而一片光明。如果中央不再需要擔心因為香港的民主發展會讓內外敵對勢力取得香港特區的管治權，從而把香港變成危害國家安全的基地，則中央對香港民主發展的態度也會更趨積極。一直以來，民主發展是不少香港人的最大政治訴求，而內外敵對勢力則不斷利用這個訴求來動員羣眾和發動針對中央和香港特區政府的政治鬥爭，並以此來撈取政治資本。諷刺的是，正是因為內外敵對勢力的對中國鬥爭和對抗姿態和行動才讓中央對香港的民主發展有所顧慮。一個能夠切實有力維護國家安全的香港特別行政區肯定會在中

央的支持和祝福下獲得更廣闊的民主發展空間。當大部分香港人的民主訴求逐步得到滿足的時候，不少政治怨氣會逐步消散，香港的管治和政治局面也必然會煥然一新。

　　最後，香港國家安全法讓香港得到一件強有力的維護國家安全的法律利器，讓香港能夠切實擔負起在「一國兩制」下它必須履行的憲制責任，從而為「一國兩制」在香港的長期實踐提供穩固的保證。香港國家安全法的頒佈實施，進一步鞏固和強化了香港作為國際金融、貿易和服務中心的地位，有利於香港的長遠經濟發展，更會加快加深香港在粵港澳大灣區建設上的角色和加快香港融入國家發展大局的速度。一個能夠讓「一國兩制」行穩致遠、經濟持續增長、產業結構不斷轉型、民生逐步改善和年輕人得到源源不絕發展機會的香港肯定也會是一個能夠達致長治久安的香港。

(原載《大公報》2020 年 6 月 16-17 日，原題分別為〈港區國安法為香港的長治久安創造良好條件〉和〈香港的政治局面將煥然一新〉)

香港國家安全法對特區管治的政治和社會效應

✦　✦　✦

2020 年 6 月 30 日，全國人民代表大會通過了《中華人民共和國香港特別行政區維護國家安全法》(簡稱香港國家安全法)，並在香港正式實施。香港國家安全法的立法目的，是要落實 2019 年底中共 19 屆四中全會有關「建立健全特別行政區維護國家安全的法律制度和執行機制」的決定，填補因為香港未能完成《基本法》第 23 條的本地立法工作而出現的一些嚴重漏洞。那些漏洞在回歸後的存在，不但使香港長期成為國家安全的隱患和威脅，更是香港管治艱難和失效的罪魁禍首。香港內外敵對勢力不斷利用那些漏洞在香港興風作浪，肆無忌憚破壞「一國兩制」在香港的實施，煽惑港人與中央和國家對抗，干擾特區的管治，窒礙香港的繁榮、穩定和發展，並令各種存在已久的深層次矛盾不斷惡化。最近十年來，內外敵對勢力更變本加厲，不但試圖通過暴力鬥爭奪取香港的管治權，癱瘓特區政府的管治，更力圖把香港變成美國和其他西方勢力用以遏制中國崛起和阻撓中華民族復興的棋子。

香港國家安全法是針對香港的暴亂進行精準打擊的法律，目的是要禁止和懲治分裂國家、顛覆國家政權、恐怖活動和勾結外國或者境外勢力危害國家安全的罪行，而這四種罪行正是回歸以來特別是過去多年在香港屢屢發生、令特區政府在長期政局動盪不穩下管治失效的嚴重罪行。

香港國家安全法實施後，馬上對特區的政局和管治產生了立竿見影和令人鼓舞的效果。時至今天，香港的暴亂大體上已經平息，餘下來的是一些零星的抗爭、暴力和恐怖主義行動。不少涉及暴亂的人員被拘捕、檢控、還押、受審、入獄、逃亡、移民或銷聲匿跡。眾多「反中亂港」的組織解散、停擺、偃旗息鼓或低調運作。立法會內絕大多數的反對派議員已經離開了立法會，不再可以通過癱瘓立法會的運作來干擾特區政府的施政。新的宣誓制度又迫使大

部分激進的區議會議員丟失議席，再不能把區議會變成政治鬥爭的平台。公務員隊伍已經完成宣誓程序，其紀律有所提升，隊伍內的異見分子受到有效的遏制。在暴亂中擔當關鍵角色的《蘋果日報》停刊，而其負責人亦負上刑責。過去一年來特區的政局和管治已經出現了明顯的改善。

作為一項法律手段，香港國家安全法的威力和震懾力是有目共睹的。不過，在分析和評估香港國家安全法的成效時，我們不但要關注其法律效應，更要關注其政治和社會效應。可以這樣說，香港國家安全法在多方面為香港營造了一個有利於實現特區有效管治和長治久安的政治和社會環境。

首先，香港國家安全法徹底改變了大部分香港人的政治文化和心理預期，使他們不再願意或敢於參與挑戰中央和特區政府的政治行動，從而讓特區的管治得以在一個較為穩定和理性的環境中展開。長期以來，在內外敵對勢力的蠱惑和灌輸下，不少香港人尤其是年輕人對中央和特區政府缺乏敬畏之心，甚至認為它們軟弱可欺。那些人相信，只要香港人能夠發動大規模的抗爭行動，破壞香港的繁榮穩定，並在外部勢力對自己的支持和對中國的威嚇下，中央必然會在不堪壓力下讓內外敵對勢力攫取更多的政治權力。他們以為香港對國家無比重要，中央因此害怕香港發生危害繁榮穩定和損害香港對國家的經濟價值的動亂。他們又覺得中國懼怕西方對香港和中國的制裁。為了避免西方的制裁和中西方關係的破損，中央必會對內外敵對勢力採取息事寧人的回應，全部或部分滿足他們的政治野心。中央果斷出手制定香港國家安全法、特區政府的雷厲執法和激活一些「塵封已久」的本地法律，徹底粉碎了他們原來對中央和特區政府的反應的心理預期，讓他們深刻認識到中央維護國家安全、「一國兩制」和香港的繁榮穩定的強大決心、勇氣和能力，並清楚知道從事和支持違法和暴力行為自己和香港所要付出的沉重代價。當前，香港社會重穩定、求秩序、反暴力和尊法治的正氣上揚。即便有部分香港人因為香港國家安全法的橫空出世無法適應並怨憤不平，甚或訴諸對抗性言行，但最終他們大部分人都會接受政治現實，不敢或避免做出危害香港穩定和秩序的舉動。

第二，香港國家安全法對香港的反對派給予摧毀性的打擊，大幅壓縮了

他們的生存和發展空間。一直以來，反對派不斷利用香港國家安全法律和執行機制的不足和漏洞而不斷進行「反中、反共和反政府」的宣傳和動員。這些行動在香港國家安全法實施後已經難以組織和進行，反對派因而失去他們最重要的「殺手鐧」。不少香港人因為香港國家安全法的出台而再不會那麼容易被反對派煽惑和動員。這便大大削弱了反對派在香港發動大規模政治鬥爭的能力。今天，反對派已經潰不成軍，組織、領導和資源都嚴重匱乏，在特區的管治架構內已無立足之地，抗爭行動又受到嚴厲的法律掣肘，不但難以回復當年之勇，而且前景頗為暗淡。對反對派更為致命的打擊，是他們過去煽惑香港人的伎倆已經失效。越來越多香港人已經不再相信反對派過去不斷提出的各種「鬥爭必勝」的歪理，不再認為支持和參與他們的鬥爭行動會達到他們所宣示的目標和為自己與香港帶來更美好的明天。相反，這場前所未有、破壞力極大的嚴重暴亂促使不少香港人在暴亂過後對反對派過去的所作所為進行深刻的反思和反省，對被反對派長期矇騙感到懊悔和怨憤。這便解釋了在愛國愛港陣營額手稱慶之外，為甚麼香港人對大批反對派頭目被捕和投獄、「反中亂港」分子不能進入管治架構、眾多反對派的組織和媒體關閉和不少遊行示威活動被禁止反應冷淡和無動於衷。可以這樣說，反對派長期以來阻礙特區政府施政的局面應該可以畫上休止符。

第三，香港國家安全法極大地提振了愛國愛港陣營的士氣、勇氣和擔當。在中央的領導下，並以香港國家安全法為堅強後盾，愛國愛港人士紛紛積極投入止暴制亂的正義鬥爭之中，對「反中亂港」分子和外部勢力予以嚴厲打擊，狠狠壓制了他們的囂張氣焰。他們積極支持和響應中央的撥亂反正的政策和部署。通過政治鬥爭的磨練，愛國愛港陣營比以往更加團結和更有戰鬥力，也更有能力支持特區政府的施政。

第四，香港國家安全法狠狠打擊了外部勢力和暴露了外部勢力的偽善和不可靠。在香港國家安全法下，反對派再難勾結外部勢力和獲取他們的支持和資助，而外部勢力也難以再利用他們在香港的代理人來製造政治動亂。無論

是西方勢力或者是台獨分子，在香港國家安全法生效後都轉趨低調，一些外國組織已經撤離香港。當然，外部勢力不會善罷甘休，肯定會在香港以外繼續為香港的反對派撐腰打氣、對中央和特區政府口誅筆伐、為暴亂分子提供「逃生門」、對香港施加各種制裁、在國際上抹黑香港、損毀香港的投資環境、想方設法讓香港的人才和資金離開香港等。不過，香港人相當明白，外部勢力絕無能力改變中央在香港維護國家主權和安全的決心和部署。外部勢力的所作所為反而讓更多香港人看清外部勢力利用香港遏制中國崛起的意圖。反對派和其支持者一直對外部勢力的支持和「保護」寄予厚望，尤其希望他們對國家和香港採取嚴厲威嚇手段，但他們實際上得到的支援與關懷和他們的期望相差甚遠，令他們不少人因為覺得自己已經成為了外部勢力的「棄子」而感到寒心。由於越來越多反對派人士和香港人感到外部勢力用心險惡、偽善和不可靠，外部勢力在香港的政治影響力預期會不斷下降。

第五，香港國家安全法給予特區政府威力強大的法律手段，大大提升了特區政府維護國家安全和香港安定的能力、決心和擔當，顯著強化了特區政府的執法能力。有了香港國家安全法，香港原有的一些與維護國家安全和香港安定有關的法律比如《公安條例》和《刑事罪行條例》也相應被「激活」和果斷執行。過去一年，特區政府在遏制動亂和打擊「反中亂港」分子上的積極性和力度有顯著的提升，而成績也是有目共睹。特區政府警務處署屬下的國家安全處果斷執行香港國家安全法，迄今已經有超過一百人因為干犯該法而被拘捕和起訴。更多人則因為違反了其他有關維護治安和公共安全的香港法律而受到法律制裁。中央在香港設立的維護國家安全公署除了發揮「定海神針」的作用外，也為特區政府提供了有力的支援和配合。

第六，香港國家安全法帶來了可喜的行政立法關係的變化。香港的反對勢力長期利用他們在立法會議席以種種「拉布」、「點人數」和其他的不光彩的手段干擾立法會的運作，並借此來阻礙特區政府的管治，同時又藉口特區管治失效而質疑特區政治體制的「認受性」。隨着香港國家安全法的實施，以及中央其他重大

舉措的陸續出台，「反中亂港」勢力的所謂「議會陣線」已經全面崩盤。絕大部分反對派議員已經被迫離開了立法會，從此不能在立法會內搞破壞。今天的行政立法關係和諧順暢，並充分體現了「行政主導」，「行政立法相互制衡，又相互配合，並以配合為主」的《基本法》對行政立法關係的要求。今天，立法會的工作效率空前提高。特區政府一方面履行對立法會負責的憲制責任，又在立法會的支持下大大加快了立法和撥款的速度，施政的成效明顯提高了不少。最突出的例子無疑是立法會在極短的時間內通過了執行全國人大決定和全國人大常委會規定的有關完善香港選舉制度的本地法律，讓香港日後的三場重要選舉得以按部就班地舉行。

第七，《香港國家安全法》為香港特區政府締造了一個積極有為施政的空間。《香港國家安全法》實施後，特區政府各方面的工作在政治穩定的局面下取得了明顯的進展，主要表現在加快推進粵港澳大灣區建設、粵港合作、深港合作、發展創新和高科技產業、防範和控制新冠肺炎疫情、勞工權益、扶貧和民生改善等方面。這些工作都有助於長遠逐步破解香港社會的深層次矛盾。

第八，《香港國家安全法》在社會、教育、傳媒、社交媒體、文化、法律、電影、藝術和宗教等思想領域發揮的作用越來越明顯。反中反共的《蘋果日報》停刊乃標誌性的成果。長期以來，香港的反對派和外部勢力在這些領域中佔有主導地位，並因此而取得在不同問題和議題上的話語權，對年輕人的影響尤其惡劣。香港國家安全法實施後，不少在那些領域內有影響力的人仍然想方設法在「不違反」港區國家安全法的前提下，利用「打擦邊球」或者隱蔽的方式進行「軟對抗」，繼續散佈對中共、中央、中國、特區政府不利和崇仰膜拜西方制度和價值觀的訊息和思想。不過，即使在那些領域中，香港國家安全法的震懾力也正在逐漸呈現。今天和今後，特區政府會繼續努力打擊反中反共媒體和組織，對網上的虛假、欺凌、「起底」和煽惑等信息加強管理，對藝術和文化作品和活動提升監管力度，強硬對付各種「軟對抗」行為，整頓香港電台，懲治失職教師和處分激進學生。我們明顯看到，部分在那些思想領域內的頭面人物和組織已經有所警惕、顧慮和收斂，從而騰出空間讓中央、特區政府和愛國人士能夠開展各種涉及文化、思想和教育

的工作而重奪話語權。特區政府正在學校加強中國歷史的課程,用旨在強化愛國教育的公民與社會發展科取代一直以來為人詬病的通識課,以及在學校課程以外組織和推動各種有助於提升學生對國家民族認同和盡忠的活動。

第九,香港國安法的實施、中央和特區政府堅決撥亂反正和港人對穩定和秩序的渴求形成了一個對司法機關也產生影響的社會政治氛圍。越來越多法官對維護國家安全的意識和責任感有所增加,對於曾經參與暴亂的人傾向從嚴處理,對被定罪者判處適當和有阻嚇性的刑期。過去不少法官判刑過輕的情況已經有所改變。同時,司法機關也知道,在全面落實愛國者治港後,如果法院對損害國家安全和社會安定的違法分子過於寬鬆,則特區政府和那個由愛國者主導的立法會會携手修改法律,提高最低罰則。在有需要的時候,全國人大常委會也會對《基本法》的條文作出解釋。為了維護各方面對司法機關的信任,香港的法院可望積極支持和配合中央和特區政府在維護安全和秩序上的工作,為香港的長治久安添磚添瓦。

最後,香港國家安全法為全面實現「愛國者治港」和香港的長治久安提供了扎實的基礎。香港國家安全法和其他中央的撥亂反正舉措不但讓反對派難以在社會上立足,更讓他們難以進入香港的管治架構。愛國力量過去在社會上和管治架構內飽受內外「反中亂港」分子的欺凌和逼迫,這在一定程度上窒礙了愛國力量的發展,這種情況往後必然會改變過來,對愛國力量的壯大和團結非常有利。在排除了「反中亂港」分子的干擾和破壞後,香港各界將會在中央、特區政府和愛國愛港陣營的推動下聚精會神於破解香港的經濟、社會和民生等深層次矛盾。更多的社會精英會積極加入愛國陣營為解決那些矛盾而出力。毫無疑問,「愛國者治港」是實現良政善治的前提,而香港國家安全法正是實現這個前提的一個不可或缺的條件。

總而言之,香港國家安全法為香港的長治久安建構了一個牢固的政治和社會根基。

(原載《大公報》2021 年 7 月 23 日)

中央撥亂反正、「一國兩制」實踐納入正軌

✦　✦　✦

在 2021 年 11 月 11 日由中共十九屆六中全會通過的《中共中央關於黨的百年奮鬥重大成就和歷史經驗的決議》(《決議》) 中，作為「一國兩制」方針的創立者的中國共產黨制定了一整套新的對港政策，其主旨是在香港飽受嚴重暴亂蹂躪的時刻和之後進行根本性的撥亂反正的工作，徹底扭轉香港自回歸祖國後政治動蕩不止、管治艱難失效和國家安全受到威脅的局面，讓香港得以在良好的條件下全面和準確落實「一國兩制」。這套新政策在 2019 年 10 月的中共第 19 屆四中全會上已經基本上形成，並陸續有序付諸實施。中國共產黨之所以要制定新的對港政策，是因為香港過去十年左右出現了一個對「一國兩制」實踐極為不利、並對國家的統一和安全構成嚴峻威脅的局面。這個局面之所以出現，是因為香港內外敵對勢力特別是美國和台灣陰謀在香港策動大型政治鬥爭和動亂，企圖奪取香港特區政權，並把香港變成危害中國國家安全和領土完整的顛覆基地。2019-2020 爆發的、帶有嚴重暴力成分的「顏色革命」更令香港危如纍卵，迫使中央不得不出手平息動亂、重建政治政制秩序和挽救「一國兩制」。面對如此強大對手的進攻，香港特區政府和愛國力量完全不具備妥善應對的智慧和能力。倘若中央不果斷出手，香港特區和國家都會同蒙其害，「一國兩制」亦將會無以為繼。

中共中央的《決議》嚴正指出：「一個時期，受各種內外複雜因素影響，『反中亂港』活動猖獗，香港局勢一度出現嚴峻局面。」《決議》闡述了中央在新形勢下的全面和長期的對港政策：「黨中央審時度勢，作出健全中央依照憲法和《基本法》對特別行政區行使全面管治權、完善特別行政區同憲法和《基本法》實施相關制度機制的重大決策，推動建立健全特別行政區維護國家安全的法律制度和執行機制、制定《中華人民共和國香港特別行政區維護國家安全

法》、完善香港特別行政區選舉制度，落實『愛國者治港』原則，支持特別行政區完善公職人員宣誓制度。中央人民政府依法設立駐香港特別行政區維護國家安全公署，香港特別行政區依法設立維護國家安全委員會。中央堅定支持香港特別行政區依法止暴制亂、恢復秩序，支持行政長官和特別行政區政府依法施政，堅決防範和遏制外部勢力干預港澳事務，嚴厲打擊分裂、顛覆、滲透、破壞活動。全面支持香港、澳門更好融入國家發展大局，高質量建設粵港澳大灣區，支持港澳發展經濟、改善民生，增強港澳同胞國家意識和愛國精神。這一系列標本兼治的舉措，推動香港局勢實現由亂到治的重大轉折，為推進依法治港治澳、促進『一國兩制』實踐行穩致遠打下了堅實基礎。」

中央的對港新政策徹底告別了過去的「不干預」、「不管就是管好」和「不干預但有所作為」的較為被動的對港政策，轉為由中央主導領導引導、特區政府配合下對香港特區推行一整套有系統的制度改革和建設工程，徹底改變香港的政治形態和管治方式，為「一國兩制」的行穩致遠、維護國家安全、「愛國者治港」、「行政主導」、香港的長治久安、促進香港的繁榮穩定、破解香港的深層次矛盾和加快香港融入國家發展大局營造必要和良好的條件。過去兩年，這項龐大的、史無前例的政治工程正在穩妥、有序和有效地推進落實。香港國安法的實施基本上已經平息了香港持續多年的動亂，社會大體上回復了秩序和平靜，暴力事件幾乎絕跡。作為香港動亂的始作俑者的內外敵對勢力受到了相當程度的打擊和遏制，眾多敵對人士和組織逃離或撤離了香港，不少「反中亂港」的組織亦偃旗息鼓或轉趨低調。整體而言香港的反對勢力正在走向式微衰敗分化，群龍無首，其群眾基礎亦不斷萎縮。中央對在新形勢下對治理香港特區的愛國者的嚴格要求已經清楚列出，尤其要求他們具備「國之大者」的思維意識，廣闊的國際視野，愛民如子的胸懷，和治理香港的智慧、能力和擔當。新的選舉制度把所有「反中亂港」分子排除在選舉制度和管治架構之外，讓香港的政權機構牢牢掌握在愛國者的手中。愛國陣營日益壯大和愈趨團結，戰鬥力有所上升，與民眾的聯繫愈趨緊密，並越來越能夠掌握對重大政治議題

的話語權。行政立法關係在反對派退出上一屆立法會後已有明顯的改善,「拉布」情況絕跡,人身攻擊絕少,行政決策過程相比以前遠為暢順有效,「行政主導」初步實現。特區政府開始可以集中資源處理各類經濟社會民生問題。在中央的支持下,香港融入國家發展大局的過程提速,特別體現在深圳和前海與香港的密切合作、香港積極參與粵港澳大灣區的建設和認真落實「十四五」規劃上。全體公務員完成了效忠國家和特別行政區以及擁護《基本法》的宣誓程序。國民教育、愛國主義教育、歷史教育、國家安全教育、憲法和《基本法》教育在學校和社會穩步推進。「反中亂港」媒體比如《蘋果日報》幾乎全部壽終正寢」,難復「當年之勇」。電影、電視、電台、網上媒體、文化、出版和藝術領域逐步掃除反共反中勢力的把持。各種「軟對抗」行為得到一定的監察、約束和懲治。反共、反中央、反政府、反精英、反權威、反愛國陣營和敵視國家與內地同胞的叫囂和行為大為收斂。總的來說,中共中央的新對港政策已經初見成效,並取得可喜的階段性成果。尤為令人欣慰的,是在香港特區政府負起主體責任的前提下,中央傾全國之力協助香港抗擊新冠肺炎疫情,充分體現了香港人與內地同胞血濃於水的關係。

在新的選舉制度下舉行的選舉委員會、立法會和行政長官選舉環環相扣。完善選舉制度是中共中央對港新政策的核心,也是確保「愛國者治港」的關鍵制度因素。選舉委員會選舉和立法會選舉已經分別在 2021 年 9 月 20 日和2021 年 12 月 19 日順利完成。候選人資格審查委員會保證了所有候選人都是愛國者。「反中亂港」分子深知「入閘」無望,所以沒有派代表參選,但卻轉為與外部勢力沆瀣一氣,用各種或明或暗的言行來抹黑和抵制選舉,然而卻無礙兩場選舉的成功舉辦。在這兩場選舉中,候選人大體上進行了「君子之爭」,把主要的選舉議題集中在長期以來困擾香港的深層次經濟、社會和民生問題上,樹立了文明、理性和正氣的新選舉文化,扭轉了過去一直以來選舉乃圍繞着政治議題而進行政治鬥爭、暴力相向和人身攻擊的場合的局面,對在飽經磨難後的香港重建「風清氣正」、相互尊重、理性務實的政治文化起了示範和推

動作用，有助於改變過去的種種政治歪風邪氣，對香港長遠的政治穩定和社會安寧有利。

在愛國者主導下，立法會的運作和行政立法關係將會出現新氣象和新形態。與過去的立法會不同，2021 年 12 月 19 日依照新的選舉制度選舉產生的新的立法會不但為愛國者所主導，更有着眾多的沒有政黨背景、擁有良好教育、專業事業有成和與內地有密切聯繫的新成員。過去立法會為政黨傾軋、政黨政治和政治鬥爭主導的局面應該不復存在。新的立法會的組成更能夠反映和代表廣大香港人的經濟、社會、民生和文化利益和訴求，更能承擔破解香港深層次矛盾的任務。所以，新的立法會應該是一個「問題導向」或「解決問題」的政治機構，也因此更能發揮聯繫社會各階層各方面的作用。以愛國者為主體的新立法會肯定會為特區政府提供穩定和可靠的支持，讓特區政府得以有效管治和順利推行政策。與此同時，人才濟濟的立法會又可以憑藉個別立法會議員的專長和經驗為政府出謀獻策，有建設性地監察政府，以及通過政策研究、動議辯論和法案審查提升政府工作和政策的質量。更重要的是，由於日後所有立法會議席都會出現競爭、議員「自動連任」成為「明日黃花」，可以預期全體立法會議員都會兢兢業業、認真努力做好自己的工作，以優良的成績謀求連任和建立個人的政治事業，並藉此取得選民和中央的信任。過去，在《基本法》起草期間，起草委員們期望香港特區的行政立法關係是一種「既相互制衡、又相互配合、而又以配合為主」的良性互動關係。這種關係肯定在未來會得以實現。過去在立法會內頻頻發生的「拉布」、對抗、搗亂、破壞、相互攻訐和暴力衝突的亂象應會成為歷史陳跡。

選舉委員會和立法會的新組成方式和選舉都有利於壯人和團結愛國力量。暴亂平息後，反中亂港勢力被排拒於選舉過程和管治架構之外，選舉競爭再也不是激烈和惡性的政治衝突，香港各界開始聚焦與於實務問題。中央決心貫徹「愛國者治港」原則，不同背景、階層和立場的愛國者的參政議政意慾高漲，不斷有社會精英決意參加愛國陣營，並且熱情和積極地投入選舉委員會和立法

會的選舉之中。一些尚未「泥足深陷」的反對派人士也表明願意成為愛國者的意向。愛國力量因此在新的政治形勢下得到了前所未有的發展和擴大的機遇，為「愛國者治港」的實現帶來了很好的條件。與此同時，中央在強化愛國力量上擔當了不可缺少的領導、團結和監督作用。儘管愛國陣營的多元化和多樣性因為其壯大而變得複雜，但在中央的協調下，愛國陣營並沒有因此而出現分化衝突的問題，仍然能夠以比較團結一致的態勢與內外敵對勢力周旋。

今後，無論是選舉委員會委員或者立法會議員都會積極聯繫羣眾，為愛國力量開拓更廣闊和堅實的社會支持基礎，也通過這些羣眾工作拉近民眾與特區政府的距離，讓政府更能「接地氣」和「急民眾之所急」。儘管超過一半的立法會議員並非通過地區直選產生，但中央和愛國陣營卻仍會要求那些議員設立各種渠道和機制讓自己可以經常與普羅大眾保持接觸，聽取民眾的聲音和訴求，爭取成為羣眾可以信任的代表或發言人，整合他們的利益和立場，把他們的聲音和訴求帶進立法會和特區政府的工作之中。一個越來越擁有廣泛羣眾支持和信賴的愛國陣營，肯定對有效管治和良政善治有莫大幫助。

在 2022 年 5 月舉行的行政長官選舉必將是一場以一個更強大和更有代表性的愛國陣營為支撐的重要選舉。要贏得香港特區的最高政治職位和實踐個人政治抱負，所有行政長官選舉的候選人除了是得到中央器重和信任的堅定愛國者外，他 / 她一定要能夠協調好和照顧好不同方面和階層的愛國者的利益和分歧。換句話說，未來的行政長官需要擔當愛國力量的領導者、團結者和發展者，才能得到愛國陣營的愛戴和擁護，也只有這樣他 / 她才能贏取中央的信心和支持。過去幾屆的行政長官選舉都導致了一定程度的愛國陣營的內訌分化，不但削弱了愛國陣營的團結，打擊了愛國人士的聲譽，妨礙了特區政府的施政，更令人扼腕的是讓「反中亂港」分子有機可乘。事實上，作為行政長官的選舉人、40 名立法會議員的選舉者和所有立法會議員的部分提名者，選舉委員會能夠確保行政長官和立法會在眾多政治和政策的立場上的差異不會太大，也會積極推動行政立法合作。選舉委員會認真負起監督行政長官和立法會的責

任，而經由選舉委員會選出來的 40 名立法會議員比其他由功能團體和分區直選產生出來的議員會更傾向從國家和香港的大局看問題，而其他議員亦會慎重考慮到選舉委員會的「以大局為重」的意向。

過去幾年，在中央積極主動行使全面管治權、愛國陣營不斷擴大和「行政主導」走向實現的大環境下，香港的管治格局也發生了重大的變化。在中央的推動下，愛國陣營的規模會不斷擴大、政治光譜會越來越廣闊、各類人才會越來越多、組織性和紀律性會不斷加強，更會逐步形成一個堅實的管治聯盟，為特區政府提供有力的政治支撐，而特區行政長官和主要官員更會是這個管治聯盟的主要成員，並擔當一定的領導角色。從今以後，中央、特區政府和那個以愛國者為主體的管治聯盟將會共同組成一股龐大的和強勢的管治力量。在中央的領導下，中央、愛國力量和特區政府在特區的管治上分工合作。中央主要負起處理重大憲制、政治、安全和發展事務的責任。特區政府在高度自治下依法對香港進行治理、破解香港的深層次矛盾和推動香港融入國家發展大局。管治聯盟則在社會上為中央和特區政府建構社會和民意支持基礎、並在香港內部和外部以民間力量身份爭取「一國兩制」和「香港故事」的話語權。在中央的指導和支持下，特區政府和管治聯盟絕對有能力駕馭香港複雜多變的政治局勢和對內外敵對勢力實施有效遏制，維護好國家安全，推進香港的發展，為香港的繁榮穩定和長治久安提供長期、有力和穩定的政治和制度保障。

綜上所述，香港國安法、選舉制度改革、三場重要（選舉委員會、立法會和行政長官）選舉先後舉行後，一個以「愛國者治港」，中央、特區政府和愛國力量合建的管治力量的崛起，以及內外敵對勢力受到遏制為主要特徵的新政治格局在香港基本上已經形成，為日後「一國兩制」在香港的全面和準確實踐初步打下了扎實的根基。在這個基礎上，後續的工作對於徹底鞏固「一國兩制」的成功貫徹極為關鍵。按照《決議》擬定的整體佈局，這個體現「愛國者治港」的強大管治力量將會在幾個方面繼續推展工作。

毫無疑問，思想和教育工作乃重中之重，也是「一國兩制」得以行穩致遠

的「不二法門」。長期以來，除了中央對「一國兩制」的詮釋外，還有一個由內外敵對勢力宣揚的對「一國兩制」的「另類詮釋」。這個「另類詮釋」把「一國兩制」理解為一個「香港優先」的方針、將香港當作一個「獨立政治實體」、拒絕承認由國家憲法和《基本法》共同構成的新憲制秩序、否定中央的全面管治權、要求香港的管治者只需要對香港人負責和不接受香港有履行維護國家安全的責任。毋庸諱言，這個「另類詮釋」在香港的影響力極大，尤其在年輕人當中，而且是內外敵對勢力在香港得以不斷策動政治鬥爭、撈取政治資本和扭曲「一國兩制」實踐的首要「思想武器」。未來一段長時間內的關鍵工作是要蕩滌這個「另類詮釋」對香港人的毒害，把鄧小平和中央對「一國兩制」的權威詮釋樹立為唯一的對「一國兩制」的理解，徹底結束兩種對「一國兩制」詮釋並存的荒謬局面。「一國兩制」、國家憲法和《基本法》的思想教育工作應會在香港社會、學校和媒體長期和認真推行。

　　另外一個重要的思想教育工作是要通過大力推展國民教育、歷史教育、國情教育和國家安全教育來提升香港人特別是年輕人的國家觀念、民族意識、國民責任感自豪感、對國家制度和發展模式的信心，加強香港人與內地同胞的感情和利益聯繫，從而帶動「人心回歸」和徹底掃除「港獨」和其他本土分離主義的危害。主要的具體內容將會包括：近代中國的屈辱歷史，中國共產黨團結帶領中國人民從站起來、富起來到強起來的歷史過程，中華人民共和國成立後在各方面取得的重大成就，中國在國際上的地位和影響力的提升，國家面臨的各種安全威脅，中國共產黨作為「一國兩制」的制定者、執行者和捍衛者的角色，香港人在「一國兩制」下對國家的責任和義務，中國的治理模式和發展戰略等。

　　再有一個重要的思想教育工作則是對香港的「殖民地」歷史作出客觀和真確的梳理和論述，擺脫那些從西方、「殖民地」管治者、「港獨」和本土分離分子的角度對香港歷史的歪曲和偏頗論述，並從中國人的視角出發，把香港歷史嵌入中國歷史的大圖景之內進行敘述和分析。這些工作實際上帶有濃厚的「去

殖民化」的意味。尤其重要的是掃除過去過度美化殖民管治的各種論述，剖析「殖民地」時期眾多不公不正不義的東西和現象，尤其是種族歧視、旨在分化社羣的政策、殖民政府專橫跋扈管治方式和對弱勢羣體的冷漠，重現國家和華人在香港發展中所作出的貢獻，破除香港人特別是年輕人對英國殖民統治者的錯誤認識、過度褒揚和盲目緬懷，改變香港人「崇洋媚外」的病態心理，消除香港人在西方人面前的「自卑感」和提振他們作為中國人的自信自尊自重。

維護國家安全的法律制度和執行機制會不斷強化。香港國安法的制定和實施已經在相當程度上緩解了國家安全的威脅，而又同時激活了那些與維護國家安全有關的本地法律比如《公安條例》、《刑事罪行條例》和《社團條例》。《基本法》第 23 條的本地立法工作可望儘快展開，在「反中亂港」勢力無力阻撓下應該會順利完成。鑒於在複雜多變、美國和西方竭力遏制中國崛起的新國際環境下國家安全威脅的多樣性、複雜性，乃至新的國家安全威脅仍會紛至沓來，與 23 條有關的法例必然會更為詳盡、更能滿足在新的形勢中維護國家安全的需要。事實上，維護國家安全的工作和立法是「永遠在路上」的重要任務，在 23 條本地立法完成後，將來將仍然會有其他的維護國家安全的法律陸續出台，特別是那些與金融安全、網絡安全、政治安全和文化安全的法律。

各種強化香港特區政權的工作和部署在未來會大步開展。首先，中央對行政長官和特區政府的領導、指導和監督將會在制度化、具體化和法律化的基礎上大為加強，尤其在對行政長官和主要官員的選拔、監督和任免上。中央將要求特區政府的領導班子能夠充分了解國家的大政方針和中央的對港政策，並在治理香港時鼎力支持和密切配合。中央要求特區的領導班子必須對國家和香港有擔當，在治理香港時要體現出高超的政治智慧、遠見、能力、勇氣和對社情民意的掌握。中央官員和特區官員之間的聯繫和合作會不斷加強，中央會積極運用對行政長官發出指令的權力和進一步完善行政長官向中央述職的制度。中央與立法會的關係會進一步強化。

人大釋法會走向常態化，以確保行政、立法和司法機關的行為和決定不

會違反《基本法》。過去「反中亂港」分子把人大釋法醜化為「洪水猛獸」，在香港社會造成了非常惡劣的影響和後果。中央過去對人大釋法有不少政治顧慮，使得一些違反《基本法》的事情沒有得到及時的糾正，比如現在仍然是香港法律一部分的香港終審法院對 2001 年莊豐源案的錯誤裁決，而這個裁決又早已被中央所否定。今後，在撥亂反正的大原則下，人大釋法將會是中央用來「糾偏」的重要手段，而為了避免最終要走到人大釋法那一步，中央應該會在必要時通過不同渠道公開表明中央對《基本法》個別條文的態度，讓各方面特別是香港法院有所依循。中央秉持的不容《基本法》被侵犯的堅定立場，必然會促使各方面特別是司法機關小心和認真對待《基本法》，從而減少不符合《基本法》情況的出現的機會。與此同時，在相互配合下，特區政府和立法會將更有能力捍衛香港的法治和秩序。就算日後出現一些法官對「反中亂港」分子網開一面的事例，在立法會的支持下，特區政府也可以較前容易制定新法律或修改舊法律來嚴肅有效有力應對，比如改變、明晰或者擴大對一些罪行的定義和罰則，從而對司法機關施加必要的提醒和約束。

在新的政治形勢下，行政長官和他／她的領導班子會加強對公務員隊伍的駕馭、考核和引導。不容否定的事實是，在那個由「殖民地」政府培育出來的龐大公務員隊伍中，有部分公務員對國家、中央和特區政府心懷二志、表裏不一，甚至與「反中亂港」頭目和外部勢力互通款曲，對特區的管治甚為不利。在「修例風波」期間，部分公務員竟然公開舉辦反政府集會，為黑暴分子張目，嚴重損害特區政府的政治威信。在香港恢復穩定和秩序後，除了極少數人外，所有公務員都已經莊嚴宣誓效忠國家和香港特區以及擁護《基本法》。新入職的公務員必須對「一國兩制」和《基本法》有起碼的認識。中央和特區政府也會加強對公務員的思想和國情教育，增加公務員與內地的聯繫和交流，提升他們對國家民族的認識、情懷和責任。公務員學院的成立，將對建立一支有利於「一國兩制」落實和特區有效管治的公務員隊伍的形成。

強大的管治力量的形成，對加快推動香港融入國家發展大局和破解香港

的深層次經濟、社會和民生矛盾非常有利。這兩個趨勢的發展，將會在相當程度上對香港的資本主義作出必須的和有建設性的改良和重塑。回歸以來，香港那種「放任」的資本主義已經為香港帶來了很多惡劣的後果，比如財團壟斷、財富集中、貧富懸殊、階級矛盾、產業機構狹窄、年輕人上流機會匱乏、世代摩擦等。特區政府奉為圭臬的「積極不干預」哲學卻對此無動於衷，令特區政府難以有所作為，甚至會出現「懶政」的情況。長此下去，香港的繁榮穩定肯定不保，而不斷纍積疊加的社會怨氣將會轉化為治安不靖和政治動亂。在新的政治穩定的環境中，中央和廣大香港人都要求特區的管治方式和發展路向作出重大的調整，主要目標是要讓香港能夠更好的利用國家發展和中央政策為香港所帶來的發展機遇，踴躍參與和配合國家的發展。在持續發展的基礎上，特區政府則以積極有為和以民為本的姿態構建一個更公平公義、富同情心和「共同富裕」的香港資本主義社會。過去那個堅持「積極不干預」的特區政府應該會成為歷史陳跡。特區政府的職能的重新定位也將會對它的財政政策、稅收政策、產業政策、社會福利政策、土地房屋政策、醫療衛生政策、教育政策、移民政策和人才政策帶來相應和深遠的轉變。

早在 1984 年 10 月 3 日，鄧小平已經預見性地說過：「我們總不能講香港資本主義制度下的所有方式都是完美無缺的吧？即使資本主義發達國家之間相互比較起來也各有優缺點。把香港引導到更健康的方面，不也是變嗎？向這樣的方面發展變化，香港人是會歡迎的，香港人自己會要求變，這是確定無疑的。」當然，要改良香港的資本主義並不容易，在「五十年不變」的原則下也不宜作過激的改變，但在新的政治格局和中央的大力支持下，一個更能造福廣大香港人的資本主義體系有望形成。這個新資本主義將是香港長期繁榮穩定的基石，也是「一國兩制」得以行穩致遠的保證。

總而言之，從一開始，「一國兩制」已經是中央改革開放戰略的重要一環，其作為重大國策的意義亦隨着時間的推移與日俱增。在 2017 年發表的中共十九大報告中，在「新時代中國特色社會主義思想和基本方略」的 14 項重要工作

中，「堅持『一國兩制』和推進祖國統一」是其中一項。習近平總書記在報告中明確指出：「保持香港、澳門長期繁榮穩定，實現祖國完全統一，是實現中華民族偉大復興的必然要求。」所以，鑒於其對國家民族的重大戰略意義，「一國兩制」是必須成功也必能成功的基本國策。今天，香港回歸祖國已經到了「五十年不變」的中段，在回歸後的絕大部分時間裏，雖說大體上「一國兩制」在香港的實踐基本不錯，但難言「一國兩制」在香港已經全面和準確落實，反之不少破壞和干擾「一國兩制」實施的因素越來越多、也越來越難以由特區政府和香港人單獨應付。中央在香港「一國兩制」存亡絕續時刻斷然決然出手，充分運用其享有的全面管治權，以霹靂手段進行犁庭掃穴、撥亂反正、振衰起弊，將「一國兩制」在香港的實踐首次納入正軌。可以預言，在未來的 25 年中，「一國兩制」在香港的實踐的機制和內涵必將在不斷改革和進步的基礎上越來越豐富，為「一國兩制」的初心達成和行穩致遠提供堅實的保障。

（原載《紫荊論壇》2022 年 1-2 月號）

《國際視野中的香港反修例風波》序言

❖　❖　❖

　　由《逃犯條例》修訂衍生的特大動亂自去年中開始爆發，迄今尚未完全平息。然而，對於這場特大動亂應該如何定性，不同政治立場的人有着截然不同的論述，而各方政治勢力又利用不同的論述動員羣眾打擊對手。這場特大動亂與香港過去發生的動亂最大不同之處，是外部勢力的高度介入，尤其是西方的反共反華勢力，其中美國勢力的角色更為明顯。

　　那些外部勢力在策動、招攬、培訓、組織、指揮、頌揚和資助香港的動亂分子尤其是年輕人上發揮了前所未有的積極作用。特別值得關注的是西方媒體和政客與香港的反共反華媒體和政客沆瀣一氣、狼狽為奸，把這場特大動亂的性質定義為香港人團結一致、無畏無懼保衛香港在「一國兩制」下的高度自治，抵禦中國政府對香港事務的干預，防止香港走向「內地化」或「大陸化」，捍衛香港原有的制度、價值觀和生活方式，推進香港的民主發展，譴責香港警察使用過度暴力，守護香港人的「身份認同」、確認香港與西方的文化和政治聯繫等等不一而足的、一場關乎香港「生死存亡」的「最後一戰」。這種論述讓參與這場特大動亂的人尤其是年輕人感受到巨大的「危機感」、「英雄感」和「使命感」，因而讓他們願意踴躍參與到這場「拯救香港」的正義行動之中。在強烈的道德信念、政治訴求和激烈情緒的驅使下，不少參與者甚至不惜突破個人和社會的道德和法律規範，從事各種各樣他們過去自己也不敢想像的挑釁、違法和暴力行為，對香港的執法人員惡言相向和暴力衝擊，對持不同意見者兇殘虐待，對公共和私人財產橫加毀壞，更對內地同胞歧視敵視。這場特大動亂把已經高度政治分化的香港社會推向更加尖銳對立的境地。非黑即白，非友即敵，只問立場、不問是非對錯真假，零和鬥爭思維，集體「失智」和「非理性」等現象明顯，嚴重損害的香港原有的制度和香港人一直引以為傲的理性、務

選舉制度改革的十點戰略思考

✦ ✦ ✦

2019 年 10 月底，中共 19 屆四中全會制定了一整套旨在「撥亂反正」、「正本清源」和「犁庭掃穴」的新治港方針。過去一年多來，中央積極運用其全面管治權，以「霹靂手段」迅速落實這個方針，展示了「不達目的、誓不罷休」的決心和信心。2020 年 6 月中全國人大常委會頒佈實施香港地區的國家安全法，有效遏制了「反中亂港」勢力，香港回復了法治、秩序和穩定。2020 年 11 月 11 日全國人大常委會又通過了《關於香港特區立法會議員資格問題的決定》，引發絕大部分反對派議員離開立法會，立法會的運作恢復正常，行政立法關係亦明顯有所改善。當前，中央準備對香港的選舉制度動「大手術」，涵蓋行政長官選舉、行政長官選舉委員會選舉、立法會選舉和區議會選舉，以期在根本上結束香港自回歸以來曠日持久的政治動蕩，從而帶領香港進入一個嶄新的政治局面。

我認為，這場空前浩大的選舉制度改革必須具備理論基礎和戰略意義。在這裏我提出十個選舉制度改革需要思考的戰略目標，謹供中央參考。

首先，香港選舉制度的改革（以後簡稱「改革」）要為「愛國者治港」提供牢固的制度保障，確保各級選舉的候選人都是堅定的、合資格的愛國者，從而保證能夠進入香港管治機構的人都是愛國者。改革後的選舉制度也要有利於國家安全的維護和「一國兩制」的全面和準確實踐。為此，不能再如過往般只依靠一名中高層的公務員（選舉主任）在權力和資料不足的情況下審查參選人的資格，必須成立一個高層次、配備足夠法律權力的機構去肩負審查參選人資格的工作，並為此制定清晰的和嚴謹的審查標準和程序。所有有意參加各級選舉的人都要接受審查。這個機構應該被賦予獨立調查參選人的背景、言行和有否與香港內外敵對勢力勾連的權力。在審查參選人資格時，香港警

方的國安處與中央駐港的國安公署可以提供必需的協助。[1]

第二，為了香港的長治久安，改革必須要全面、徹底、有相當的穩定性和持久性。只有這樣才能讓「政制改革」（其實是「選舉制度改革」）不再成為可供香港反對派長期以來操弄的政治議題，從而讓「政制改革」議題在未來頗長的時間內不再成為政治鬥爭的議題，讓香港特區政府和社會各界可以聚焦於那些重大的、長期被忽視的經濟和民生工作上，從而紓緩香港日益惡化的深層次經濟民生矛盾和社會不公不義情況。

第三，改革要打消外部勢力妄圖利用他們在香港的代理人或以直接介入的方式攪亂香港和奪取特區管治權的圖謀，讓他們徹底相信中央捍衛國家主權、安全和領土完整的意志、決心與能力，並因為知道香港不會被他們變成顛覆基地而知難而退。

第四，既然改革後的選舉制度只容許愛國者治理香港，則改革便會利便中央在特區政府的支持和配合下大力開展壯大、開拓、強化和團結愛國力量的工作。我相信在改革後，更多香港有志之士會加入愛國力量，愛國力量的社會支持基礎和代表性會顯著提升。

第五，改革要從根本上改變香港長期以來的政治游戲規則。那些違反或不尊重國家憲法與《基本法》共同構成的香港新憲制秩序的人不能在參加各級選舉。「反中亂港」勢力會因為在政治體制內和社會上的生存空間快速收窄、而西方勢力對其不再倚重而走向式微。

第六，改革要為「忠誠反對派」創造生存和發展的空間。「忠誠反對派」指那些願意接受和尊重香港新憲制秩序、願意維護國家主權、安全和領土完整、願意為香港的繁榮穩定出力、拒絕勾結外部勢力、表明與「反中亂港」勢力劃清界限，但卻不願意承擔具體或實際的行政管理工作，只希望擔當政府的

---

1 在 2021 年 3 月全國人大常委會通過的選舉制度改革中，有一個高層次、具備調查權力的候選人資格審查委員會的設置。

監督者、制衡者和諍友以及政治、社會、經濟和民生的改革者角色的從政人士。「忠誠反對派」在香港愈趨激烈化和泛政治化的氛圍下備受「反中亂港」勢力擠壓，幾乎無法生存下去。改革後，「忠誠反對派」在「反中亂港」者被肅清後應該有冒起和發展的新機遇。作為務實的改革者，「忠誠反對派」可以協助與配合中央和特區政府推動和執行各種急不容緩的經濟社會民生政策的改革，特別在克服各種來自既得利益集團的阻撓上。「忠誠反對派」應該被視為廣義愛國力量的一部分，他們也應該被鼓勵最終成為堅定的愛國者。

第七，改革應該有助於理順行政立法關係。如果行政機關和立法會都是由愛國者主導，而他們的社會支持或選民基礎又相差不遠，則行政立法關係可以真正體現《基本法》起草者希望見到的「行政立法既相互制衡、又相互配合、而又以配合為主」的初衷。

第八，改革應該着眼於重塑香港人的政治文化，讓他們對中央多一份敬畏與信任，不再相信反中亂港者那套以為可以通過集體抗爭和拉攏西方勢力來迫使中央屈服的謬論，不再誤判中央的立場和意圖，認識到國家與香港的唇齒相依關係，也認識到搞政治鬥爭與對抗只會把香港拉進痛苦的深淵。改革後，香港人應會知道「反中亂港」勢力將無以為繼，因此越來越多人會轉向尋求愛國者的協助，減少與中央對抗的動機。政治文化的改變會讓「反中亂港」勢力失去民心，也讓香港走向長期的政治穩定。

第九，改革特別要阻止激進人士進入立法會和區議會。現行立法會地區直選採用的大選區、比例代表制選舉辦法在香港愈趨激進化、「反中亂港」勢力囂張和外部勢力介入的環境下，容易讓只取得極少數選民支持的激進人士進入立法會。為了排除激進勢力，迫使所有候選人在選舉中盡量爭取選取區內多數人或大多數人的支持，雙議席單票制（每個選區有兩個議席，選民只有一票，得票最多的兩名候選人勝出）是不錯的選擇。[2]

2　在新的選舉制度中，地區直選採用雙議席單票制。

215

最後，改革應該要求立法會議員和區議員更加貼近地區區民，為他們解決地區問題和生活上的困難、為他們謀福祉、擔當地區居民與政府的橋樑。政府也可以通過這些議員發放信息、福利與服務。如此一來，愛國力量得以通過在地區的工作表現贏取香港人扎扎實實的支持、深耕細作、厚積薄發、累加民望，從而拓寬愛國者的羣眾基礎。為此，地區直選的選區便不能太大，否則議員難以與居民建立緊密和實在的聯繫。

(2021 年 3 月 1 日在深圳座談會上發言，原載《橙新聞》2021 年 3 月 2 日)

建構有香港特色的新的民主選舉制度

✦　✦　✦

全國人大常委會副委員長王晨在 3 月 5 日的全國人大會議上，對《全國人民代表大會關於完善香港特別行政區選舉制度的決定 (草案)》作說明時指出，中央認為鑒於香港現行的選舉制度存在重大漏洞和缺陷，致使亂象叢生，必須作出根本性的改革。在改革過程中，中央會運用國家憲法賦予的權力發揮主導作用，為香港建構「一套符合香港實際情況、有香港特色的新的民主選舉制度」。我認同王晨副委員長的論述，並在此對「有香港特色的新的民主選舉制度」提出我的一些粗淺看法。

之所以要改革香港現行的選舉制度，原因是這套選舉制度作為香港「民主」發展的依托在經過過去多次變更後，不但沒有讓香港的「民主進程」取得良好的效果，反而為香港帶來無休止的政治鬥爭、行政立法關係緊張、政府管治失效、挑戰中央權力和《基本法》權威的事件層出不窮，最後甚至引發嚴重動亂和暴力衝突以及內外敵對勢力妄圖奪取香港特區的管治權和把香港變成顛覆和滲透基地。香港回歸祖國迄今，取消由行政長官選舉委員會選出的立法會議員、取消區議會委任議席、增加立法會地區直選議席、在功能團體選舉中加入五個「超級區議會」議席、增加區議會議員代表在行政長官選舉委員會中的人數比例等各種選舉制度的改變不可否認是所謂「循序漸進」發展香港的「民主」的舉措，但那些「循序漸進」的改革卻是在沒有充分考慮香港的「實際情況」下、為了部分回應香港的反對勢力的要求而作出的、缺乏全面和長遠思考的行為。事實證明，過去「循序漸進」的、帶有濃厚「西方民主」色彩的「民主化」不但沒有帶來持續的「民主」進步，沒有鞏固香港「民主」的根基，反而是斲喪香港「民主」的生機的「循序漸退」改變。如果繼續沿着原來的軌跡「循序漸退」下去，香港的「民主」會走向自我毀滅，結果是不但「一國兩制」無以為繼，國家和香港也會遭受嚴重傷害。以此之故，

在中央的主導下對香港的選舉制度作出重大改革，讓香港的「民主」在新的基礎上健康和持續發展，才是應有之義和負責任之舉。

在「一國兩制」的方針政策下，香港選舉制度「民主化」作為一個目標相對於「促進國家統一」、「維護國家主權與安全」、「捍衛領土完整」、「保存香港原來的制度和生活方式五十年不變」、「愛國者治港」、「行政主導」、「良好的中央與特區的關係」、「良好的行政立法關係」等目標相對不重要。作為一個手段或工具，香港選舉制度「民主化」更是要有利於那些更重要的目標的達致，而不能妨礙甚至防止其達致，否則相關的選舉制度必須揚棄。香港內外敵對勢力經常把「民主化」當作是「一國兩制」的最高目標，把「政制改革」當作中央對港政策和香港特區施政的首要工作，並頗為成功地利用這種本末倒置的政治主張發動羣眾、逼迫特區政府和取得了一定的「循序漸進」發展「民主」、實際上最後得到的是對香港的「民主」長遠發展、「一國兩制」的成功實踐、香港的繁榮穩定極為不利的「成果」。

為了香港的「民主」能夠健康發展，必須釐清香港的選舉制度設計必須遵循的基本原則，而主要原則是香港的選舉制度必須正本清源地有利於「一國兩制」方針政策的主要目的的達致。考慮到香港的「實際情況」和選舉制度作為目標和手段的本質，香港選舉制度的改革必須要為「一國兩制」服務、對「愛國者治港」有利和能夠阻止「反中亂港」分子和外部勢力通過選舉進入香港的管治架構，並利用他們在管治架構內的職位破壞「一國兩制」的實踐、危害國家的安全和香港的安定。在香港，那些仰視西方選舉制度的政客、專家和學者往往把「民主化」當為絕對的「好事」，不必也不應該計算後果。然而，在「一國兩制」下，在設計選舉制度時，所有對「一國兩制」、對國家和對香港所帶來的後果卻必須慎重和認真考慮在內。任何不利於那些目標達致的選舉制度都不是好制度。這一點恰恰就是「有香港特色的新的民主選舉制度」的要義所在，是中央主導的香港選舉制度改革的初心所在，也是香港「新的民主選舉制度」的特色所在。

（原載《大公報》2021 年 3 月 10 日，原題為〈無需仰視西方選舉制度〉）

中央主導香港選舉制度改革的法律依據和現實考慮

❖　❖　❖

2021 年 3 月 11 日，全國人民代表大會以壓倒性票數通過了《全國人民代表大會關於完善香港特別行政區選舉制度的決定》，正式啟動香港回歸以來首次對香港選舉制度的全面、徹底和長遠的改革，為「愛國者治港」提供牢固的制度和法律保障，也從而為全面和準確貫徹「一國兩制」、維護國家安全和利益、確保香港的長治久安與繁榮穩定、破解那些困擾香港已久的深層次經濟社會民生矛盾以及加速香港融入國家發展大局構築穩固的基礎。

這次選舉制度改革是以強化和擴大香港特別行政區選舉委員會為抓手，從根本上改革香港的選舉制度，涵蓋了選舉委員會、行政長官和立法會的選舉辦法。日後區議會的選舉辦法也必然會作出相應的調整。選舉制度改革的核心目標是要全面落實愛國者治港，此舉因此必然會帶來香港的政治生態尤其是政治遊戲規則和政治體制運作的改變。選舉制度改革後，行政立法關係會更能體現《基本法》起草者希望見到的「行政立法既相互制衡、又相互配合、並以配合為主」的良性互動關係。不同政治勢力的力量對比勢必出現重大變化，愛國力量不斷壯大，「反中亂港」分子走向沉淪，外部勢力在香港無法興風作浪。香港人的政治文化和行為也會因此而發生重大轉變，「反共反中」和「港獨」主張不再能夠荼毒公眾尤其是年輕人，激進主張和暴力行為不再受到認同，理性和務實心態會逐步恢復，對中央的對港政策和立場不再被錯誤研判。鑒於選舉制度是政治體制和政治生活的重要組成部分，與特區管治權的歸屬問題和政治爭鬥的具體形態息息相關，因而這場選舉制度的改革不啻是一場啟動香港政治體制和政治格局歷史性巨變的推手。

如此翻天覆地的、帶緊迫性的制度改革在「一國兩制」下只能在中央的主導下才能擘畫、啟動、推進和完成。正如國務院港澳辦主任夏寶龍所言：「創

設特別行政區、建立特別行政區的制度，權力在中央。選舉制度是香港特別行政區的重要組成部分，完善有關選舉制度必須在中央的主導下進行。」香港過去並非完全沒有由香港特區政府主動提出改變選舉制度的實例，但大多是屬於有限度的改動建議，而又只有在 2010 年的一次因為採納了民主黨建議並在它支持下才取得成功。2010 年的選舉制度改革是通過依照《基本法》附件一和附件二所規定的「五部曲」修改程序、對行政長官和立法會的產生辦法作出改變而完成。相對於此次中央主動提出的選舉制度改革，2010 年的改革實際上「微不足道」，沒有牽涉到對《基本法》附件一和附件二作根本性的改變。

中央此次改革是從國家層面修改和完善香港行政長官和立法會的產生辦法。中央運用國家憲法賦予中央的權力，對《基本法》附件一和附件二進行修改。中央採取「決定＋修法」的方式，分步推進和完成改革。儘管只修改《基本法》附件一和附件二，不涉及《基本法》正文，但原來的附件一和附件二卻會在常委會的修改後被完全取代。正如全國人大常委會王晨副委員長所言：「全國人大作出本決定後，全國人大常委會將根據本決定會同有關方面及早啟動相關修法程序，修訂香港《基本法》附件一和附件二。修訂後的香港《基本法》附件一和附件二經依法公佈施行後，原附件一和附件二以及有關修正案同時廢止。」

中央對香港選舉制度的改革展示了創新和開拓思維。選舉制度改革不是沿着原來附件一和附件二的思路和程序去「循序漸進」改革香港的選舉制度，而是依循新的戰略思維，擬定新的目標，敢闖敢幹，因應香港的「實際情況」來重構香港的選舉制度。王晨副秘書長對改革如此說明：「完善香港特別行政區選舉制度的總體思路是：以對香港特別行政區選舉委員會重新構建和增加賦權為核心進行總體制度設計，調整和優化選舉委員會的規模、組成和產生辦法，繼續由選舉委員會選舉產生行政長官，並賦予選舉委員會產生較大比例的立法會議員和直接參與提名全部立法會議員候選人的新職能，通過選舉委員會擴大香港社會均衡有序的政治參與和更加廣泛的代表性，對有關選舉要素作出

適當調整，同時建立全流程資格審查機制，進而形成一套符合香港實際情況、有香港特色的新民主選舉制度。」

顯而易見，在中央主導下，改革後的行政長官和立法會的產生辦法與原來《基本法》附件一和附件二所構思的產生辦法和發展路徑大相徑庭，尤其是在選舉委員會的組成以及立法會的提名和產生辦法這兩個方面。新的選舉制度在相當程度上堵塞了現行選舉制度的漏洞和缺失，核心目的是要防止「反中亂港」分子進入香港的管治架構，為愛國者治港提供堅實和周全的制度和法律保證以及讓香港由亂至治。毫無疑問，此次選舉制度改革涉及對《基本法》附件一和附件二所規定的行政長官和立法會產生辦法的重大修改，而新的選舉委員會、行政長官和立法會的產生辦法的修改也並非按照原來的附件一和附件二所規定的修改程序而作出。原來的附件一規定：「2007 年以後各任行政長官的產生辦法如需修改，須經立法會全體議員三分之二多數通過，行政長官同意，並報全國人民代表大會常務委員會批准。」原來的附件二則規定：「2007 年以後香港特別行政區立法會的產生辦法 […]，如須對本附件的規定進行修改，須經立法會全體議員三分之二多數通過，行政長官同意，並報全國人民代表大會常務委員會備案。」因此，此次中央主導的選舉制度改革並沒有依循原來附件一和附件二規定的程序進行，而是直接由全國人大作出決定後，授權全國人大常務委員會通過大幅修改原來的附件一和附件二來完成的。

由此以觀，中央此次選舉制度改革涉及對《基本法》的實質性改動。鑒於《基本法》並非一條普通的全國性法律，而是一條由全國人大制定的基本法律，因此只有全國人大才有權力對《基本法》進行修改。已故的《基本法》權威蕭蔚雲教授早在 1997 年已經明確指出：「我國現行憲法又將法律分為基本法律和基本法律以外的其他法律。憲法第 62 條規定，全國人大制定和修改刑事、民事、國家機構的和其他的基本法律。第 67 條規定，全國人大常委會制定和修改除應當由全國人大制定的法律以外的其他法律；在全國人大閉會期間，對全國人大制定的法律進行部分補充和修改，但不得同該法律的基本原則相抵

觸。可見全國人大制定的是基本法律，全國人大常委會制定的不是基本法律。
[⋯]《香港特別行政區基本法》的主要內容是關於香港特別行政區的法律，但
它又涉及中央與香港特別行政區的一些職權的劃分，不僅香港特別行政區要
遵守，中央及各省、自治區、直轄市都要遵守，全國人民要遵守。這個『《基
本法》』又是體現『一個國家，兩種制度』方針的法律。根據這些情況，全國人
民代表大會決定由它自己制定香港特別行政區《基本法》，按照憲法的規定這
個法律屬於基本法律。」就行政長官產生辦法而言，蕭教授又認為，「第 45 條
又規定行政長官產生的具體辦法由附件一《香港特別行政區行政長官的產生辦
法》規定。這樣將條文和附件一聯繫起來。」即是說，附件一是《基本法》的一
部分。由此類推，附件二也是《基本法》的一部分。所以，對附件一和附件二
的修改在實質上是對《基本法》的修改，而只有全國人大才有權力這樣做。其
實，對此《基本法》第 159 條亦有同樣規定：「本法的修改權屬於全國人民代
表大會。」

　　既然香港《基本法》是一條只有全國人大才有權修改的基本法律，則要求
香港特區政府按照由附件一和附件二衍生的「五部曲」來啟動選舉制度的「大
規模」、涉及到附件一和附件二的根本性改動便是法律上不可能的事。即便是
全國人大常委會，在沒有全國人大授權的情況下也不能夠對香港的選舉制度作
根本性的改動。以此之故，中央決定主導此次根本性的選舉制度改革便是無可
避免、義不容辭地履行對國家和對香港的莊嚴責任和任務。

　　從實際情況看，中央主導香港選舉制度改革也是客觀形勢的強烈和迫切
要求。現行選舉制度叢生的流弊已經充分暴露，不但香港的繁榮、穩定、法治、
發展和管治受到盤踞在管治架構內部和社會上的「反中亂港」勢力的摧殘，就
連國家安全也受到嚴重的威脅。為了維護國家安全、恢復香港的穩定和秩序、
實現有效管治和讓香港社會能夠聚精會神解決各種深層次經濟社會民生問題，
儘快推行選舉制度的改革刻不容緩，必須以只爭朝夕的決定和勇氣大力推進。
基於選舉制度改革涉及到國家安全的維護和「一國兩制」的全面和準確實踐，

222

選舉制度改革已經不單單是香港特區的事，更是國家層面的事和隸屬中央的事權。當前的情況是，香港特區政府單憑一己之力連止暴制亂的政治能力和勇氣都沒有，要求它對香港的選舉制度動大手術無疑是不切實際的，弄得不好的話反而會把香港推入更痛苦的深淵。過去的經驗說明，特區政府推行選舉辦法改革的過程往往曠日持久，但卻又徒勞無功，而且又因此而導致激烈的政治分化和鬥爭。結果是特區政府的政治威信因為「政制改革」進一步下墜，而「反中亂港」勢力則乘機積累更多政治資本，為下一輪更大規模的奪權行動所運用。從「技術」層面看，由於絕大部分反對派議員因為中央的撥亂反正行動已經退出了立法會，現時在任的立法會議員的人數不夠全體七十名議員的三分之二。就算香港特區政府主動提出改革選舉制度，「五部曲」中的其中一步（立法會議員以三分之二多數通過改革法案）也沒法完成。所以，為了及早扭轉香港的亂局，防範「反中亂港」分子進入香港的管治機構、確保國家安全和讓「一國兩制」行穩致遠，中央出手主導香港選舉制度的改革厥為事有必至，理有固然。

（原載《紫荊》2021 年 3 月 13 日）

完善選舉制度　確保「愛國者治港」

✦　　✦　　✦

「愛國者治港」與香港選舉制度

從「一國兩制」偉大構想提出開始，「愛國者治港」便是「一國兩制」的核心原則。是「一國兩制」能否成功實踐的先決條件。1984 年 10 月 3 日，鄧小平已經對此「一錘定音」，指出 1997 年後參與香港特區管理的人的條件只有一個，「就是愛國者，也就是愛祖國、愛香港的人。」2019 年 10 月 31 日，中共第 19 屆四中全會決定要「堅持以愛國者為主體的『港人治港』」。2021 年 1 月 27 日，國家主席習近平在聽取香港行政長官林鄭月娥的述職報告時強調：「香港由亂及治的重大轉折，再次昭示了一個深刻道理，要確保『一國兩制』實踐行穩致遠。必須始終堅持愛國者治港。這是事關國家主權安全發展利益，事關香港長期繁榮穩定的根本原則。只有做到愛國者治港，中央對特別行政區的全面管治權才能得到有效落實。憲法和《基本法》確立的憲制秩序才能得到有效維護，各種深層次問題才能得到有效解決，香港才能實現長治久安，並為實現中華民族偉大復興作出應有的貢獻。」

習主席的講話，將「愛國者治港」對「一國兩制」的全面準確貫徹的重要性置於一個前所未有的戰略和歷史高度，並從理論上闡明其因由。不過，一個不爭的事實是，儘管香港已經回歸祖國將近 24 年，「愛國者治港」尚未在香港特區的管治中全面、充分和徹底體現，結果是回歸以來香港深受管治艱難和失效、政治鬥爭此起彼伏、產業結構轉型困難、各類社會民生矛盾疊加惡化、國家憲法和香港《基本法》共同構成的憲制秩序屢遭質疑、中央的權力不斷受到挑戰、以及外部勢力悍然插手香港事務所困。近年來，香港的局勢進一步惡化，社會上湧現出各類「港獨」和分離主義的政治主張和勢力，過去難以想像

的大規模暴動和暴亂多次出現，而外部勢力更明目張膽與香港內部的「反中亂港」勢力沆瀣一氣，妄圖奪取香港的管治權力，並進而把香港變成危害國家安全的顛覆基地。這種惡劣的政治環境也因此使得「一國兩制」難以在香港全面和準確貫徹，令國家和香港都同蒙其害。全國政協副主席，國務院港澳事務辦公室主任夏寶龍在 2021 年 2 月 22 日舉行的「完善『一國兩制』體系，落實『愛國者治港』根本原則」專題研討會上指出：「反中亂港分子之所以能在『一國兩制』下的香港興風作浪、坐大成勢，原因是多方面的，其中一個直接原因，就是『愛國者治港』的原則還沒有得到全面落實，香港特別行政區尚未真正形成穩固的『愛國者治港』局面。」正是因為「愛國者治港」尚未全面充分落實，各種阻礙和破壞「一國兩制」全面準確實踐的因素和力量便得以為所欲為，難以遏止。反過來說，確立「愛國者治港」的格局也就必然會有利於撥亂反正，正本清源，讓「一國兩制」能夠在香港依循正確軌道實踐並行穩致遠。

造成「愛國者治港」不能全面和充分體現的成因很複雜，但毫無疑問，回歸後香港的選舉制度欠完善與此有莫大關係。其實，鄧小平早已點出「愛國者治港」與選舉制度的關係。1987 年 4 月 16 日，他明確提出：「對香港來說，普選就一定有利？我不相信。比如說，我過去也談過，將來香港當然是香港人來管理事務，這些人用普遍投票的方式來選舉行嗎？我們說，這些管理香港事務的人應該是愛祖國、愛香港的香港人，普選就一定能選出這樣的人來嗎？」鄧小平的意思是：香港的選舉制度必須要為體現「愛國者治港」而量身訂造。

香港選舉制度漏洞帶來的亂象

毋庸諱言，正是由於香港的選舉制度設計沒有從全面貫徹「愛國者治港」這一根本要求出發，所以不但欠完善，而且存在不少漏洞，才讓「反中亂港」勢力得以不斷坐大、「愛國者治港」不能完全充分落實、「一國兩制」無法全面和準確實踐、香港的繁榮穩定缺乏保障，甚至連國家安全也受到威脅。

時至今天，有目共睹的是：香港現行的選舉制度由於不能確保全面「愛國

者治港」，致使各種亂象紛至沓來，愈演愈烈。香港各種「反中亂港」、不承認由國家憲法和《基本法》共同構成的香港憲制秩序、並與西方敵對勢力深度勾連的非忠誠反對勢力得以堂而皇之進入香港的管治架構特別是選舉委員會、立法會和區議會之內肆虐。那些反對勢力利用其在管治架構中的職位贏取外部勢力的青睞，在社會上組織和煽動支持者和羣眾，阻撓特區政府施政，策動無休止無底線的政治鬥爭，破壞與扭曲「一國兩制」的實踐。總的來說，各種亂象中的犖犖大者有四。

首先，「反中亂港」勢力在選舉過程中、在社會上和在管治架構內不斷組織和策動挑戰國家主權的行動，包括質疑和否定國家對香港的主權、中央對香港的全面管治權、公然挑戰中央權力和《基本法》權威，公然或者隱晦提出各種分裂國家的主張和從事相關行為，提出「香港民族」不屬於中華民族的謬論，否定香港自古以來是中國固有領土的事實，或明或暗地鼓動顛覆國家政權的行動，利用各種內外媒體抹黑「一國兩制」和香港，乞求外部勢力插手香港事務，竭力把香港問題「國際化」，要求西方國家制裁國家和香港，要求英國履行「道義責任」照顧和保護其在香港受到中共迫害的「子民」等。事實上，在一定程度上，長期以來立法會已經成為非忠誠反對派議員宣揚「反共反中」、分裂國家的主張和勾連外部勢力的政治平台，因而對國家安全和利益構成實質威脅。

第二，「反中亂港」勢力在選舉過程中、在社會上和管治架構內不斷損害和扭曲香港的法治價值，包括否定國家憲法在香港的適用性，不承認國家憲法和《基本法》共同構成香港的憲制秩序，刻意歪曲對國家憲法和《基本法》的理解，提出一套將香港視為「獨立政治實體」的對「一國兩制」的「另類詮釋」，譴責人大釋法破壞香港的高度自治、司法獨立和法律制度，以「公民抗命」和「違法達義」等主張和口號鼓動違法和暴力行為，威脅和恫嚇那些不同情暴徒的法官，把政治凌駕在法律法治之上，貶低內地法律界的專業地位和造詣，詆毀內地的法治，乞求西方的法律專才為香港法律制度授予「合法性」，向外國宣傳香港「法治已死」和「司法不獨立」的歪論等。

226

第三，「反中亂港」勢力在選舉過程中、在社會上和管治架構內肆無忌憚衝擊行政主導。即便他們在議會中不佔大多數議席，他們仍然可以在議會內惡意否定行政長官的認受性和削弱特區政府的管治威信、不斷煽惑和動員羣眾與香港特區政府進行鬥爭、在香港暴亂期間包庇和縱容暴徒、並拒絕與暴力割席。他們也會結合立法會外的各種反對勢力妨礙立法會的工作和打擊其威信。他們經常濫用議事程序、憑藉「拉布」、「點人數」、肢體衝突等不正當甚至非法和違規手段阻撓或癱瘓立法會的運作，並因此而讓香港特區政府在行政立法對立的情況下無法有效施政。回歸以來，特區政府管治維艱，威信不振，「行政主導」更無從說起。

第四，「反中亂港」勢力在選舉過程中、在社會上和管治架構內拖累了那些迫切和愈趨嚴重的經濟社會民生問題的處理。長期以來，香港深受一系列深層次經濟社會民生矛盾所困，但那些矛盾卻無法得到應有的重視和認真的處理。究其原因，是因為內外敵對勢力非常成功地把政治議題，特別是「政制改革」、「中央與特區關係」、「人大釋法」、「行政立法關係」、「高度自治」和「反對國家安全立法」變成香港最矚目和「最重要」的議題，從而大幅擠壓了或者邊緣化了那些亟須解決的經濟社會民生問題（包括香港與內地的經濟融合、香港產業結構狹隘、貧富懸殊、貧窮問題、房屋土地短缺和年輕人發展機會不足）在公共議程上的位置。他們又頗為成功地在社會上和在立法會內，進行各種行動阻撓政府的經濟社會民生政策的制定和推行，導致那些問題不斷發酵、惡化和民怨升溫，藉此撈取政治資本，亦因此令特區政府的管治威信因無法有效應對那些問題而難以提升。

現行的區議會選舉制度讓「反中亂港」分子有機會取得區議會的控制權，特別是當香港的政治氛圍發生對愛國陣營極為不利的巨大變化的時候。「反中亂港」分子在 2003 年和 2019 年的選舉中大獲全勝便是明證。2019 年產生的區議會在「反中亂港」分子的絕對控制下已經成為他們在社會上打擊政府和愛國力量、宣揚「港獨」等激進政治主張和策動政治鬥爭的舞台，罔顧地區居民

的民生福祉，更嚴重妨礙特區政府在地區開展與地區民眾生活息息相關的改善工作。

最後，「反中亂港」力在選舉過程中、在社會上和管治架構內不停通過發動無休止的政治鬥爭來製造社會的分化、對抗和撕裂，甚至連家庭、親戚、朋友、同學、同事和鄰居都不能倖免。他們和其支持者執意要把政治乃至非政治議題道德化、人格化、極端化和對立化，讓妥協、互信、互諒、包容和協商成為不可能。他們把中國共產黨、中央、行政長官、特區政府、警察隊伍和愛國力量「妖魔化」，形成彼此勢不兩立、水火不容之勢。他們運用和縱容暴力，不把對手當人看待。他們散播仇恨、偏見和怨毒，嚴重毒化社會氛圍。他們把年輕人與其長輩對立起來，激化世代之爭。他們把「香港人」與「中國人」對立起來，否認自己是中國人。他們把香港居民與內地同胞對立起來，歧視和排斥內地同胞。他們把香港與國家對立起來，把「歷史中國」、「文化中國」、「地理中國」和「民族中國」與中華人民共和國對立起來，拒絕對中華人民共和國效忠。他們拉攏外部勢力，與那些反對外部勢力干預香港事務的香港居民對峙。他們用「零和游戲」態度來對待政治爭鬥和爭議，尋求「全勝而歸」，力圖置對手於死地。凡此種種，都把香港社會推向嚴重撕裂、鬥爭不絕、難以愈合的深淵。

選舉制度的漏洞

當前，窒礙「愛國者治港」全面和充分體現的香港選舉制度的漏洞早已是有目共睹和眾所周知的現象。最突出和明顯的漏洞莫過於在選舉過程中缺乏對各級選舉的候選人的資格作嚴格審查的制度。在審查候選人資格上，特區政府在過去的選舉中一直以來把關不嚴，遂讓大批「反中亂港」分子得以參選和當上議員和委員。一個明顯不過的例子是：儘管絕大部分 2019 年底區議會選舉中不少反對派的參選人都有參與暴亂的背景和鼓吹分離主義的「前科」，但卻只有一個人（黃之鋒）被選舉主任否決其參選資格。目前，特區政府依靠只屬中高層公務員的選舉主任在立法會和區議會選舉中把關，而選舉主任在審查候

選人資格時，一方面沒有嚴格和比較具體的的資格審查準則和程序可以依循，而現行有關候選人資格的法律、規則和程序既不完備也不清晰，因此選舉主任的裁決經常流於粗疏和寬鬆。二方面他缺乏獨立調查參選人的歷史和背景的權力和能力，特別是他們與香港內外敵對勢力的聯繫，因而可以在材料更全面和充足的基礎上審核候選人的資格。更甚者，不同選舉主任在裁定候選人資格時不時出現標準和程序上差異。結果是，選舉主任往往過分偏重有關人士所提交的材料和所作出的辯解，從而判斷參選者會否真誠效忠國家和特區及擁護《基本法》，而效忠特區又往往被視為比效忠國家更重要，因此容易讓相當部分「反中亂港」分子矇混過關。正因為審查過程的制度化、程序化和法律化程度不高，選舉主任的裁決便容易在社會上引發爭議、反對派的攻擊、輿論的責難和司法覆核的訴訟，選舉過程和結果也因此而無必要地添加了一些不確定性和減少了一些權威性。更為嚴重的是，在那個比立法會選舉更為重要的行政長官選舉和選舉委員會選舉中，連審查準則和機制也付諸闕如，遂讓大批「反中亂港」分子得以廁身其間。這的確是一個匪夷所思和發人深省的現象。

第二個明顯漏洞是香港的選舉制度缺乏對「愛國者」的明確定義、導致對「愛國者」的清晰和具體的要求以及相關的對候選人資格審查標準也難以確立。誠然，鄧小平在 1984 年曾經指出：「愛國者的標準是，尊重自己的民族，誠心誠意擁護祖國恢復行使對香港的主權，不損害香港的繁榮和穩定。」不過，這個表述比較概括性，難以直接轉化為精準的法律語言並在審查過程中應用。不過，更關鍵的問題是，香港特區政府和香港社會各界從來都沒有提出過要把「愛國者」的定義具體化、精準化和把它納入香港的選舉制度之中，因此香港的選舉制度缺乏足夠的法律權力防止那些非愛國者參與香港各級選舉。

第三個明顯漏洞是直至最近香港沒有設立一套嚴謹的、切實執行的、與參選和履職密切相關的宣誓制度。儘管早在 1990 年頒佈的香港《基本法》第104 條已經明文規定：「香港特別行政區行政長官、主要官員、行政會議成員、立法會議員、各級法院法官和其他司法人員在就職時必須依法宣誓擁護中華人

民共和國香港特別行政區《基本法》，效忠中華人民共和國香港特別行政區。」同時，香港一直以來都有懲處「發假誓」的本地法律。香港特區政府長期以來都盡量避免運用法律手段，去對付和懲治那些公然違反誓言的議員和委員。2016 年 11 月 7 日全國人大常委會對《基本法》第 104 條作出解釋，表明公職人員所作的宣誓是法律承諾，具有法律約束力，並規定「宣誓人作虛假宣誓或者在宣誓之後從事違反誓言行為的，依法承擔法律責任。」可惜的是，迄今為止，香港尚沒有建立起一套完善的、具有法律權力、可以用以褫奪違反誓言的議員和委員的宣誓制度，因此宣誓過程對「反中亂港」議員和委員的約束力和阻嚇力相當有限。

第四個漏洞是現行的選舉制度對不正當或者有違公平選舉原則的選舉行為缺乏完善的法律規管和懲治機制。有關禁止任何不正當和有違公平選舉原則的選舉行為的法律並不完善，也沒有強有力的機構去執法。比如，類似 2019 年「反中亂港」分子搞的立法會選舉的違法「初選」活動雖然嚴重違反公平公正的選舉原則，但在香港卻沒有被依法禁止，或者說特區政府沒有用盡所有可能用得上的法律手段對付。那些宣揚有違國家憲法、《基本法》和香港國家安全法的競選政綱在競選期間仍廣泛流轉。接受外部和內部敵對勢力的支持、特別是收受其所提供的選舉經費、「培訓」和「指導」的黨派和候選人為數不少。外部勢力以不同方式和姿態介入香港的選舉的實例比比皆是。香港選舉和相關法律的不足與確實顯而易見。

第五個主要漏洞是選舉委員會的組成沒有體現愛國者的絕對主導，在一些不正常情況下有機會讓「反中亂港」分子有機可乘。在過去的選舉委員會選舉中，「反中亂港」分子在選舉委員會中雖然只佔少數，但他們一方面不斷質疑行政長官選舉和當選的行政長官的認受性，另方面卻希望能夠通過與一些其他選舉委員會委員「結盟」而成為得以左右選舉結果的「關鍵少數」。2019 年中爆發的嚴重暴亂更大幅提高了「反中亂港者」的政治野心和胃口。他們甚至妄圖憑藉「35+」和「攬炒十步曲」奪權變天計劃在 2021 年舉行的選舉委員會

的選舉中能夠取得接近一半的席位，並與一些其他委員「同心協力」獲得左右甚至「決定」下屆行政長官人選的機會。如果他們能夠成為「造王者」，而中央又拒絕任命在相當程度上由他們「決定」的人選的話，則另一場他們和他們背後的外部勢力渴望見到的、對他們奪權「有利」的「政治危機」便會發生。

最後，立法會和區議會的選舉辦法在一些不正常情況下可以讓反對派得以控制立法會和區議會。儘管迄今為止，反對派尚未能夠取得立法會的控制權，但由於他們在分區直選中長期以來享有一定的優勢，加上大部分以個人而非團體為投票者的功能團體的選民近年來日趨激進，因此不能完全排除日後在政治氛圍對反對派絕對有利的情況下，反對派得以通過立法會選舉而取得立法會的主導權，並把立法會變成「反中亂港」基地和內外敵對勢力共同「起舞」的政治舞台的可能。

其實，上述的選舉制度的漏洞其實早為人知，但旨在堵塞漏洞的行動卻尚付闕如。香港選舉制度漏洞之所以長期存在並讓「反中亂港」勢力得以胡作非為，是因為回歸前設計香港的選舉制度的時候，對回歸後香港所面對的複雜、多變和嚴峻的內部和外部政治情況缺乏充分的預期和掌握，尤其是對香港內外敵對勢力的政治野心和圖謀缺乏正確的研判和防範。誠然，選舉制度的設計者明顯地力圖讓愛國力量在行政長官和立法會選舉中享有優勢，而香港的反對勢力則只能在立法會和選舉委員會內成為「不足為患」的少數派。區議會的選舉辦法雖然沒有向愛國力量傾斜，主要原因是香港特區政府認為區議會不是政權機構，職權有限，而且區議員的代表在立法會和選舉委員會內所佔席位亦不多，不足以左右管治大局。此外，由於在過去一段時間區議會內有一定比例的、由特區政府委任的議員，反對派的區議員因此更難以在區議會內成為主導勢力，所以在設計區議會的選舉辦法時特區政府覺得沒有需要特別為愛國力量籌謀，甚至希望通過加快區議會選舉辦法的「民主化」（比如取消區議會的委任議席）去取悅反對派和其支持者。

長期以來，香港的反對派和外部勢力並沒有因為香港已經回歸祖國而有

所收斂，反而越來越轉化為「反中亂港」的禍源，而其奪取特區和管治權和把香港變成顛覆基地的意圖早已昭然若揭。2003 年香港因為《基本法》第 23 條立法而觸發的大型遊行示威已足以見證他們的意圖和實力。過去十年，他們更悍然策動多場嚴重的動亂和暴亂。然而，香港特區政府在處理香港的選舉辦法時卻沒有因應形勢的丕變而為堵塞漏洞而作出重大改革。如此一來，「反中亂港」勢力的野心更加澎湃，而行動也就更加激烈。在這種惡劣的政治環境下，愛國力量不但難以發展壯大，其政治威信和能量亦不升反降。「愛國者治港」更是無從體現。在香港政局愈趨動蕩失控之際，為何選舉制度卻不但沒有以撥亂反正為目標而作出重大改革，反而出現了一系列以「民主化」為理由的選舉制度改革，令政治體制不斷「開放」，並讓反對勢力得以進一步壯大？一個很好的例子是：2010 年香港特區政府決定將立法會的議席增加十席，其中五席為地區直選議席，另外五席則由幾乎是全港選民投票選出的「超級區議會」議席，並將之劃歸為「功能團體」選舉的類別。選舉制度的改變，實際上往往是向反對派送上政治大禮。

揆其原因，一方面是香港特區政府長期處於弱勢，缺乏足夠的政治意志、膽量和能力去啟動選舉制度的改革，尤其是那些旨在削弱反對派和強化愛國力量的改革。特區政府認為這樣做難以獲得立法會內全體建制派議員的鼎立支持，因此難以成功。它更害怕這樣做會遭到反對派和其支持者以及外部勢力的激烈反彈，導致政局不穩和政府管治威信與能量進一步墜落。二方面是因為部分香港特區領導人傾向相信如果政府能夠推進香港的「民主化」進程，滿足香港人的「政治訴求」，則特區政府和其領導人的民望必定會顯著提高、其管治工作和表現會顯著改進、西方國家和媒體對「一國兩制」會更有信心，以及政府與社會各界會更能一起聚焦到經濟社會民生問題上來。

三方面是一直以來香港特區政府的領導人對那些「愛國愛港」人士心存芥蒂，對他們的信心和信任都明顯不足。部分領導人甚至對一些反對派頭面人物頗為欣賞器重。他們所以缺乏壓縮反對派和壯大愛國力量的強大政治誘

因。四方面是不少特區官員對《基本法》有關香港政制改革的條文的理解有偏差，把「循序漸進」推進行政長官和立法會普選置於「實際情況」之上；也就是說，在任何情況下，香港的選舉制度只許「前進」而不能「後退」，哪怕只是短暫的「後退」。最後，日益強悍的反對派和外部勢力頗為成功把「政制改革」也就是選舉制度改革成為香港的首要和急迫的公共議題，並說服了不少香港人把特區政府乃至中央政府能否履行對香港人的「民主承諾」作為檢驗「一國兩制」是否成功實踐的唯一標準。他們對特區政府步步緊逼，並以拒絕與政府合作為要挾。為了贏取反對派和外部勢力的好感，特區政府也就把不斷提高香港選舉制度的「民主成分」視為要務。

時至今天，香港選舉制度所存在的嚴重漏洞和其帶來的各種亂象已經充分暴露，足以表明這個制度已染上了沉痾痼疾，只有對其做大手術才能把它完善過來。香港選舉制度需要的改革必然是全面、徹底、深刻和能夠行之久遠的改革，而不是局部、浮薄、零碎和短期的改革。目前，處於弱勢的香港特區政府不可能以其一己之力來完成這種根本性的改革，因此改革必須在中央運用國家憲法所賦予的權力主導和完成這個歷史性的任務。為了「一國兩制」的大業、國家的安全和香港的繁榮穩定，體現「愛國者治港」，中央也感到責無旁貸、義不容辭。正如夏寶龍主任在講話中所言：「創設特別行政區，權力在中央。選舉制度是香港特別行政區政治制度和政治體制的重要組成部分，完善有關選舉制度必須在中央的主導下進行。」2021 年 3 月 11 日，全國人大會議以近乎全票通過《關於完善香港特別行政區選舉制度的決定》。在闡述該《決定》的草案時，全國人大常委會副委員長王晨強調，中央和國家有關部門在綜合分析和全面評估的基礎上，認為有必要從國家層面修改完善香港特區的選舉制度，主要是修改香港特區行政長官的產生辦法和立法會的產生辦法，並會採取「決定+ 修法」的方式，分步予以推進和完成。《決定》的通過，充分表明了中央對改革香港選舉制度、結束香港的亂局、維護國家安全和重塑香港政治格局的決心和信心。

選舉制度的改革

中央主導的選舉制度改革是一套全面、精準、徹底和深謀遠慮的改革戰略。改革的核心目標就是要堵塞選舉制度的漏洞，確保當選者都是愛國者，讓香港的管治權牢牢掌握在愛國者手中，並令「行政主導」得以充分體現，而改革的重點和「抓手」就是香港特區選舉委員會。王晨明確指出：「完善香港特別行政區選舉制度的總體思路是：以對香港特別行政區選舉委員會重新構建和增加賦權為核心進行總體制度設計，調整和優化選舉委員會的規模、組成和產生辦法，繼續由選舉委員會選舉產生行政長官，並賦予選舉委員會選舉較大比例的立法會議員和直接參與提名全部立法會議員候選人的新職能，通過選舉委員會擴大香港社會均衡有序的政治參與和更加廣泛的代表性，對有關選舉要素作出適當調整，同時建立全流程資格審查機制，進而形成一套符合香港實際情況、有香港特色是新的民主選舉制度。」全國人大通過的《決定》規定擴大選舉委員會人數，由 1200 人增加至 1500 人，組成選舉委員會的界別則由四個增加至五個，讓更多的忠實的愛國者得以進入選舉委員會。立法會議員的人數亦由 70 人增加到 90 人，其中相當比例的議員經由選舉委員會選舉產生。《決定》也規定設立香港特區候選人資格審查委員會，負責審查並確認選舉委員會候選人、行政長官候選人和立法會議員候選人資格。所有這些安排對愛國者治港都提供有力的制度保障。

我認為，為了達到改革的目的，首要工作是嚴格防範「反中亂港」者成為候選人、勝出選舉和在履職後從事違反誓言的事。香港選舉制度的改革必須是全面的改革，牽涉到選舉辦法、選舉活動和經費、候選人資格審查、議員和委員履職前的宣誓、議員和委員在履職後的監察、對外部勢力的監管等方面，其中至關重要的是完善候選人資格審查的機制和宣誓制度，而這方面如果把關嚴密，而「反中亂港」者又根本不能「入閘」成為候選人，其他問題也就會相應迎刃而解。

我在上文提到香港的選舉制度有五個明顯的漏洞，在全國人大《決定》的基礎上，我在此進一步提出一些有利於堵塞漏洞和完善選舉制度的方向性建議。

　　首先，為了堵塞選舉制度中對候選人資格審查制度欠完善的漏洞，不能夠繼續依靠只屬中層公務員的選舉主任憑藉個人判斷在立法會和區議會選舉中把關，而需要設立一個高層次、具法定權力和由高層官員與社會賢達共同領導的處理參選人資格審查的機構，制定統一、嚴格和比較嚴謹的審查標準，確保所有候選人都是愛國者。由於過去特區政府在審查參選人資格時，過分偏重聽取有意參選者所提交的材料和所作出的辯解，因此容易讓為數不少的「反中亂港」分子矇混過關，並當選成為議員或委員。以此之故，《決定》規定成立的香港特區候選人資格審查委員會應該不單是一個高層次的機構，還應該擁有較強的、主動調查候選人背景和過去言行、特別是他們與香港內外敵對勢力的聯繫的法定權力，從而可以在擁有更全面和充足材料的基礎上審查參選人的資格。在調查參選人的背景、過往的言行和他們與內外敵對勢力的聯繫時，香港特區政府尤其是警方的國家安全處和中央的國安公署等政府機關可以提供協助。此外，由於所有立法會選舉參選人都要獲得若干選舉委員會委員的提名方能正式成為候選人，候選人的提名程序也可以發揮「篩走」「反中亂港」分子的作用。同一道理，那個候選人資格審查委員會日後也應該負有審查區議會候選人的資格的權責。

　　第二，針對香港選舉制度和法律法規缺乏愛國者的概念和定義的漏洞，可以在中央近年來所制定的法律、所作出的決定和夏寶龍主任講話的基礎上清晰具體化愛國者的定義，並以之作為審查選舉過程中候選人資格的準則。全國人大的《決定》也表明要「確保候選人資格符合香港《基本法》、香港國安法、全國人大常委會關於《基本法》第一百零四條的解釋和關於香港特別行政區立法會議員資格問題的決定以及香港特別行政區本地有關法律的規定。」2020年6月30日全國人大常委會通過《中華人民共和國香港特別行政區國家安全

法》，其第 6 條規定：「香港特別行政區居民在參選或者就任公職時應當依法簽署文件確認或者宣誓擁護中華人民共和國香港特別行政區《基本法》，效忠中華人民共和國香港特別行政區。」第 35 條則規定：「曾經宣誓或者聲明擁護中華人民共和國香港特別行政區《基本法》，效忠中華人民共和國香港特別行政區的立法會議員、政府官員及公務人員、行政會議成員、法官及其他司法人員、區議員，即時喪失該等職務，並喪失參選或者出任上述職務的資格。」2020 年 11 月 11 日全國人大常委會通過《關於香港特區立法會議員資格問題的決定》。該決定強調：「香港特別行政區立法會議員，因宣揚或者支持『港獨』主張、拒絕承認國家對香港擁有並行使主權、尋求外國或者境外勢力干預香港特別行政區事務，或者具有其他危害國家安全等行為，不符合擁護中華人民共和國香港特別行政區《基本法》、效忠中華人民共和國香港特別行政區的法定要求和條件，已經依法認定，即時喪失立法會議員的資格。」夏寶龍主任對何謂愛國者的論述尤其重要和有用。他指出，首先，「愛國者必然真心維護國家主權、安全、發展利益。」「愛國者必然尊重和維護國家的根本制度和特別行政區的憲制秩序。」第二，他特別強調，愛國不是愛一個抽象的中國。「愛國就是愛中華人民共和國。」愛國者不會幹那些「損害中國共產黨領導的社會主義制度的事情。」「挑戰國家根本制度、拒不接受或刻意扭曲香港憲制秩序者，不在愛國者之列。」第三，「愛國者必然全力維護香港的繁榮穩定。」此外，夏寶龍主任提出對在特區政權架構中，身處重要崗位、掌握重要權力、肩負重要管治責任的人士，必須是堅定的愛國者，對他們應該提出更高的愛國要求。選舉產生的行政長官、行政長官選舉委員會委員、立法會議員乃至區議員都應該歸入這類人士。他們除了要全面準確貫徹「一國兩制」方針、堅持原則和敢於擔當、精誠團結外，還要「胸懷『國之大者』。」「要站在中國民族偉大復興的戰略高度和國家發展全局，謀劃香港的未來，辦好香港的事情，推進『一國兩制』實踐。」「為中華民族偉大復興增光添彩。」這些要求都可以有助於制定判別候選人是否愛國者的標準。

第三，香港特區政府必須完善和維護公職人員的宣誓制度和法律法規並嚴厲執行。香港特區需要嚴格和經常監察在任選舉委員會委員、立法會議員、區議員和公務員的言行，確保其真誠忠實履行誓言，並毫不猶豫依法褫奪違反誓言者的席位和追究他們的法律責任。這樣一來，即便若干「反中亂港」分子僥倖成為議員或委員或公務員，為了保住職位他們也不敢輕舉妄動。對此，香港特區政府已經率先要求公務員宣誓，拒絕宣誓者有可能失去職位。它又開展了對原有的與宣誓有關的法律作出重大修訂的工作，規定選舉委員會委員、立法會和區議會的成員都要依法宣誓「效忠中華人民共和國香港特別行政區」和「擁護《基本法》」，並制定明確的「效忠」和「擁護」的定義和標準。在新的宣誓法律下，規定任何人如果曾拒絕或違反誓言都會被追究法律責任。

第四，香港應該儘快制定和完善有關禁止不正當、不道德和有違公平選舉原則的競選行為的法律和規則，並成立強有力的選舉事務監督機構去嚴格和迅速執法。比如，禁止類似 2019 年在香港國家安全法生效後「反中亂港」分子搞的立法會選舉的違法「初選」活動，禁止宣揚那些違反國家憲法、《基本法》和香港國家安全法的競選政綱、口號和標語，禁止接受外部和內部敵對勢力的支持特別是收受其所提供的選舉經費和各種「服務」，嚴禁外部勢力以任何方式干預和插手香港的選舉等。

第五，中央和香港特區政府必須確保愛國者在選舉委員會的所有界別中佔有絕對優勢，為此需要增加新的以忠實愛國者為主體的界別，全國人大的《決定》規定增加一個由「香港特別行政區全國人大代表、香港特別行政區全國政協委員和有關全國性團體香港成員的代表」的界別就是為了達到這個目標。與此同時，其他界別中不同組別委員的比重也需要調整，調整的標準是參照過去「反中亂港」分子在不同組別中所佔的比例。如果某個組別的選民多次選出那類委員，則該組別所獲分配的選舉委員會委員的席位便應該削減。在行政長官選舉過程中，任何被選舉委員會委員提名為行政長官選舉候選人的人，必須得到選舉委員會一半以上委員的同意，方能正式成為候選人。

最後，必須讓愛國者能夠絕對主導立法會和區議會。立法會分區直選的選舉辦法可以由「雙議席單票制」（每個選區有兩個議席，選民只能投票給一名候選人，得票最多的兩名候選人當選）來取代現行的「比例代表制」。現行的比例代表制採用大選區多議席的方法，而又沒有規定只有那些具規模和已經運作了一段時間的團體或組織才有資格提出候選人名單，致使不少激進候選人能夠以極低的得票率取得立法會席位，因而讓極端勢力在香港得到生存和壯大的空間。「雙議席單票制」的好處是減少激進候選人的勝算，因為所有候選人必須要在選區內爭取到多數或者大多數選民的支持才有機會勝選。另外一個好處是促使所有當選的人都必須建立和維持與選區居民的緊密聯繫、為他們提供各種生活上的服務和充當他們與政府的橋樑，從而讓愛國者得以營造扎實可靠的羣眾基礎。第三，在立法會功能團體的選舉中，可以只讓符合愛國者標準、具一定規模和已經運作了一段日子的功能團體才有資格提名候選人。事實上，當年引入功能團體選舉的原意，是要讓香港重要的行業、專業和職業的從業員選舉自己的代表參與立法會的工作，因此應該只讓合資格的、具一定規模的、愛國愛港的功能團體的代表成為候選人。過去不少人以個人名義參加功能團體的選舉，但他們卻並非是符合資格的功能團體的成員或者代表，或者只屬於不符合資格的所謂「功能團體」的成員，或者根本不屬於任何功能團體，這明顯與設立功能團體選舉的原意不符。再者，如果條件許可（比如有關功能團體內存在為數不少的機構），可以考慮在原來以個人為投票者的功能團體選舉改以機構為投票單位的功能團體選舉。一般來說，機構的代表會更多考慮機構自身的利益，在投票時估計會傾向更多地從大局和審慎角度出發。此外，區議會本來是代表地區的組織，其性質與功能團體有別，是否應該在立法會繼續保留區議會代表的議席值得檢討。第四，由於區議員的代表在立法會和行政長官選舉委員會中佔有不少席位，因此作為非政權機關的區議會在香港政治上取得了不合乎比例的影響力。所以，區議員的代表在立法會和行政長官選舉委員會中所佔議席數量可以完全取消。在日後的區議會選舉中，也可以考慮引入「雙議席單

票制」，防止出現區議會出現為「反中亂港」分子主導的局面。

結語

回歸以來，長期被香港反對派利用來策動無休止的政治鬥爭和撈取政治資本的「政制改革」，其實質就是「選舉制度改革」。由於香港特區政府缺乏足夠的管治威信和能量去處理好這個問題，這個問題遂成為長期干擾「一國兩制」實踐、中央與特區關係和特區關係的痼疾。中央毅然斷然出手主導香港選舉制度的全面和徹底改革，將會在未來一段頗長時間內把「政制改革」議題在香港的公共議程上抹去，為「愛國者治港」提供穩健扎實的制度保證，必將有助於遏制「反中亂港」勢力，讓香港社會恢復平穩，而社會各界也有望聚精會神於那些長期困擾香港、並造成日益嚴重社會分化對立和民眾怨氣不斷升溫的深層次經濟社會民生難題。

誠然，由於難以預知未來所有的政治情況和變化，而選舉制度外還有其他妨礙愛國者治港的因素，因此即便實施香港選舉制度的改革，也未必能夠百分之一百保證「愛國者治港」，所以為了確保「愛國者治港」，選舉制度的改革和其他方面的改進工作應該是不斷檢討和推進的工作，亦即是「永遠在路上」的任務。

(原載《港澳研究》2021 年第 2 期)

香港的新選舉制度與新政治文化

✤　✤　✤

在未來一年，香港將會舉行三場重要選舉，分別是今年九月的選舉委員會選舉、十二月的立法會選舉和明年三月的行政長官選舉。這三場選舉環環相扣，陸續產生香港的管治架構內三個重要機關的成員。從歷史角度看，這三場意義重大的選舉是在全國人大決定和全國人大常委會規定的新選舉制度下進行，而一個新成立的候選人資格審查委員會，則會對有意參選的人士進行嚴格的資格審查，以確保所有的候選人都是不折不扣的愛國者。

「一國兩制」的全面和準確實踐是以愛國者治港為大前提的。要實現愛國者治港這個目標，必須保證非愛國者尤其是「反中亂港」分子不能通過選舉進入香港的管治架構。回歸以來，香港選舉制度的最大缺失和漏洞，是它任由「反中亂港」分子和他們背後的外部勢力能夠通過選舉堂而皇之進入管治架構，並憑藉他們在管治架構特別在立法會內的存在惡意和肆意干擾和破壞特區的管治。與此同時，他們運用他們在管治架構內取得的地位、權力和資源勾連社會上的「反中亂港」勢力發動和組織羣眾進行抗爭和暴亂。在原來的選舉制度下，香港出現的選舉文化亦淪落為不利於政治穩定和良政善治的劣質政治文化。在這種劣質的政治文化下，政治鬥爭、對立分化、非理性行為、人身攻擊、野蠻無禮、造謠抹黑、暴力相向、旁門左道、政治立場先行、罔顧事實、歪理邪說乃至違法違紀等現象充斥並逐步成為常態。代表理性、高尚正派、以整體利益為依歸、顧存大局、實事求是、相互尊重、圍繞着解決問題的政治和政策討論和辯論的優質政治文化則付諸闕如。久而久之，這種劣質選舉文化不但毒化了香港的政治氛圍，而且快速在社會上蔓延，對香港的社會環境和人際關係造成了長遠和嚴重的禍害，對年輕人的荼毒尤其厲害和深刻。

新的選舉制度在制度層面徹底改變了原來的選舉制度和政治格局，重塑

了香港的政治格局，也將會逐漸改變香港的選舉文化和政治文化。

第一，在新的選舉制度下，「反中亂港」分子和激進反對勢力難以通過候選人資格審查委員會的審查而取得參選的機會，因此不能再利用選舉活動和過程來宣揚其反共反中反政府的主張，並以此來打擊愛國愛港對手和撈取選票。所以，香港日後的選舉的主要議題將會是關乎香港融入國家發展大局、經濟社會發展、民眾福祉和良好治理等的實務問題。第二，在未來的三場選舉中，候選人的絕大多數都會是愛國愛港人士。在香港國安法實施後，香港的反對勢力已經潰不成軍、士氣低落和羣龍無首，不少反對派的頭目或鋃鐺入獄、或偃旗息鼓、或遠走他方，難以如過去般對愛國愛港人士肆意醜化、攻擊和打壓。在反對勢力缺位的情況下，香港的選舉將不再是激烈和殘酷政治鬥爭的場合。在新的環境下，我預料不少原來對參加選舉敬而遠之的愛國愛港人士會踴躍參加這三場選舉，剛完成的選舉委員會的提名過程乃最佳證明。第三，即便未來三場選舉的候選人絕大多數是愛國愛港人士，但由於有意參選者人數眾多，協調和競選過程肯定會相當激烈，但不會公開發生。然而，在中央和愛國力量的監督下，就算在協調和競選過程中產生火花，候選人之間的競爭也會是君子之爭和以大局為重之爭，不應該也不會削弱愛國力量的團結性、打擊愛國力量的公眾形象和在社會上觸發分化與摩擦。這些特徵在本次選舉委員會選舉的提名過程中已經體現出來。第四，在新的選舉制度下，特別是選舉委員會的擴大和代表性的增加，愛國力量內的不同利益和觀點會比從前更多元化。工商界特別是大財團在選舉過程中的影響力有所下降，而傳統愛國社團、基層、勞工、「新移民」和「海歸」等愛國愛港人士的影響力則有所上升。年輕有為之士在選舉委員會所佔比例有所增加。在更多不同背景和方面的愛國愛港人士參選的情況下，《基本法》一貫強調的「均衡參與」的原則將會在選舉過程和結果中得到更好的體現。

第五，在新的選舉制度下，一些關乎民生福祉的議題在這三場選舉中將會得到更多的關注和表達。經濟發展、產業結構多元化、土地房屋、貧窮和貧富懸殊、人口老化、年輕人上流和發展、教育、醫療、社會福利、勞工權益、

交通、環保等社會民生問題將會是所有候選人藉以表現自己的重要議題。全國政協副主席、港澳辦副主任夏寶龍在 2021 年 7 月 16 日的一個研討會上曾對參與治理香港的愛國者提出這樣的要求:「消除影響香港社會政治生態好轉的各種痼疾,衝破制約香港經濟發展和民生改善的各種利益藩籬,有效破解住房、就業、醫療、貧富懸殊的突出問題,不斷提高特別行政區治理能力和水平。」我相信夏寶龍副主席的諄諄告誡和建議,必然會顯著包含在各候選人尤其是立法會和行政長官選舉的候選人的競選綱領之內。

第六,新的選舉制度規定,立法會地區直選的議席共有 20 席,比上一屆立法會直選的 40 席(35 席地區直選議席和 5 個「超級區議會」議席)大幅減少,在新的立法會的 90 個議席中只佔極少數。在地區直選中,全港共分為 10 個選區,每個選區有兩個議席,議員以「雙議席單票制」方式產生。在這個選舉辦法下,愛國愛港的候選人可望取得不少於 10 個議席。在地區直選中,反對派的候選人應該只有數名,而且應該是立場比較溫和、願意效忠中華人民共和國及其香港特別行政區和擁護《基本法》的「泛民」成員。在「反中亂港」和激進反對派分子缺席地區直選的情況下,估計大多數他們的支持者不會願意投票給愛國愛港和溫和「泛民」的候選人。比較可能的是他們之中大多數人不會出來投票,就算投票也只會投「抗議票」(比如白票或廢票)。換句話說,「反中亂港」和激進勢力背後的民意不會在地區直選中反映出來,而愛國愛港的候選人也不會刻意亦無須尋求那些民意的認可。因此,即便在選舉過程中較為「火爆」的辯論會出現,但地區直選應該不會如過去般淪為政治鬥爭、謾罵攻擊、造謠抹黑和分化社會的場所。

第七,在新的選舉制度下,只有若干溫和的「泛民」人士能夠通過候選人資格審查委員會的審查而參與數個專業界和以個人身份投票的立法會功能界別的選舉,並有機會贏得議席。過去那些議席落在激進反對派政客手中的情況應該不會再次發生。我估計,即便那些有「泛民」候選人角逐的功能界別的選舉也不會被利用為政治議題主導的選舉,更何況目前我們看到的趨勢是絕大部分

專業團體都表達了「告別」政治和「回歸」專業的意向，從而避免出現專業團體因為被反對勢力綁架而淪為政治團體的惡果。

第八，反對派過去在選舉中經常提出的政治議題在這三場選舉中肯定不會出現。這些議題包括反共反中、反政府、「港獨」、各式本土主義等主張。在香港國安法坐鎮下，那些肯定觸犯香港國安法和違反香港憲制秩序的口號和訴求不可能被用作撈取選票的伎倆。就連政制改革或「民主化」的議題也會首次在香港的選舉中絕跡，原因是香港今後的選舉委員會、行政長官和立法會的選舉辦法已經在法律上確定下來，在可預見的未來都不會改變，因此提出政改議題並無實際意義，也不會打動人心，甚至會惹來官非。我在這裏說的是 2014 年 8 月 31 日全國人大常委會關於香港特別行政區行政長官普選問題和2016 年立法會產生辦法的決定，和 2021 年 3 月 11 日全國人大通過關於完善香港特別行政區選舉制度的決定。此外，長期以來，在反對派的政治操弄下，「政制改革」(實質是指「選舉制度改革」)成為了香港政治生活和選舉過程中的「永恆」和「首要」議題。反對派此舉對其在選舉中非常有利，不但令在政改立場上較為保守和務實的愛國愛港對手處於下風和被動，也為選舉注入不少政治鬥爭的成分。中央果斷出手後，政制改革問題已經塵埃落定，基本上已經被徹底處理，因此難以再被用來動員和分化選民。總的來說，在未來的三場選舉中，過去長期左右選舉結果的政治議題不再存在，因此而引發的政治鬥爭也不會在選舉中發生。

最後，在香港國安法實施後，香港原來的一些與維護治安和秩序的法律，比如刑事罪行條例和公安條例也紛紛被激活和予以嚴厲執行，加上因為新冠肺炎疫情肆虐而制定的限制人羣聚集的法令的實施，激進勢力要發動大型抗爭行動絕不容易，況且反對派在香港的公信力已經今非昔比，反對勢力因此缺乏能力在社會上組織行動來干擾和破壞這三場選舉，因此這三場選舉應該可以在較為平和的環境和氣氛下進行。

回歸以來，在香港舉行的選舉在不同程度上都是愛國愛港力量與反對派

的政治較量。選舉不但沒有產生凝聚社會的效用，反而不斷增加社會上的分化和對立，更讓香港的政治文化越來越劣質化，為特區的管治、政府與民眾的關係和人與人之間的關係帶來極其惡劣的影響。在新的政治和法律形勢下，未來九個多月陸續舉行的三場重要選舉將會是前所未有的、「反中亂港」勢力缺席、與憲制秩序抵觸的政治議題消失，和在較為平和與守法的氛圍下進行的選舉。我們期望所有參與選舉的候選人和他們的競選團隊能夠充分發揮愛國愛港、文明、務實、理性、包容、擔當、勇氣、進取、負責任、相互尊重、遵法守紀、高瞻遠矚和以大局為重的精神和面貌投入選舉之中。我們也希望絕大部分受到香港人關注、同時客觀上又是香港迫切需要破解的重大實務問題，包括融入國家發展大局、治理、經濟、社會、民生、土地、房屋、教育、醫療、年輕人、老年人、勞工、福利等，能夠在選舉過程中得到理性、科學、廣泛和實事求是的討論和辯論，並對一些問題的破解辦法形成社會共識，從而為日後一些重大問題的有效處理減少障礙。

更為重要的是，我們期望未來的三場選舉能夠為改變香港的劣質政治文化邁出關鍵的一步，並為日後重塑香港的政治文化打好基礎。如果參與這三場選舉的愛國愛港精英能夠通過自己的言行、表現、能力、作風、識見和感召力來樹立高尚正派的形象，提升香港人對愛國愛港力量的支持、好感和信任，在社會上引進有利於彌縫社會裂痕、促進社會互信、實事求是、尊重科學、相互尊重和為羣眾謀福祉的風氣，並在選舉過後繼續在管治上持之以恆，提升香港的管治水平和素質，讓香港人更加相信和支持新的選舉制度，更願意告別過去政治分化對立的日子，則長期以來被反中亂港勢力嚴重扭曲和破壞的政治文化有望有所改變，而新的優質政治文化則成為香港有效管治、官民和睦和長治久安的有力支撐。

（原載《紫荊》雜誌 2021 年 9 月號）

新選舉制度重塑香港政治生態

✦ ✦ ✦

　　完善選舉制度是中央在香港執行撥亂反正、確保「一國兩制」全面準確實踐方針中的一項重大戰略部署。回歸以來，香港選舉制度的最大缺失和漏洞，是它任由那些不接受香港特區的憲制秩序、以鬥爭對抗為綱和蔑視法律與道德規範的「反中亂港」分子，和他們背後的外部勢力得以通過選舉堂而皇之進入管治架構，並憑藉他們在管治架構特別在立法會內的存在，惡意和肆意干擾和破壞特區的管治。與此同時，他們運用他們在管治架構內取得的地位、權力和資源勾連社會上的「反中亂港」分子發動和組織羣眾進行抗爭和暴亂。在原來的選舉制度下，「反中亂港」勢力得以長時間肆意妄為，香港的政治文化遂亦淪落為不利於政治穩定，良政善治和理性務實的劣質政治文化。這種劣質的政治文化的本質是「泛政治化」，即所有事情都從政治立場、政治利益、政治鬥爭和政治情緒的角度來作出觀察和判斷，從而導致政治鬥爭、對立分化、非理性行為、煽動仇恨、人身攻擊、野蠻無禮、造謠抹黑、暴力相向、旁門左道、政治立場作為判別是非真偽高下的標準、扭曲事實與真相、乃至違法亂紀等現象充斥並逐步由變態成為常態。代表理性、高尚正派、以整體利益為依歸、顧存大局、着眼長遠、實事求是、相互尊重、圍繞着解決問題的政治和政策討論和辯論的優質政治文化則付諸闕如。久而久之，這種劣質政治文化不但毒化了香港的政治生態，破壞了香港的穩定、損害了香港的法治，而且快速在社會上蔓延，對香港的社會環境、經濟發展和人際關係造成了長遠的禍害，對年輕人的荼毒尤其厲害和深刻。

　　新的選舉制度在制度層面徹底改變了原來的選舉制度和政治格局，並重塑了香港的政治生態。

　　第一，在新的選舉制度下，「反中亂港」分子和激進反對勢力難以通過候選人資格審查委員會的審查而取得參選的機會，因此不能再利用選舉活動和過程

來宣揚其反共反中反政府的主張。所以，香港日後的選舉的主要議題將會是關乎香港融入國家發展大局、經濟社會發展、民眾福祉等實務而非政治議題。第二，在新選舉制度下舉行的的三場選舉中，候選人的絕大多數都會是愛國愛港人士。在反對勢力缺位的情況下，香港的選舉將不再是激烈和殘酷政治鬥爭的場合。第三，未來三場選舉的候選人絕大多數是愛國愛港人士，而且因為更多有志之士爭取加入愛國陣營，有意參選者人數必然眾多，候選人之間的協調和競選過程肯定會相當激烈，然而卻不會公開發生並引發社會分化衝突。第四，在新的選舉制度下，特別是選舉委員會的擴大和代表性的增加，愛國力量內的不同利益和立場會比從前更多元化。在更多不同背景和方面的愛國愛港人士參選的情況下，《基本法》一貫強調的「均衡參與」的原則將會得到更好的體現。

第五，在新的選舉制度下，一些關乎民生福祉的議題在這三場選舉中將會得到更多的關注和表達。經濟發展、產業結構多元化、土地房屋、貧窮和貧富懸殊、人口老化、年輕人上流和發展、教育、醫療、社會福利、勞工權益、交通、環保等社會民生問題將會是所有候選人藉以表現自己的重要議題。

第六，新的選舉制度規定，立法會地區直選的議席共有 20 席，比上一屆立法會直選的 40 席（35 席地區直選議席和 5 個「超級區議會」議席）大幅減少，在新的立法會的 90 個議席中只佔極少數。在地區直選中，反對派的候選人應該不多，而且應該是立場比較溫和務實的「泛民」成員。也就是說，「反中亂港」和激進勢力背後的民意不會在地區直選中反映出來，而愛國愛港的候選人也不會刻意亦無須尋求那些偏頗民意的認可。因此，即便在選舉過程中較為「火爆」的辯論會出現，但地區直選應該不會如過去般淪為政治鬥爭、謾罵攻擊、造謠抹黑和分化社會的場所。

第七，反對派過去在選舉中經常提出的政治議題在這三場選舉中肯定不會出現。這些議題包括反共反中、反政府、「港獨」、各式本土主義等主張。就連政制改革或「民主化」的議題也會首次在香港的選舉中絕跡，原因是香港今後的選舉委員會、行政長官和立法會的選舉辦法已經在法律上由全國人大和其常委會確

定下來，在可預見的未來都不會改變，因此提出政改議題並無實際意義，也不會打動人心。事實上，長期以來，在反對派的政治操弄下，政制改革成為了香港政治生活和選舉過程中的「永恆」和「首要」議題。不過，在中央果斷出手後，政制改革問題已經塵埃落定，實際上在短中期已經被徹底處理，因此難以再被用來動員和分化選民。總的來說，在未來的三場選舉中，過去長期左右選舉結果的政治議題不再存在，因此而引發的政治鬥爭也不會在選舉中發生。

回歸以來，在香港舉行的選舉在不同程度上都是愛國愛港力量與反對派的政治較量。選舉不但沒有產生凝聚社會的效用，反而不斷增加社會上的分化和對立，更讓香港的政治文化越來越劣質化，為特區的管治、政府與民眾的關係、人與人之間的關係和香港的穩定和國際聲譽帶來極其惡劣的影響。在新的政治和法律形勢下，陸續舉行的三場重要選舉將會是前所未有的、「反中亂港」勢力缺席、與憲制秩序抵觸的政治議題消失，和在較為平和與守法的氛圍下進行的選舉。

更為重要的是，新的選舉制度將會在幾個方面重塑香港的政治生態。回歸後「泛政治化」不斷惡化的趨勢將會戛然而止。理性、務實、文明、守法、實事求是、相互尊重和對事而不對人的新政治文化將會蔚然成風。各類選舉不再成為政治鬥爭、民眾割裂和社會不穩的因素，反而是維護國家安全、建構良好中央特區關係、促進香港人與內地同胞感情、團結與壯大愛國力量、遏制反中亂港分子、促進社會和諧、強化香港人對國家的向心力、凝聚政策共識和推動改革發展的有力制度保障。在新的選舉制度下，行政立法關係必然順暢，這將有助於香港特區的強勢和有效管治。過去阻撓香港融入國家發展大局的障礙將被一一清除，社會各界將會聚焦於利用好中央利港政策所帶來的機遇來推進香港的發展，並在持續發展和改革的基礎上破解香港的深層次矛盾。所有這些都會為香港「一國兩制」行穩致遠打下堅實的基礎。

（原載《星島日報》2021 年 9 月 6 日）

香港只能走獨特的民主發展道路

✦　✦　✦

　　與世界上很多地方相比，香港作為一個高度現代化的社會無疑擁有不少發展民主政治的優越條件，包括經濟發達、人均收入高、國際大都會、交通通訊信息發達、法治健全、市民守法意識強、人權保障完善和族羣單一等。所以，長期以來，香港的反對派、不少受過西方教育的人士、和西方勢力都力主香港應該實行西方式民主政治。

　　十九世紀中葉，英國人通過不平等條約攫取香港並實施殖民管治後，從來沒有在香港推行西方式民主政治，反而對香港華人進行威權統治。事實上，殖民統治與民主政治在本質上水火不容。只有在英國在香港的殖民統治行將結束之際，英國人為了「光榮撤退」才匆匆忙忙在香港搞西方式的「代議政制」「民主」和扶植「反中亂港」勢力，力圖讓那些勢力能夠在香港回歸祖國後成為一股強大政治力量，從而讓香港成為外部勢力用以危害中國安全的顛覆基地。然而，英國人的圖謀並沒有完全得逞，在中國政府的反對和反制、並在不少香港的經濟精英和愛國力量的抗拒下，那個對國家和香港都不利的西方式民主政治沒有在香港開花結果，但「反中亂港」勢力卻仍然得以乘機冒起和壯大。回歸後，英國人所扶植的「反中亂港」勢力不斷策動各種政治行動包括鬥爭對抗手段，試圖迫使中央通過政制改革來實踐西方式民主。儘管西方式民主在香港特區並沒有全面鋪開，但那個帶有一些西方民主元素的特區政治體制，卻讓反中亂港得以憑藉議會選舉而進入香港的管治架構。他們勾結外部勢力，在管治架構之內和社會上發動連綿不斷、此起彼落的鬥爭和動亂，嚴重干擾立法會和區議會的運作，而特區政府的管治也因此而舉步維艱、蹣跚不前，無能力推動香港的發展和破解社會矛盾。可以這樣說，回歸後的香港政治制度特別是其選舉制度不但帶來政治混亂動盪、令「一國兩制」難以全面和準確實踐，更讓國家

安全也受到危害。這些威脅又隨着近年來外部勢力為了遏制中國崛起頻頻插手香港事務而愈趨嚴重。與此同時，這個政治制度也導致了香港民主政治的異化和劣質化，難以健康和持續發展。

回歸前和回歸後的實踐證明，西方民主絕對不適合香港，而那些對香港民主發展有利的因素也只能在能夠充分反映香港的歷史背景、現實情況和政治地位的「有香港特色的民主政治制度」中才能發揮積極作用。我在 2014 年寫了一本名為《香港的獨特民主路》的專著，斷言香港只有走一條有香港特色的民主道路，香港的民主發展才能對香港和國家有利、對「一國兩制」實踐有利和具備持續發展的動力。「有香港特色的民主政治」必須遵循幾個基本原則或要求。

首先，香港不是獨立政治實體，更不是獨立國家，由始至終是中國主權下不可分割的領土。所以，香港的民主制度的設計必須要考慮到對國家主權、安全和領土完整的影響。必須承認：只有中央按照憲法和《基本法》的規定享有制定香港政治制度的權力；在香港的民主選舉制度下產生的香港領導人必須向中央負責和接受中央的監督；中央可以通過對行政長官和主要官員的考核與任免來確保他們對中央忠誠；中央在擁有全面管治權的前提下授權香港高度自治，但在香港治理的過程中，仍然保留相當的權力來維護國家的利益和確保「一國兩制」在香港的全面和準確貫徹。英國人、外部勢力和香港的反對派一貫把香港當作「獨立政治實體」，否定國家對香港的主權和中央對香港的權力，不承認對維護國家安全負有責任，甚至試圖在香港建立一個讓香港真正成為「獨立政治實體」的西方式民主制度，這是與香港的政治地位相違背的、對香港和國家都有害的制度安排，也是不可能成功的民主實踐。

第二，香港的民主制度必須要為「一國兩制」服務，要成為「一國兩制」的制度支撐，讓「一國兩制」能夠行穩致遠。西方民主強調「程序民主」。在選舉中，只要過程符合所謂「民主程序」的要求，則甚麼樣的選舉結果都是公正的，都是應該被接受的，哪怕它對國家和人民帶來災難。英國的脫歐公投可算

是最佳的反面教材。然而，在「一國兩制」的方針政策中，選舉制度主要是一件能讓「一國兩制」得以成功實踐的「工具」。成功實踐的主要標準是國家安全得到維護、「愛國者治港」得以實現、香港原有的資本主義制度和香港人的生活方式得以保留、「行政主導」得以體現、良政善治得到落實、香港的繁榮穩定得到促進、香港在國家現代化過程中能夠發揮獨特的貢獻等。換句話説，香港的選舉結果必須要對「一國兩制」的實踐有利。如果這個「工具」不利於「一國兩制」的實踐，則這個「工具」便需要從新設計。回歸以來，香港的民主制度越來越不利於達到那些標準，反而產生了不少背離了「一國兩制」初心的後果。香港民主制度因此必須做出根本性的改革。

第三，香港的民主制度必須要確保「愛國者治港」。鄧小平和習近平主席已經先後嚴肅指出「愛國者治港」對全面和準確貫徹「一國兩制」至關重要。回歸後，香港特區的選舉制度缺乏對候選人作嚴格的政治審查，致使大批「反中亂港」者順利參選和進入香港的管治架構，對香港的管治、「一國兩制」的實踐和國家安全造成莫大的損害。在西方國家的選舉中，由於不承認該國的憲制架構和拒絕效忠國家的人不多，對候選人的政治審查只對少數人帶來影響，不會產生政權變更的後果，所以它們對候選人的政治審查工作比較簡單和寬鬆。然而，因為歷史和政治原因，香港存在為數不少的「反中亂港」分子和他們的支持者。他們對「一國兩制」和《基本法》有「另類詮釋」、不斷挑戰國家主權、不時挑戰中央的權力和《基本法》權威、勾結外部勢力危害國家安全和破壞「一國兩制」的實施。所以，「把關不嚴」是香港回歸後選舉制度的一大漏洞，貽害不可謂不深。

由於回歸後香港的民主制度和實踐弊病叢生，對「一國兩制」、國家和香港都帶來不少禍患，更是香港過去十年動亂的根源。中央在別無選擇下果斷出手，制定香港國家安全法、徹底改革香港的選舉制度，把香港的民主政治納入正軌，為愛國者全面治港打下堅實的基礎，讓香港的民主制度得以切實為「一國兩制」的全面和準確實踐服務，也讓香港的民主得以健康、穩定和持續的

發展。

　　誠然，西方民主的一大缺失是人民除了可以在選舉中投票外，他們參政議政的渠道其實相當有限。今後，在不斷完善香港的民主制度的過程中，選舉制度肯定需要在符合「一國兩制」的實踐要求下越來越完善、開放和包容。香港過去有一個不錯的諮詢制度。不過，由於特區政府過去把太多注意力放到立法會、區議會、民意、輿論、媒體和政黨之上，致使那個諮詢制度有點荒廢，沒有能夠發揮好延攬社會精英和建構政治和政策共識的功能。在完善香港的民主制度時，不但原有諮詢制度需要強化，特區政府需要開拓更多方便羣眾參與政府工作的途徑，讓人們可以在公共政策制定的初期已經可以發揮影響力。與此同時，立法會也應該建立多元化的渠道讓議員們可以密切聯繫羣眾，為愛國陣營建構扎實和廣闊的社會支持基礎。在壯大和強化愛國陣營的工作中，行政和立法之間應該存有廣闊的合作空間。

　　　　　　　　　　　　　　（原載《大公報》2021 年 12 月 27 日）

「民主峰會」自暴其短、徒勞無功

✦　✦　✦

　　早在去年美國總統選舉期間，候選人拜登已經承諾在其勝出選舉後，會召開一個所謂「民主高峰會」，邀請獲美國承認的「民主」國家和地區參加。今年 12 月 9 日，這個「民主峰會」終於召開。拜登總統宣稱「民主峰會」的召開標誌着美國摒棄了特朗普前總統的「美國優先」政策、決心履行對國際社會的責任和義務、鞏固與盟友和夥伴的關係，以及重新把在全世界推進「西方民主」作為美國對外政策的重要環節。不過，即使美國的專家學者也毫不掩飾地表示，「民主峰會」的真實目的卻依然是建築在「美國優先」的基礎上，針對中國、俄羅斯和其他被美國視為戰略威脅的國家發動一場帶有濃厚「冷戰」思維的意識形態戰爭，並意圖藉此建構一個以美國為首的所謂「反威權主義」的「國際民主聯盟」。美國按照其單方面對「民主」所下的定義，主觀地把世界上的國家和地區劃分為「民主」和「非民主」政體，而「非民主」政體又往往被貶斥為「威權」、「專制」或「獨裁」政體。同時，不同政體又被賦予高低不同的道德價值。「自然地」，在美國眼中，「民主」政體代表崇高的道德價值，而所有「非民主」政體則通通違背西方的政治倫理。「民主峰會」把中國、俄羅斯等國家排除在外，其意圖昭然若揭，就是要把那些國家視作美國的戰略對手，是必須遏制、圍堵、孤立、貶抑和削弱的對象。美國更通過邀請台灣作為「民主」的「模範生」出席「民主峰會」，毫不掩飾表明美國是台灣的「保護者」，為台獨勢力鼓掌打氣，力圖加深兩岸的分裂，並惡意利用台灣問題來挑釁中國。「民主峰會」的召開清楚表明，美國不會真心誠意要改善與中國的關係，不會願意以平等態度對待中國，反而要竭力爭取更多的盟友和夥伴來遏制中國和阻止中國的統一。

　　然而，從當前美國國內的狀況和國際形勢的發展來看，「民主峰會」最終

只會證明是美國又一次「自暴其短」和「徒勞無功」的反華之舉。之所以這樣說，是因為這次「民主峰會」是在西方「民主」特別是在美國「民主」深陷難以克服的危機、西方「民主」在全球的吸引力下降、越來越多國家不採用西方「民主」模式、世界各國正忙於應對 2008 年全球金融海嘯的後遺症（特別是公共債務沉重）和新冠肺炎的肆虐、國際格局走向多極化和多元化、以及中國的發展道路和政治體制愈發獲得發展中國家的承認和參考的大環境中召開。在這個大環境下，越來越多各國的專家學者，包括西方國家的專家學者，傾向把國家的治理能力和解決重大問題的成績作為衡量不同政治體制優劣和道德價值的首要準則，尤其是它們在危機應對和挽救生命方面。把不同國家和地區的政治體制按照其與西方政治體制的「近似度」來界定其等級次序，已經與國際輿論和民意嚴重脫節，也違逆人類社會的歷史發展潮流。現在，我們不知道在「民主峰會」過後美國會否有重要的跟進或後續動作，也不知道美國在財政拮据的情況下是否願意為「民主輸出」投放大量資源，而且美國日後還會不會再搞「民主輸出」也是未知之數。不過，美國的民意調查清晰發現大多數美國人都不願意為「民主輸出」而付出。如果將來的美國總統又是一名類似特朗普、對「民主輸出」冷漠的右翼民粹主義分子，則這類「民主峰會」更難免很快便會成為歷史陳跡。

「民主峰會」的召開自然地會引發國際社會關注和審視今天美國「民主」的現狀。人們不可避免看到的是一個正在處於水深火熱的「老牌」「民主」國家。不少美國的專家學者對「美式民主」的未來憂心如焚，擔心美國最終會淪為一個「威權」但同時又四分五裂的政體。美國的老百姓對美國「民主」政體的信心處於歷史低點、對美國政府和政治精英的信任空前低落，亦對美國的政治經濟社會前景悲觀萬分。當前的美國「民主」的主要特徵是：政治和社會撕裂分化、種族矛盾嚴峻、共和民主兩黨水火不容、國會淪為政治鬥爭和利益分贓場合、行政機關獨斷獨行、司法機關高度政治化而且脫離主流民意、政府與人民嚴重隔閡、管治渙散失效、政府治理能力薄弱、治安不靖、金錢政治橫行、政府政

策向富人傾斜、極端民粹主義蜂起、政治立場和情緒凌駕和掩蓋事實真相、貧富差異驚人、窮人和黑人處境坎坷、基本設施損壞破落、政治權利和權力分配極不公平、人權和自由受到嚴重侵蝕等。近年來，就連選舉制度和結果是否公平、最高法院的裁決是否合理、媒體的報道是否可信、總統權力的行使是否合法、憲制規範是否應該遵守等過去從來沒有受到關注的議題，都紛紛成為激烈爭論課題，反映美國整個國家的「民主」憲制根基正在岌岌可危，政治游戲規則亦似有若無而且約束力有限。當今的美國「民主」政體沒有為美國人民帶來福祉、公平、正義、幸福，沒有為國家帶來發展和進步，而又因為窮兵黷武的緣故為美國自己帶來各種各樣的政治動盪和國家安全威脅，亦為世界各國頻頻帶來戰爭、內亂、殺戮、毀壞和人道災難。試問這種「美式民主」如何能夠為世界各國垂範？當美國自己也達不到其對「民主」的要求時，不斷標榜自己是「民主」國家的典範和「民主」陣營的燈塔便顯得非常虛偽、滑稽和可悲。我相信，除了那些美國的「鐵桿」西方盟友比如英國和澳洲和其政治附庸比如台灣外，大部分「有幸」獲邀參加「民主峰會」的國家和地區內心都不會對「美式民主」折服，更遑論視之為尊崇和仿傚的對象。

再有，「民主峰會」的籌辦明顯呈現「雙標」的特色。一些連西方學者也認為不符合西方「民主」標準的國家和地區，比如安哥拉和印度亦獲邀參加，清晰表示它們是美國意圖拉攏來對中國實施包圍和遏制的對象。另外一些自命為符合西方「民主」標準並且長期標榜自己是美國的戰略合作夥伴的國家比如新加坡則被拒之門外。如此一來，美國對「民主」國家的定義也因此變得模糊化，並實際上是依照美國的利益和喜好來決定。得到美國青睞的國家不一定感到榮幸，被美國歧視和冷落的國家則肯定心悻悻然。美國對不同國家是否「民主」採用的標準不一，固然有損美國自己的威信，對建構一個以美國為首的「民主陣營」也會形成障礙。

事實上，隨着美國國力持續下滑、美國愈趨為我獨尊和奉行單邊霸權主義、並且越來越不願意為其盟友和夥伴提供安全保證和經濟誘因，其盟友和夥

伴對美國的依賴和信任正在逐漸減退。與此同時，世界上大多數國家包括大部分的美國盟友和夥伴並不認為崛起中的中國對自己構成安全威脅，反而視中國為其重要的經濟和貿易夥伴，因此除了英國和澳洲等極少數國家外，其他國家都不願意與美國一起共建一個「反華集團」，也拒絕與中國處處為敵，頂多在不犧牲本國的根本利益的前提下對美國提出的「反華」行動「虛與委蛇」。按照目前的情況看，美國硬要把不同國家分為「民主」和「非民主」兩個對立陣營，根本沒有取得其大多數盟友和夥伴的認同，因為這種人為的「二分法」嚴重漠視當今世界各國歷史文化傳統和發展的道路的多樣化、漠視各國利益和立場的差異、也不尊重各國人民對政治體制的不同選擇。在民族主義、國家主義、民粹主義和保護主義日漸抬頭的今天，所謂「民主」國家之間的矛盾和衝突多不勝數，不會因為彼此都是所謂「民主」國家而結為同盟。因此，美國要建立一個能夠團結一致、同仇敵愾的「民主國家陣營」根本是一項開歷史倒車、損人不利己、絕無成功機會的空想。

中國的迅速崛起並非依循西方的發展道路，反而開創了一條獨特的「中國特色社會主義」道路，這難免讓美國既妒且恨，因為中國的成功讓其他發展中國家在選擇自己的發展道路時不一定要依循西方模式，還可以有其他更好的選擇。如此一來，美國在世界上的「軟實力」和其意識形態的吸引力也難免會消退，而其世界霸主的地位亦會動搖。習近平總書記 2017 年在中共 17 大報告中的有一段話讓不少美國的政客和學者耿耿於懷、如芒在背。習近平總書記這樣說：「中國特色社會主義道路、理論、制度、文化不斷發展，拓展了發展中國家走向現代化的途徑，給世界上那些既希望加快發展又希望保持自身獨立性的國家和民族提供了全新選擇，為解決人類問題貢獻了中國智慧和中國方案。」美國的政治精英頻頻引用這段話來「證明」中國試圖要在發展中國家推廣「中國模式」和否定「西方模式」。這個現象正好折射出他們自己對「西方模式」的信心不足，和對中國的發展經驗心情矛盾複雜。事實上，無論美國人如何貶損、攻擊和否定中國的發展模式，包括中國的政治體制，他們都不能夠阻止

發展中國家對「中國特色社會主義」的嚮往、敬佩和認真參考。如果美國要求所有參加其領導的「民主陣營」的國家和地區都只能以西方發展模式為圭臬的話，必然會遇到其他國家的反對，從而這個「反華」的政治聯盟能夠真正建立起來的可能性應該非常低。

今天，絕大多數的國家和地區都為應對新冠肺炎疫情、氣候變化、全球經濟疲弱、貧富懸殊和逆全球化等現象所帶來的問題和危機而疲於奔命。各國人民關注和看重的是政府的治理能力和表現，特別是能否為民眾謀幸福、為國家謀富強和為社會謀福祉。那個能夠在一個國家的特殊環境下提升政府的治理能力和表現的政治體制，便是最適合該國的政治體制。倘若不然，則就算是「民主」政體也因為缺乏實際價值和難以生存下去。在應對當前各種威脅世界各國的問題和危機上，美國的表現可謂乏善足陳，令人握腕嘆息。2008 年源於美國的全球金融海嘯已經為全世界帶來巨大傷害和痛苦，充分暴露了美國標榜的自由市場經濟的根本弊端。大量美國人感染和死於新冠肺炎更顯示出美國政治體制對人民特別是低下階層羣眾的冷漠殘酷和美國政府治理能力的低下。無論在經濟管理、社會保障、人文關懷和人命珍惜上，美國的表現都難以與中國比肩。在所有西方國家發表的民意調查中，美國政府的民意信任度極低，而中國政府則得到絕大多數中國民眾的信任。在彼此治理能力和水平相差甚遠的情況下，硬要說美國的「民主」制度比中國的政治制度為優越如何能夠讓各國人民信服和仿傚？

時至今天，硬要把世界上不同的政治體制加上「民主」或「非民主」的標籤恐怕越來越沒有理論和實際意義，因為這些標籤解釋不了不同政治體制是否能夠解決國家的問題、滿足人民的訴求和需要、推動國家的發展、維持社會的穩定、達致公平公義、得到人民的支持和擁戴，以及提升國家的國際地位和聲譽。與其爭論某個國家或地區的政體是否符合西方的「民主」要求來衡量其優劣，不如在客觀觀察其成敗得失後才作出適切的評估，不然便會陷入美國設定的「語言陷阱」而不能自拔，更有可能作出不符合本國或本地區利益的制度選

擇。質言之，根本沒有一種放諸四海皆準的政治體制，只有適合和不適合某個國家的國情和人民的需要的政治體制，而不少實行「西方民主」的西方和非西方國家，包括美國，都沒有能夠為人民帶來他們希望得到的東西。因此，目前急需要有另外一些劃分不同政體的概念或標準，來判別它們是否對國家和人民有利，即便「民主」一詞也應該有不同於西方的定義和內容。就以香港為例，不少美國人批評香港的新選舉制度「開民主倒車」，卻罔顧原來香港的選舉制度是造成香港長期政局不穩、管治失效、社會失序、社羣撕裂、法治崩陷、暴力充斥，國家安全受威脅和「一國兩制」難以成功實踐的根源。在這種惡劣環境下，如果不改弦更張，還執意追求西方式「民主」，讓無窮無盡的政治鬥爭成為香港政治生活的主軸，則香港的所謂「民主政治」必將走向異化和惡化，根本不可能健康發展。香港的新選舉制度就是不盲目跟從西方的「民主」模式，而是按照香港的歷史背景和實際情況，特別是從香港是中國不可分割的一部分和必須實行「一國兩制」的客觀事實出發來建構，因此必然是對香港長遠的政治、經濟、社會和民生發展有利的政治制度。不出所料，美國拒絕承認香港的政治體制為（西方式）民主政體，但香港特色的民主政治和發展由於符合香港的需要和合乎香港人的根本利益，將來肯定會產生讓美國人刮目相看和意想不到的成果，也讓他們更清楚知道西方「民主」並不代表「普世價值」。

（原載《大公報》2021 年 12 月 10 日）

「行政主導」或「三權分立」： 論香港特區政治體制的本質

✦ ✦ ✦

　　儘管香港回歸祖國已經 23 年，但有關香港政治體制的本質的爭議卻從未停息。這個現象反映了中央對「一國兩制」的權威詮釋和香港反對派對「一國兩制」的「另類詮釋」的交鋒從未間斷。近日出現的關於香港的政治體制是「行政主導」體制還是「三權分立」體制再一次引發爭論正好反映了反對派迄今尚未願意接受中央對香港的政治體制的本質的論斷。實際上，真正要認識香港的政治體制的本質的話，只要認真看看中央在《基本法》內對行政機關、立法會和司法機關之間在權力和職能上的配置已經清楚不過，根本無須在文字上糾纏。不過，反對派人士企圖借助「文字遊戲」去塑造香港人特別是年輕人對香港的政治體制的認知，尤其在中央與特區關係、行政與立法關係和行政與司法關係上等重大問題上。他們的政治意圖其實很明顯，那就是要貶低中央和行政長官的憲制地位和削弱其權力，同時要提升立法會和司法機關的憲制地位和權力。這樣做的目的是要讓中央、行政長官和特區政府受到比《基本法》規定的更大的政治與憲制掣肘和制約，更讓行政長官缺乏足夠的能力去履行對中央的責任，特別是在維護國家主權和安全、全面和準確實踐「一國兩制」、切實貫徹《基本法》、果斷制定和推行重要公共政策等事務上。因此，釐清香港的政治體制的本質，在香港形成對香港政治體制的本質的共識，毫無疑問關係到「一國兩制」能否在香港行穩致遠和能否同時維護好國家和香港的根本利益。

　　要全面和準確認識香港特區的政治體制的本質，我們不能簡單從抽象的政治理念或法律原則出發，更不能從一些簡單的政治詞語或口號去理解。我們必須充分考慮到香港乃中國不可分割的一部分這個客觀事實、中央對香港的「一國兩制」方針的主要目標、香港的高度自治權力來自中央授予和香港的歷

史背景等因素，並以之為依據來認識香港的政治體制背後的設計原意。從政治學的角度看，香港的政治體制無論是在殖民統治時期或是在回歸後都可以被描述為「行政主導」政治體制，原因是行政長官和香港總督都擁有龐大的制定法律、制定和執行政策、人事任免和財政調配的權力。立法機關的權力相對少很多，而司法機關則只有在訴訟出現時才有機會發揮一些「制衡」行政機關和「影響」公共政策的作用。從另外一個角度看，縱使三個權力（行政、立法和司法）在回歸前和回歸後都存在，但行政權力從來都是獨大則是不爭的事實。事實上，在「殖民地」時期乃至今天，從來沒有人把「殖民地」的總督專權制描繪為「三權分立」制度。

雖然絕大部分現代國家的政治體制中都設有行政、立法和司法三個機關，但真正能實現法國思想家孟德斯鳩 (Montesquieu) 的「三權分立」(separation of powers) 思想的則恐怕只有美國。參照美國的情況，要達到真正的「三權分立」，行政、立法和司法機關三者不單要享有均等的憲制地位、權力和職能，而且各自行使一些其他機關的權力和職能。換句話說，這三個機關的權力既分離，又交叉重疊。比如說，美國總統除了擁有制定政策和任命官員的權力外，也擁有立法權力和提名法官的權力。美國國會除了立法權力外，也擁有權力自行提出和通過法案和財政預算案，以及確認聯邦法官任命的權力。美國的法院除了擁有獨立的審判權外，更可以通過違憲審查和司法覆核程序決定法律和公共政策的內容與存廢。在其他實行總統制的國家，雖然一般而言是行政獨大，也只能稱之為「行政主導」而非「三權分立」政體。至於英國和其他實行議會制的國家，由於政府由議會內的多數黨或多黨執政聯盟所領導，實際上行政機關和立法機關已經融為一體，立法機關不具備制衡行政機關的能力，因此雖然理論上三權並存，但卻非「三權分立」。所以，儘管美國、英國和不少受英美政治傳統影響的國家都使用普通法 (common law)，都設有行政、立法和司法機關，但只有美國的政治體制才大體上符合政治學對「三權分立」的要求。所以，「三權分立」與普通法沒有必然的關係，而世界上其他實行議會制度的國家也

難言是「三權分立」的政治體制。

回歸前，在起草香港《基本法》的過程中，「一國兩制」的總設計師鄧小平斷然反對香港特區實行「三權分立」的政治體制。1987年4月16日，當《基本法》尚在起草之際，鄧小平對回歸後香港的政治體制作出這樣的指示：「香港的制度也不能完全西化，不能照搬西方的一套。香港現在就不是實行英國的制度、美國的制度，這樣也過了一個半世紀了。現在如果完全照搬，比如搞三權分立，搞英美的議會制度，並以此來判斷是否民主，恐怕不適宜。」鄧小平眼中的「三權分立」，肯定是美國那種行政機關受到立法機關和司法機關強大制衡的「三權分立」。鄧小平之所以反對「三權分立」，有幾個重要原因。其一是中國的政治傳統和文化着重「中央集權」，認為權力分散不利政治穩定、強勢管治和行政效率。其二是中央認為香港的「殖民地」政治體制行之有效，是保存香港繁榮穩定的基石，因此香港特區的政治體制在相當程度上參考了「殖民地」的以總督的核心的政治體制，而這樣做也符合「一國兩制」方針要保持香港原有的資本主義制度和生活方式「五十年不變」的基本原則。

其三而又是最重要的原因是全面和準確實施「一國兩制」的根本需要。在「一國兩制」下，雖然中央擁有對香港的主權和由此而來的「全面管治權」，但絕大部分管治香港的權力卻在「港人治港」和高度自治的政策下授予了香港人。然而，當中央主動「交出」了絕大部分管治香港的權力後，考慮到不少香港人仍然懷有反共反中情緒，而外部勢力也必然會干預香港事務，香港在回歸後「一國兩制」能否按照中央的「一國兩制」方針全面和準確實施，顯然是中央極為關注和擔憂的問題。畢竟，「一國兩制」的成敗不單關係到香港的利益，也關係到國家和中央的安全和利益，而中央對「一國兩制」的成敗更負有最終的和不可推卸的責任。因此，那位由中央任命並對中央負責的行政長官便成為中央「唯一」可以依靠的、確保「一國兩制」按照中央的藍圖在香港落實的機制。

為了讓行政長官能夠成為那個有效「機制」，中央在授權香港特區實行高度自治和設計香港特區的政治體制時，刻意授予行政長官比立法機關和司法機

關高得多的憲制地位和權力。首先，行政長官由中央任命，得到中央權威的背書，其憲制地位自然比非由中央任命的立法和司法機關高得多。其次，行政長官除了是行政機關的首長外，更是香港特區的首長。《基本法》第 43 條規定，「香港特別行政區行政長官是香港特別行政區的首長，代表香港特別行政區」。其三，《基本法》第 48 條第（二）款規定行政長官「負責執行 [基本] 法」，也就是說，他相比於立法會和司法機關肩負根本和最終責任確保「一國兩制」在香港的全面和準確落實。也就是說，如果行政長官認為立法會或司法機關做了一些違反《基本法》的事情，他 / 她有責任予以糾正，包括提出司法訴訟或通過中央政府提請全國人大常委會解釋《基本法》或作出權威決定。第四，行政長官不但要對香港特區負責，更要對中央人民政府負責。可以說，行政長官在兩制之間和在中央與特區之間的「樞紐」角色確定了其憲制和政治地位的優越性，而行政長官能否切實履職也關係到中央與特區之間能否建立良好和互信的關係，更關係到「一國兩制」的成敗得失。

　　同樣地，如前所述，在管治香港的過程中，行政長官的權力和職責比立法機關和司法機關大得多。行政長官享有龐大的制定政策、向中央提名主要官員和任命法官、廣泛的立法創議和壟斷性的財政調配等權力。當然，為了突顯香港回歸後的政治體制比「殖民地」的政治體制優越，《基本法》引進了一些重要的民主成分，特別是行政長官由選舉產生、立法機關獲得實質的否決權力、而司法機關則被賦予獨立、不受干擾的審判權力以及終審權。所以，香港特區的行政長官的憲制地位和權力雖然顯赫，但仍難以完全與「殖民地」的總督媲美。然而，香港特區的政治體制的「行政主導」本質卻沒有因為那些改動而發生根本性的變化。

　　值得一提的是，在 2015 年，當時的中聯辦主任張曉明形容香港特區的政治體制是一個「以行政長官為核心的行政主導、但又有着立法制衡與配合、及司法獨立的政治體制」。張主任的說法不但代表中央的立場，也與「一國兩制」和《基本法》的主旨相切合。不過，他形容行政長官的地位「超然」於行政、立

法和司法之上，卻引起了一些反對派人士的攻擊，部分攻擊來自對香港的政治體制的不了解，部分則是為了挑起政治鬥爭的惡意扭曲，目的都是要挑起香港人對中央的不滿。《基本法》既然已經對行政、立法和司法各自的權力有清楚規定，則那些認為「超然」是指行政長官不受立法和司法制衡，甚至凌駕於法律之上，而立法和司法必須聽命於行政長官甚至中國共產黨的講法便是惡意的無的放矢。從「一國兩制」的目的和《基本法》的立法原意看，「超然」實際上是指行政長官不能只從行政機關的角度和利益思考和辦事，必須懷有面向香港和國家的「全域觀」和「大局觀」，而只有具備如此胸懷的行政長官才能夠不負國家和中央的重托，讓「一國兩制」得以好好的為國家和香港的福祉效勞。

必須承認，香港有部分人特別是反對派人士和一些「法律翹楚」不接受中央對香港特區的政治體制的本質的理解，不承認香港的政治體制為「行政主導」，反而斷言其為由來已久的「三權分立」體制。他們希望行政長官與立法和司法機關「平起平坐」，地位均等，互相制衡，因此不斷企圖擴大立法會和司法機關的權力，把行政機關置於立法會和司法機關的強大制衡之下。儘管這些希望沒有在《基本法》中得到體現，但這些人卻顯然意圖通過對《基本法》的一些條文的曲解來達到其限制中央對香港的「全面管治權」、削弱行政長官對中央負責的能力、貶低行政長官的憲制地位和權力、提升司法機關和立法會的憲制地位和權力的意圖。這些反對派人士雖然得不到中央的信任，也不能掌控香港特區的政權，不過他們既然認為他們的訴求和立場會得到司法機關的同情和關顧，而他們在立法會內又擁有自己的代表，因此抬高司法機關和立法會的地位和權力，並同時壓低行政機關的地位和權力便成為他們奪取更大權力的「戰略」。在這種「戰略」下，他們長期在香港社會大力宣揚和推廣他們對《基本法》的扭曲解釋來制約中央和香港特區政府，從而讓立法會和司法機關有更大的政治能量來掣肘行政機關。

就立法會來說，反對派人士的具體的目的是要求行政機關「全面」對立法會負責，而非《基本法》第64條所講的有限和具體負責。《基本法》第64條規

定：「香港特別行政區政府必須遵守法律，對香港特別行政區立法會負責：執行立法會通過並已經生效的法律；定期向立法會作施政報告；答覆立法會議員的質詢；徵稅和公共開支須經立法會批准。」可是，反對派的立法會議員往往漠視《基本法》第64條的存在，要求特區政府官員好像西方國家的政府般向立法機關「負責」，不時提出要主要官員乃至行政長官引咎辭職的要求。另外一個旨在擴權的手段是蓄意曲解《基本法》第74條。第74條規定：「香港特別行政區立法會議員根據本法規定並依照法定程序提出法律草案，凡不涉及公共開支或政治體制或政府運作者，可由立法會議員個別或聯名提出。凡涉及政府政策者，在提出前必須得到行政長官的書面同意。」第74條的立法原意不但是要嚴格限制立法會議員提出「私人法案」的權力，也要嚴格限制立法會議員提出對政府法案提出修訂案的權力，目的是要保障行政機關的立法和財政權力，從而維護「行政主導」。可是，回歸以來，立法會內的反對派議員屢屢對政府提交立法會的的法案和財政預算案提出大量的修訂案作為「拉布」的手段，目的在於阻撓政府施政，迫使政府對他們提出的要求讓步。

就司法機關來說，反對派的策略是在「司法獨立」的幌子下侵蝕中央和香港特區行政機關的權力。他們在原則上反對人大釋法。雖然回歸以來全國人大常委會對《基本法》只作過五次釋法，但每次人大釋法都被反對派人士嚴詞譴責為破壞香港的高度自治和「司法獨立」。他們的目的是要阻止中央行使它在「一國兩制」下享有的權力和履行它在「一國兩制」所擔負的責任。反對派人士又認為香港的法院享有「違憲審查權」，有權廢除那些法院裁定違法《基本法》的香港法律，從而無視只有全國人大常委會才享有「違憲審查權」的憲制規定。有關法官任命一事，《基本法》第88條規定：「香港特別行政區法院的法官，根據當地法官和法律界及其他方面知名人士組成的獨立委員會推薦，由行政長官任命。」第88條基本上要求行政長官在任命法官時需要慎重考慮獨立委員會的意見，但行政長官絕對不是「橡皮圖章」，因此必須聽命於這個委員會，而是可以自行作出對香港最有利的決定。可是，為了讓香港的法律界人士壟斷

法官任命的權力，讓反對派得以在相當程度上左右法官任命，他們戮力要廢除行政長官在任命法官上的實質權力。反對派強烈要求行政長官充當「橡皮圖章」的角色，否則便是不尊重法律界的意見，是「大逆不道」之舉。另外，反對派人士也要求行政機關不得公開質疑法院作出的任何裁決，無論那些裁決和其背後的理據是如何的荒謬，否則便是藐視法院，破壞司法獨立。

以上所舉的一些例子乃舉舉大端，旨在揭示反對派在「三權分立」的大纛下削弱中央和香港行政機關的地位與職權，並提升立法會和司法機關的地位與職權的意圖。回歸以來，這些行徑對「一國兩制」和反對派對《基本法》的「另類詮釋」在一定程度上扭曲和損害了中央與特區、行政與立法以及行政與司法之間的關係。總體結果是弱化了「行政主導」，令行政長官難以有足夠能力完全對中央負責，也讓行政長官難以全面和準確落實「一國兩制」和《基本法》。因此，在香港社會明確和穩固樹立對香港特區的政治體制乃「行政主導」而非「三權分立」體制的認識，消除反對派的「另類詮釋」在社會上的不良影響乃當前刻不容緩的任務。

（原載《紫荊》2020 年 9 月 9 日）

選舉制度改革與管治聯盟的構建

✤　✤　✤

揆諸四海，縱觀歷史，無論政治體制為何，強而有力的管治聯盟都是長治久安、經濟發展和社會穩定的必備條件。回歸 24 年來，香港長期以來的政治亂局、管治艱難，產業結構轉型緩慢，與及社會矛盾疊加都與一個「以愛國者為主體的管治聯盟」的缺位有密切關係。國務院港澳辦主任夏寶龍在 2021 年 2 月 22 日舉行的一個研討會上坦率指出：「反中亂港分子之所以能在『一國兩制』下的香港興風作浪、坐大成勢，原因是多方面的。其中一個直接原因，就是『愛國者治港』的原則還沒有得到全面落實。香港特別行政區尚未真正形成穩固的『愛國者治港』局面。」夏主任所言準確點出回歸後香港政治問題的癥結，也表明了中央必將下定決心、傾盡全力去處理這個香港的政治痼疾。

過去 30 多年來，我對管治聯盟的建構與香港的有效管治一直高度關注和認真研究。早在 1988 年，我已經提出了在香港新的政治體制和政治環境下，中央需要主動在香港推進管治聯盟的建設，並藉此整合各方政治力量，否則香港會因為權力在政治體制和在社會上的分割摩擦而難以實現強勢管治。[1] 2000 年，我指出在沒有管治聯盟的情況下，立法會與司法機關對行政機關的掣肘會令「行政主導」只能是設想而非現實。[2] 2012 年，我認定在沒有管治聯盟的情況下，中央無法完成香港特區新政權的建設，也不利香港的管治。[3] 2013 年，

1　劉兆佳：〈《基本法》與新政治秩序〉，載於劉兆佳：《香港社會的政制改革》。北京：中信出版集團，2016 年，頁 233-272。

2　劉兆佳：〈行政主導的政治體制：設想與現實〉，載於劉兆佳編：《香港 21 世紀藍圖》。香港：中文大學出版社，2000 年，頁 1-36。

3　劉兆佳：《回歸十五年以來香港特區管治及新政權建設》，香港：商務印書館 (香港) 有限公司，2012 年。

我更提出「構建管治聯盟芻議」，較為具體地講述組建管治聯盟的計劃和步驟。[4] 2017 年，我對回歸後香港的「自由威權政體」進行剖析，指出行政長官與立法會的社會支持基礎有差異，在缺少管治聯盟的支撐下特區政府難以實現強勢管治。[5] 2020 年，我斷言管治聯盟的構建與「一國兩制」的未來息息相關。[6] 不過，可惜的是，迄今為止，香港尚未出現一個強而有力的、「以愛國者為主體的管治聯盟」，致使許多關鍵性問題長期得不到認真和妥善的處理。這些問題不單與「一國兩制」的全面和準確實踐、國家安全、「行政主導」、香港的長治久安等事項有關，更關乎到香港的長遠經濟發展和社會的和諧穩定。

所謂「以愛國者為主體的管治聯盟」指一個由那些在管治架構內和在社會上與香港特區的管治有直接和間接關係的組織和人員的政治聯盟。行政長官，主要官員，高層公務員，立法會議員，選舉委員會委員，高級法官，各類法定機構和諮詢組織的領導人，區議會的領導人，主要媒體、智庫、非政府機構和民間組織的負責人等。這個管治聯盟的成員對國家效忠、向中央輸誠、服膺中央的領導、彼此政治和政策立場相近、其共同利益大於個體利益和在中央的領導下協調利益、互諒互讓和同進同退。管治聯盟是一股強大的管治力量，具備高超政治智慧和頑強的戰鬥力，並在社會上享有不錯的羣眾支持基礎。2020 年，我對這個「以愛國者為主體的管治聯盟」的身份和功能有過這樣的描述：「要全面和準確貫徹『一國兩制』，一個其主體是愛國者的管治聯盟必不可少。這個管治聯盟內部有一個眾所周知和承認的領導人等級序列和明確的規章制度。它需要承擔的任務包括：確保『港人治港』、高度自治得以落實，維護國家主權、安全和發展利益，認同中央的『一國兩制』方針政策，聯繫和團結各方愛國精英，實現香港特區的有效管治，加強中央、香港特區政府和香港社會

4 劉兆佳：《回歸後的香港政治》，香港：商務印書館（香港）有限公司，2013 年，頁 330-354。

5 劉兆佳：《回歸後香港的獨特政治形態：一個自由威權政體的特殊個案》，香港：商務印書館（香港）有限公司，2017 年。

6 劉兆佳：《思考一國兩制的未來》，香港：商務印書館（香港）有限公司，2020 年。

的聯繫和感情，拓寬中央、特區政府和愛國力量在香港的社會支持基礎，理順香港行政機關和立法機關的關係，支持和協助愛國人士在行政長官和各級選舉中當選，訂立和執行利益、職位和酬庸的制度和機制，分別聯繫社會各界團體和力量，在『一國兩制』的詮釋上掌握『話語權』從而讓香港人更了解『一國兩制』的原來目標的愛國情懷，消除國際社會對香港『一國兩制』的誤解和爭取海外人士對『一國兩制』的支持，擴大愛國陣營、培訓愛國政治人才等。」[7] 在當前和未來的嚴峻局勢下，這個管治聯盟更要在中央的領導下與中央並肩作戰，聯手抗擊香港內部和外部的各種敵對勢力，確保香港不會成為危害國家安全的顛覆和滲透基地，並且推動落實各種必需的、有助於化解香港積累已久並不斷惡化的深層次社會矛盾的政策和措施。

其實，從歷史角度看，「愛國者治港」從一開始便是「一國兩制」方針政策的核心原則，是「一國兩制」能否成功實踐的先決條件。1984年10月3日，鄧小平已經對此「一錘定音」，指出1997年後參與香港特區管理的人的條件只有一個，「就是愛國者，也就是愛祖國、愛香港的人。」然而，儘管香港已經回歸祖國近24年，並差不多到達了「五十年不變」的一半時間，但那個「以愛國者為主體的管治聯盟」尚未建構完成。之所以這樣，我認為有幾個重要原因。

首先，直到最近，中央沒有把建構管治聯盟作為其對港政策的核心。愛國人士在「殖民地」時期備受殖民政府、其華人精英「同路人」、各類反對勢力和社會上的「反共」居民的排斥、歧視和打壓，難以壯大和發展起來，更不可能在政治上佔有主導地位。回歸後，除了英國人的因素不再存在外，其他對愛國力量不利的勢力不單沒有弱化，反而更兇猛和正面出擊，致使愛國力量在回歸後依舊不是香港的主導政治力量。在愛國力量長期處於渙散和弱勢、內部矛盾明顯、而且又缺乏擁有威望、能力和睿智的領導者的惡劣環境下，只有中央才具備必須的能力去構建「以愛國者為主體的管治聯盟」。雖然中央在香港回

7　同上，頁369。

歸後盡力扶持、維護和凝聚愛國力量，並對內外敵對勢力作出一定的遏制，但對中央而言，構建管治聯盟在當時的環境下卻顯然是一個非常巨大和敏感的政治工程，而此舉也必然會引起香港內部和外部敵對勢力的攻擊和不少香港人的擔憂與恐懼，所以中央思考再三，並沒有認真為管治聯盟的建構擬定全盤計劃和付諸行動。

第二，《基本法》所規定的香港政治體制和其中的選舉制度刻意向愛國力量傾斜，讓其可以掌控特區政府和主導立法會。因此，儘管香港的反對勢力和其背後的外部勢力，可以在管治架構內和社會上不斷動員羣眾參與針對中央、特區政府和愛國力量的政治鬥爭，他們卻無法奪取特區的管治權，充其量也只能製造政局混亂、阻撓特區政府施政和妨礙香港的深層次問題的處理。以此之故，花費大量政治資源去構建管治聯盟的誘因不是很大。

第三，原本擁有龐大權力和資源的香港行政長官可以在一定程度和範圍內承擔建構管治聯盟的任務，但一直以來歷屆特區政府都沒有積極認真去開展這項工作。其中原因之一是在長期政局不穩的環境下，行政長官和特區政府為了應付此起彼伏的政治衝擊已經疲於奔命，威信下墜，難以騰出精力去啟動一項巨大的、會引發反對派和其支持者激烈反彈的政治工程。對不少經常把「政治中立」掛在嘴邊的高層公務員來說，建構管治聯盟乃徹頭徹尾的政治工作，而此項工作卻又是衝着那些得到部分公務員認同和同情的內外敵對勢力而來，因此高層公務員對管治聯盟的「構建」不但消極抵制，有時更公然抗拒。此外，行政長官和其他高層官員很不願意與行政機關以外的人分享管治權力和機密信息，而建構管治聯盟卻恰恰要求行政官員視其他管治聯盟成員為值得信任的政治夥伴。據我的觀察和體驗，更深層的原因是不少特區政府的領導者鄙視和不信任那些「親北京」的愛國人士，對他們避之唯恐不及，更不可能讓他們「登堂入室」分享權力和共同擔負管治工作。曾經有一段時間中央「要求」特區政府負起壯大愛國力量的「責任」，但在前者陽奉陰違、中央又沒有嚴肅追究責任的情況下，此事最後也就不了了之。過去的經驗清晰表明，建構管治聯盟的

任務不能交付和信任特區政府去完成，而實際上特區政府也沒有足夠的威望、意向、條件和能力去肩負此重托。

第四，香港內外敵對勢力嚴重妨礙愛國力量的壯大和發展。西方國家、台獨勢力和香港的反對派一直把愛國力量視為他們在香港奪取管治權力和擴大政治版圖的絆腳石，所以從不間斷地竭力打壓、弱化和分化愛國力量。內外敵對勢力憑藉他們在民意和輿論上的優勢對愛國人士進行無底線的攻擊、抹黑、醜化和「起底」（愛國人士和其家人朋友），力圖阻止其他人尤其是精英分子加入愛國陣營，甚至不擇手段「策反」愛國人士。香港過去十多年來，政治鬥爭和暴亂不斷升級、內外敵對勢力愈趨囂張跋扈、民情民意走向偏激以及對中央的抵觸情緒陡然上升。在這種嚴峻時刻，一些立場不堅定的「愛國人士」會選擇脫離或疏遠愛國陣營、中央和特區政府。部分人則會轉為「騎牆派」，試圖「左右逢源」。少數人則索性與反對派「暗通款曲」。美國和一些西方國家對愛國人士的威嚇對一些愛國人士造成心理上和利益上的困擾和驚恐，令他們不敢義無反顧地支持國家、中央和特區政府，也不能夠對內外敵對勢力奮起勇猛作戰。

最後也許是最重要的原因，是回歸後香港選舉制度的漏洞和缺陷讓各種反對勢力得以堂而皇之進入香港的管治架構肆虐。夏寶龍主任在上文提過的講話中指出：「反中亂港分子、『港獨』等激進分離勢力通過各類選舉進入特別行政區治理架構，包括立法會、行政長官選舉委員會、區議會等機構。」全國人大常委會副委員長王晨在 2021 年 3 月 5 日在全國人大會議上就關於《全國人民代表大會關於香港特別行政區選舉制度的決定（草案）》作說明時嚴正指出：「香港社會出現的一些亂象表明，香港特別行政區現行的選舉制度存在明顯的漏洞和缺陷，為反中亂港勢力奪取香港特別行政區管治權提供了可乘之機。」反對勢力在管治架構內不擇手段地衝擊愛國人士，不讓他們在管治上有所建樹，並不斷挑起反共反中議題在社會上引發香港人對愛國人士的不滿和憎惡。由於回歸迄今反對勢力在香港享有民意、地區直選和那些以個人身份投票

的功能團體選舉上的優勢，部分愛國人士索性不參與選舉或置身於政治之外，也有部分愛國人士從個人狹隘選舉利益考量或怯於內外敵對勢力的要挾而向內外敵對勢力的輿論和民意低頭與靠攏。這兩類「愛國者」的存在，一方面使得愛國力量難以壯大起來，另方面亦削弱了愛國力量的團結性、戰鬥力和對國家的忠誠。簡單說，香港現行的選舉制度「迫使」部分愛國者出於個人利益而不得不在不同程度上需要「安撫」內外敵對勢力的支持者和輿論民意，難以義無反顧地與中央在政治立場上保持一致。再者，中央長期以來高度重視愛國者在選舉中的成敗得失，因而那些較能夠在選舉中取勝機會的愛國者遂較獲得中央的器重，而中央對他們一些人在議會內和社會上的「不正規」言行也就無奈地「忍受」。

時至今天，考慮到過去十年來國際形勢錯綜複雜、香港政治局勢迅速惡化、國家面對越來越嚴峻的安全威脅和「一國兩制」在香港的實踐愈趨偏離原來構思的軌道，中央對港政策已經到了不能不徹底調整的地步。在檢討了「一國兩制」自回歸以來的實踐經驗後，中央得出了這樣一個結論，那就是所有重大問題都是源於「愛國者治港」沒有全面貫徹落實。相反，全面落實「愛國者治港」則是破解那些難題的不二法門。

2014 年 6 月發表的中央對港政策的《白皮書》，表明要「堅持以愛國者為主體的『港人治港』」。[8]《白皮書》強調：「愛國是對治港者主體的基本政治要求。如果治港者不是以愛國者為主體，或者說治港者主體不能效忠於國家和香港特別行政區，『一國兩制』在香港特別行政區的實踐就會偏離正確方向，不僅國家主權、安全、發展利益難以得到切實維護，而且香港的繁榮穩定和廣大香港人的福祉也將受到威脅和損害。」[9] 2019 年 10 月 31 日，中共第 19 屆四中全會決定要「堅持以愛國者為主體的『港人治港』」。2021 年 1 月 27 日，國家主席

8　中華人民共和國國務院新聞辦公室：《『一國兩制』在香港特別行政區的實踐》（2014 年 6 月），北京：人民出版社，2014 年。

9　同上，頁 35。

習近平在聽取香港行政長官林鄭月娥的述職報告時更把「愛國者治港」的重要性提升到一個前所未有的歷史和戰略高度。習主席強調：「香港由亂及治的重大轉折，再次昭示了一個深刻道理，要確保『一國兩制』實踐行穩致遠。必須始終堅持愛國者治港。這是事關國家主權安全發展利益，事關香港長期繁榮穩定的根本原則。只有做到愛國者治港，中央對特別行政區的全面管治權才能得到有效落實。憲法和《基本法》確立的憲制秩序才能得到有效維護，各種深層次問題才能得到有效解決，香港才能實現長治久安，並為實現中華民族偉大復興作出應有的貢獻。」

今天，中央對落實「愛國者治港」的信心和決心已經毋庸置疑。而由中央主導的香港選舉制度的全面、徹底和長遠改革則是實現「愛國者治港」、治療香港政治痼疾的特效藥。選舉制度改革，加上香港國家安全法的頒佈實施、公職人員宣誓制度的完善和公職人員履職準則的確立都對落實「愛國者治港」有利，也必然為日後構建強而有力的管治聯盟打下堅固基礎。總的來說，中央主導的選舉制度改革在幾個重要方面對建構「以愛國者為主體的管治聯盟」營造有利條件。

首先，改革後的選舉制度和與其相關的候選人資格審查委員會在制度和法律上，保證了愛國者在今後香港的管治架構內享有壓倒性的主導地位和權力。在新的選舉制度下，內外敵對勢力再難參與特區的選舉和在管治架構內立足。香港國家安全法的實施，不單不容許「反中亂港」分子在管治架構內存在，更對他們在社會上的活動空間大幅壓縮。從今以後，內外敵對勢力將不再是愛國者在香港的對手和「迫害者」。在將來的選舉委員會、行政長官、立法會乃至區議會的選舉中，愛國力量不會遇到「反中亂港」分子的謾罵、攻擊、抹黑和「起底」。在改革後的選舉制度，既然絕大部分的選舉委員會、立法會和區議會的席位都會落到愛國者的手中，則在選舉過程中愛國者候選人只需要集中爭取和鞏固那些認同愛國者的選民的支持和信任，已經足以贏得大多數議席，而不再需要討好或安撫那些「反中亂港」分子的支持者和民意。事實上，中央

也不會如以往般重視那部分「民意」。畢竟，在新的選舉制度下，估計不少原本投票予「反中亂港」分子的選民不會出來投票，或者只投廢票與白票以宣泄不滿。如此一來，愛國力量會更加團結，更加是忠實的中央的支持者，為管治聯盟的構建形成有利條件。

第二，在新的選舉制度中，選舉委員會將擔負前所未有的「政治整合」功能。選舉委員會既選出行政長官，又選出部分立法會議員，而且在立法會選舉候選人提名上有重要角色。這樣一來，行政機關和立法會的社會支持基礎會趨於「統一」，加上「反中亂港」分子不能再破壞立法會的運作，行政機關和立法會這「兩張皮」遂得以重新彌合起來。特區政府與立法會的良性互動關係亦因此得以首次建立，而過去行政立法緊張的局面也會化解。立法會和其代表的不同利益和勢力亦會有更多機會參與特區的管治工作。特區政府也會更願意讓立法會成為其政治夥伴。在這種情況下，整個愛國陣營的凝聚力會有明顯的增加。

第三，選舉制度改革將會鼓勵更多的愛國者踴躍參政。擴大了的選舉委員會和立法會將會提供更大數量的政治職位。我個人預期日後特區政府會在香港社會和經濟領域扮演更積極的角色，因此很有可能會開放更多的高層公務員職位來招攬各類學業和事業有成的精英人才，也藉此來充實政府的人才儲備。由於內外敵對勢力在香港走向式微，從政者無需想過去般受到他們的「迫害」，因而可以集中精神處理實際問題，並從中找到滿足感和使命感。當政治鬥爭越來越少時，中央和特區政府都會越來越願意起用那些在特區治理方面有才幹和能夠幫助香港解決深層次經濟社會民生矛盾的賢能之士，對「政客」尤其是那些專長於選舉政治和政治鬥爭的人的重視程度會有所下降，特別是那些只會附和中央立場、但在社會上戰鬥力和影響力有限的人士而言。

第四，由於大部分選舉委員會的委員和相當部分立法會議員都不是來自「狹隘」利益的選區和功能團體的代表，他們較可以從宏觀、長遠和大局的視野思考國家和香港的問題，並會積極支持有利於香港長遠繁榮、穩定和發展的政策。為了儘快處理好諸如土地、房屋、貧窮、產業基礎狹隘、年輕人上流機

會匱乏等重大問題，公共政策的調整和改革無可避免，而不少既得利益者的利益肯定會受到觸碰。選舉制度改革後，那些認同政策改革的力量在管治架構內會有所增強，會與社會上的「進步」力量加強合作，並在中央的領導下發揮協調不同利益和減少改革阻力的功能。與此同時，過去十多年的政治和社會動盪以及民怨的積纍和爆發，的確已經讓不少既得利益者感到擔憂，促使他們較願意「犧牲」或「出讓」若干利益以換取社會的穩定和政治環境的改善。他們也會意識到中央在破解香港的深層次問題上堅定意志，明白到過度抗拒政策改革會損害他們與中央和特區政府的關係。今後，推動香港經濟發展、解決深層次矛盾和建設公平公義社會，應該成為治港的愛國者和其他愛國者的共同綱領和合作基礎。以此之故，愛國力量中的不同部分對香港未來的發展策略和政策改革的分歧會有所減少，這將會有利於愛國人士之間的合作和團結。

第五，選舉制度改革、香港國家安全法的實施和中央的其他撥亂反正舉措已經為「以愛國者為主體的管治聯盟」的建構創造了不少「必要」的條件。要水到渠成，中央的領導和主導則是必不可少的「足夠」條件。缺少了中央的規劃、組織和推動，以及特區政府的配合，管治聯盟不會自然孵化並「破殼而出」。毋庸置疑，要充分發揮「愛國者治港」的效能，愛國者必須形成一股強大和團結的管治力量，而管治聯盟則是其具體形態。我相信，為了加大力度應對西方對國家與香港的遏制、實現香港的良政善治、加快香港融入國家發展大局、破解香港的深層次矛盾乃至不斷壯大團結提升愛國力量，建設一個強勢的「以愛國者為主體的管治聯盟」刻不容緩。我預計，中央在建構和領導管治聯盟上將會擔當積極和主導角色，並會要求香港特區政府密切襄助。中央對建構管治聯盟將會作出頂層設計，並會從上而下有步驟地推進。其中比較重要的工作包括：物色和培訓愛國者人才尤其是年輕人才；開放中央和特區政府所持有的公職崗位作管治人才的搖籃；暢順中央和特區政府持有的公職崗位的交換渠道；設立政治事業發展途徑和晉升階梯；組織推動訓練支持政治人才參與各級選舉；建立選舉崗位和行政/政治委任崗位的互調機制；打通政界、高層公務員

系統、法定機構、諮詢組織、政黨、學界、商界、媒體、智庫、非政府組織、民間機構之間人才交換／交流的「旋轉門」機制；設立公職人員培訓機構；強化管治聯盟內的紀律性；設置管治聯盟內的領導等級制度；明確管治聯盟內的賞罰規則；樹立在管治聯盟成員之間的分工合作體制；成立經常性的推行選舉和民意工程的工作機制等等。

　　總而言之，建構「以愛國者為主體的管治聯盟」計劃既以全面貫徹「愛國者治港」原則為基礎，也是全面體現「愛國者治港」的先決條件。為了全面和準確實踐「一國兩制」和中共 19 屆四中全會的對港新政策，建構管治聯盟應該是合理的、合乎政治邏輯的和不可缺少的環節。以此之故，我推想建構「以愛國者為主體的管治聯盟」應該是中央下一步的、為香港奠定長治久安基礎的重大工程。

（原載《橙新聞》2021 年 3 月 24 日）

有關強化行政機關效能的一些管見

✦　✦　✦

2019 年 10 月，中共十九屆四中全會就「堅持和完善『一國兩制』制度體系」做出了重要決定。決定提到要「提高特別行政區依法治理能力和水平」，「完善中央對特別行政區行政長官和主要官員的任免制度和機制」，「依法行使憲法和《基本法》賦予中央的各項權力」和「健全特別行政區行政長官對中央政府負責的制度，支持行政長官和特別行政區政府依法施政」。國務院港澳辦常務副主任在闡述上述決定時提出「要完善行政長官對中央負責的制度安排」和「要在特別行政區落實以行政長官為核心的行政主導體制，完善公務員管理制度」。

香港國家安全法實施後，香港已經恢復了穩定和秩序。香港選舉制度的深刻改革又從根本上為「愛國者治港」建構了牢固的基礎。今後的重要工作之一是要落實中央有關提高香港的治理能力和水平的決定。香港行政長官林鄭月娥最近也指出要吸引更多有能者參與香港的治理工作、鞏固行政主導和完善公務員培訓與管理等。

在這個背景下，如何強化行政機關的效率和能力便成為當前急務。要確保行政長官和其執政團隊能夠切實執行中央的政策和指令，從而對中央盡忠盡責，以及實現「行政主導」，一個能夠忠誠和有能力執行行政長官和領導班子的決策的行政機關不可或缺。越來越多的有識之士對如何提升行政機關效能的問題紛紛提出意見和建議。正在逐步實施的行政機關人員的宣誓制度在相當程度上可以防止公職人員從事那些不效忠國家和香港以及不擁護《基本法》的行為，對強化行政機關發揮了重要作用。

針對強化行政機關的效能的問題，我在本文提出一些方向性的管見，部分管見參考了一些有心人過去曾經提出過的看法。

首先，需要強化中央對行政長官和主要官員的甄選、指導、問責、考核、

任免、聯繫和支持，確保中央的全面管治權和特區的高度自治權的有機和無縫結合，並保證在香港的治理過程中中央和特區政府形成強大合力。這對日後在制定、改革和推行有利於深層次問題解決的政策上非常重要。

第二，需要壯大和加強由特首和主要官員組成的領導班子對國家和中央的忠誠、對香港的承擔、國際和歷史視野、政治觸角、政治擔當和勇氣、以及其團結性和戰鬥力。領導班子與香港的愛國力量必須合作無間和同舟共濟，更要擔負起凝聚愛國力量和培訓愛國人才的使命。過去領導班子和社會上的愛國力量屬於「兩張皮」，有時甚至「不咬弦」的情況不應該繼續存在。

第三，要確保主要官員問責制和「行政主導」實現，除了要有一個團結和有能力的領導班子外，這個班子能否有效領導公務員隊伍非常重要。為此，領導班子對高層公務員的升遷要有一定的發言權。能否忠實執行領導班子的政策和決定應該是考慮升職和調遷的重要標準之一，但不必是唯一標準。與此同時，「任人唯才」和「任人唯賢」等行之有效的原則和傳統必須保存，更要防止高層公務員的任命和升遷被過度「政治化」。公務員制度的優良傳統和完整性應該盡量受到保護。

第四，行政長官和主要官員應該有更大的調撥財政資源的法定權力，尤其在各政策和行政部門內。這樣才能確保領導班子的政策能夠快速和有效推行。

第五，有了主要官員問責制之後，行政長官和主要官員組成的領導班子應該全面和切實負起政治行政領導和統籌協調政府各個部門工作的職能。回歸前，這些職能主要由香港總督和公務員隊伍中的政務官員承擔。在新的政治形勢中和在新的行政架構內，政務官員在那些方面的職能的重要性持續有所下降，但並非完全失夫。由於領導班子的成員不時有變動，所以政務官員在維繫整個政府運作的連貫性上仍然有重要作用。而在那些「政治性」較明顯和「吃重」的工作上，政務官員應該尤其擅長和受器重。

第六，高層公務員應該走向專業化。一直以來，大部分的部門首長職位

都是由熟悉政府運作和政治觸角較敏銳的「通才」政務官員出掌。雖然香港的財經官員和其他官員之間存在一定分工，但整體而言高層官員的專業性仍嫌不足。這種安排在當今世界頗為罕見。除了英國等少數例子外，其他發達國家比如美國、德國和日本等國家的政府部門首長都是由長期在有關部門任職的官員或專家出任。香港目前和將來都要面對眾多的複雜棘手政策問題，涉及到「融入國家發展大局」、經濟發展、產業結構轉型、民生改善、科技進步等方方面面，亟需吸引更多各種專才加入政府或法定機構工作以充實政府的治理能力。日後在選拔部門的領導官員時，不妨讓政務職系以外的高級公務員有更多晉升的機會，同時讓他們在有關部門內任職較長一段時間並增強專業知識。同時，政府也應該從社會上以合約或其他方式、把各路專業精英招聘到政府內長期性或短期性地出任要職。

第六，公務員事務局局長應該更多發揮領導班子在公務員隊伍中的代表的作用，而非不少公務員所視為的「自己」的代表。其實，如果有合適人選，公務員事務局局長也不一定要由有公務員背景的人出任。公務員事務局局長應該是領導班子有效領導和指揮公務員隊伍的主要手段。同時，他也有責任確保公務員隊伍的完整性，防止其政治化、內部政治分化和成為各方勢力鬥爭的戰場。

最後，既然中央要強化和完善行政長官和主要官員的任免和問責制度，則同樣原則也應該應用在公務員隊伍的管理上。「只升不降」的預期在公務員羣體中頗為普遍，而公務員降職的實例又確實不多。今後如何更好地運用「賞罰」和「任免」制度來嚴格提升公務員在執行政府政策時的責任感和工作表現，無疑是一項重要任務。

以上管見並沒有涉及到具體措施和安排，對此我持開放態度。

（原載《大公報》2021 年 5 月 10 日，原題為〈需強化特區行政機關管治效能〉）

完善主要官員問責制必須與建構管治聯盟齊頭並進

✦　✦　✦

在第一屆香港特區政府成立的大概兩三年後，我便提出了要改變主要官員崗位乃是公務員職位、而主要官員均為公務員（無論是合約公務員或職業公務員）的安排。觸發我提出這個建議的原因，是因為在 2000 年中，公營房屋的建造過程發生事故，引起極大民憤，公眾強烈要求政府問責，但由於主事官員乃享有職位保障的高級公務員，所以無法通過辭退他來讓政府得以向公眾問責和紓解民憤。即便其後有房屋委員會的主席宣告「引咎辭職」，希望產生「間接」問責的效果，但效果始終未如理想，民憤仍然揮之不去。那次事件不但對政府的管治威信造成重大傷害，更同時帶出了一個深刻的問題，那就是在當時的制度下，只有行政長官一個人才可以「有資格」負起因為政府施政失當或嚴重事故發生而衍生的政治責任。如果行政長官每每要憑藉請辭才能履行政治責任的話，則行政長官必然要頻頻更換，但那卻是不可能也不應該發生的事。因此，為了滿足社會上對政府問責的訴求不斷升溫，並且防範反對勢力有機可乘，以政治任命方式任命主要官員乃無可避免之舉。

第二屆政府成立伊始便在不少公務員和社會人士不認同或憂慮的情況下引進了「主要官員問責制」。然而，從一開始我對「問責制」這個稱號便很有保留，因為這樣一來社會各界容易把這個新制度的重點放在主要官員向公眾問責上，從而忽視或不明白這個新制度其實要達到一些更重要、更戰略性的目標。其中一個目標是讓行政長官有機會組建一個與他志同道合、步調一致和患難與共的領導班子去實現他的施政抱負，並通過進退主要官員來體現對中央和社會問責和重建政府威信。也許設計這個新制度的人覺得用「政治任命」一詞過於敏感，擔心會引起公眾的懷疑和反對派別有用心的抹黑，但無論如何，「主要官員問責制」這個稱號讓不少人覺得新制度建立的目的是要加強政府對民眾的

問責，更讓反對派和一些不明事理的人得以事無大小要求主要官員引咎辭職，並因為他們沒有請辭而攻擊政府和表示對政府失望。我認為在適當時候把「主要官員問責制」重新命名為「主要官員政治任命制」更為恰當。

我之所以提出主要官員政治任命制，其實還有更重要的考慮，那就是主要官員任命制是建構管治聯盟計劃的一個重要環節，而這個新制度要成功、要有利於香港的有效管治和香港的長治久安的話，它必須與建構香港的管治聯盟的工作齊頭並進，相互配合，否則它的根基不會穩固，而它的效用也會變得有限。回歸 25 年以來，建構管治聯盟的工作進展緩慢，對主要官員政治任命制的成效、發展和完善形成了「瓶頸」。

從成功實踐「一國兩制」的角度而言，香港需要的管治聯盟是一個其成員共同擁戴中央的愛國者政治網絡。網絡的主要成員包括特區政府的政治任命官員，立法會的建制派議員，愛國的專家學者與意見領袖，和各個重要的愛國政治、文化、商會、社會、教育、智庫和地區團體的負責人。他們在中央和特區政府的領導、統籌和協調下，衷誠合作，聯手駕馭香港的政治局面、開拓羣眾支持基礎、掌握話語權、贏取選舉勝利和確保特區有效管治。這個管治聯盟並不需要如其他地方的執政黨般有較為嚴密的組織和領導系統，但在中央和特區政府的領導、指揮和調遣下卻仍然可以形成一股強大的政治和管治力量。不過，長期以來，由於這個管治聯盟尚未建成，愛國力量散漫，以致特區政府的領導班子與立法會內和社會上的愛國力量尚未能夠結合在一起。不少領導班子的官員尤其是那些來自公務員系統的官員是以個人身份加入政府，他們本身既沒有羣眾基礎，又並非是社會上有影響力的組織的領導人或「代表」，所以缺乏動員社會和羣眾力量支持政府的能力。在沒有強大管治聯盟的支撐下，領導班子在政治上頗為孤立和社會上支持基礎薄弱，這本身便使得特區政府管治艱難，再加上政治架構內、社會上和香港以外的反對與敵對勢力的百般阻攔，不但良政善治遙不可及，「行政主導」名存實亡，回歸後特區政府在長期處於弱勢和挨打的狀態下無法有效管治和維護政治穩定。

更甚者，領導班子不願意與立法會內和社會上的愛國人士在政治上密切合作，更遑論與他們互通信息、共形聲勢，在制定政策時把他們當作管治夥伴和與他們一起爭取社會各界支持政府施政。相反，領導班子和其他人因為政治立場和切身利益的差異，沒有能夠在相互合作和互諒互讓的基礎上縮窄或消弭。領導班子與其他人的關係並不融洽，而且齟齬不少，有時甚至讓反對派人士和媒體有可乘之機，對領導班子的形象和威信不利。只有在大家都是管治聯盟成員的情況下、在產生「命運共同體」的意識後、並在中央的統籌協調下，彼此才有機會「和衷共濟」。

如果行政長官是一個強大的、持久的管治聯盟的核心，則這個管治聯盟便可以是他／她的主要官員的人選的來源地，而又由於這些主要官員彼此之間已經相互認識或者曾經在政治上合作，他／她所組建的領導班子從一開始便是一個有着共同政治理念和較為團結一致的政治團隊，不需要花時間磨合便可以馬上開展工作。另外一個好處是：由於主要官員是那個長期存在的管治聯盟的主要成員，行政長官又是該管治聯盟的重要成員，管治聯盟的成員又有相當的穩定性，不少有志從政者又以管治聯盟為發展政治事業的最重要渠道，而管治聯盟又擔負起培訓和挽留政治人才的功能，因此就算行政長官出現人事更迭，不同行政長官的領導班子的人員構成也會保持一定的連貫性，這會有利於政治人才的培養和政治事業的建立，以及政府施政的延續性和「前瞻性」。目前的情況顯然並不理想。自從有了「主要官員問責制」後，每位行政長官都要花大氣力從各方面物色人才加入自己的領導班子，而另一位行政長官上任後又要花大力氣另覓人選，這便造成了領導班子每隔一段時間便出現大換班的情況。離開了領導班子的人大部分沒有繼續從事政治工作，他們覺得重返政府的機會不確定，甚至可以說頗為渺茫。他們又沒有管治聯盟作為在政治上暫時「棲身」再圖復出之地。這樣一來，不少有志從政的人會對政途和仕途卻步。香港本來已經政治人才匱乏，現有的情況又有「浪費」政治人才和窒礙政治人才冒起之嫌，這是很可惜的。這就解釋了為甚麼近年來越來越多主要官員來自公務員系

統。不少人更慨嘆領導班子的能力和素質出現「一蟹不如一蟹」的現象。與此同時，這種情況卻又導致了在一定程度上「掏空」公務員隊伍人才的後果，讓高層公務員出現青黃不接的窘境，況且部分行政管理人員出身的公務員也不一定適合做政治領導工作，特別是當前香港迫切需要的領導人才是那些愛國愛港、氣度恢弘、目光宏大、知識淵博和膽識過人的政治領袖。

在香港國家安全法實施和選舉制度改革快速落實之後，香港內外敵對勢力已經沒有立足之地。他們過去策動此起彼落的政治鬥爭和對愛國人士的打壓欺凌，肯定對政治人才的崛起不利，也對建構管治聯盟形成障礙。中央圍繞着撥亂反正的對港新政策和新部署日後應該有利於管治聯盟的建構和政治人才的培植。管治聯盟建構如果能夠與「主要官員問責制」完善這兩項工作齊頭並進，則香港的管治局面必將煥然一新。

（原載《大公報》2021 年 6 月 3 日，標題為〈構建管治聯盟與完善官員任命制〉）

四十年改革開放史中的香港價值

❖　❖　❖

　　過去 40 年，改革開放是國家發展戰略的核心內容，是建設中國特色社會主義的必然之舉，而以「一國兩制」方式讓香港順利回歸祖國則是改革開放的一項重大戰略部署。「一國兩制」讓香港在回歸後得以保存其對國家現代化建設的價值，從而在回歸後延續其在回歸前憑藉其獨特和不可取代的優勢對國家發展的貢獻。

　　過去 40 年來的經驗證明，無論是在回歸前或回歸後，並在國家改革開放的不同階段中，香港在國家的發展過程中都能夠不斷發揮重要作用。誠然，隨着國家的快速崛起，整體而言香港的作用有不斷下降的趨勢，但這正恰恰是「一國兩制」方針成功的標記。然而，在可預見的將來，香港的「一制」所擁有的獨特條件，依然會讓它在國家發展過程中作出新的和重要的貢獻。

　　香港的獨特和難以取代的優勢包括其作為國際大都會所擁有的廣泛和多元化的國際聯繫、其頗為完善的法律和司法體系、其成熟的金融體系、其穩健的監管制度、其充裕的並與國際接軌的高端人才供應、其在國際上享有的誠信品牌、其對私人財產和知識產權的妥善保護、其在海外華人社會中的地位、其廉潔和高效的行政管理等。凡此種種都是香港對國家的改革開放事業所具備的價值的具體呈現。

　　在過去 40 年國家的改革開放中，香港的價值主要體現在五個方面：

　　（一）「引進來的通道」：「一國兩制」方針提出來的時候，正值改革開放發軔之際，國家亟需通過香港從外面引進國家現代化所需的資金、技術、人才、信息、管理方式和海外市場。當時，香港對國家改革開放的成敗至關重要。香港居民對國家的積極支持強化了國際社會對中國前景的信心，促使不少海外企業利用香港為「跳板」進軍中國。經濟特區的建設是改革開放戰略的重點，

而深圳則是多個經濟特區之中最為成功者。深圳在短短幾十年間能夠取得舉世矚目的成就，其實與其毗鄰香港有莫大關係。

即便是在現在和將來，儘管內地的大城市已經與海外建立了不少聯繫，但香港作為「引進來」的通道仍然十分重要。今天香港依然是內地外來投資的首要來源地和重要信息的提供者。

（二）「走出去跳板」：隨着改革開放的深入推進、國家經濟體積的膨脹和國家對海外市場、資源和投資機會的依賴日增，「引進來」逐步被「引進來和走出去並重」所取代。國家需要從海外取得經濟發展和提升人民生活水平有關的能源、糧食和其他農業產品、各種天然資源和先進生產技術。國家需要開拓更多的海外市場來滿足越來越大的出口需要。國家越來越充裕的資金需要到海外尋找投資機會。內地企業需要到海外發展來擴大規模、提升管治水平、建立品牌和規避個別國家的種種限制。「一帶一路」和粵港澳大灣區的建設代表着改革開放進入了新的拓展和縱深階段，而「走出去」的步伐將會進一步加速。在「走出去」的方針下，香港作為國際大都會、運籌指揮中心和融資平台對國家的價值將會充分顯現。

（三）「人民幣國際化試驗田」：伴隨着國家的崛起和中央力圖減少對美元的依賴，人民幣走向國際化，從交易貨幣逐步成為重要的投資貨幣和儲備貨幣乃不可逆轉的趨勢。香港作為一個世界金融中心和全球最重要的人民幣離岸中心，需要擔負人民幣國際化試驗田的角色。香港不但要成為離岸的人民幣融資平台，更要讓中央通過人民幣在香港的營運來積累經驗、評估和防範風險、建構監管體制、測試各方反應和衡量輕重得失，從而穩妥地讓人民幣逐步開放成為重要的全球貨幣。

（四）「市場建設的示範區」：作為全球最自由的經濟體和市場主導程度最高的資本主義社會，香港具備成熟市場經濟體系的各項主要特徵。無論在法律法規、市場監管、市場的深度和廣度、交易便利、對投資者的保障和政府對市場的支持等方面，香港不但與國際接軌，更是在世界上廣受推崇的自由市場體

系。在過去 40 年的改革開放中，內地從香港引進了不少與市場建設相關的制度、法律法規和做事方式，從而讓中國特色社會主義市場經濟不斷發展和成熟。

（五）「社會治理方式的樣板」：香港的公共行政效率素來受到稱道，尤其在城市管理、都市規劃、交通管理、公共服務提供、公營和私營部門合作、慈善事業和處理社會問題等方面。國家改革開放其中一項重要內容，是要推動新型城市化，讓更多的中國人能夠通過進入城市來增加發展機遇和提高生活水平，並借助城市發展來推動整體經濟發展。不過，城市化又會衍生諸多社會問題。香港在城市建設和管理方面的經驗，為內地日後的城市管理、服務供給和社會問題的應對提供一些有用的參考材料。香港政府和眾多民間團體、非政府組織和宗教組織在公共服務、福利救濟和社會問題處理等方面所建立起來的夥伴關係和合作模式，更是不少內地城市管理者認為是極具參考價值的東西。

總而言之，儘管香港在國家經濟發展上的重要性有所下降，但香港的「一制」所擁有的獨特運作模式仍然會讓香港在國家新階段的改革開放中承擔重要使命。

（原發表於 2018 年 11 月）

改革開放中的香港

✦　✦　✦

　　香港自古以來是中國不可分離的部分。它與內地的關係在悠長的中國歷史中從來都是密不可分，國家的諸般變遷都對香港產生廣泛和深遠的影響。即便香港在 1841-1997 年間經歷了英國殖民統治，但內地過去一百多年的滄桑變化依然為香港帶來許多衝擊和影響。可以說，香港的歷史與中國的歷史息息相關，香港的興衰成敗與「中國因素」聯繫甚深，因此絕對不能把香港的歷史與中國的歷史割裂開來。[1]

　　國家改革開放 40 年差不多半個世紀，內地固然發生了翻天覆地的變化，而香港也經歷了巨大的變遷。最為重大的變化無疑是香港自 1997 年開始從英國的一塊「殖民地」轉變為在中華人民共和國內實踐「一國兩制」的一個特別行政區。在國家改革開放 40 年的前半段 (1978-1997)，香港仍處於殖民管治之下，而在後半段 (1997-2018) 則成為中華人民共和國的特別行政區。國家的改革開放，在這兩段時間內都對香港產生了重大的影響。改革開放戰略不但是「一國兩制」方針政策形成和成功實踐的前提，是香港得以順利回歸祖國的先決條件，也是香港在回歸後能夠保持繁榮穩定的不可或缺的要素。與此同時，國家的改革開放更在很大的程度上改變了香港的政治、經濟和社會形態、香港與國家的關係和香港人的思想心態。國家改革開放在香港和在香港與國家之間所引發的變遷雖然總體上是正面的，是對國家和香港都有利的，但它卻又為「一國兩制」的實踐帶來了新的問題和挑戰。香港如何能夠好好的抓住國家發展帶來的機遇來發展自己、同時利用自身優勢為國家的發展做出貢獻，而且又

1　近年來，香港一些鼓吹「本土主義」和「分離主義」主張的知識分子，為了達到其政治目的，硬是把香港歷史與中國歷史割裂處理，意圖建構所謂「香港民族論」，並以此為依據宣揚香港從來都不是中國的一部分。

能夠妥善處理好那些新問題和新挑戰，不但關係到「一國兩制」的成功實踐，也關係到香港的長期穩定和發展以至對國家的價值。

引致回歸以來香港經歷的種種變化的原因甚多，但國家通過改革開放迅速崛起肯定是最重要的原因之一。本文集中探討國家改革開放和崛起為香港帶來的影響。誠然，要準確判別、分離和梳理國家改革開放和崛起作為一個因素或「變項」對香港的影響殊不容易，因為幾乎所有香港所經歷的變遷都或多或少受到其他因素的左右。

改革開放、「一國兩制」與香港回歸

從一開始，「一國兩制」方針便是國家的改革開放戰略的有機組成部分，也是建設中國特色社會主義的一項重要戰略部署。2018 年 10 月 18 日，習近平總書記更把成功實踐「一國兩制」確定為「實現中華民族偉大復興的必然要求。」[2] 可見「一國兩制」的重大戰略意義。改革開放戰略提出後不久，由於英國「租借」「新界」99 年的租約將於 1997 年屆滿，如何從英國人手上收回香港很快便進入中國政府的議事日程。中國政府制定「一國兩制」方針作為解決「香港前途問題」的辦法的主要目標，既是要通過和平談判收回香港，使國家最終達致完全統一向前邁出重要一步，又是要讓香港在 1997 年回歸後能夠長期保持繁榮穩定和積極為國家的社會主義現代化事業服務。如果沒有國家的改革開放戰略確立在先，很難設想會有「一國兩制」方針的提出。又如果沒有國家的改革開放戰略為支撐，「一國兩制」即使努力推行也難以讓香港順利回歸祖國和保持它對國家的價值。

改革開放戰略對香港回歸祖國之所以重要，是因為它得到國際社會和香港人的普遍認同和支持，認為對中國現代化建設有利，對世界和平有利，可以

2　習近平：《決勝全面建成小康社會　奪取新時代中國特色社會主義偉大勝利：在中國共產黨第十九次全國代表大會上的報告》（2017 年 10 月 18 日）。

讓中國成為國際社會一名重要和負責任成員，也對維持國際社會和香港人對香港的信心具有積極意義。因此，作為改革開放戰略下的「一國兩制」方針必然會有利於香港的長期繁榮、穩定和發展，也有利於延續香港原有的資本主義制度和獨特的生活方式。在國家改革開放的大背景下，一方面英國人難以對香港回歸中國過分刁難，另方面絕大部分香港人也得以緩解對香港前途的疑慮和恐懼。由於各方面從正面樂觀態度看待香港回歸中國一事，並彼此願意以互諒互讓態度解決問題，國家便得以順利以和平談判的方式讓英國人應允在 1997 年撤離香港，並「承諾」在交還香港前「負責任地」管理香港以期達致平穩過渡。

然而，儘管英國人同意交還香港，但還是對香港的未來別有懷抱，總是要千方百計在 1984-1997 的過渡期內按照英國人的意圖塑造回歸後的香港，特別是改變香港的政治格局。[3] 他們希望通過大量政治、行政、法律和管治方式的改革來削弱行政機關的權力和功能、鼓動香港人對中國政府不滿、提升香港人對西方民主的訴求以及扶植各種反對中國共產黨的政治力量，目標是要讓那些與中國政府對抗的勢力能夠執掌香港特別行政區的政權，即便達不到目標也要讓日後的香港特區政府難以有效管治。在過渡期內，中英兩國政府圍繞着香港特區政權的爭奪戰此起彼落，造成了政治動盪的局面，對香港的平穩過渡和順利回歸甚為不利。1989 年春夏之交發生的「北京風波」在相當程度上動搖了香港人對香港前景的信心。「北京風波」發生後一段時間中國和西方國家之間的關係陷入低谷，以美國為首的西方陣營對中國施加各種制裁措施。緊接着「北京風波」的是東歐劇變、蘇聯解體、東西方冷戰的終結和美國主導的「單極世界」的出現。一時間國家陷入極為困難的處境。國際政治和國內政治的波動，英國伺機在香港問題上挑戰中國，並讓香港掉進政治混亂的泥潭中。香港人移民外地的人數陡升，民眾對國家能否堅持改革開放戰略心存困惑，對香港的前景更是憂心如焚。不過，國內政局趨穩，鄧小平的「南巡」和國家改革開放的速度和幅度的擴

3　劉兆佳：《一國兩制在香港的實踐》，香港：商務印書館（香港）有限公司，2015 年，頁 102-115。

大，以及中國政府以「另起爐灶」的方式主動積極處理香港回歸問題，都對香港的局勢和香港的人心發揮了巨大的穩定作用，也對恢復香港人對香港前景的信心、粉碎英國人的圖謀和穩定國際社會對香港的支持上意義重大。

此外，儘管在過渡期內香港內部政治爭鬥不斷，但在國家的改革開放戰略下，香港與內地的經濟往來愈趨密切，國家的「引進來」策略通過香港得以貫徹，香港的產業結構也因此得以快速轉型，推動了香港的經濟發展和改善了香港人的生活條件，從而產生了一個政治爭鬥熾烈但經濟卻欣欣向榮的「矛盾」局面。經濟狀況良好，即便房地產有過熱現象，對穩定過渡期內香港的局面和香港的平穩過渡裨益甚大。

可以這樣說，沒有國家的改革開放戰略為後盾，便不會有對香港有利的「一國兩制」方針的提出、國家得以用和平方式讓英國人交還香港、香港人對香港的前景懷抱信心和在國際、國內和香港政治動盪的情況下讓香港能夠從英國「殖民地」平穩過渡為中華人民共和國的特別行政區。

改革開放對回歸後香港的影響

「一國兩制」的要義，除了推進國家的統一大業外，在於保持香港的資本主義制度和生活方式 50 年不變，讓香港得以憑藉其獨特的、難以取代的各種優勢為國家的社會主義現代化作出貢獻。各方面一般的估計是，國家的發展會不斷取得佳績，經濟增長和人民生活水平提高等目標會按照鄧小平和其他國家領導人的設想逐步實現。在那 50 年內，即便國家的發展速度比香港的發展速度快一些，但彼此之間的經濟差距只會逐步縮窄，而國家對香港在發展上的「依賴」也會持續下去，不會發生重大的變化。與此同時，香港原有的資本主義制度、社會狀況和政府的管治方式雖有改進的需要以應對香港不斷變遷，但卻無需作出重大或根本性的改動。再有，不少人認為，在香港回歸祖國後一段相當長的時間內，國家的改革開放戰略不斷推進並取得成果，中國在國際上的影響力雖有所增加，但難以撼動國際格局，而且在鄧小平的「韜光養晦」指導

下集中精力謀發展，盡量避免引發國際爭端，因此國家的發展會在一個良好和穩定的國際環境中推進。

然而，原來的設想和估計與國家往後的發展的實況差距之大，是改革開放之初國外和國內各方面完全意想不到的。在改革開放 40 年當中，國家以前無古人的速度、幅度和持續性崛起，經濟總量已經位居全球第二位，成為世界上首屆一指的經濟體已是指日可待的事。40 年來，各項經濟、產業結構、社會、民生、環境、科技、教育、國防和幸福指標都有長足的改進。[4] 國家的發展模式已從「引進來」轉為「引進來」和「走出去」並重。經濟增長的推動力由過去過度依賴出口、重工業和基本建設投資轉為更多倚重內部消費和創新，並由偏重經濟發展轉向全方位和均衡發展。國家與世界各國在經濟、貿易、金融、人員交往等領域來往愈趨密切，國家的利益無遠弗屆。在快速融入國際社會的同時，國家的國際地位和在國際事務上的影響力遠非過去所能比擬。

相反，儘管香港回歸後在發展上仍然取得一定的進展，而且成果比不少西方國家為佳，但與內地比較則在發展速度、幅度和全面性上相差甚遠。[5] 誠然，鑒於香港已經是一個成熟的小型經濟體，而且在回歸以來備受政治內耗和管治維艱所困，經濟增長和產業轉型乏力可以理解，但仍然難免令人失望，尤其是香港在回歸後雖然得到但卻因為嚴重內耗而未能充分抓住國家改革開放帶來的大量發展機遇。

可以這樣說，國家在過去 40 年崛起之快之急，和對「一國兩制」在香港實踐所帶來的衝擊，遠遠超乎「一國兩制」設計者的預期和想像。當中央提出「五十年不變」的時候，很難會估計到香港會因為國家的急速崛起而發生變化，而內地的劇變又極大的改變了香港與內地的關係。再有就是，國家的崛起不但為國際格局帶來衝擊，而且也改變了香港面對的國際環境。

4　胡鞍鋼、鄢一龍：《中國國情與發展》，香港：開明書店，2017 年。

5　李浩然、袁曉航、孫文彬編：《數字香港·回歸 20 年》，香港：三聯書店 (香港) 有限公司，2017年。又見張妙清、趙永佳編：《香港特區二十年》，香港：香港中文大學香港亞太研究所，2017 年。

一、香港的國際環境的改變

國家改革開放 40 年期間，國際形勢發生了翻天覆地的變化；

國家的急速崛起本身既是一項重大變化，同時也為世界帶來不少變化。國際形勢的變化，不單改變了國家面對的國際環境，也為香港面對的國際環境帶來了許多不明朗和負面因素。

「一國兩制」在 1980 年初正式提出時，基於雙方都有聯手制衡蘇聯的擴張主義的戰略需要，中國和西方的關係頗為良好。西方對中國的改革開放懷抱憧憬，並傾向給予鼓勵和支持。西方的設想，是要把中國納入美國主導的、體現西方的自由民主價值觀的「自由全球秩序」之中，並促成中國走上和平演變之路和向西方靠攏。在這個難得的國際環境下，西方對中國以「一國兩制」方式解決「香港前途問題」持正面態度，甚至期盼香港作為奉行西方制度和價值觀的地方在回歸中國後能夠帶動中國向西方屬意的方向發展。

可是，中國的崛起並非是依循西方屬意的模式和道路而達致，而是因為國家走上了一條具有中國特色的社會主義現代化建設道路。這條道路同時突出中國共產黨的領導，政府的功能和市場的作用，並以全面發展、公平公義和國家富強為鵠的。中國發展的成功，在世界上削弱了西方模式的吸引力，對西方價值觀提出挑戰，也為其他發展中國家在發展道路上提供另類選擇。[6] 中國綜合國力的大幅提高，讓國家得以在國際事務上發揮重大影響力，同時也讓國家更有力量去維護自己的核心利益，尤其是維護國家主權、領土完整和海洋權益。

東西方冷戰結束後，不少西方人沉醉於西方「勝利主義」之中而忘乎所以，堅信西方制度和價值觀無堅不摧，而由美國建構的「自由全球秩序」和全球化進程將會千秋萬代延續下去。在一段短時間內，世界上曾經出現由美國霸權主導的「單極世界」的現象。然而，中國的崛起，俄羅斯的復興和一些新興國家的興起，卻讓「多極世界」成為未來世界的發展方向。

6　劉兆佳：〈中國的經驗值得發展中國家借鏡〉，《人民論壇》2017 年總第 574 期，頁 137-139。

2008 年爆發的全球金融海嘯、美國捲入中東的亂局而不能自拔、西方經濟陷入長期混亂和困難、英國脫歐、西方國家內部受困於一系列難以處理的問題（民粹主義、民族主義、民族衝突、宗教摩擦、移民與難民問題、恐怖主義、排外情緒、分裂主義）、西方國家政府和主流政黨管治乏力和流失人民支持、以及西方人對西方的民主制度和價值懷疑日多等情況都大大削弱了西方的團結性、穩定性、硬實力和軟實力。西方對於由自己創建的全球秩序和由自己推動的全球化進程的認同和支持出現了動搖，西方人對西方的前景憂心忡忡，各種「西方沒落論」甚囂塵上。[7]

　　面對中國與其他新興國家的崛起、西方的走弱和全球經濟重心向東亞地區移動，西方人的憂患感、不安全感和排外情緒陡升，而自信心則不斷走低。西方一方面在經濟上越來越多採取貿易、金融和投資保護主義策略以作自保，另一方面則意圖通過軍事、政治、外交、意識形態、經濟等手段遏制中國的崛起，當中尤以美國最為積極。西方人相信，中國的崛起對美國和西方的利益和安全構成嚴重威脅，如果中國在俄羅斯的配合下一躍而成為歐亞大陸板塊的霸主的話，則西方主導世界的格局便會嘎然結束。在中國主導下，世界將會進入「威權」和「霸權」肆虐、民主和人權墮廢的「黑暗時代」。西方所構建的世界秩序將無以為繼，西方的安全和利益亦將不保。這些情況是美國和西方絕對不能接受的。

　　近幾年來，美國和一些西方國家對中國的遏制力度不斷加強。美國在 2017 年底發表的《國家安全報告》更把中國定性為美國的戰略競爭對手，[8] 不少美國戰略專家和學者更相信中美爆發戰爭的機率不低，最有可能的觸發點為台灣和南海問題。美國意識到隨着中國國力的提升，美國不能好像以往那樣單憑自己的力量已經足以遏制中國，因此轉向爭取和聯合盟友一起對付中國。除了強化美日軍事同盟外，美國還積極拉攏中國的周邊國家和地區比如印度、越

7　　劉兆佳：〈世界新局勢下「一帶一路」與香港〉，《紫荊論壇》2017 年第 33 期，頁 50-55。

8　　The White House, *National Security Strategy of the United States of America* (Washington, DC: The White House, 2017）。

南、澳洲、台灣地區等對中國進行圍堵。

西方對回歸後的香港的態度已經出現了微妙的改變。回歸前，當香港仍然是西方陣營成員的時候，西方當然視香港為同路人，對香港事務甚少指手畫腳。即便香港已經回歸中國，西方起初對香港可以帶領中國走和平演變道路仍心存期盼和憧憬。不過，當西方認定中國只會走自己的道路，而這條道路又會讓中國富強起來和成為西方的重大威脅後，近年來美國和一些西方國家對香港的批評、責難和恐嚇的言行有上升的趨勢。一些在香港發生的反對中央和香港特區政府的暴力和非暴力抗爭事端往往都可以窺見西方勢力乃至台灣的影子。個別在香港發生的衝突比如 2014 年爆發的「佔領中環」行動更被內地的官員和專家認定為「劍指」中國，並帶有「顏色革命」色彩的政治圖謀。

可以想像，未來西方對香港不友好的動作會接踵而來，對香港與西方的關係不利。儘管在中國享有對香港主權和全面管治權的情況下香港的反對勢力根本無法奪取香港特區的政權，但西方乃至台灣一些勢力還會死心不息地鼓勵、配合和支持他們在香港和內地興風作浪。鑒於香港對國家發展和穩定仍然相當重要，不能排除在政治、金融、貿易、思想、文化、教育和媒體等領域會被外部勢力滲透和利用，從而產生不利於內地和香港安全與發展的後果。再有就是隨着西方經濟力量的下降、對經濟全球化、自由化和多邊經濟合作的質疑和各式保護主義和民粹主義的抬頭，香港恐怕也難以如過去那樣在發展上獲得西方的鼎力支持或「區別」對待。

從國家改革開放初期西方對「一國兩制」和香港的重視與支持到現如今改革開放 40 年後西方對香港的懷疑和批評，以及對國家奉行「一國兩制」的誠意的質疑，香港所面對的國際環境在西方與中國戰略較量愈趨熾烈的氛圍下也會愈趨複雜和嚴峻。當西方認定香港在今後中國進一步崛起的過程中有着獨特和不可替代的角色時，西方和外部勢力對香港的姿態和行動有可能會更具威脅性。

二、香港在國家發展中地位和角色的轉變

自從中華人民共和國成立以來，香港在國家不同階段的發展中都發揮着獨特的、不可替代的作用。改革開放之前，香港是國家至關重要的外匯來源地，也是國家可資利用來突破西方國家以聯合國名義圍堵中國的缺口。改革開放初期，在國家的以「引進來」為主的發展戰略下，香港成為內地引進資金、人才、信息、技術等發展要素的主要來源地和通道。隨着改革開放的不斷推進、國家經濟的高速發展、內地產業結構的持續優化和調整、國家發展方式的變革和中國經濟與世界經濟密切結合，香港在國家發展上的重要性和貢獻仍然是非常明顯的。正如習近平主席在 2017 年 6 月 30 日在香港特別行政區政府歡迎晚宴上所着重指出的，「香港同胞一直積極參與國家改革開放和現代化建設，作出了重大貢獻。對此，中央政府和全國人民從未忘記。香港同胞不僅完全有能力、有智慧把香港管理好、發展好，而且能夠繼續在國家發展乃至世界舞台大顯身手。」香港與內地經濟關係不斷發展和變化也反映在內地對香港經濟越來越重要之上。隨着國家經濟起飛，大量內地企業、資金和人才進入香港，以香港為基地進行集資、提升營運和管理素質、及進軍內地、香港和世界。中資企業數量眾多，不少規模龐大，擁有巨額資產，並已經成為香港股市的主要增長動力。正如郭國燦和劉海燕所言：「近四十年來，香港中資借助內地改革開放與香港國際金融中心及香港回歸這幾大因素，迅速崛起。內地四十年快速經濟增長為香港中資的發展提供了發展的動力和廣闊的市場，而香港開放自由的資本市場，則提供了多元的融資通道和不竭的資金來源。香港中資的快速發展和壯大，反過來又促進了香港的繁榮穩定和內地的改革開放。」[9]

隨着香港與內地經濟關係越來越密切，香港在經濟上逐步融入內地已經是不可逆轉的大趨勢，而中央在引領香港經濟發展上的角色也顯得越來越重

9　郭國燦、劉海燕：《香港中資財團（上冊）》香港：三聯書店（香港）有限公司，2017 年增訂版，頁 11。

要。西方主導的全球化退潮和西方經貿和金融保護主義的冒起都迫使香港與內地建立更緊密的「優勢互補」和「互利共贏」的合作關係。為了促進兩地的經濟關係和推動香港產業結構的優化和轉型升級，中央連綿不斷出台各種既讓香港受惠，又對國家發展有利的政策和措施。《內地與香港關於建立更緊密經貿關係的安排》(CEPA)、方便內地同胞前往香港的「自由行」安排、粵港合作、深港合作、前海發展、內地服務業市場對香港開放、給予在內地的香港人更多在生活、就業、就學和營商上的方便、不斷擴大香港的人民幣業務等都是帶標誌性的舉措。

在國家新一輪的改革開放戰略中，「一帶一路」倡議、粵港澳大灣區建設、人民幣國際化、科技和體制創新、產業結構轉型升級、企業、資金和人才「走出去」、增加現代服務業在產業結構中的比重、新型城鎮化、推行供給側改革、改善城市管理的質量和提升內需在經濟增長中的作用等大政方針都為香港提供源源不絕的發展機遇。概括來說，改革開放 40 年來，香港在國家的發展中的定位和角色的變遷呈現幾個趨勢。首先，香港與內地的經濟關係越來越複雜、多元、緊密和雙向。改革開放初期那種「前店後廠」的較為簡單的生產與貿易關係已不復在。取而代之的是多領域的、互利共贏和優勢互補的關係，其中涉及到龐大的資金、人才、信息和技術的交流。第二，國家的經濟發展對香港的經濟發展越來越重要。在全球經濟持續低迷和香港對西方的經濟依賴下降的情況下，香港越來越需要融入國家發展大局並從內地吸取經濟發展動力。第三，中央越來越主動和積極發揮引領香港經濟發展和產業轉型的要素和激勵。香港與內地經濟關係的發展越來越被納入整體國家的發展戰略之中。

三、經濟和社會狀況的改變

香港自十九世紀中葉開埠以來，「轉變不經」，或者說「變幻才是永恆」無疑是香港社會的最佳寫照。然而，為了穩定香港人和國際社會對回歸後香港的信心，中央的「一國兩制」方針的核心內容之一，是保持香港原有制度和生

活方式「五十年不變」。從現實角度而言，要真的達到「五十年不變」的目標本來已經不容易。國家在改革開放戰略下迅速崛起，對香港產生了巨大和難以預測的衝擊，也為「一國兩制」的成功實踐帶來嶄新的課題。那些衝擊其實在香港回歸前已經頗為明顯，而在回歸後更是勢不可擋。結果是，今天香港的經濟和社會狀況和「一國兩制」方針在 1980 年代初期提出時所認識和蓄意保持的狀況不可同日而語。

國家的改革開放，大力推動了香港經濟的增長，同時也促使香港的產業結構以極快的速度轉型。開始時香港的資金、企業和人才不斷進軍內地，而後來隨着內地經濟的蓬勃發展，內地的企業、資金和人才又大量湧入香港，並利用香港開拓海外業務。馮邦彥對改革開放與香港產業結構轉型的關係有概括性的描述：「香港產業結構的第二次轉型，發軔於 20 世紀 70 年代後期並在 80年代初期取得明顯進展，到 90 年代末趨於完成，轉型的基本趨勢是『經濟服務化』，即從原來的出口和製造業為主的經濟模式，轉變為亞洲區一個與中國貿易和對外關係有着密切關係，由港口帶動並以服務業為主的經濟體系。這一時期，在中國改革開放的推動下，香港製造業大規模轉移到內地，特別是廣東珠江三角洲地區，雙方形成「前店後廠」的分工格局。這次產業結構的轉型，推動了 20 世紀 80 年代中期香港經濟的持續增長，並強化了香港作為亞太區國際貿易中心、航運及航空中心、國際金融中心的地位，發展成為全球最主要的服務經濟體系之一。」[10]

馮邦彥指出，1997 年回歸前，經過大概十多年的時間，隨着大批工廠北移，香港基本上已經完成從出口和製造業為主的經濟模式，向生產性和消費性服務業的結構轉型，其中金融和貿易在香港產業結構中的比重愈趨突出，而製造業「空洞化」的情況則越來越明顯。回歸後，這個產業結構轉型的趨勢，隨着國家改革開放的迅猛發展更是方興未艾。中央給予香港的各種優惠經濟政策

10　馮邦彥：《香港產業機構轉型》，香港：三聯書店 (香港) 有限公司，2014 年，〈前言〉。

和措施，促使服務業進一步蓬勃發展，並向高增值方向推進，而製造業則更趨式微，更遑論轉型升級。與此同時，香港與內地「前店後廠」的分工模式也無以為繼，不少原來依靠香港提供的「前店」服務在內地亦可取得，而隨着珠三角經濟的急速發展和向高增值產業轉型，那些「勞力密集」的香港中小微企業也只能遷往內地較落後地區、東南亞國家或索性結業。香港的轉口貿易轉弱，並逐步向離岸貿易轉型，而隨着內地大城市的不斷開放，香港作為內地對外貿易中介的地位也今非昔比。內地資金和企業在香港經濟的比重不斷攀升，形成了對本地企業和資金，以及對外資企業和資金，構成嚴重的競爭威脅。不過，由於港元與美元掛鈎的聯繫匯率、外來資金的洶湧進入、金融業的膨脹、土地供應不足、源於金融全球化和多發的金融危機所衍生的資金供應過度充沛、金融和地產業以外的投資機會有限等諸般因素，香港地產、樓市、租金大幅飆升，拉動香港股市大幅上揚，通貨膨脹的陰霾揮之不去，增加了各行各業的經營成本，嚴重妨礙香港產業結構的多元化發展。

可惜的是，儘管回歸前後香港產業結構的轉型的幅度和速度可觀，但卻沒有讓香港的經濟體系轉化為高增值、高技術、高生產率的知識型和創新型經濟體。「去工業化」和香港在內地的製造業仍以勞動密集為主固然是主要原因之一。現代服務業的生產率在本質上難以顯著提高、政府在經濟上的投入和推動有限、香港缺乏創新與科技產業、政治衝突不斷等也是重要原因。以此之故，香港的經濟競爭力呈現不斷下降的趨勢。正如馮邦彥所說：「總體而言，戰後以來香港產業結構的兩次轉型，主要是在外部因素的推動或刺激下，根據自身比較利益和在市場機制下自動調節的結果，技術進步在其中的影響力不算重要，這直接導致了香港產業結構的缺陷和問題。」[11] 而且，「香港對服務的過度依賴，使其經濟發展的步伐中充滿了潛在的不確定性和脆弱性。外向型的服務產業使得原本就高度依賴外部環境的香港經濟更容易受全球經濟變化和經

11 同上。

濟週期的影響。」[12]

　　回歸前後香港經濟結構的改變也帶來了社會結構的轉變。事實上，香港社會的貧富差距在上世紀 70 年代中期開始已經不斷拉開，而這個趨勢還在持續發展。今天，香港的貧富懸殊情況已經達到相當嚴重的地步，與世界上其他國家和地區相比更是位居前列。製造業「空洞化」使得在短時間內大部分製造業的職位流失，很多香港人因此失去了大量的穩定的、收入不錯的工作。受影響的不但是工人，也包括不少的中產人士。儘管金融業和現代服務業不斷崛起，提供了一批優質的、高回報的職位，但數量有限，遠遠不能滿足香港人尤其是教育程度快速上升的年輕人的需要和要求。國家改革開放和中央的「惠港」政策誠然對香港的經濟發展十分有利，但能夠受惠的行業、企業和人才畢竟有限，部分人甚至因為來自內地的競爭而蒙受損失，更無疑在一定程度上使香港原來已經嚴重的貧富懸殊的問題有所惡化。同樣重要的，是在國家改革開放的40 年中，香港內部政治鬥爭不斷，英國人在離開香港前在香港的發展上無心戀戰，回歸後的香港特區政府在經濟和社會事務上的介入又欠積極，加上管治乏力，因此使得香港的社會情況難以有顯著的改善。

　　今天，香港社會的基本狀況是各種社會矛盾相當突出並交疊爆發。第一，產業結構的改變導致社會階層的結構改變。一個愈趨封閉但人數不多的「上層權貴階層」逐步形成，財富愈趨集中和行業壟斷的情況相當嚴重。中產階層萎縮而且內部分化，人數比例不高的由高端專業和行政管理人員組成的上層中產人士處境越來越好，並成為最大的受益者，但為數多得多的中產人士向下流動或經常受到向下流動的威脅。低下階層的人數不斷攀升，部分人的生活條件愈趨惡化。[13] 第二，教育水平越來越高的年輕人得不到足夠的發展機會，並深受

12　李浩然、袁曉航、孫文彬編：《數字香港・回歸 20 年》，香港：三聯書店（香港）有限公司，2017年，頁 63。

13　劉兆佳：〈中產階層與香港政治〉，載劉兆佳：《回歸後的香港政治》。香港：商務印書館（香港）有限公司，2013 年，頁 200-245。

就業、事業和置業問題所困擾。一些年輕人通過組織和參與各式抗爭行動以宣泄其不滿和要求社會和政治改革。[14] 第三，階級矛盾和衝突愈趨明顯，社會上的「仇富」心態抬頭，反精英情緒和民粹主義熾烈。中產人士怨氣上升和言行激進化的現象明顯。第四，部分社會矛盾在反對勢力的利用下變成政治鬥爭的催化劑，加劇了香港的政治內耗。第五，一部分香港人對個人和社會現狀的不滿轉化為對來自內地的人士和移居香港的內地同胞的抵觸情緒，對香港與內地關係的發展不利。其中，香港中產階層走向「激進化」是香港穩定和有效管治的最大威脅，年青中產人士更是香港近年來數量日增的集體抗爭行動的中堅力量。

四、特區政府在經濟和社會發展中的功能轉變

在漫長的殖民管治期間，香港的殖民政府一直奉行所謂「放任主義」或後來經過若干調整的「積極不干預」方針。無論是「放任主義」或「積極不干預」方針，政府的主要功能在於行政管理，而在經濟和社會發展上的角色不單有限，而且也缺乏有關的人才、能力、知識和經驗。近幾十年來，經濟發展成功的國家和地區比如日本、韓國、新加坡和台灣都非常依靠政府在經濟事務上發揮主導作用，包括興建基本設施、提供資金、培植人才、開辦企業、招商引資、鼓勵科研、約束勞工和底層人士的要求、開拓海外市場等等。香港之所以能在「小政府」的情況下仍能取得驕人的經濟表現，與香港的獨特歷史條件有莫大關係。假如不是因為在中華人民共和國成立前後大量資金、人才和具備技術的工人紛紛湧到香港，而香港又擁有頗為成熟的金融體系，致使香港無需在政府高度介入經濟的情況下便獲得工業發展所必須的要素，恐怕香港也無可避免要政府擔當重要的推動經濟發展的角色。不過，由於香港的「經濟奇蹟」是

14　趙永佳、葉仲茵、李鏗編：《躁動青春：香港新世代處境觀察》。香港：中華書局（香港）有限公司，2016 年；蕭少滔編：《世代之戰》。香港：天窗出版社，2015 年；鄭煒、袁瑋熙：《社運年代：香港抗爭政治的軌跡》。香港：中文大學出版社，2018 年。

在「小政府」、「大市場」的背景下締造，不少人便機械性或武斷地相信「小政府」乃香港經濟發展在過去、現在乃至將來的必然條件，因此反對政府積極或主動「干預」經濟事務，不然便是違反香港的經濟發展「規律」。與此同時，多數人認為政府在社會事務上的參與可以多一些，特別在提供必要的福利和救濟方面，但卻仍然反對政府在社會福利上過分慷慨，不能讓香港成為「福利國家」，更反對政府過多地通過財政和稅務政策去紓緩香港日益惡劣的社會矛盾和衝突。

回歸以前，「小政府」思維所帶來的一個嚴重和深遠的後遺症是殖民政府任由香港製造業「空洞化」和大量製造業工人失去安穩工作而不尋求補救之道，認為政府不應該干擾市場的自然運作。相反，新加坡政府從政治、社會和經濟穩定的角度出發，想方設法在勞動密集工業式微之際，大力扶植和引進一些高增值和高科技的工業的發展，防止製造業「空洞化」，促進產業朝多元化轉型，並藉此推動經濟體系升級。[15] 一個更糟糕的例子是印度。它的發展模式是放棄製造業而直接「蛙跳式」進入服務業，結果導致就業機會嚴重短缺，大量印度的年輕人對個人的前景茫然。[16]

回歸以後，情況發生了微妙的變化。即便「小政府」的信念依然非常牢固，但在主客觀條件的改變下政府在經濟和社會事務上的角色正在逐步增加，而政府的財政政策也相應地做出一些輕微的調整。其中重要的原因包括：要求政府擔當更多的經濟和社會功能的壓力隨着香港政治體制的「民主化」不斷上升、嚴重的社會問題和矛盾日多、香港社會和華人家庭解決個人和社會問題的能力下降迅速、阻礙香港經濟轉型和長遠發展的結構性因素越來越受到關注、香港

15　Beng Huat Chua（蔡明發），*Liberalism Disavowed: Communitarianism and State Capitalism in Singapore*（Ithaca: Cornell University Press, 2017）；Kent E. Calder, Singapore: Smart City, Smart State (Washington, DC: Brookings Institution Press, 2016)

16　Milan Vaishnav, "An Indian Nightmare," *Foreign Affairs*, March 1, 2018. Available at: https://www.foreignaffairs.com/reviews/review-essay/2018-03-01/indian-nightmare?cid=int-now&pgtype=hpg&region=br1.

的國際競爭力下降等。

國家的改革開放在推動香港特區政府承擔更大的經濟和社會發展角色上的作用更不可小覷。由於香港的經濟發展越來越依賴內地經濟的發展，而內地各級政府尤其是中央政府在經濟和社會發展上擔當極為重要的角色，香港特區政府必須要取得中央和地方政府的支持、合作和配合才能讓香港能夠好好地利用國家發展所帶來的機遇，並通過參與國家的發展對國家作出貢獻。同時，為了促進香港的發展和繁榮，中央也主動出台各項有利於香港的政策和措施。回歸以來，為了配合或實施一系列來自中央的和香港主動出台的推動香港與內地經濟合作的舉措，香港特區政府在香港經濟和社會事務上的參與正在逐步增加。董建華特首提出的推動香港與珠三角經濟融合的主張、中央提出的CEPA、自由行和人民幣業務政策、粵港合作、深港合作、建構泛珠三角區域經濟體、香港建設成為首要的人民幣離岸中心、「一帶一路」、粵港澳大灣區等都是強化香港與內地合作的好例子。為了讓香港與內地發展有更系統、全面和有機的聯繫，中央更容許香港參與國家的五年經濟和社會規劃，並給予香港的發展大力的支持。

在國家的「十二五」和「十三五」規劃中，都有專章論述香港在國家發展中的定位和中央給予香港的大力支持。「十三五」規劃表明：「發揮港澳獨特優勢，提升港澳在國家經濟發展和對外開放中的地位和功能」。具體內容有：「支持香港鞏固和提升國際金融、航運、貿易三大中地位，強化全球離岸人民幣業務樞紐地位和國際資產管理中心功能，推動融資、商貿、物流、專業服務等向高端增值方向發展。支持香港發展創新及科技事業，培育新興產業。支持香港建設亞太區國際法律及解決爭議服務中心。… 支持港澳參與國家雙向開放、「一帶一路」建設，鼓勵內地與港澳企業發揮各自優勢，通過各種方式合作走出去。加大內地對港澳開放力度，推動內地與港澳關於建立更緊密經貿關係安排升級。深化內地與香港金融合作，加快兩地市場互聯互通。支持內地與港澳開展創新及科技合作，支持港澳中小微企業和青年人在內地發展創業。支

持共建大珠三角優質生活圈，加快前海、南沙、橫琴等粵港澳合作平台建設。支持港澳在泛珠三角區域合作中發揮重要作用，推動粵港澳大灣區和跨省區重大合作平台建設。」[17]

因為中央制定的發展戰略的長遠規劃對國家的發展佔有主導關鍵位置，香港特區政府不得不因應這個情況而在一定程度上改變其在經濟和社會事務上的角色。首先，為了參與國家的發展戰略和規劃，香港特區政府或多或少也必須思考香港的長遠宏觀發展需要、和做一些相關的規劃工作，以便香港的發展能夠與國家的發展對接。過去政府的「短線思維」和對規劃的抗拒已經發生變化。第二，一直以來政府被動和滯後地配合和回應經濟和社會發展的做法已經不合時宜，香港特區政府開始關注政府在經濟和社會發展上的主動、前瞻角色。政府不再把自己看成是「追隨者」，而應當多點發揮「帶領者」和「促進者」的作用。第三，為了讓香港的發展更好地為國家的發展服務，中央會向特區政府提出要求和建議，制定相關政策和提供相關設施，好讓香港的政策和發展能夠體現「國家所需、香港所長」的效果。第四，香港特區政府有需要動員香港各界參與國家的發展，為此它需要在香港和在內地營建必須和合適的條件，包括基本設施、人才培訓、資金提供、支援照顧、政策配合、政府與政府之間的協商合作、研究和資料收集、加強香港與內地在各方面的流通和對接等。所有那些工作都不是民間和私人機構所能應付的。第五，為了更好的參與「一帶一路」，香港特區政府有需要與「一帶一路」沿線國家建立各種合作安排，包括稅務、專業和教育資格互認、企業融資、貿易往來、文化交往、交通運輸、法律仲裁等。第六，為了加快香港向高增值和知識型經濟轉型，推動香港經濟的多元化發展，為香港人尤其是年輕人製造更多的發展機會，香港特區政府同意為一些具有潛力的產業比如創新科技和創意產業提供支援，讓它們在政府的扶

---

17 國家發展和改革委員會編：《中華人民共和國國民經濟和社會發展第十三個五年計劃綱要》。北京：人民出版社，2016 年，頁 138-139。

持下能夠茁壯成長。在這方面內地的支持和配合不可或缺，尤其在開放市場和科研合作方面。

　　總而言之，國家的改革開放促使香港特區政府在一些方面加強了它在香港的經濟和社會發展上的參與。當然，「小政府、大市場」在可預見的將來仍然會是香港特區政府奉行的「金科玉律」，而它的確也欠缺足夠的資金、人才、經驗和手段去承擔主導性的角色，但畢竟與過去相比，在中央的引領下和催促下，香港特區政府的功能仍然有進一步擴充的空間。

五、香港人在思想心態上的改變和調整

　　國家因為改革開放而崛起，在極短的時間內改變了內地的經濟社會面貌、中國的國際地位和影響力、人民的生活水平和方式和內地同胞的思想心態。香港與內地在經濟、社會、文化和政治上的關係越來越密切，而兩地同胞的交往與互動也越來越頻繁。這些巨大和深遠的變化，對香港人的思想心態難免會帶來急劇和猛烈的衝擊，並產生了微妙和複雜的改變。由於不同的香港人有着不同的處境、利益、價值觀和際遇，那些衝擊在不同人當中自然地產生了不盡相同的思想心態的變化，從而造成了香港人內部的一些分化，並因此而引發出眾多過去無法想像得到的現象、問題和衝突。茲就其犖犖大端者作簡單說明。

　　首先和最明顯的是香港人對國家和民族在態度上的改變。國家的崛起使得中華民族取得了過去幾百年來前所未有的強國地位，扭轉了百年的屈辱，獲得了國際社會的尊重和讚歎，當然也因此引發了一些國家主要是西方國家的嫉妒和恐懼。不過，對大部分香港人來說，國家取得的舉世矚目的成就讓他們感到自豪，對民族的將來提振了信心。在一定程度上，相當部分香港人對中華人民共和國和中國共產黨增加了好感。不過，對於那些一向以來對中國共產黨有抵觸情緒或者崇奉西方制度和價值觀的香港人來說，由於他們不相信社會主義對國家發展有利，中國在中國共產黨帶領下的崛起是他們不願意看到的。這些人骨子裏可能不敢輕視甚至欽佩中國共產黨所取得的成就，但國家在他們意想

不到或不希望見到的情況下崛起卻無疑推翻或動搖了他們原來的信念和想法，迫使他們不斷找中國共產黨的岔子，把一些內地的「落後」、不文明和不符合西方人或香港人要求的東西無限放大和加以鞭撻，一方面藉以「印證」他們對中國共產黨的負面看法，另方面則企圖挑撥香港人與國家和中國共產黨之間的關係。

第二，內地同胞的生活水平越來越好，比較下香港人的生活條件則有「躑躅不前」的情況，而兩者之間的接觸和交往則因為自由行、香港人愈多到內地發展、內地人才和移民來港日多和內地企業和資金湧港而日益頻繁。然而，由於香港人與內地同胞在文化、生活方式、社交禮儀和思想心態上差異甚大，接觸和交往增加無疑會加深彼此的了解，但也同時造成了不少摩擦，從而在兩者之間形成了隔膜和裂痕。雖然不少香港人受惠於香港與內地的緊密關係，但也有部分香港人覺得內地企業在香港的投資、內地富豪和消費者在香港「炫耀財富」、和內地同胞在香港發展與定居對他們形成他們難以應付的競爭壓力、改變了他們的生活環境和就業前景。一些人更認為來自內地的文化和做事方式，損害或腐蝕了香港原來的「先進」的現代化事物，把香港推向倒退，讓香港不再是他們熟悉的香港，更把「香港人」的身份內涵變得模糊不清。由此而產生的不安全感和擔憂加劇了這部分人對國家、內地和內地同胞的逆反情緒。

第三，香港人對「一國兩制」的態度形成分化。國家改革開放的成功，讓國家更有能力支持香港的發展和協助香港解決一些深層次的社會經濟矛盾。縱使在一些政治議題上，中央和部分香港人短時間內難以達成共識，但大多數香港人仍然認為「一國兩制」整體上是成功的，是對香港有利的，更熱切希望「一國兩制」在「五十年不變」後能夠經改進後延續下去。認為「一國兩制」對香港不利的人一般認為國家的崛起和內地對香港的影響日大對香港原來的制度、價值觀、利益和生活方式造成不可彌補的傷害，嚴重削弱香港的獨特競爭優勢，泯滅「兩制」之間的界線，並使香港走向「大陸化」，所以不認為「一國兩制」在香港成功實踐。然而，這兩種人都有着共同的擔憂；他們憂慮香港對崛起中

的國家的價值和貢獻不斷減少，但卻又因為一些政治議題與中央不時發生齟齬和摩擦，中央是否願意在 2047 年後在香港延續「一國兩制」方針乃未知數，因此擔心「香港前途問題」在不久的將來再次爆發。

第四，香港人的心理狀態出現微妙變化。長期以來，香港人對內地同胞懷有強烈的優越感和傲慢態度。他們認為內地發展落後、人民生活水平與香港相差甚遠、內地同胞素質低下、國內制度不健全、自由和法治不如香港、貪腐行為普遍、國家高度依靠香港才能發展起來。回歸前，絕大部分香港人都相信即便國家持續發展，香港也會維持高速發展的勢頭，因此內地和香港在發展水平上的差距需要經過很長時間才有明顯縮窄的可能。然而，時移世易，內地經濟的騰飛和內地同胞愈趨富裕，一些內地同胞在香港炫耀財富，在在都衝擊了香港人對內地和內地同胞的固有看法，產生了心理不平衡的效果。香港與內地發展速度的差距、香港在經濟發展上越來越依靠國家發展提供的機遇和中央制定的對港政策，都讓不少香港人感到不是味道。由是，一種夾雜着優越感、自卑感、樂觀、悲觀、安全感、憂患感、羨慕和嫉妒的矛盾複雜心理狀態形成，影響着不少香港人對內地同胞的態度和行為。這種態度和行為的發生反過來又引起部分內地同胞對香港人的反感和抗拒，產生了對香港與內地關係發展不利的效果。

第五，香港人對香港未來的發展路向，相關的戰略和政策以至香港特區政府所應該擔當的角色和功能分歧甚大。其實，在回歸前後，由於香港的經濟競爭力下降、產業結構轉型困難和社會矛盾突出等深層次問題湧現，香港應該往哪裏去，而政府又應該做些甚麼事情等問題在香港激發了不少爭論。雖然不少人覺得過去香港賴以成功的經濟社會制度、各項重要公共政策、政府在經濟社會事務上只擔當有限功能仍有存在的價值，但卻因為那些東西已經越來越對香港發展不利或成為阻礙香港解決深層次問題，由此感覺到香港在很多方面都有改革更新的需要，但一方面卻對改變過去的東西心中忐忑不安，而另方面則對究竟應該採納那些新制度、新政策和新政府功能心中沒底。比如說，即便越

來越多的香港人要求香港特區政府在經濟社會發展上發揮更大的推動和促進作用，但仍有不少的專家、學者和民眾依然抱殘守缺，視政府「干預」為大逆不道的事。雖然隨着國內外政治和經濟環境的變遷，香港有需要加強和加快融入國家發展大局，方能獲得美好的發展前景，但種種心理和政治障礙卻使得社會上仍然缺乏對是否融入國家的強大廣泛共識。[18] 對未來發展方向和相關方針政策缺乏共識的情況下，要凝聚各方面力量朝着一個明確的方向發展香港便非常困難。回歸以來，不少精力和時間浪費在無窮盡的爭論之中，嚴重拖慢了香港的發展，也使得香港的深層次矛盾難以得到適當的處理。

總的來說，國家的改革開放和迅速崛起的的確確在不同方面對香港造成了衝擊，改變了香港人對國家、中央、內地以及對香港本身的心理預期，產生了不少心態上和行為上的改變。在這種情況下，要維持香港的原有狀況「五十年不變」極不容易。更為重要的，是「一國兩制」在香港的實踐因此而碰到了一些過去意料不到的事態。

六、新情況、新問題、新挑戰

香港回歸祖國 20 年之際，習近平總書記蒞臨香港考察，肯定回歸以來「一國兩制」在香港實踐取得的成就，但同時又坦率地指出它所面對的問題。2017 年 6 月 30 日，習近平主席在香港會見政商界人士發言時提到：「香港回歸祖國二十年來，『一國兩制』的實踐取得了舉世公認的成功。當然我們在實踐中，也遇到了一些新情況、新問題、新挑戰。對這些問題，我們要正確地看待，理性地分析。一方面，要看到『一國兩制』作為一個新生事物，必然要在探索中前進。另一方面，也要看到香港發生的很多問題，有其複雜的歷史根源和國際背景，不能簡單歸因，更不能採取情緒化的態度。有問題不可怕，關鍵是想辦

18　劉兆佳：〈分歧與政策共識的剝落〉，載劉兆佳：《回歸後的香港政治》，香港：商務印書館（香港）有限公司，2013 年，頁 279-307。

法解決問題，困難克服了、問題解決了，『一國兩制』的實踐也就前進了。」

　　對於何謂新情況、新問題和新挑戰，習主席在慶祝香港回歸祖國 20 週年大會暨香港特別行政區第五屆政府就職典禮上的講話中有詳細的論述：「當前，『一國兩制』在香港的實踐遇到一些新情況新問題。香港維護國家主權、安全、發展利益的制度還需完善，對國家歷史、民族文化的教育宣傳有待加強，社會在一些重大政治法律問題上還缺乏共識，經濟發展也面臨不少挑戰，傳統優勢相對減弱，新的經濟增長點尚未形成，住房等民生問題比較突出。解決這些問題，滿足香港居民對美好生活的期待，繼續推動香港各項事業向前發展，歸根到底是要堅守方向、踩實步伐，全面準確理解和貫徹『一國兩制』方針。」

　　習主席的講話的一個要點，是香港在回歸祖國後碰到了一些經濟和社會的難題，而這些難題又在一定程度上演化為政治問題和衝突。在上文我提到的一些經濟和社會改變，尤其是產業結構轉型舉步維艱、金融危機多發、經濟增長速度不如理想、社會分化愈趨嚴峻、年輕人面對眾多的生存和發展的難題、社會怨氣深重和民粹情緒澎湃等，使得一部分香港人對「一國兩制」、對國家、對中央、對內地和對內地同胞產生質疑或抵觸情緒。這一部分人同時又對香港的經濟和政治前景擔憂、對社會的不公不義抱怨、對香港特區政府的表現和香港的政治體制不滿、對內地的騰飛懷抱複雜的不平衡心態和缺乏安全感。這些人尤其是反對派勢力，對國家的歷史和文化所知不多或只有片面理解的年輕人，更是各種挑戰《基本法》和中央權威、否定「一國兩制」、提倡從香港乃獨立政治實體的立場、對「一國兩制」作另類詮釋、策動各種不符合「一國兩制」和《基本法》的主張和行為的鼓吹者、組織者和參與者，而與此相關的最為嚴重的事端無疑是 2014 年爆發、為時 79 天的違法「佔領中環」特大事件和一連串的激進暴力行為。一些以香港人尤其是年輕人更提出把香港與內地分割、放緩或甚至中止香港與內地經濟合作、減少香港人與內地同胞的交往接觸、和摒棄把香港融入國家發展大局的任何計劃。更為極端的行為，是要推動香港獨

立、公投自決、啟動「第二次香港前途問題談判」和通過壓縮中央在「一國兩制」下享有的權利和職能，好讓香港實質上成為獨立政治實體。這部分香港人的存在，構成了全面和準確實踐「一國兩制」的巨大障礙，也為香港充分利用發展發展帶來的機遇和妥善處理由此而引發的挑戰製造了不少阻力。茲舉一例以作說明：香港特區政府在興建連接內地高鐵網絡的香港段高鐵時便遇到反對勢力的種種阻撓，導致施工延誤和成本攀升。

要處理好「一國兩制」在香港實踐的新情況、新問題和新挑戰，尤其是經濟發展動力不足、產業結構單一、社會矛盾突出和政治衝突不斷等，強化香港競爭優勢、大力推動經濟發展、促進產業多元化、讓更多香港人特別是年輕人得以分享經濟增長的好處、鼓勵公平競爭、縮窄貧富差距和處理好貧窮問題乃必由之路。縱使政治問題比如政制改革——由於香港仍然存在多股蓄意與中央對抗的力量的緣故——不是一時三刻所能解決，但如果能夠處理好那些經濟、社會和民生問題，香港的政治氛圍亦會趨於緩和，反對勢力的活動空間也會減少，迫使他們調整政治立場或走向邊緣化。

為此，習主席在香港回歸 20 年視察香港時，特意敦促香港特區政府和社會各級聚焦發展：「當前，發展的任務更應聚焦。少年希望快樂成長，青年希望施展才能，壯年希望事業有成，長者希望安度晚年，這都需要通過發展來實現。香港背靠祖國、面向世界，有着許多有利發展條件和獨特競爭優勢。特別是這些年國家的持續快速發展為香港發展提供了難得機遇、不竭動力、廣闊空間。香港俗語講，『蘇州過後無艇搭』，大家一定要珍惜機遇、抓住機遇，把主要精力集中到高建設、謀發展上來。」為了為香港人打氣，他還進一步臚列香港享有的有利條件和獨特優勢：「香港經濟高度自由開放，人員、貨物、資金等要素自由流動，這是吸引國際資本、留住本地資本的重要因素。香港法律、會計、監管等制度同國際接軌，服務業完備，政府廉潔高效，營商環境便利，深得外來投資者信任。香港是重要的國際金融、航運、貿易中心，是連接內地和國際市場的重要中介，是國家『引進來』、『走出去』的雙向服務平台。

迄今香港仍然是內地最大的外來直接投資來源地和境外融資平台，同時也已成為內地最大的境外投資目的地和全球最大的離岸人民幣業務中心。更為重要的是，香港享有『一國兩制』的制度優勢，不僅能夠分享內地的廣闊市場和發展機遇，而且經常作為國家對外開放『先行先試』的實驗場，佔得發展先機。」

過去幾年，「一國兩制」在香港的發展已經漸露曙光，逐步形成一些較有利的、克服新情況、新問題和新挑戰的條件。首先，在政治和經濟上，中央在香港發揮越來越大的主導和引領作用，掃除了一些阻撓香港發展的障礙，為香港未來發展創造了更多更好的條件。中央積極運用其法定權力維護了國家主權、安全和利益，有效應對反對派的挑戰，打擊了反對派的氣焰和通過與香港特區政府的合作成功懲治和壓制激進暴力行為。中央提出了各種對香港長遠經濟發展和產業轉型的國家發展戰略，並主動積極推動香港參與其中，從而讓香港更快和更全面地融入國家發展大局。其中至為重要的莫過於「一帶一路」倡議、粵港澳大灣區建設、人民幣國際化、內地企業和資金「走出去」的戰略部署。縱然香港特區政府本身沒有明確的宏觀發展戰略，但如果能夠和願意搭上國家經濟發展的快車，並作出相應和必須的心態、政策、法律、制度、行為和對外關係的調整，香港的發展也會越來越與國家的發展戰略對接並從中蒙受其利。

第二，香港各方面對香港往後的發展路線的分歧有所縮小。雖然離共識尚有相當距離，但越來越多香港人意識到隨着世界經濟政治格局的巨變，香港雖然仍然要與西方保持密切聯繫，但隨着東亞地區的崛起，香港要持續發展的話必須更牢牢抓住國家和亞洲發展所帶來的機遇並做好準備。香港要向成為國家和亞洲的「綜合和高端服務中心」的方向努力，尤其是在金融、專業、法律、教育、培訓、財富管理、信息、電子商貿、法律仲裁、中介服務等方面。同時，香港也要用創新科技來提升傳統產業比如貿易、物流、旅遊、金融的競爭能力和效益效能。儘管香港土地昂貴而且供應不足，但仍然可以選擇若干技術和知識密集的產業，並通過與內地優勢互補和在兩地政府的扶持下予以發展，尤其

是那些創新科技、創意產業和與互聯網相關的經濟和金融活動。

第三，儘管「小政府、大市場」主張仍然根深蒂固，在公務員、經濟專家學者和部分商業人士當中影響更大，但其主導地位已經發生動搖。越來越多香港人意識到過去香港賴以成就經濟奇蹟的放任主義並非甚麼金科玉律，在新的情況下並非一定適用，反而會拖慢和延誤香港所需要的產業轉型。香港人越來越對香港的經濟前景憂慮，認為必須有新的發展思路和發展戰略才能突破當前經濟發展的桎梏，而繼續以不變應萬變的態度面向未來則肯定不是香港之福。

第四，無論是香港特區政府和廣大香港人都越來越覺得政府在香港的經濟社會發展上的角色和參與應該有所增強，必須摒棄消極被動心態。他們認為，更多的公帑應該投放到促進經濟發展、扶持有潛質的新產業、強化與內地合作、提升香港競爭能力和紓緩社會矛盾上，為此政府的理財哲學和財政政策也應該作出相應的、合適的改革，從而容許政府在經濟社會事務上有更多更大的發揮，包括大力開闢土地以供發展之用、對一些知識型產業注資、為在內地發展和經營的香港企業和人才提供支援、與內地政府聯手打造合作項目、提供優惠吸引內地和海外的企業和人才來港、拓寬香港的稅基並讓其能夠為政府提供穩定可靠和充足的財政資源、通過稅制改革和福利政策的調整以促進社會公平公義、為香港人口的老齡化及早籌謀。

第五，經過超過三十多年的政治折騰，香港的政治局面可望在未來幾年有一定的緩和。一來新一屆特區政府上台，努力與各方政治勢力改善關係，並避免主動引發政治摩擦和風波。二來人心思定思治，厭惡政治鬥爭，從而減少了反對勢力所得到的公眾支持。三來一些爭議性比較大的政治議題不會成為公共議程的主要項目，而反對勢力又缺乏政治能力利用政治議題作大規模羣眾動員。四來在中央的領導下「愛國愛港」力量比以往團結，戰鬥力有所提升。最後是反對派勢力在未來幾年處於鬆散、分化和羣龍無首狀態，政治能量大為萎縮。

然而，香港在可預見將來將會遇到比過去更為複雜、凶險和嚴峻的國

際形勢。美國的「自由與開放的印度－太平洋」戰略 ("Free and Open Indo-Pacific" Strategy) 以中國為對手甚至敵人，認為中國在多方面威脅美國的利益與安全，並認定中國要改變美國主導的國際秩序和取代美國的世界霸主的地位。[19] 在這個戰略下，美國相信中美的鬥爭是一場不是你死我活的「零和遊戲」。美國會盡力拉攏中國周邊國家尤其是日本、印度、澳大利亞和個別東南亞國家對中國進行「圍堵」，並以軍事、貿易、文化、網絡、思想和高科技「封鎖」等手段對付中國。在中美角力的格局中，香港會否捲入其中，在一些方面成為美國對付中國的「棋子」，實在難料。另外，美國和其盟友又會否因為香港內部發生而不符合西方要求的事情而遭到他們的政治干預和經濟制裁，也是不容忽視的發展。

　　總之，展望將來，國家深化改革開放仍然會不斷為香港帶來源源不絕的發展機遇，但同時也會不斷為香港帶來挑戰。在中央的支持和關顧下，加上香港人越來越認識到自己的處境、利益和需要，國家改革開放在香港造成的正面積極影響必然會讓香港更有條件處理好因國家改革開放所衍生的負面消極因素。

（原載陳冬主編《改革開放 40 年與香港》[香港：三聯書店，2019]）

19　Michael D. Swaine, "A Counterproductive Cold War With China," *Foreign Affairs*, March 2, 2018. Available at: https://www.foreignaffairs.com/articles/china/2018-03-02/counterproductive-cold-war-china.

香港必須加快融入國家發展大局的步伐

✤　✤　✤

當前香港正處於內外交困的嚴峻時刻，也處於香港自身發展的歷史轉折關頭。加快融入國家發展大局關係到香港能否突破內外困局和進入新的可持續發展的軌道，因此也必然是香港在新時代和新形勢下的必然戰略選擇和任務。去年，中共 19 屆四中全會經已決定，要「完善香港、澳門融入國家發展大局、同內地優勢互補、協同發展機制，推進粵港澳大灣區建設，支持香港、澳門發展經濟、改善民生，着力解決影響社會穩定和長遠發展的深層次矛盾和問題。」隨着國家新一輪的改革開放的展開，尤其是中央大幅下放權力予深圳打造中國特色社會主義先行示範區和深化與擴大化深港合作，加上中國又是世界上能夠率先控制新冠疫情和恢復經濟增長的國家，我們殷切期待行將召開的中共 19 屆五中全會對香港加快融入國家發展大局的重要論述、部署和指示，特別是那些有關香港應該如何積極、全面和深入參與「十四五」規劃和有機地嵌入 2035 年遠景目標之中的內容，讓香港各界人士得以對香港未來的發展有新的理解和憧憬，以及重拾對香港未來的信心。

過去十多年，特別是過去幾年，香港的內外環境發生了翻天覆地的變化。連綿不斷的動亂和政治內耗、香港特區政府管治乏力、外部勢力利用香港作為遏制中國崛起的顛覆基地、以美國為首的西方陣營通過對香港實施各種「制裁」來削弱香港對中國的價值和作用、逆全球化勢不可擋、貿易和金融保護主義抬頭、新冠疫情肆虐並重創香港和世界經濟、失業率不斷攀升、社會矛盾激化、年輕人的發展前景黯淡、香港產業結構單一而且競爭力下滑、未來經濟增長前景堪憂等，都是香港面對的長期重大挑戰，更是香港單憑一己之力無法克服的難題。與此同時，國家的發展一日千里、改革開放方興未艾，美國和其他西方國家的打壓和新冠疫情來襲都無阻國家的前進步伐。為了應對國外的遏制和國

內經濟轉型升級的需要，中央更不失時機地提出國內大循環和國內國際雙循環的戰略，以國內的龐大市場為後盾，以自主創新和科技提升為主軸，以擴大內需為抓手，着力推動國家發展更上一台階。當世界的經濟中心持續向東亞地區轉移已經成為不可逆轉的大趨勢之際，香港要實現產業向高增值、知識密集和創新科技方向轉型，並在高質量和快速的經濟增長基礎上實現民生改善和促進社會公平公義，其發展戰略和發展方式便不得不以融入國家發展大局和積極參與「一帶一路」建設為核心手段，其中主動和積極參與「十四五」規劃、大力投入粵港澳大灣區建設和切實強化深港合作乃首要目標和工作。

香港過去主動提出參與「十二五」和「十三五」規劃，中央經過認真慎重考慮後、甚至在有點「勉為其難」的態度下予以批准，因此從來都不存在香港「被規劃」的事態。可惜的是，兩個五年規劃中有關香港的部分基本上是香港一方向中央提出、並請求中央給予支持的發展項目。那些項目與國家的總體發展的關係並不清晰，而香港特區政府在提出這些項目時壓根沒有對國家發展的戰略和需要有明確的認識，也沒有刻意讓香港的發展「戰略」與國家的發展戰略銜接。它們雖然與香港自身的利益有相當的聯繫，但卻並非建基於香港的長遠發展戰略，原因是香港從來都沒有一套完整的、長遠的、全面和充分考慮國內外形勢變化的發展戰略。更重要的是香港提出的項目沒有落實的時間表和路線圖，又沒有相關的問責和賞罰機制，致使部分項目在五年規劃完結後仍然沒有兌現。這些顯然是難以令人接受的狀況。

要通過參與「十四五」規劃來融入國家發展大局，香港特區政府和社會各界需要具備宏觀的全球和國家視野與強烈的憂患意識，積極凝聚對香港未來發展路向的共識，並與國家的發展戰略進行對接和整合。特區政府尤其需要擺脫長期以來的「小政府」和「積極不干預」思維，勇於負起推動經濟社會改革的責任，並在香港發展過程中擔當首要的領導、教育、培訓、統籌和協調的角色。

在融入國家發展大局的過程中，積極推進粵港澳大灣區建設和強化深港合作更是重中之重的任務。2003 年行政長官董建華的《施政報告》已經提出了

香港與珠三角融合的構想。2007年，我在香港特區政府工作時又提出了深圳與香港共建國際大都會的倡議，嗣後又提出推動「六大優勢產業」發展的構想。可惜那些倡議和構想在政府內和社會上都沒有得到積極響應，而香港亦因此錯失了許多積極參與到內地發展和擴闊自己的產業結構的機遇。長期以來，不少政府官員和社會人士都低估了內地、珠三角和深圳的發展，部分人更擔心過多與內地「融合」會為香港製造「競爭對手」和削弱香港與西方國家的聯繫，甚至會帶來中央對香港事務的干預。一些政府官員更擔心香港與內地「融合」會改變政府一貫的管治模式，導致政府過多地介入經濟和社會事務，產生過多的公眾對政府的期望和壓力，以及引發西方國家對香港是否仍然享有高度自治的質疑。目前，香港正在面對前所未有的困難和挑戰，香港原有的資本主義制度、政府的角色和職能、經濟發展路向和社會矛盾都面臨着嚴峻的考驗。如果香港不能借助香港原有的一些獨特優勢為國家的發展繼續發揮作用，又如果香港經濟和民生情況一沉不起，則「一國兩制」在香港的實踐亦將無以為繼，而香港的繁榮穩定也將不保。這些結果肯定不是香港之福，也不是國家之福。既然融入國家發展大局已經不再是可以回避的過程和工作，則香港各方面便應該煥發強烈的憂患感，懷抱對前景的憧憬和信心，充分掌握國內外形勢變化和凝聚對香港未來發展路向的共識，抓緊和用好國家發展和中央政策所帶來的種種機遇，讓香港和發展和命運與國家的發展和命運緊緊的扣在一起。

（原載《信報》2020年10月26日）

粵港澳大灣區建設是香港必須抓住的新發展機遇

❖　❖　❖

　　過去經常有人說，香港是一塊「福地」，往往在它遇到發展困難和「瓶頸」時新發展機遇便會到臨，讓它可以憑藉新機遇登上新的發展台階。揆諸二次大戰後的香港歷史，可證所言非虛。二次大戰結束、香港經歷日本 3 年 8 個月佔領後，經濟殘破，民生困苦，而且旋即爆發東西方冷戰和朝鮮戰爭，美國和其盟友在蘇聯缺席下得到聯合國「授權」出兵朝鮮半島，並對新中國進行經濟封鎖，而香港作為英國「殖民地」也被迫跟隨與中國內地斷絕經貿往來，使得素來作為香港經濟命脈的進出口業務受到摧毀性打擊。然而，「幸運」的是，不旋踵大量資金、企業、人才和熟練工人從內地湧到香港，與香港原有的金融體制和工業基礎結合，開啟了香港工業化的時代。其時西方經濟開始復甦，並在美國主導下建立「全球」自由貿易體系，讓香港的工業製成品得以迅速進入西方市場。戰後香港的工業化遂成為締造香港經濟「奇蹟」的原動力。到了 1970 年代，因為土地、勞工和能源越來越昂貴，香港的勞動密集型工業陷入困境。港英政府和香港各界引以為憂，並開始構思香港產業多元化之路，但卻無法建立共識，更遑論付諸行動，況且由於港英政府堅持「積極不干預」政策，即便社會上有共識，它也不會主動擔當產業多元化推動者的角色。正當香港一籌莫展之際，國家在 1978 年決定實施改革開放戰略。大量香港的「夕陽」工業有如「枯木逢春」，紛紛湧進土地和勞動力低廉的廣東珠三角一帶擴大規模發展。不少原來的中小企業家也搖身一變成為大企業家。誠然，香港的急速「去工業化」過程令大批原來的製造業工人失去穩定工作，但卻讓香港有機會讓金融、地產和服務業成為香港經濟的支柱產業。回歸後，面對內地和其他新興經濟體的激烈競爭，香港產業基礎過於狹隘的弱點暴露無遺。眾多有識之士深知，原來的產業結構只能為香港帶來低經濟增長、不斷削弱的國際競爭力、愈趨嚴峻

的貧富懸殊情況和有限的能夠滿足年輕人訴求的社會流動機會，凡此種種都對政治和社會穩定甚為不利。有見及此，前特首董建華於 2003 年提出香港與珠三角「融合」的發展理念，而前特首曾蔭權則於 2009 年倡議依靠內地的廣闊市場來發展「六大優勢產業」(教育產業、醫療產業、檢測和認證產業、環保產業、創新科技產業、文化及創意產業)。前特首梁振英對加強香港與內地的經濟整合尤為積極，並力主加強「內交」。不過，各方面以及政府內部對政府帶頭推進經濟發展和產業轉型缺乏共識，部分香港人特別是反對派對香港與內地「融合」百般阻撓，加上客觀條件比如基礎設施對接尚未完備，因此相關工作只能取得有限進展。與此同時，為了促進香港的經濟發展和產業轉型，中央出台了不少讓香港受惠的政策和措施。那些措施雖對香港的經濟增長有一定幫助，但在推進產業轉型上卻效用不大。今天和在可預見的未來，香港的經濟還要面對嚴峻和難以確定的挑戰，包括國際保護主義肆虐、美國和部分西方國家遏制中國崛起、西方國家對香港諸多質疑、全球經濟尤其是西方經濟持續疲弱、「去全球化」和內地經濟處於轉型的困難期等。無論如何，回歸後香港與內地之間的經貿往來日益頻繁，香港又參與到國家的五年經濟社會規劃，這些無疑都對香港有幫助，但要在經濟增長和產業轉型上有突破性發展，香港必須要獲得能夠產生新動力的新引擎。

從世界和歷史發展的大勢觀察，有理由相信粵港澳大灣區發展戰略，應該就是那個能夠讓香港發展踏上新台階和讓香港經濟能夠長期持續增長的新引擎。積極參與大灣區建設，不但能讓香港提升自己，也讓香港在國家發展進程中作出新的和獨特的貢獻。如果香港能夠牢牢和竭力抓住和用好大灣區建設帶來的新發展機遇，從而讓香港面貌一新，則香港乃「福地」說法會獲得進一步印證。

粵港澳大灣區建設的重要性和對香港的戰略意義，可從幾方面說明。首先，當今世界，經濟競爭已經不單是國與國之間的事，越來越多的競爭是城市羣之間的競爭。城市羣內的不同城市憑藉發達的交通、運輸和通信網絡，暢通

的人流、物流、資金流、服務流、信息流和科技流，緊密合作和優勢互補，制度和政策對接，產品標準和專業准入資格劃一，形成強大的聚合效應，從而大幅提升它們所屬地區的經濟能量，並拉動周邊地區乃至整個國家的發展。哪個國家擁有強大競爭能力的城市羣，尤其是集聚在交通便捷的大海灣周邊的城市羣，哪個國家便具備全球競爭的能力。以美國的紐約、三藩市、和日本的東京為核心的大灣區的城市羣便是其中的佼佼者。粵港澳大灣區擁有龐大的人口、發達的製造業、便捷的交通運輸網絡和高度的對外開放性，經以具備了足以進一步與其他大灣區媲美和競爭的條件。要謀求未來長遠可持續發展，香港不能「單打獨鬥」，必須緊緊依靠和利用粵港澳大灣區所提供的廣大發展空間。

第二，紐約、舊金山和東京大灣區基本上是經過長年累月和「自然」的區內各城市相互競爭合作、汰弱留強而產生的結果，美國政府在構建其大灣區經濟帶上的主導角色有限，反而日本政府在規劃上的角色則較為矚目。中國的情況有所不同。粵港澳大灣區發展戰略是習近平總書記親自謀劃、親自部署和親自推動的重大國家發展戰略，體現着中國政府的決心和抱負，也是關乎到國家晉身成為富強大國的、「只許成功，不許失敗」的百年大計。從國家深化改革開放、轉變國家的發展方式、鼓勵科技和制度創新、突破「中等收入陷阱」、通過「一帶一路」構建歐亞共同體、建立新的有廣泛輻射能力的經濟增長極和香港長遠發展的角度看，粵港澳大灣區都具有非凡的戰略意義。粵港澳大灣區交通運輸網路發達，城市之間互補性強，語言文化相通，擁有長期的合作經驗，又擁有香港這個國際聯繫緊密的國際大都會，因此完全可以通過在中央和地方政府的推動和協作下，進一步通過經濟整合、政策對接、優勢互補、分工合作來提升整個地區的競爭力，擴大整個地區的外向開放性，並以其為中心輻射華南一帶，成為推動國家整體發展的一股強大動力。作為一個相對先進和長期對外開放的地區，粵港澳大灣區可以引進更多的科技、政策、制度、決策和辦事方式的創新，配合中央的以創新為發展主軸的方針，為國家的深化改革提供源源不斷的助力，也為全國深化改革開放提供新的範本和經驗。粵港澳大灣

區是「一帶」和「一路」的交匯點，是海上絲綢之路的樞紐，能夠強化中國沿海城市與東南亞和南亞國家的城市的聯繫，為建設海上絲綢之路發揮積極作用。粵港澳大灣區也可以讓香港更全面地融入國家的發展，利用其「一國兩制」的獨特優勢為國家作出貢獻，也為粵港澳大灣區進一步走向世界搭橋鋪路。

第三，《綱要》要求，作為粵港澳大灣區的四個中心城市之一，香港的功能主要是「鞏固和提升國際金融、航運、貿易中心和國際航空樞紐地位，強化離岸人民幣業務樞紐地位、國際資產管理中心及風險管理中心功能，推動金融、商貿、物流、專業服務等向高端高增值方向發展，大力發展創新及科技事業，培育新興產業，建設亞太區國際法律及爭議解決服務中心，打造更具競爭力的國際大都會。」香港憑藉其制度完善、法制健全、人才充裕、資訊流通、金融和服務體系發達及國際聯繫廣泛等比較優勢，完全可以在粵港澳大灣區內擔當各種樞紐、協調或中心的角色。一直以來，香港都有參與到粵港合作、深港合作、前海香港合作、珠三角區域合作和泛珠三角區域合作等經濟發展合作項目，並取得一定的成效，但仍有很多不足之處。過去各種香港與內地經濟合作，其構思和動力主要來自內地地方政府與香港，而前者則比後者更為積極進取。中央基本上扮演鼓勵和配合的角色，在主導性、投入程度和國家政策支援上都不算高。可是，地方單位因為利益矛盾、積極性差異、工作步伐不同、政府的功能角色有別、目的和方向分歧、尤其是制度和規範的差異，彼此的合作往往流於「雷聲大、雨點小」的局面。遺憾的說，相對於內地的熱烈和積極，香港方面則顯得被動和消極。粵港澳大灣區建設與過去的香港與內地合作項目不同，因為它已被納入國家的重點發展戰略之中，在調動中央、內地城市和香港的積極性方面自然不可同日而語。

第四，跟過去的各類香港與內地合作不一樣，中央在粵港澳大灣區的建設中擔當着主要的領導、規劃、統籌、協調、推進、執行、防止惡性競爭和「排難解紛」的角色，《粵港澳大灣區發展規劃綱要》正好反映這一點。尤其重要的是，中央會因應大灣區的建設而源源不斷擬定和出台各種特殊和優惠政策，

務求讓大灣區能夠在制度和政策創新上大膽嘗試和探索，為國家的深化改革開放戰略累積經驗。中央也希望通過大灣區的建設與世界各國在經貿、金融、投資和科技領域加強交流，讓外國投資者和企業感受到和相信中國不但不會好像一些發達國家般採取單邊和保護主義政策，反而會為全球化的優化發展、國際自由公平貿易體系和多邊主義體制的建立而盡力。在世界籠罩在「去全球化」的陰霾下之際，中國成為了推進更公平合理的「全球化」和新國際經濟秩序的主要力量，並讓世界各國能夠分享到中國發展的紅利。過去香港因為「全球化」而興起，現在則是「去全球化」的受害者。中國的以「一帶一路」、粵港澳大灣區建設和亞洲基礎設施投資銀行為主軸的「新全球化」戰略，肯定能讓香港大受其惠。

第五，在制定粵港澳大灣區建設戰略時，香港當前的經濟社會民生「困局」和未來長遠可持續發展是始終是中央念茲在茲的大事。粵港澳大灣區的建設，在某程度上，是為了讓香港能夠從「融入國家發展大局」中煥發新生機。過去香港與內地合作的成果不少落在財團和專業精英之手，大灣區建設卻是要讓香港不同階層和不同世代的人都能夠分享成果。國家主席習近平 2018 年 11 月會見港澳各界慶祝國家改革開放 40 週年訪問團時殷切指出，「香港、澳門融入國家發展大局，是『一國兩制』的應有之義，是改革開放的時代要求，也是香港、澳門探索發展新路向、開拓發展新空間、增添發展新動力的客觀要求。實施粵港澳大灣區建設，是我們立足全局和長遠作出的重大謀劃，也是保持香港、澳門長期繁榮穩定的重大決策。」香港行政長官林鄭月娥被委任為國務院副總理韓正主持的粵港澳大灣區建設領導小組的成員之一，成為香港特首進入中央領導機構的首次，充分突顯香港在大灣區建設中的重要角色。中央也表明在大灣區建設進程中，要充分尊重香港特區政府的意見。比如，處理香港的事情，同時有幾個方案都可以接受的，應盡量採用特區政府所提方案；中央制定的有利於港澳的政策措施，可以由行政長官和特區政府宣布的，盡量由行政長官和特區政府宣布。又比如，中央和大灣區的內地城市不斷推出有關與香港合

作的項目，也源源不絕出台便利香港人在大灣區工作、居住、往返、生活、就學和營商的措施，目的都是要促進香港與內地的融合。由此以觀，中央對香港在大灣區建設中寄予厚望，亦鼎力支持和協助。日後中央在考核香港行政長官和特區政府的工作表現時，他們在大灣區建設中所展示的魄力、擔當、能力和成績肯定是一項重要指標。

其實，對香港特區政府以及對香港社會各界來說，如何抓緊和利用好粵港澳大灣區帶來的機遇，並讓香港能夠充分發揮其推動大灣區建設的獨特作用，都是前所未有的挑戰，因為其中牽涉到特區政府的管治方針和政府與社會的協作關係的調整與創新。對特區政府而言，儘管歷任特首都表明不會盲目依循「經濟不干預」，而是要「有所作為」或「適度有為」，但實際上政府在推動經濟發展、產業轉型和處理社會矛盾時，仍然是小心謹慎，步步為營，而其理財方針實際上仍沒有擺脫過去的窠臼。在大灣區建設上，特區政府必須與中央和區內其他城市一起共同制定具體規劃、擬定合作項目、共建各種促進要素流動的基礎設施、在尊重「一國兩制」前提下實現制度、規則和政策的對接以及一起向各方面包括國際社會推介大灣區的發展和機遇。香港也需要與大灣區其他城市在工作上步調一致，不能掉鍊子，更不能拖人家後腿，從而連累整個大灣區的建設進度。港珠澳大橋的建造經驗，正好說明香港特區政府在工作進度相對滯後的情況。香港特區政府的強項是行政管理和政策執行，但在長遠規劃、宏觀思考、戰略思維和政策研究方面則相對較弱。特區政府有需要快速強化其弱項。不然的話，香港特首也難以在大灣區建設領導小組內提出對大灣區和香港發展有價值的意見和建議。特區政府可以繼續是「適度有為」的政府，但所謂「適度」應該是較高程度的「適度」，意味着它理應更積極、進取和前瞻性地投入大灣區的建設中去。具體地說，香港特區政府要讓香港能夠更好地利用大灣區建設所帶來的發展機遇和為其建設做出貢獻的話，有幾方面的工作必須做好。首先，香港特區政府必須充分認識到，當香港在國家發展中的地位正在下降和香港的產業結構必須儘快轉型升級之際，粵港澳大灣區對香港未來發

展的重大戰略意義。第二，香港特區政府需要加大力度向香港人講解大灣區對香港以至對香港各界的重要性，同時釋除一些人的誤解和疑慮，為香港積極參與大灣區的建設掃除內部阻力。第三，香港特區政府需要改變過去對香港與內地合作的「散漫」態度，積極加強與大灣區內城市的政府的溝通與合作，共謀共建合作項目，推動香港與各城市在制度、法律、交通運輸、公共政策、專業和行業准入標準、及生活條件和方式等方面的對接，讓大灣區真正成為一個香港人和內地同胞的共同家園。最後，香港特區政府必須對其在經濟發展上的角色重新定位，擺脫過去「積極不干預」的消極心態，提升它在推動經濟發展上的主動性和領導功能。為此，香港特區政府的財政思維也應該作出調整，比如說特區政府是否擺脫過去的羈絆，把更多的香港的財政和行政資源投放到大灣區來支持香港人在內地的發展、協助香港人處理在內地遇到的困難和問題、資助香港與內地的一些合作項目等，因為不如此的話，香港在粵港澳大灣區建設的參與上，便會受到很大的局限。以往香港與內地在南沙、橫琴和前海的合作都不如理想，其中一個原因正是因為香港不能在那些項目上大量投放資金和資源。所以，在參與大灣區建設時過去那套香港公帑不應或不能用於內地的財政政策，已經不合時宜。

粵港澳大灣區建設是政府與社會各界的共同事業，而市場、民營企業和民間專業人士在其中擔當着比內地其他地方更關鍵性的角色。在內地，由於經濟社會規劃和公有企業仍佔重要位置，加上政府擁有強大的管治能力，所以在動員和配置民間資源上相對於香港有明顯優勢。過去香港與內地進行合作，經常出現的情況是香港特區政府缺乏能力推動民間企業和個人的參與，致使合作結果難讓對方滿意。在大灣區建設過程中，政府與社會的關係也需要作出調整。香港特區政府需要提供有利於民間參與的政策環境、資源投放、信息供應、教育培訓、服務支援等多方面因素，同時與社會各界尤其是工商團體、法定機構、專業組織、教育和培訓機構、社團、青年組織等建立持久和密切聯繫和協作，從而提升政府在動員民間資源和統籌協調公共與民間資源的本領，發

揮積極和主動的領導力。

　　總而言之，粵港澳大灣區建設是香港必須牢牢抓住的新發展機遇，也是讓香港得以提升其在國家崛起中的地位的契機，但它卻同時要求香港特區政府調整其管治思維和方針，強化其在香港經濟社會發展中的角色與功能。

(原載《大公報》2019 年 2 月 19 日，標題為〈大灣區建設是香港必須抓住的新發展機遇〉)

以融入國家發展大局為主軸的《施政報告》

❖ ❖ ❖

香港回歸祖國以來直到幾年前，香港特區政府不時都會提出一些有關香港與內地合作的建議和事項。早在 2003 年，行政長官董建華便在其《施政報告》中提出香港與珠三角融合發展的構思。嗣後，「粵港合作」、「京港合作」、「滬港合作」、「渝港合作」等構思陸續出現。對於中央提出的「泛珠三角區域合作」、「西部大開發」等項目，特區政府也表達了興趣。然而，除了在「粵港合作」上取得若干成果外，其他方面的合作進度可謂並不理想。有趣而且有點「奇怪」的是，特區政府對與毗鄰的深圳的合作一直不太熱衷，也不太關注，更遑論積極推動。相反，深圳方面對於「深港合作」卻興趣濃厚，並相信深圳可以通過與香港聯手發展讓其登上新的發展台階，然而卻得不到特區政府的積極響應。2002-2012 年期間，我出任特區政府中央政策組首席顧問。大概在 2005 年左右，我和我中策組的同事認為香港和深圳毗連，在與內地合作上無需捨近求遠，香港應該可以在「優勢互補、互利共贏」的基礎上與深圳開展並逐步深化合作。當時，中央給予深圳的不少特殊政策已經陸續為其他內地大城市所享有。所以，在深圳特區不再那麼「特」的新形勢下如何制定新發展戰略來推動深圳向前發展，是深圳的領導人和專家學者們念茲在茲、孜孜以求的事情。因此，我曾接觸的深圳朋友對加強深港合作有殷切的期待。為了引起香港各方面對深港合作的關注，中央政策組與深圳經濟特區研究會和綜合開發研究院在 2006 年以「民間智庫」（雖然中央政策組別並非民間智庫）的名義合辦了首場「深港論壇」。在這個論壇上，我代表中央政策組提出了「深港共建國際大都會」的構想，這個構想得到深圳方面的專家和學者的高度認同。這個「深港論壇」後來由深港兩地政府接手以官方名義舉辦，從而開啟了深港合作的進程。

然而，在「深圳熱、香港冷」的大環境下，起初的十年左右深港合作雖然取得了一些成果，比如深港創新圈的設置，但總體的進度難言理想，河套地區的開發遲緩便是個鮮明的實例。究其原因，主要還是香港特區政府對與深圳合作一事始終積極性不足，基本上也反映了不少特區官員和社會精英對香港未來發展的危機感欠奉，沒有充分認識到國家發展特別是深圳發展對香港未來發展的重要性。同時，特區政府無法擺脫「小政府、大市場」的偏執信條，不相信「經濟和社會規劃」，不打算揀選和扶助一些新產業，更不願意承擔推動香港與內地合作的重責。香港社會中有不少人依然抱持抗拒中央和內地的負面情緒。強橫囂張的反對勢力更把香港與內地合作詆毀為損蝕香港高度自治之舉。更有一些特區政府官員因為憂慮深港合作會讓深圳成為香港的強大競爭對手而對深港合作有保留，並不斷「拖後腿」，這在特區政府冷待 2010 年中央提出的深圳前海發展一事中可見一斑。在這種政治氛圍中，管治上長期處於弱勢的特區政府便難以在深港合作上有所作為。

　　對於深港合作未能大步展開，中央對香港特區政府早有微言。全國港澳研究會會長徐澤在《全面深化前海深港現代服務業合作區改革開放方案》線上研討會上發言時一針見血稱：「但凡了解一點深圳發展現狀的人都知道，目前深圳已在深港陸河海一帶形成了連片的深港合作平台，可以說，深圳已展開雙臂，向香港敞開懷抱，要與香港充分對接。但陸河海相接的香港新界北地區，似乎沒有多大動靜。眾所周知，香港的產業和城市建設南強北弱，這其中有地理條件的因素，更是歷史的、政治的原因所造成。在香港回歸祖國二十多年後的今天，在國家正在走向強起來的今天，如果還有人希望香港與內地保持『距離』，想拉住歷史前進的車輪，甚至還想開歷史倒車，那就未免太可笑了，這種想法注定只能是妄念。」

　　不過，歷史的巨輪始終滾滾向前，順之者興，逆之者亡。在過去的十多年，深圳乃至整個珠三角地區的經濟和產業發展取得了長足和令人驚詫艷羨的成就，深圳更成功轉型為高新科技和創意之都，冒起了華為、騰訊、比亞迪

和大疆等國際品牌，在不少方面的成就甚至超越了香港。相反，香港的各種深層次矛盾卻愈趨嚴重，包括產業基礎狹隘兼轉型困難、貧富懸殊和貧窮問題突出、房屋和土地短缺情況惡化、年輕人發展機會匱乏等。更甚者是內外敵對勢力不斷在香港挑起政治鬥爭。過去十年香港動盪不安，2019-2020 更爆發香港歷史上最大規模和血腥的暴亂。外部勢力不但肆意插手香港事務，意圖奪取香港特區的政權，並圖謀把香港變成顛覆和滲透基地。因此，香港不但要面對繁榮穩定不保的危機，就連國家的安全和「一國兩制」的全面和準確實踐也受到前所未有的威脅。

對於香港的局勢和日後的發展，中央深以為憂。為了讓香港脫離險境並進入坦途，中央費盡心思，並決心果斷出手相助。通過香港國家安全法的頒佈實施和選舉制度的徹底改革，內外敵對勢力再難在特區的管治架構和社會上立足，更遑論興風作浪，「愛國者治港」得以落實，從而為香港的有效管治、長治久安和長遠發展打好基礎。在中央的新的對港政策中，加快推進香港融入國家發展大局更是重中之重的舉措。背後的思路是：如果香港能夠用好國家發展和中央惠港政策所帶來的機遇，則香港的深層次矛盾可以逐步得到紓緩，而「一國兩制」亦能行穩致遠。

「融入國家發展大局」一詞是最近幾年中央因應香港的局勢的變化而提出的新對港方針，其中的意思是中央要主動積極、通過制度和政策的創新，引領和促使香港深度參與到國家的發展過程和策略之中，這樣不單會為香港注入源源不斷的發展動力，也會讓香港得以為國家的發展做出獨特的貢獻，從而豐富「一國兩制」的內容和築牢「一國兩制」的根基。為此，2017 年 10 月 18 日的中共 19 大報告提出，「要支持香港、澳門融入國家發展大局，以粵港澳大灣區建設、粵港澳合作、泛珠三角區域合作等為重點，全面推進內地同香港、澳門互利合作，制定完善便利香港、澳門居民在內地發展的政策措施。」既然粵港澳大灣區等發展項目的建設對於香港融入國家發展大局至關重要，而當中提升深圳的發展水平和加快深港合作更是加快推進大灣區建設的抓手，所以中共

中央、國務院於 2019 年 2 月 18 日印發了《粵港澳大灣區發展規劃綱要》，在其「前言」中明確要求粵港澳大灣區「支持香港、澳門融入國家發展大局。」緊接着，中央於 2020 年 10 月 12 日發佈了《深圳建設中國特色社會主義先行示範區綜合改革試點實施方案（2020-2025 年）》，2021 年 9 月 6 日，中共中央和國務院又出台了《全面深化前海深港現代服務業合作區改革開放方案》。總體目標是要通過對大灣區、深圳和前海授予更大權力和賦予更多功能讓它們能夠擔當國家新一輪改革開放的排頭兵，同時讓它們發揮更大的推動香港與內地合作的作用。

2021 年 3 月由全國人大表決通過的國家「十四五」規劃強調：「完善港澳融入國家發展大局、同內地優勢互補、協同發展機制。支持港澳參與、助力國家全面開放和現代化經濟體系建設，打造共建『一帶一路』功能平台。深化內地與港澳經貿、創科合作關係，深化並擴大內地與港澳金融市場互聯互通。高質量建設粵港澳大灣區，深化粵港澳合作、泛珠三角區域合作，推進深圳前海、珠海橫琴、廣州南沙、深港河套等粵港澳重大合作平台建設。加強內地與港澳各領域交流合作，完善便利港澳居民在內地發展和生活的政策措施。」「擴大內地與港澳專業資格互認範圍，深入推進重點領域規劃銜接、機制對接。便利港澳青年在大灣區內地城市就學就業創業，打造粵港澳青少年交流精品品牌。「十四五」規劃明確提出要「支持香港提升國際金融、航運、貿易中心和國際航空樞紐地位，強化全球離岸人民幣業務樞紐、國際資產管理中心及風險管理中心功能。支持香港建設國際創新科技中心、亞太區國際法律及解決爭議服務中心、區域知識產權貿易中心，支持香港服務業向高端高增值方向發展，支持香港發展中外文化藝術交流中心。」

近年來，中央的各種重大舉措和大灣區內的內地城市的高速發展對與香港融入國家發展大局起到了巨大的推動作用，形成了極為強大的「引力」。中央不但在制度上和政策上大力支持和促進香港加快參與大灣區的建設，尤其在深港合作方面，更會認真督促和協助香港特區政府按照中央為香港設定的發

展戰略積極工作，力爭在較短時間內取得顯著和具體成果，並會為此向特區政府問責。中央也會大力動員和領導愛國愛港力量支持和配合特區政府的施政，減少香港在融入國家發展大局過程中的障礙。過去，中央在推進香港與內地合作事務上的角色較為被動，致使特區政府缺乏足夠的動力和壓力去開展有關工作，今後這個情況肯定會有所改變。此外，在多年來中央政策的支持和推動下，大灣區的內地城市已經取得了長足的發展，並建構了一個相當現代化和多元化的經濟、運輸和產業體系，其中深圳的成就尤其彪炳驕人。今天大灣區內地的九個城市與香港在發展水平上已經相差不遠，具備良好條件與香港進行高水平、高層次、多領域和優勢互補的合作。香港可以憑藉與其他大灣區城市的融合發展獲得一個廣闊的發展空間與腹地。香港更可以發揮其具有廣泛國際聯繫的優勢助力大灣區「走出去「。

　　與此同時，香港社會內部的劇烈變化又產生了強勁的融入國家發展大局的「推力」。近年來國際形勢丕變的核心肯定是中國的崛起和美國與其盟友對中國的包圍、孤立和遏制。過去十多年香港發生的大大小小的鬥爭和動亂清楚表明，香港已經成為了西方用以威脅喝危害國家安全的棋子。在西方對香港虎視眈眈、用心險惡的大環境下，香港再難回復過去與西方的「友好」和「密切」關係，而經濟不景、內部矛盾重重、兼且保護主義日漸抬頭的西方也難以為香港提供充裕的發展空間和機遇。香港社會各界越來越意識到香港必須更多地到中國內地和亞洲地區尋覓和獲取發展動力。大灣區建設、深圳發展和前海擴容因此得到香港的政治和經濟精英越來越多的重視。過去一年，隨着香港的政局走向平穩、內外敵對勢力受到嚴厲遏制、行政立法關係明顯改善和特區政府施政較前暢順的環境下，各界精英紛紛積極利用大灣區發展所帶來的機遇，提出大量的有利於加強加快香港與大灣區尤其是深圳和前海整合的建議，並要求特區政府加大力度推進香港融入國家發展大局的步伐。特區政府對於來自中央和社會各界精英的要求的反應也明顯比以前正面和積極。行政長官林鄭月娥和她的一些官員肯定也了解到香港必須改變發展戰略、施政路向和管治模式方能為

香港謀劃和建設未來，而加快香港融入國家發展大局的速度更是刻不容緩。

在「引力」和「推力」相互疊加的作用下，最近一年多來，香港與內地合作特別是深港合作加速明顯，而且勢頭和後勁頗為凌厲。如果不是因為新冠肺炎疫情來襲，兩地的合作速度應該更為迅猛。行政長官林鄭月娥 2021 年 10 月發表的《2021 施政報告》可以說是「引力」和「推力」合力帶來的結果。這份《施政報告》的主軸是推進香港融入國家發展大局，並為此對香港未來的發展制定長遠發展戰略，其中具體貫徹國家「十四五」規劃、積極投入大灣區建設、深化與擴大與深圳與前海的連繫和合作乃首要工作。與回歸後所有的《施政報告》比較，林鄭月娥這份《施政報告》表明香港今後的發展戰略必須要能夠充分與國家發展戰略銜接，方能讓香港通過用好國家的利港政策源源不絕地從內地獲得發展的強大動力和黃金機遇，以及讓香港在國家發展過程中發揮獨特的作用。值得注意的是，這份帶有長遠和全面規劃內容的《施政報告》是在林鄭月娥的行政長官任期餘下不足一年的時刻提出來的。這個做法在過去三位行政長官任內最後的一份《施政報告》極為罕見。然而，從這份《施政報告》的籌備過程看，中央和內地（特別是深圳）應該曾經給予意見和建議。事實上，由於《施政報告》的主軸是推動香港融入國家發展大局，這個發展戰略能否順利貫徹，在相當程度上取決於中央和內地的配合和支持，所以中央和內地對香港的發展戰略的背書極為關鍵。林鄭月娥在《施政報告》發表後接受深圳衛視專訪時透露，過去一年香港與深圳一共成立了 19 個工作專班推進合作。而在 2021 年 9 月初，她親自赴深圳參加深港高層會晤，這是雙方首次把合作平台提升至行政長官和深圳市委書記層級，以前是深圳市市長和政務司司長，這突顯港深合作上升到一個新的台階。《施政報告》發表後，港澳辦和中聯辦對《施政報告》中提出的香港發展戰略都給予以相當的肯定，這反映了中央對其各種利港政策得到《施政報告》的呼應感到欣慰。既然如此，鑒於《施政報告》提出的香港未來發展戰略在本質上是國家發展戰略的一個部分，並得到中央的期許，可以預期無論日後即便香港出現行政長官的更替，這個發展戰略的大方向應該都會延續

下去，當然具體細節會因應環境和情況的變化而有所調整。

　　林鄭月娥的《施政報告》提出建設香港北部為新的都會區作為融入國家發展大局的重要抓手。這個新的都會區「覆蓋由西至東的深港口岸經濟帶及更縱深的腹地，將盡享港深優勢互補、融合發展的紅利，幫助香港更好融入國家發展大局。」「北部都會區包括元朗區和北區兩個特別行政區，佔地面積約 300 平方公里。」北部都會區發展策略是「在『一國兩制』框架下首份由香港特區政府編製，在空間觀念及策略思維上跨越港深兩地行政界線的策略和綱領，充分考慮了國家在《中華人民共和國國民積極和社會發展第十四個五年規劃和 2035 年遠景目標綱要》中對香港的支持、粵港澳大灣區建設對香港的期盼，以及《全面深化前海深港現代服務業合作區改革開放方案》為香港帶來的大量機遇。」「北部都會區的整合和擴容工作，亦會由以鐵路為運輸系統主要骨幹所帶動。」

　　此外，在具體內容上，《施政報告》提出不少具體政策和措施來落實「十四五」規劃中與香港有關的內容，特別體現於提升國際金融中心地位、提升國際航運中心地位、提升國際貿易中心地位、建設亞太區國際法律及爭議解決服務中心、鞏固國際航空樞紐地位、發展中外文化藝術交流中心、發展區域知識產權貿易中心等方面。過去，香港特區政府未能全面和如期落實「十二五」和「十三五」規劃中有關香港的部分，無疑是令人遺憾的事。誠然，「十四五」規劃中有關香港的部分最終能否全面和如期實現，現在是言之過早。不過，在中央的支持和督導下、在大灣區內地各市的配合下、在愛國力量的全力襄助下、在特區政府領導人和官員的積極努力下、以及在內外敵對勢力再難阻撓下，我們對於《施政報告》提出的香港發展戰略的實現應該可以有比較樂觀的期盼。

　　目前和將來，特區政府的執行力是否能夠大幅提升，對香港的發展戰略能否成功貫徹至關重要。林鄭月娥其實對此已經有所察覺，並提出若干強化特區政府執行力的建議。她在《施政報告》中指出要建立更有利於施政的政府架構。她在《施政報告》的不同段落中表示：「我們還需要有一支愛國愛港、忠誠、專業、高效、善於作為、勇於的擔當、勤政為民的管治隊伍。」「要有效

落實《發展策略》，建設北部都會區，特區政府須提高高層督導，強化跨局跨部門協作，制訂成效指標方便監察，並與深圳市政府緊密聯繫，共同推進相關項目。」「其中一個可能性是下一屆政府設立副司長職位，負責領導包括『北部都會區』[…] 等大型區域發展。」「首長級公務員，包括屬公務員中最核心、最高級別的常任秘書長和部門首長，也是特區施政成效的關鍵。我已要求公務員事務局局長按着『能者居之』的原則，在未來數月檢視現時公務員高層職位的選拔聘任機制，務求把最有遠見和能力的官員放在最適合的位置。」「近年我在公營部門人力配置方面，鼓勵同事在某些特定範疇扮演『倡導者』的角色，而設立專職專責的專員職位也漸見成效。」「我已建議各局長多以專員職位推動相關工作。」

誠然，林鄭月娥提出的各項行政機關改革的建議可謂切中肯綮，但卻無可避免會遇到部分高級公務員的抗拒，擔心會損害自己的仕途和利益，尤其是當中涉及到要在公務員隊伍之外延攬社會精英進入行政機關的高層。從實際角度看，由於特區政府乃至過去的港英政府一直都奉「小政府、大市場」為圭臬，認為政府的職能主要是行政管理而並非是推動經濟、社會、制度和政策的發展和改革，因此絕大部分的高級公務員曾經接受過的訓練主要來自人文學科和社會科學。他們缺乏對經濟和科技發展的知識，對內地的情況不太了解，所以缺少擬定和執行推動經濟和科技發展的戰略和政策、乃至推進香港融入國家發展大局的能力和視野。所以，要在公務員隊伍中凝聚新的發展共識和策略、吸引社會上與外地和內地人才加入政府工作，以及促使原來的公務員能夠和外來精英通力合作對新發展戰略能否順利有效落實極為重要。

儘管部分特區政府的領導人和官員乃至不少香港的經濟社會精英對香港融入國家發展大局態度樂觀和積極，但不能否認的是仍然有相當比例的香港人基於種種原因對香港與內地合作不理解和不熱衷。反對派人士和他們的「鐵桿」支持者在制定香港國安法和選舉制度改革後對中央和內地的逆反心態更趨濃烈。他們縱然不敢如過去那樣策動公開的鬥爭和動亂，但他們肯定會採用各式

各樣的「軟對抗」言行來質疑和阻撓各項推進香港融入國家發展大局的部署和措施。中央、特區政府和愛國力量因此有必要儘快和盡力就與融入國家發展大局相關的事宜在社會上廣泛宣傳、教育和推廣，務求在社會上形成對香港與內地合作的共識、支持和參與，其中針對年輕人的思想工作尤其關鍵，對於各種反對和醜化融入國家發展大局的觀點更加要大力駁斥和推倒。

雖然說香港融入國家發展大局對香港整體利益和長遠發展有利，但特區政府的重大管治和發展戰略的改變無可避免會讓一些利益集團感到嚴重威脅，特別是擔心來自內地的競爭會為其帶來損失。部分長遠和大型的發展項目甚至有機會對地產財團、擁有壟斷地位的企業和一些受到特權保護的專業羣體造成一定的打擊。當然，在中央、特區政府和愛國力量的強大合力下，尤其是中央已經表達了對破解香港的發展瓶頸和深層次矛盾的堅定意志，那些既得利益集團肯定不會如以前那樣對威脅其利益的舉措而激烈反撲，反而會作出配合和某種程度的「讓利」。然而，對於各種會出現的破壞、阻力和抗拒，中央和特區政府不能掉以輕心，必須要認真籌謀和應對。為了讓新的發展戰略能夠克底於成和完成相關的制度和政策的改革，中央和特區政府有需要結合各方支持改革的社會和政治力量，共同組成一個「改革者聯盟」並以之來作為支持新發展戰略的後盾。部分溫和的泛民主派人士過去其實對破解那些社會和民生矛盾一向持積極態度，如果這些人真誠表明願意揚棄其不符合「愛國者」資格的言行，並決意向「愛國者」轉化過渡，則這些人也應該可以吸收進入「改革者聯盟」之中，從而擴大其社會支持基礎和實力。

無論林鄭特首的長遠發展藍圖如何宏偉和動人，但那些長期以來對特區政府兌現承諾的能力有懷疑的人為數甚多，原因是過去特區政府的表現往往令人失望。今天，估計會多了一些香港人會因為中央對特區政府發揮監督作用和給予支持而對新發展戰略的成功落實多了一點信心，但整體而言公眾對特區政府的執行力的信心今天仍然短缺。有見及此，特區政府有需要把新發展戰略分拆成一批短、中、長期的具體項目，各自有自己的負責機構、資源配給方案和

落實時間表，從而方便各方面對特區政府進行監督和問責，也讓主其事的官員因此而要兢兢業業、切實依期完成任務。如果特區政府能夠在較快時間內完成一些對發展有立竿見影效果、能夠振奮人心的短期項目，則各方面對特區政府的執行能力必然會刮目相看，對香港的未來亦增加一份憧憬。

《施政報告》所描繪的宏偉發展藍圖其實極需要中央和內地的支持和配合，如何加強特區政府和內地各級政府的協商和合作、如何讓香港的發展戰略與國家、大灣區、深圳和前海等的發展戰略無縫對接，特別是不要讓香港拖人家的後腿和不讓香港自己掉鏈子。長期以來，香港方面的工作步伐和合作項目的完成能力都遜於內地，其中高鐵和港珠澳大橋乃最佳例子，從而成為了香港與內地合作的遺憾。今後，儘管來自中央和內地合作夥伴的「壓力」會「倒逼」香港特區政府想方設法改善自己的工作方式和方法，特別是簡省或取締一些不必要的規則和程序，容許財政資源能夠在香港和內地靈活運用，推進財政和税收政策的改革、強化公私營機構的合作和合力以及大力發動和調配社會和商界資源，但對於能否依期和圓滿完成計劃和項目，今天看來依然難以有實的保證，這便需要特區政府在中央的支持下對現行行政部門的運作和官民合作的模式作深刻的檢討和改進，力求讓特區政府能夠快速和有效地落實新發展戰略。

總之，林鄭月娥提出的香港未來發展戰略體現了大膽創新的精神、宏觀和長遠的視野和國家民族的大局觀。不過，最終的成效如何還要看特區政府的決心、能力、勇氣、氣量、智慧和擔當。可以毫不誇張地說，香港特區的領導人、官員和愛國陣營的領軍人物正在處於國家和香港歷史的拐點，「一國兩制「、「港人治港」和高度自治都正處於嚴峻的考驗時刻。

（原載《紫荊論壇》2021 年 11 月 10 日）

RCEP 對國家和香港的政治意義

❖　❖　❖

2020 年 11 月 15 日，擁有 15 個成員國（包括東盟十國、中國、日本、韓國、澳大利亞和新西蘭）、30% 的世界人口和 30% 全球經濟總量的《區域全面經濟夥伴關係協定》(Regional Comprehensive Economic Partnership, RCEP) 正式簽署。RCEP 涵蓋的領域除了涉及貨物貿易、原產地規則、服務貿易、投資與自然人移動、電子商務外，還包括知識產權、競爭、中小企業、經濟與科技合作和政府採購等方面。RCEP 標誌着一個全世界最大的自由貿易體的誕生，它有利於推動區內貿易、推進國際產業分工和防止全球供應鏈斷裂。簡言之，RCEP 有利於促進亞太地區區域經濟的合作與整合，也有利於抗衡「去全球化」和各式保護主義的逆流。

RCEP 的簽定對中國而言不單有重大的經濟意義，其政治意義特別是地緣政治意義應該説是更為重大，理由是 RCEP 與中國和美國在亞洲的戰略競爭有密切關係。RCEP 的談判過程極為艱辛，其圓滿完成標誌着中國在亞太地區的影響力進一步上升，反映不少國家不顧美國的阻撓樂意成為中國的合作夥伴。RCEP 因此堪稱是中國反制美國圍堵中國的一項成功範例。在 2017 年美國總統特朗普單方面宣佈退出那個一直由美國主導、目標在於孤立和遏制中國的「跨太平洋夥伴協定」(Trans-Pacific Partnership) (TPP) 後，RCEP 的簽署意味着美國和中國在亞太地區特別在東南亞地區的影響力呈現此消彼長的態勢。可以説，RCEP 標誌着中國在亞洲的領導地位進一步上升，讓中國在日後反制美國的各種圍堵時具備更大的政治和經濟能量。

事實上，21 世紀的大國博弈幾乎不會體現在戰爭之上，反而是在於哪個國家可以主導全球貿易、金融、服務、科技、專業資格和標準準則等非軍事領域之上。美國原先希望利用 TPP 來為世界制定促進美國利益的「高水平」貿易

準則，並以此來為難、孤立中國和遏制中國的崛起，但美國退出 TPP，反而中國成功帶動那個較為合乎中國利益和情況的 RCEP 的簽訂，比如 RCEP 沒有有關國有企業和工業補貼的章節，意味着不但美國尚未能夠利用改變「國際遊戲規則」為工具來打擊中國，反而美國自己卻在區域經濟合的大潮流中自我孤立。

長期以來，美國的對外方針是一方面要獨霸西半球（北美洲和拉丁美洲），不容許地區外的勢力染指，但卻絕不能容忍美國以外的任何大國主宰歐亞大陸 (Eurasia)，擔心如此一來美國自身的利益、安全、價值觀、制度、政治穩定和民族團結都會受到嚴重威脅，更遑論維持其世界霸主的地位和由此而衍生的種種「唯我獨尊」、「損人利己」的特權。美國參加一次大戰對付德意志帝國，參加二次大戰對付納粹德國和日本，以及在冷戰時圍堵和瓦解蘇聯都是因為這個原因。今天，美國擔心和懼怕中國勢力在亞洲崛起會最終導致中國主宰歐亞大陸事務而成為新的世界霸主，把亞洲變成中國的「勢力範圍」，甚至把美國從世界經濟重鎮的亞洲地區驅逐出去。

21 世紀之初，美國對中國發展所取得的成就雖然感到有點意外，但仍然不認為中國會有能力成為美國的威脅，反而相信中國最終會成為美國主導的國際秩序的一個忠誠和順服的成員，忠實和甘心履行其制定的對西方國家絕對有利的遊戲規則，並承認和接受美國的領導地位。因此，冷戰結束後，美國放心把注意力和國力投放在歐洲和中東的衝突上。中國因此取得了一段難得的黃金和平發展時期，並沿着一條不同於西方模式的、獨特的、和讓西方感到「如芒在背」的發展道路而急速崛起。當中國的崛起已經是顯而易見的時候，美國不得不重新把戰略重點移向亞洲。2011 年 7 月，美國國務卿希拉里・克林頓在印度宣布要牽頭在歐亞大陸建設一條新絲綢之路（New Silk Road）。她更於當年的 11 月在《外交事務》(Foreign Affairs) 雜誌上發表一篇題為「美國的太平洋世紀」的政策文章，代表美國總統奧巴馬宣示美國要重返亞洲，以亞洲為「支點」(pivot to Asia)，拉攏盟友包圍中國，在東亞地區部署大比例的美國軍力，

削弱中國在亞洲的影響力，拖慢中國的發展速度，甚至在中國製造內亂，從而達到「亞洲再平衡」（Asia rebalancing）的戰略目的。在軍事上，美國打算把其百分之六十的軍力部署在中國的周邊地區。在經濟上，美國自 2008 年開始便積極推動 TPP 的談判。TPP 的目的是要制定一套「高要求」的國際貿易體制和規則，特別在政府對企業補貼、知識產權保護、環境保育、勞工保障等方面，從而排斥中國的加入，而美國更相信中國也不會願意接受那些體制和規則。美國的軍事和貿易兩手的戰略意圖正正就是要通過圍堵和孤立中國來遏制中國的崛起。誠然，美國在執行其新亞洲政策上成就有限，而且投入到資源也不足，但仍然無可避免會引起中國的戒懼。

美國總統特朗普上台後，雖然單方面退出 TPP，使得 TPP 不再成為遏制中國的工具，但特朗普政府對中國的敵意比奧巴馬政府更甚。它不但對中國進行全方位和無所不用其極的打壓，更提出了一個把印度和台灣也拉攏進去的「自由與開放的印度 - 太平洋」戰略（Free and Open Indo-Pacific Strategy），實際上把中國視為威脅美國生存的戰略「敵人」。在經濟上，特朗普政府更提出要在貿易、科技、投資、教育、人才交流等方面與中國「脫勾」（decoupling），在新疆、西藏、台灣地區和香港地區等中國邊陲地方不斷挑起爭端，並對中國企業與內地和香港官員橫加「制裁」，由是對中國的安全、穩定、發展和利益構成前所未有的嚴重威脅。拜登總統上任後，鑒於美國朝野瀰漫着對中國的疑慮和恐懼，美國的圍堵和孤立中國的基本國策不會有根本性的改變。即便拜登政府對中國的敵意沒有特朗普那麼大，但仍然把中國界定為「戰略競爭者」。不過，拜登政府會較為願意照顧美國自身和其西方盟友的利益，較為側重與盟友聯手遏制中國，較為會以「不違背」國際規範為前提來對付中國，較為有選擇性和針對性地打擊中國，較為從長遠的戰略部署來削弱中國，因此中國面對來自美國的威脅在未來一段長時間內不會有實質的減少。

為了應對美國的威脅和遏制，中國不得不策劃戰略反制以捍衛國家的利益和安全，同時確保中國經濟的持續增長和發展。為了抵禦來自「東面」的威

脅，中國積極採取了「西進」的戰略。「一帶一路」倡議的提出、亞洲基礎設施開發銀行 (AIIB) 的籌建、亞太自由貿易區的推動、中日韓自貿區的談判、RCEP 談判的推進、《中歐全面投資協定》(China-EU Comprehensive Agreement on Investment) 的商談等行動項目都是中國用以反制美國的圍堵與孤立的重大戰略舉措。在一定程度上，中國與東盟十國於 2010 年共同建成的自由貿易區也與此有關。因此，RCEP 的政治意義必須從中美兩國過去十多年在亞洲進行博弈的歷史背景來理解。

從國際形勢和中美關係的變化看，RCEP 日後的運作與發展值得高度關注。美國肯定不會善待那個把它排除在外，但卻容許中國在亞洲強化影響力和國際聯繫的 RCEP。肆虐全球的新冠肺炎疫情過後更率先恢復經濟活力的中國在亞洲會進一步崛起，這必然是美國不願意看到的變化。雖然美國已經退出了 TPP，但其他曾經參與 TPP 談判的國家卻在日本的積極推動下繼續談判，同意擱置了一些對知識產權的保障條款，在 2018 年 3 月共同簽署了《全面與進步跨太平洋夥伴協定》(Comprehensive and Progressive Agreement for Trans-Pacific Partnership)(CPTPP)。國家主席習近平最近表達了中國參與 CPTPP 的意向，而與拜登政府關係密切的一些智庫的成員也促使美國在日本的大力支持下加入 CPTPP，並在其中發揮領導作用，尤其是在制定國際經貿制度和規則方面。美國日後是否會加入 CPTPP，以及會否協助台灣加入其中，尚屬未知之數，但美國卻肯定會為中國的可能加入設置種種人為障礙，比如拉攏日本和澳洲為難中國，並利用 CPTPP 來制衡、掣肘和削弱 RCEP，對 RCEP 日後的發展和亞洲的地緣政治格局必然會造成重大影響。印度本來是 RCEP 的倡議者之一，但在最後關頭卻因為擔心出現嚴重貿易逆差而選擇暫時不加入。今後印度會否在美國的威逼利誘下不單不加入 RCEP，反而轉為加入 CPTPP，對 RCEP 和中美在亞洲的勢力對比也影響甚大。另外，美國對於中日韓自由貿易區的成立肯定百般阻撓。如果中國與日本和韓國的關係因此而受損，則 RCEP 的運作也必然會受到阻撓。我們更不能排除美國會試圖分化 RCEP 的成員國，並把部

分國家拉攏到美國一方，其中澳洲應該是最容易被撬動的國家。美國更會阻撓和干擾《中歐全面投資協定》的落實和執行，破壞中國與歐洲國家的經貿合作，特別是防範中歐達成雙邊自由貿易協定。因此，估計 RCEP 往後的發展不會一帆風順。如何長期維持乃至提升 RCEP 為中國所帶來的地緣政治利益對中國來說乃一項重大的戰略挑戰。

　　對香港來說，由於美國和其西方盟友遏制、圍堵和孤立中國的力度仍會相當猛烈，香港在可預見的未來肯定會遇到來自美國和其西方盟友的諸般打壓，尤其是在貿易、投資和科技等領域上，政治事態的發展對香港的經濟發展和產業轉型甚為不利。國際形勢的變化迫使香港必須更多地從中國內地和亞洲尋找發展空間和機遇，在政治上與國家保持一致、共同進退和抱團取暖。香港需要在中央的協助下儘快加入 RCEP。RCEP 肯定會為香港開拓更廣闊的經濟腹地和更龐大的市場，讓香港可以維持經濟持續增長、拓展貿易、拓寬香港的產業結構和讓香港向知識型經濟轉化。作為一個成熟的國家金融、物流、信息和服務中心，香港應該可以在 RCEP 地區內發揮各種聯繫和協調各國各方的「中心」作用，從而幫助國家在 RCEP 內推動各國在經濟、貿易和金融等領域的進一步合作與整合，並同時促進人民幣和數字貨幣在 RCEP 內的廣泛使用。香港在 RCEP 內應該與國家密切配合，讓 RCEP 做大做強。這些都是香港在「一國兩制」下既為自己又為國家所能作出的貢獻，也是為「一國兩制」得以行穩致遠的不二法門。

（原載《大公報》2021 年 1 月 12 日）

中國外交與香港

❖　　❖　　❖

　　1980年代初，鄧小平提出以「一國兩制」方針政策來解決「香港前途問題」。中央當時的想法是要讓香港在回歸後能夠憑藉其「一制」的獨特和不可取代的優勢為中國的現代化作出貢獻，而香港在中國外交上有否作用則並沒有被視為重要課題而認真探索。不過，中央對「一國兩制」在中國外交上的若干重要意義卻是了然於胸的。一方面，鄧小平認為，「香港問題的成功解決，這個事例可能為國際上許多問題的解決提供一些有益的線索。」中國既然能夠向國際社會提出以創新與和平方式解決歷史遺留問題的方案，而且能夠切實執行該方案，則它的國際地位和影響力必會提升。另一方面，既然國際社會認同「一國兩制」乃解決「香港前途問題」的最佳安排，則大多數國家也會認為「一國兩制」是解決台灣問題的一個好方案，從而它們既不會、也沒有需要為了支持「台灣獨立」而與中國交惡並付出代價。這便可以讓中國在爭取兩岸統一時減少一些外交上的障礙。當然，中國外交在「一國兩制」提出時仍處於弱勢，仍處於「韜光養晦」的戰略階段，在國際事務上的發言權和影響力十分有限，因此在那個時候探索香港在中國外交上的角色和作用亦缺乏實際意義。同時，中國政府也顧慮到在香港人對香港前途的信心仍然脆弱之際，提出香港在國家的外交角色會引起部分香港人的擔憂，以為中國政府要操控香港的事務，或者把香港「融入」國家之內，因而損害香港的高度自治以及改變香港與西方國家一直以來的良好關係。

　　時至今日，經過40多年的改革開放，中國的國力已經今非昔比。現在，中國在世界上是舉足輕重的大國，國家利益無遠弗屆。它不但積極參與國際事務和全球治理，而且在一定程度和範圍上發揮重塑國際體系和秩序的作用。以往的「弱國無外交」的窘境經已一去不復返。中國的外交實力十分強大，並且

為中國不斷開拓對外事務的新空間，也為中國的「走出去」戰略營造有利的國際氛圍。中國在外交理論建設方面的成績同樣令人矚目，特別在對大國外交、公平合理的新國際秩序、和諧世界、反對霸權主義、「人類命運共同體」的論述，並已經對現存的西方（尤其是美國）的外交思想和原則形成重大挑戰。在新的環境下，探討香港在中國外交所能發揮的作用的時機經已來臨。本文的目的是對這個重要題目作初步梳理，並提出若干粗淺意見和建議。

中國的大國外交理論體系揉合了過去的外交實踐經驗、對當前國情的研判和對世界格局的分析。對此，王靈桂等學者有概括性的描述。「通過昇華和平共處五項原則核心精神，形成了包括堅持主權平等、共同安全、共同發展、合作共贏、包容互鑑、公平正義內涵的『六個堅持』；通過在國際上將合作共贏拓展到政治、經濟、安全、文化等各個領域，構建了以合作共贏為核心的新型國際關係模式；通過倡導建立平等對待、互商互諒的夥伴關係，營造公道正義、共建共享的安全格局、謀求開放創新、包容互惠的發展前景、促進和而不同兼收並蓄的文明交流，構築尊崇自然、綠色發展的生態體系，明確了實現『人類命運共同體』的基本路徑；通過力主各國走出一條公平、開放、全面、創新的發展之路，致力於與世界各國共同構建合作共贏的全球夥伴關係，首倡了國際關係領域的新型發展觀與合作觀；通過共同踐行共商共建共享的全球治理觀，不斷推動全球治理體制向更加公正合理的方向發展；通過對話與協商促進並實現持久安全，積極倡導共同、綜合、合作、可持續安全觀，首倡了踐行發展與安全並重的國際合作與安全新理念。中國特色大國外交理論體系摒棄了結盟對抗、零和博弈的國際政治陳舊思維，在鮮明的中國特色中彰顯出了其重大的世界意義和全球價值。」[1]

中國的迅速崛起，難免會引起西方國家特別是美國的擔憂和恐懼，特別是當西方人士對自己的制度、價值觀和前景也開始缺乏信心和安全感之際。在

1　王靈桂等著：《中國特色大國外交：內涵與路徑》，北京：中國社會科學出版社，2018 年。

美國和歐洲，民族主義、民粹主義、排外情緒、貿易保護主義、反全球化聲音和反華言行此起彼落。美國總統特朗普力圖以「美國優先」和「鞏固美國霸權」為目的改變甚或摧毀其一手建立起來的「自由國際秩序」，把世界推向「失序」邊緣。對此，美國政治學者萊弗勒（Leffler）有簡要的介紹，「特朗普追求美國偉大的戰略是一個『美國優先』的計劃：對盟友的承擔最小化、把所有國家都視為競爭對手、把美國從多邊機構的桎梏中解放出來、通過雙邊談判來取得貿易有利條件、增強軍事力量、與那些支持自己的獨裁者為友、在零和遊戲的國際政治框架內單方面行動。」[2] 尤其重要的，是美國認定中國為頭號戰略對手，在眾多領域（經濟、軍事、網絡、科技、貿易、軟實力）嚴重威脅美國的安全和利益，必須全方位予以戰略遏制。由於遏制中國的崛起已經是美國朝野上下的「共識」，因此中美之間的戰略對抗將會在未來頗長時間內成為國際政治的主軸，更關係到世界的和平和發展。

美國對中國的全面戰略遏制對中國的安全和發展構成嚴峻、沉重和長久的威脅。不過，美國和其個別西方盟友的霸道和自私行徑卻引起了其他國家對西方的恐懼和不信任，從而為中國提供了更廣闊的外交開拓空間。中國的外交工作因而任重道遠，其中如何爭取鄰近國家的理解和支持、宣揚中國的外交理念、加強推進「一帶一路」建設、提升國家的軟實力、捍衛多邊自由貿易體系、推動新型全球化、構建新型國際關係、推動國際秩序和國際治理改革、推動成立區域合作組織特別是 RCEP 等方面無疑乃對外工作的重中之重。

在現在和未來的外交工作上，香港肯定也應該擔當一定的角色和發揮一定的作用。香港是國際大都會和東亞／東南亞地區的貿易中心、交通運輸樞紐、金融貿易中心、信息中心、高端服務中心、運籌指揮總部和（華人）文化重鎮。香港享有「一國兩制」的獨特優勢，能夠擔當內地不能或不方便擔當的

2　Leffler, Melvyn P. 2018. "The Strategic Thinking That Made America Great: 'Europe First' and Why It Still Matters," *Foreign Affairs*. Available at: https://mail.google.com/mail/u/0/#inbox/FMfcgxvxBXtHXqbkFcFzWnnvmzzFnLrQ.

角色，比如以另外一套語言講述「中國故事」或在中西方對壘下在某些領域保持與西方的接觸。香港《基本法》又賦予香港相當廣泛的外事權力，讓香港得以與世界各國建立廣泛聯繫。香港在東亞／東南亞以至全世界擁有廣泛的人脈關係。中國可以通過有機地結合國家的外交權力與香港的外事權力來提升中國的對外影響力和話語權，尤其是強化國家的軟實力。

如果香港能夠憑藉「一國兩制」優勢為中國外交作出貢獻，對鞏固和發展「一國兩制」絕對有利，原因是這便證明了香港不單對國家的發展有利，也對國家的外交和國際關係有利。內地同胞對香港對國家的價值和重要性會產生新的體會，這有助於促進兩地同胞的感情。更重要的是，通過積極有效參與國家外交事務，香港人對自己、國家和「一國兩制」的信心也會提升，對國家民族和認同感和責任感也會有所增進。

要香港能夠助力國家的大國外交，中央必須在大國外交的戰略中明確肯定香港在國家外交事務上的作用，並清晰釐定香港在大國外交戰略中的定位，闡明香港在哪些領域可以助力大國外交戰略，並且為香港營造相關的條件和給予必要的支持。與此同時，香港人也必須接受回歸後香港與國家乃「政治命運共同體」的概念，尤其要摒棄反對派和部分別有用心的人視香港仍為「西方陣營」的成員或香港在中國與西方之間應保持「中立」甚或「偏袒西方」的錯誤觀點。就這方面而言，強化香港特區的領導人和高層官員的「國家觀念」和「維護國家主權、安全和發展利益」的意識尤為關鍵。

事實上，確保「一國兩制」在香港全面和準確實施本身已經是香港能夠「間接」為大國外交作出的最大貢獻，因為這對避免香港成為中國外交的「麻煩製造者」有用，也與中國的國際聲譽和外交實力有密切關係。如果香港具有一套齊備的保衛國家安全和領土完整的法律、政治、行政體制，則分裂國土的勢力便難以在香港立足、外部和內部顛覆勢力便無法勾結起來在香港作惡、外國政府便不容易插手香港內政和扶植反對勢力、外國政客和媒體便不能夠通過攻擊「一國兩制」和為香港的反對勢力撐腰來損害中國的信譽。可惜的是，儘管香

港已經回歸祖國超過 20 年，維護國家主權和安全的體制尚未建立起來，而這個體制在日後的建立過程中內外反華勢力必將趁機「抹黑」國家和香港。所以，香港人對防止外部勢力利用香港來打擊或威脅中國必須有清晰的頭腦和意志。

要更好地發揮香港在大國外交上的「直接」作用，有幾個方面的工作應該優先推動。

首先，用好《基本法》賦予香港的廣泛外事權力，並與中央的外交權力有機有效結合起來。《基本法》第 13 條規定，「中央人民政府授權香港特別行政區依照本法自行處理有關的對外事務。」第 151 條表明，「香港特別行政區可在經濟、貿易、金融、航運、通訊、旅遊、文化、體育等領域以『中國香港』的名義，單獨地同世界各國、各地區及有關國際組織保持和發展關係，簽訂和履行有關協議。」

第 152 條則指出，「對以國家為單位參加的、同香港特別行政區有關的、適當領域的國際組織和國際會議，香港特別行政區政府可派遣代表作為中華人民共和國代表團的成員或以中央人民政府和上述有關國際組織或國際會議允許的身份參加，並以『中國香港』的名義發表意見。香港特別行政區可以『中國香港』的名義參加不以國家為單位的國際組織和國際會議。」在《基本法》的有關規定下，香港在中央的支持下成功與一些國際和國際組織簽訂了若干自由貿易協定，其中最關重要的莫過於東盟與香港的自由貿易協定。另外兩個好的例子是香港得以以「中國香港」的名義參加亞太經合組織、參加亞洲基礎設施投資銀行和進入 RCEP。然而，總的來說，《基本法》所賦予香港的外事權力沒有被充分利用。中央應該更多地運用中國的外交權力協助香港參與更多的國際活動，比如讓香港作為一個獨立關稅區在更多國際平台表達有關捍衛多邊自由貿易體系、支持世界貿易組織、反對單邊主義、拒絕排他性的雙邊主義、反對各種貿易和金融保護主義、反對貿易和金融霸凌主義的立場。比如讓香港以某種身份參與金磚五國甚至上海合作組織有關經貿方面的事務。在中國尋求公平合理的國際秩序和推進自貿區建設戰略上，香港在一定程度上應該可以幫上忙。比如

鼓勵和協助更多的香港人才在國際組織中擔任要職。

第二，多年前溫家寶總理表示中央決意協助香港提升其國際地位和影響力，並為此承諾讓香港舉辦更多的國際會議、活動和盛事。後來因為香港出現一些挑戰國家主權和中央權力的言行，又爆發了違法「佔領中環」行動和冒起了「港獨」與各種分離主義的主張。在這種惡劣的政治氛圍中，中央對在香港舉辦國際會議和活動的顧慮可以理解。不過，過去幾年，在中央與廣大香港人的反對和遏制後，那些惡言惡行已經得到相當程度的遏制，而香港特區政府治安力量的忠誠和能力又得到證明。所以，香港應該在中央的支持和推動下多點舉辦和協辦國際會議、活動和盛事，特別是那些與「新全球化」、[3] 人民幣國際化、「一帶一路」建設、自貿區建設、「亞洲命運共同體」和「東亞共同體」構建等有關的會議和活動。

第三，中央可以與香港特區政府一道鼓勵更多的國際組織（包括政府性組織和非政府機構）落戶香港，特別是那些對強化香港在「一帶一路」沿線國家中的樞紐作用的國際組織，從而讓香港更好的發揮推動區域經濟合作和整合的作用。

第四，在美國和其他西方國家不斷減少為國際社會提供公共產品之際，國家可以與香港一道為國際社會尤其是發展中國家提供一些公共產品和應對一些非傳統安全挑戰，特別是涉及到人道救援、醫療衛生、傳染病的防範和控制、恐怖主義、跨國犯罪、金融風險、網絡安全等方面。這樣做不但有助於推動欠發達地區的發展，對提升國家在外交上的軟實力也肯定有幫助。

第五，中央可以充分利用香港來推展「二軌外交」、「民間外交」或「公共外交」，爭取其他國家包括西方國家的人民對中國的信任和好感，從而達到「民心相通」的效果。現在，周邊外交已經成為中國外交的「重中之重」，而區域合

---

3 「新全球化」旨在建構一個包容性的世界經濟體系，從而達致共同發展與可持續發展。「新全球化」的目標是要推進所有國家的「共同富裕」和國家內部的「共同富裕」。

作又是其中的核心。其實，鑒於供應鏈的全球化已經把中國和不少國家的經濟命運聯繫起來，美國對中國發動的「貿易戰」和濫用經濟制裁手段已經對中國周邊國家的經濟帶來打擊，從而為強化中國與周邊國家的關係帶來新的機遇。[4]香港長期以來與中國周邊國家和地區尤其是東南亞十國有不少親族朋友和民間往來，而一些香港人更在一些國際非政府組織中擔任要職。要減少部分外國人對中國政府和人民的偏見、懷疑和不信任，通過香港加強與他們的來往會帶來正面效果。香港又可以擔當「東道主」的角色，為內地機構和有影響力人士與他們在國外的同仁提供互動和交流的平台，並藉此建立互信。民間智庫在「二軌外交」上的作用至為突出，中央在這方面也十分了解。香港民間智庫的發展仍處於初級階段，中央和香港特區政府可以考慮聯手推動其發展，並讓其助力中國外交。大部分東南亞國家的智庫和大學對中國在東南亞的意圖存在焦慮和懷疑，促進東南亞國家的智庫和大學與香港的智庫與大學的交流應該有積極意義。中華民族雖然文化底蘊深厚，但與韓國、印度和日本等國家比較，中國在周邊國家的文化影響力仍然較為薄弱卻是不爭的事實。香港是東亞／東南亞地區的一個文化中心和集散地，尤其在普及文化方面，因此可以協助國家推廣和發揚傳統中華文明，藉以增加中國的文化軟實力。

第六，香港是中西方交匯之地，有一定的促進中西方溝通的能力和條件。不少國家尤其是西方國家的民眾對中國既不認識，又多有誤解，甚至懷有敵意。國家可以通過香港以外國人明白的語言和表達方式把「中國故事」講好，特別是有效宣揚中國的外交理念和弘揚（傳統）中華文明，讓他們減少對中國崛起的疑慮和增加他們對如何能夠分享中國發展的紅利的認識。

第七，中國在外國的使領館和香港特區政府在海外的經貿辦事處的協作關係可以進一步加強，讓那些經貿辦事處在服務中國外交上也可以盡一份力。

4　Peter Harrell, "Is the U.S. Using Sanctions too Aggressively?", *Foreign Affairs*. Available at :https://www.foreignaffairs.com/articles/2018-09-11/us-using-sanctions-too-aggressively?cid=nlc-fa_fatoday-20180911.

第八，鑒於香港與中亞地區的了解和接觸有限，但香港又希望在「一帶一路」建設上有所作為，中央可以發揮推動香港與中亞諸國交流與合作，鼓勵它們更多地利用香港所能提供的各種服務和設施，從而讓香港所能為中國外交發揮的作用也可以在中亞地區派上用場。

總而言之，香港助力國家外交，既能對國家新時期的大國外交作出新的貢獻，承擔一些內地難以承擔的「外交任務」，推動「一國兩制」的新發展，又可以為自己開拓國際空間和提升自己在世界上的地位。與此同時，國家又得以通過軟實力的建設而強化中國的外交實力，在國家安全和發展形勢趨於嚴峻的環境下爭取更多的合作夥伴。這絕對是互利共贏、相得益彰的戰略部署。

(原載《紫荊論壇》2018 年 11-12 號第 42 期，原題為「淺論香港對於中國外交的重要作用」)

如何講好國家與香港的故事

❖　❖　❖

　　中國作為世界大國在世界上應該有與大國地位相匹配的話語權，尤其是在講述國家和香港的故事上。當前，儘管經過多年來的努力，尤其在全世界通過自己可以掌控的大批線上和線下媒體，中國在爭取話語權上已經取得了一定的成績，但不可否認的，是話語權在相當程度上仍然掌握在西方國家的手上。西方國家的媒體、政客、智庫、「意見領袖」、專家和學者等以西方的所謂「普世價值」為基礎，秉持「反共反中」思維，憑藉他們對國家和香港的片面和偏頗的認識，不斷詆毀和抹黑國家和香港，損害國家和香港的國際聲譽，造成的後果相當惡劣，對香港入世未深的年輕人的毒害尤其深遠。按照我的觀察，西方國家對國家和香港的講述對西方民眾有較大的影響，但對發展中國家的影響則比較少，但仍然不可小覷。這個對國家和香港不利的情況應該儘快扭轉過來。

　　不過，西方國家詆毀和抹黑國家與香港的能力和公信力正在有所下降，讓國家和香港有較好的機會通過嚴詞駁斥和正面論述來改變誤解和成見乃至提升國際形象。其一是國家改革開放以來所取得的輝煌成就已經得到全世界的認識和肯定，為爭取話語權提供扎實的依據。一般而言，國力強大的國家會得到其他國家的敬畏，其規章制度、發展模式和價值取向會得到尊重和仿傚，其話語權自然也會逐漸上升。其二是西方國家的所謂自由民主和市場競爭體制出現了很多嚴重的缺失、弊端和惡果，其對其他國家的吸引力已經下降了不少。其三是越來越多國家採用不同於西方的體制、價值觀和發展模式，更對美國不斷以人權和民主為藉口肆意干涉別國內政甚至推翻別國政權越來越不滿。其四是在撥亂反正後，香港將會越來越繁榮和穩定，也會用事實證明別有用心的西方勢力的批評的偽善和虛妄。其五是在撥亂反正後，尤其在香港國家安全法的震懾力下，香港的反對勢力不敢再利用香港為基地向外發放對國家和香港不實和

不利的信息。一些「反中亂港」分子無疑會繼續在海外通過網絡繼續發佈其對國家和香港的無恥讕言，但他們的作惡能力已經不比從前。其六是西方人對自己的制度、價值觀和發展模式的信心與「底氣」正在下滑，對西方的前景不樂觀，以至其對國家和香港的批評出現言不由衷和理屈詞窮的情況，一些西方人其實對中國的成就頗為欽佩和羨慕。其七是西方民意調查機構比如皮尤 (PEW) 研究中心、和艾什 (ASH) 民主治理與創新中心在中國所作的民意調查經常發現中國人民對中國政府相當信任、認同國家的制度和政策以及對國家的未來充滿信心。

在越來越有利的國際環境下，要講好國家和香港的故事，需要平視西方，以不迴避爭論，心平氣和、滿懷自信、輕鬆幽默和談笑用兵的方式把工作做好，從戰略上應該轉向反守為攻，快速應對，並且小心選擇對西方國家和發展中國家所發放的信息，並盡量用歷史（中國和西方的發展史）和比較（比較在不同領域中中西方的優劣）的事實和角度說明問題。

對西方國家發放的信息應該包括幾大類：一、糾正西方國家對國家和香港的錯誤認知和理解，並揭露他們的謊言、雙標和虛偽，特別要強調中國的崛起非但不構成對西方的威脅，反而為西方乃至世界帶來新的發展機遇。二、宣揚國家和香港在各方面取得的成就，特別是那些世界各國都重視的成就比如經濟發展、消除貧窮和共同富裕，並講述那些成就背後的制度和價值觀的優越性。三、指出哪些西方民眾珍而重之但卻在中國才能得到的東西，從而說明西方制度的不足之處，比如穩定的政治局面、良好的國家治理、能夠以人民福祉為重的政府、完善的基礎和公共設施、人民的團結、人民對政府的支持和信任、持續不斷的經濟發展和社會進步、消除貧窮、撲滅特大傳染病，能夠集中全國之力辦大事等。四、闡述西方過去和現在的帝國主義、殖民主義、霸權主義、經濟掠奪、奴隸制度、種族主義、種族滅絕、社會和經濟不平等、金錢政治、排外民粹主義、政治和社會分化對立、管治失效、和因為不斷發動戰爭對自己和其他地區的人民所帶來的苦難，並借此把西方國家從道德高地拉下來，

削弱它們的道德威信。五、點出西方國家的種種痼疾比如貧富懸殊、管治失效、社會政治分化對立和它們與西方政治和經濟體制的關係。六、指出西方的價值並非「普世價值」，更非古往今來在西方和其他社會普遍存在的價值，確認有五千年文明的中國也能夠為全人類提供好的、值得借鑒的價值、制度和國家治理方法，特別是世界大同、仁義忠信、和平友愛、社會和諧、以民為本、相互尊重、平等互利、王道而非霸道、集體利益高於個人利益、家庭和睦等價值。

對發展中國家發放的信息則集中在：一、它們如何可以借鑒中國的經濟和社會發展經驗在發展自己的同時可以維護國家主權和獨立自主。二、宣傳所謂「華盛頓共識」對發展中國家之危害和曾帶來的痛苦。三、明確表明中國與發展中國家站在同一陣線，抵禦西方國家的欺凌，為建構一個公平合理的國際秩序而努力。四、表明中國願意讓發展中國家分享中國發展的紅利。五、揭露和反擊西方國家挑撥離間中國和發展中國家關係的意圖和行為。六、揭露美國窮兵黷武的本質，願與發展中國家共同維護國家主權和世界和平。七、介紹香港作為中國與世界的橋樑角色和它們如何可以借助香港來發展自己。八、指出英國在香港從事殖民管治時各種違反民主和人權的行徑及英國在香港問題上的偽善。九、促請發展中國家支持「一國兩制」和中國政府在香港的撥亂反正、推動發展和破解深層次矛盾的工作。

國家可以利用香港這個各國媒體雲集的國際信息中心作為平台對外講好國家和香港的故事，並盡量發揮民間外交的力量，尤其是重視那些國際交往比較多的香港精英的作用。中央駐港機構、特區政府、工商組織、民間團體、政治人物、智庫、專業人士、專家學者（特別是那些有外語能力的）可以積極接觸各國領事、外國媒體、外國智庫、外國商會、外國的政府和非政府組織、外國的意見領袖和有影響力的人物比如雅克（Martin Jacques）、薩克斯（Jeffrey Sachs）、史迪格里茲（Joseph Stiglitz）。內地對西方有影響力的人比如李世默（Eric Li）和張維為也可以多些利用香港這個平台對外發聲。香港可以舉辦各種

國際會議、論壇、研討會和講座，邀請那些對外國有影響力的人物到香港和內地參加各種交流活動，讓他們更多認識國家和香港。香港也可以舉辦一些有各國政治人物和官員參加的會議，在一些重要問題上凝聚發展中國家的共識，並在國際舞台上擴大發展中國家的聲音。

多年前，溫家寶總理曾經說過要支持香港多點舉辦國際活動，讓香港提高其國際知名度和地位。然而，過去因為香港反對派的干擾和破壞，並試圖利用國際會議和交流活動並通過西方媒體來詆毀中國、香港和製造事端，因而令國際會議與其他國際活動難以在香港順利召開。香港國安法實施後，反對派已經潰不成軍，外部勢力亦難有作為，兩者都無復當年之勇。在新的和穩定的政治局面下，香港作為一個國際城市應該發揮它應有的聯繫國家和世界的功能，在「一國兩制」下成為官方和民間外交的重鎮，並為國家增強在國際上的話語權作出應有的貢獻。

（原載《橙新聞》2022 年 2 月 26 日）

全面準確推行《基本法》教育乃當務之急

✦　　✦　　✦

去年初，香港特區政府提出修訂《逃犯條例》，香港內部和外部反共反華勢力旋即利用這件工作在香港社會引發和「被散發」的憂慮掀起一場回歸以來最嚴重、最暴力、而迄今尚未完全平息的政治動亂。這場動亂本質上是 2014 年爆發的「佔領中環」行動的延續，兩者意圖都在於挑戰國家主權、危害國家安全和奪取香港特區的管治權。這兩場政治風暴清晰揭示了「一國兩制」在香港的實踐已經到了嚴峻的關頭，亦標誌着 1990 頒佈的香港《基本法》在香港的全面和準確實施正面對着前所未有的嚴重困難。可以毫不誇張地說，此時此刻，要全面和準確在香港特區貫徹「一國兩制」、防止香港成為國家安全威脅，全面和準確在香港推行《基本法》教育實乃關鍵，更是當務之急。惟其如此，去年年底，中國共產黨的十九屆四中全會下定決心要完善和加強對香港社會憲法和《基本法》教育，這充分説明了中央對香港局勢發展的深重危機感。

這兩場政治風暴反映出來的，是相當部分的香港人尤其是大部分年輕人對國家憲法、《基本法》和其背後的中國政府的「一國兩制」方針政策的錯誤、片面和扭曲的理解，而那些理解又構成了他們指控「一國兩制」在香港未有成功落實、以及中央是「破壞」「一國兩制」的元兇的依據。他們所理解的《基本法》其實正是長期以來香港內外反共反華勢力所竭力推廣的對《基本法》的「另類詮釋」，而這種「另類詮釋」在回歸前和回歸後在香港乃至在海外都取得了不少的話語權，為眾多西方乃至台灣的反華政客和媒體攻擊中國政府和「一國兩制」提供了大量的政治「彈藥」和「理據」，也為「一國兩制」在香港的全面和準確貫徹設置了重重的障礙。

當前情況之所以如此嚴峻和緊急，原因是回歸後《基本法》教育在香港特區沒有得到應有的重視，而且推行不得其法。在「港人治港」、高度自治的原

則下，推行《基本法》教育的工作須由香港特區政府一力承擔，中央不能越俎代庖。可是，香港特區政府一直都沒有認真和積極推動這項至關重要的工作，基本上是虛應故事，形式主義，無所作為，而政府內部持消極抵制態度的官員多不勝數。更嚴重的是不少官員自己對《基本法》和「一國兩制」方針政策亦缺乏全面和充分認識，當中更存在不少不正確乃至錯誤的理解。由於其政治敏感性，香港特區政府生怕受到內外敵對勢力的批判，因而遲遲不敢在學校切實推行國民教育，從而《基本法》難以成為國民教育的核心的教學和考試內容向年輕人推廣。相反，內外敵對勢力卻得以在學校內和公開考試上肆意妄為地散播其對國家民族的偏見和敵視。即便在中央的催促下《基本法》成了公務員入職考試的內容，但考試題目一般流於簡單和表面，未能借助考試而推動年輕人和公務員對《基本法》和「一國兩制」的高度重視和深刻了解。相比之下，愛國愛港組織和人士在推動《基本法》教育上較為積極，但礙於資源和人力有限，沒有得到香港特區政府的大力支持和配合，在一定程度上甚至受到政府官員的歧視與阻撓，缺乏媒體的支援，而且難以深入學校進行活動，所以成效亦不彰。

更為關鍵的，是無論是政府或民間的《基本法》教育推廣都大體上流於膚淺表面，沒有讓香港人尤其是年輕人對《基本法》背後的國家憲法和「一國兩制」方針政策的目標和核心內容有全面和透徹的認識，往往偏重對個別條文的闡釋和推介，尤其是那些有關選舉辦法和個人權利的條文，但卻沒有把那些條文納入廣闊的歷史背景、國家憲法和中央對港方針政策的框架中來理解，從而讓人們更好地掌握相關條文的立法原意、理論基礎、內涵意義和它們與其他條文的有機聯繫。回歸後發生的有關居留權和政制發展的激烈爭議的確提升了香港人對相關條文的關注，但由於社會上包括法律界人士對那些條文的詮釋存在嚴重分歧，而反共反華的法律界「翹楚」又在思想領域又屢佔上風，所以不少香港人對那些條文的關切並沒有形成對它們的正確認識，而全國人大常委會對有關條文的最權威解釋又往往因為反對派和西方勢力的挑戰和質疑，而不能在社會上成為共識。

香港內外的反共反華勢力雖然口頭上表示擁護《基本法》，但對《基本法》內最核心的條文卻刻意作「另類解釋」，目標是要把香港變成獨立或半獨立政治實體，並讓自己得以掌控香港特區的管治權。在他們的「另類解釋」下，全國人大常委會不是解釋《基本法》的最高權威，國家憲法和香港《基本法》被割裂開來，國家憲法不再香港特區適用，香港人沒有維護國家主權、安全和領土完整的責任，也沒有保衛國家政權和內地社會主義體制的義務。中央在「一國兩制」下享有的不少權力不被承認，比如人大釋法便被指責為破壞香港特區的高度自治和司法獨立，又比如中央沒有決定香港選舉制度的權力；《基本法》第 23 條被「妖魔化」為侵犯人權自由的「惡法」，香港人不應該讓其成為本地法律；推行行政長官和立法會普選無須考慮「實際情況」和「循序漸進」原則，而普選辦法則要依循西方標準；「三權分立」而非「行政主導」方是香港特區政治體制的本質；「愛國者治港」原則被全盤否定，中央「扶助」愛國力量便是違反「港人治港」的承諾；《基本法》應該只從普通法的角度來解釋等。所有這些對《基本法》的曲解都可以從參與 2014 年的「佔領中環」和當前的大規模政治動亂和暴亂的「抗爭分子」提出的各種訴求中一覽無遺。

　　誠然，過去一段時間，中央對於香港內外反共反華勢力對《基本法》的「另類解釋」有所察覺，並引以為憂。國家領導人、中央官員和不少內地專家學者圍繞着《基本法》和「一國兩制」頻密發言，目的在於讓香港人更好地了解「一國兩制」和《基本法》的初心和本意，從而減少「另類解釋」在香港社會尤其在年輕人當中的惡劣影響。可惜的是，香港特區政府乃至愛國人士在這方面的工作尚欠積極，未能與中央緊密配合。整體而言，過去幾年中央的努力雖然取得了一定成效，但仍然沒有能夠根本扭轉局面。從「佔領中環」和去年中因為反對《逃犯條例》修訂而爆發的大規模政治動亂中可見，仍然有不少香港人和大部分的年輕人對《基本法》乃至「一國兩制」缺乏全面和正確的認識，「另類解釋」在他們當中仍然大行其道，從而產生了激烈的反對中央的情緒。展望未來，要全面和準確貫徹「一國兩制」，讓「一國兩制」成為對國家和香港都有利

的重大國策，更讓「一國兩制」能夠在香港行穩致遠，全面和準確推行《基本法》教育乃當前急務。

推行《基本法》教育的最重要目的包括：讓香港人明白到國家憲法與《基本法》的主次關係和有機聯繫、國家憲法在香港回歸後全面生效、大力提升人們對國家的認識和認同；讓香港人知道《基本法》是為了體現「一國兩制」方針政策的憲制性法律，因此必須從這個方向找尋其立法原意和理解其條文；讓香港人知曉「一國兩制」乃「國家優先」的重大國策，主要目標在於達致國家的統一和促進國家的改革開放事業，而保持香港原有的制度對國家的發展有利；「一國兩制」乃在特殊的歷史背景下解決「香港前途問題」的最佳安排；在「一國兩制」下，中央固然要尊重香港原有的制度和生活方式，但與此同時香港人要尊重內地的社會主義體制、認真負起維護國家和國家政權的利益與安全的責任；如果香港成為危害國家和政權安全的「顛覆基地」和「滲透基地」，「一國兩制」勢將不保；《基本法》第 23 條乃維護「一國兩制」必不可少的良法，它在美國全方位遏制中國和國家內部分裂勢力肆虐之際，對捍衛國家安全和領土完整尤為重要；中央在「一國兩制」下享有一系列必要的權力以確保「一國兩制」全面和準確貫徹和維護國家利益與安全，包括人大釋法和對香港特區政府領導和監督；香港的政治體制乃「行政主導」體制，作為特區和特區政府雙首長的行政長官負有讓「一國兩制」在香港全面和準確貫徹的重責；不能夠孤立看待香港的政制發展，行政長官和立法會普選的方式和時機必須考慮到是否符合「一國兩制」的初心和國家安全的需要；中央有必要為「愛國者治港」營造有利的條件，同時確保香港特區的管治權不能旁落到香港內外的反華勢力手上。

在實力推行《基本法》時，必須對香港內外反華勢力對《基本法》的「另類解釋」進行針鋒相對的駁斥，清晰指出其謬誤和錯失，目的是要扳倒其影響。最好的做法是讓更多香港人和海外人士了解或重溫鄧小平對「一國兩制」方針政策的一系列權威論述，從而讓這位「一國兩制」的總設計師曾經講過的有關「一國兩制」的戰略目標和核心內容如何被「另類解釋」所肆意和惡意歪曲得以

大白於天下。香港的年輕人乃至不少成年人對鄧小平的講話肯定相當陌生，鄧公的講話對他們來說可望有醍醐灌頂的作用。

要實力推行《基本法》教育，行動策略一定要到位，工作規模更不能小，而且行動必須持之以恆。《基本法》教育首先要在學校推動，並納入正軌課程和公開考試之中，而課程和考試內容必須受到嚴格的考核，確保學生接收到的是正確的對《基本法》、「一國兩制」方針政策和國家憲法的理解。香港特區政府有責任確保香港的官員和公務員對《基本法》、「一國兩制」方針政策和國家憲法也有正確的認識。正確的理解也應該通過各種渠道、人物、組織和活動在社會上廣為傳播。中央、香港特區政府和愛國力量一定要通力合作，把《基本法》教育當作是頭等大事，並投放大量資源，方能把這件頭號任務圓滿完成。

（原載《大公報》2020 年 3 月 23 日）

以「一國兩制」為基礎建構香港華人的新身份認同

✦　　✦　　✦

為了穩定人心的需要和在維持香港原來的制度和生活方式「五十年不變」的原則下，回歸後中央和香港特區政府都沒有把建構香港華人的新身份認同作為香港回歸後的一項重要的、急迫的和關乎「一國兩制」能否全面和準確貫徹和維護國家安全的工作。以此之故，連帶國民教育、思想和制度「去殖民化」、中國歷史教育、國家安全教育、憲法與《基本法》教育等都沒有認真和大力推行。與此同時，「一國兩制」雖然授予香港人許多內地同胞都沒有享有的權利，但對於他們對國家、民族和中央所應該擔負的責任卻較少講述，而其實對此為數不少的香港人茫然不知、假裝不知或拒絕承認。相反，西方勢力和香港的反對勢力一早非常清楚這項「人心工程」的重大戰略意義，並且乘虛而入，積極和鍥而不捨地，從西方價值觀和反共反中意識出發，把香港當作「獨立政治實體」，杜撰與中國歷史脫鈎的「香港史」，歌頌「殖民管治」對香港的「貢獻」，並在這些歪理基礎上構建回歸前後香港華人的「新」身份認同。這個「新」身份認同把「香港人」與「中國人」割裂和對立起來，徹底否定「香港人」與國家和民族的聯繫，質疑香港自古以來是中國領土的事實，更不接受香港華人為中華人民共和國的公民。由於香港內外敵對勢力一直以來在學校、媒體、文化、藝術、「公民社會」和西方宗教中佔有優越地位，在公開宣揚和潛移默化雙管齊用下，內外敵對勢力在建構其屬意的香港華人「新」身份認同上取得了林林戰果，在不少入世不深、知識淺薄但卻自以為是的年輕人當中的影響尤其惡劣。回歸以來，特別在過去十年左右，無數眾所周知的亂象，包括各種挑戰國家主權、危害國家安全、否定中央權力、不尊重國家憲法與香港《基本法》、「港獨」和其他分離主義、美化「殖民管治」、在香港製造暴亂、依仗西方勢力抗衡中國、以及不少令人扼腕嘆息的數典忘祖的行徑等，都是因為一個與「一國兩制」方針政策相切合的香港華人新身份認同缺位所致。

從「理想」的角度看，一個與「一國兩制」方針政策相切合的香港華人新身份認同應該最低限度包括以下的內容：

1. 認同自己為中華人民共和國的公民，願意負起維護國家主權、安全、領土完整和發展利益的責任，拒絕與外部勢力勾結，反對「港獨」、「台獨」、「疆獨」和「藏獨」等分裂國家的主張。

2. 對身為中國公民為榮，對新中國在各方面取得成就感到自豪，對國家民族過去的恥辱銘記於心，對國家民族的富強、獨特的制度體制和未來前景懷抱信心和自信。

3. 認識中華民族的輝煌歷史和中華民族對人類發展過去和現在所作出的貢獻，懂得近代西方帝國主義對中國人所犯下的罪行和對中國所帶來的破壞、剝削與壓迫。

4. 相信「一國兩制」方針政策符合香港和自己的根本利益，明白從歷史角度看，捨此並無更周全的辦法和安排。

5. 明白香港與內地奉行不同的社會和經濟制度，並衷心尊重和誠摯守護內地的社會主義體制，不但不會妄圖改變內地的體制，而且樂意利用香港「一制」所能發揮的獨特作用為國家的崛起和中國特色社會主義的發展作出貢獻。

6. 明晰在「一國兩制」下，香港原來的那些源於西方的制度和價值觀（法治、人權、自由、民主）得以保留，從而讓香港可以繼續擔當中西方「橋樑」的角色，但卻不能以此來排斥、貶損、衝擊或挑戰內地的制度和價值觀。必須承認不同制度和價值觀都有其歷史淵源和優勝之處，特別要認識到社會主義制度對國家發展和富強的戰略意義和作用。

7. 明確知道在「一國兩制」下，香港逐步融入國家發展大局是「一國兩制」應有之義，是提升香港和報效國家的必要之舉，更是香港在西方不斷打壓下尋求持續發展的唯一戰略選擇。

8. 了解到「港人治港」和高度自治不等於香港特區必須能夠自行處理和

解決所有出現在香港的問題，因此必須拒絕來自中央的支持和協助。相反，「一國兩制」的精神和初心在於有需要的時候，中央和香港應該相互扶持。如果香港發生自己解決不了的難題，而那些難題又危害到香港和國家的安全和利益，則香港向中央求助不但是應有之義，也是「一國兩制」優越性的彰顯。

9. 清楚知道和理解在「一國兩制」下香港居民和內地同胞雖然同屬中國公民，但因為歷史和國家政策的原因在權利和義務上有所不同，但願意與內地同胞平等共處、相互尊重、攜手建設香港、並共同對國家民族效忠和輸誠。

10. 對香港「殖民地」的過去有客觀、理性和正確的認識，了解香港淪為英國「殖民地」背後的民族屈辱的歷史以及「殖民管治」所代表的民族不平等、不公義與歧視，知曉國際局勢、中國內地、中國政府的「長期打算、充分利用」的對港政策、以及香港華人在香港過去發展成就上所作出的貢獻，洞察「殖民地」政府的管治思維、管治手法與公共政策的時空局限性，察覺英國人回歸前在「光榮撤退」的幌子下在香港單方面實施的種種旨在扭曲和妨礙回歸後「一國兩制」落實的舉措，不會盲目以為「五十年不變」等於必須奉「殖民地」時期的典章制度為圭臬，反而需要因時制宜對其作出改革與完善甚至揚棄。

11. 拒絕與外部勢力勾連和與外部勢力在香港的代理人沆瀣一氣。

總之，香港華人的新身份認同必須能夠讓他們感到作為中國人自豪自信和奮發向上，必須讓他們清楚香港對國家的價值和國家對香港的重要性，必須要有利於促進兩地同胞的感情，必須要有利於香港融入國家發展大局，必須要有利於維護國家主權和安全，必須要有利於香港的安定、團結和發展，必須要有利於增強香港華人對國家的向心力，以及必須要有利於「一國兩制」的全面和準確實踐。

2019 年 10 月底中共第 19 屆四中全會宣告了一整套旨在撥亂反正的對港方針政策。嗣後中央接連出手制定香港國家安全法、釐清立法會議員的履職要

求和徹底改革香港的選舉制度，為「一國兩制」行穩致遠、全面「愛國者治港」和香港的長治久安奠定基礎。後續的重要工作之一無疑是為香港華人建構一個以「一國兩制」為基礎的香港華人作為中華人民共和國公民的新身份認同。中央、特區政府和愛國人士需要對此明確目標和方向，擬定行動綱領和路線圖，按部就班積極落實。既然這項艱巨工作涉及到思想和意識形態領域，則教育課程、考試制度、媒體管理與改革、公職人員培訓，中央和特區政府的宣傳推廣工作、大力遏制內外敵對勢力、愛國力量在學校和社會中深耕細作便不可或缺。較為迫切的具體工作則包括對香港歷史特別是「殖民地」歷史的「再認識」和「再編撰」、尤其是要摒棄英國和「親西方」學者對香港歷史的偏頗描述、還原香港歷史與中國歷史尤其是中國近代史的密切關聯，了解香港發展與內地發展的有機關係，推介對「一國兩制」的初心和核心原則的認知，駁斥、糾正和消除內外敵對勢力對國家狀況、香港情勢和「一國兩制」方針政策的「另類解讀」，大力開展國民、國情、歷史、憲法與《基本法》教育，灌輸對國家民族的責任感，強化香港華人的國家安全意識和憂患感，讓人們更好地了解國家面對的安全威脅，察覺西方勢力對國家和香港的狼子野心，防止香港人尤其是年輕人被反中亂港分子蠱惑煽動，持平論述西方制度和價值觀的利弊和其真實的實施情況，明晰西方「理想」和現實的落差，知悉香港「脫西入中入亞」乃不可逆轉的歷史大趨勢，強調和營造香港與國家的「命運共同體」關係和情懷，推介國家發展為香港華人特別是年輕人所帶來的機遇等。

　　一些上述的工作最近在中央和特區政府的努力下已經初步展開，特別是憲法《基本法》、教育和國家安全教育。我相信，香港華人的新身份認同基本上樹立後，香港在「一國兩制」下的局面和在國家內的境況必將煥然一新，而「一國兩制」在香港更能行穩致遠。

（原載《大公報》2021 年 4 月 20 日）

「香港民族主義」乃邊緣和短暫的政治現象

　　香港回歸已經超過 20 年，「一國兩制」在香港的實踐大體上可算成功。不同的調查研究和報道發現，在大部分香港居民和海外人士的眼中，儘管香港在回歸後面對不少磨難和挑戰，而且眾多社會、政治和經濟的深層次問題尚待有效處理，但香港的繁榮穩定、香港居民的原有生活方式、法治、人權保障、自由、廉潔等香港居民珍而重之的核心價值依然是香港特區的亮點。

　　然而，頗為令人困惑和感到意外的，是近年來冒起的、可以籠統歸類為「香港民族主義」的各種主張、組織和行動，而與此相連的則是一大堆由一些曾經接受西方社會科學訓練的知識分子構建出來的抽象、模糊和缺乏實證支撐的政治概念，比如「香港民族」、「香港國族」、「香港主體」、「共同體」、「本土意識」、「本土主義」、「香港城邦」、「公民民族主義」、「公民國族主義」等不一而足。這些政治概念雖然缺乏嚴謹的學術定義和內涵，在現實的香港社會中找不到相對應的具體現象，而一般人尤其是年輕人對它們又難以理解，然而卻對極少數人產生煽動和動員的作用，製造了不少政治衝突，並引起了廣大香港居民和內地居民的極度憤怒和擔憂，明顯地對香港的穩定和「一國兩制」的實踐不利。

　　提出那些主張和從事那些行動的組織和人士的共同點是把香港居民「想像」為一個獨特的社會羣體，是一個廣義的「民族」。誠然，他們不是每一個人都採用「香港民族」這個名詞，但在他們描述這個獨特的社會羣體時，卻實際上和在不同程度上視香港居民為一個「民族」。這些人傾向把所有認同來自西方的政治和經濟價值（自由、民主、人權、法治、包容）的香港居民都當成為「香港民族」的成員。所以，把各種將香港居民定義為一個獨特和團結的社會羣體的思想歸納為「香港民族主義」不單對分析這個現象帶來方便，也基本上沒有扭曲他們的主張和行動目標。

香港的「民族主義者」堅信，「香港民族」不但客觀上存在並涵蓋了大部分的香港居民，而且香港居民對自己作為「香港民族」這個社會羣體的成員有着高度的自覺性、認同感和感情，自覺擁有優越的和引以為傲的「香港民族」的身份，高度認同香港的制度和價值觀，並相信彼此有着相同的命運，所以這個羣體在主觀上亦存在。「香港民族」與內地居民截然不同，彼此雖然在種族上都是「華人」、「漢人」或廣義的「中國人」，但卻非「利益共同體」、「感情共同體」，「文化共同體」、更不是「命運共同體」。相反，內地居民與「香港民族」在文化、制度、價值觀、生活方式、利益和命運等方面都與「香港民族」嚴重對立和相互排斥。「香港民族主義者」確信香港傳承了在內地已經失傳的優秀華夏文化，又因為經歷了英國殖民統治而獲得了先進的西方文明，加上發展水平又高於內地，因此對內地居民採取鄙夷態度。不過，隨着回歸後中國的快速崛起，香港與內地的關係和互動愈趨密切，香港在政治、社會、文化和經濟上的主體性、獨特性、優越性、自主性正受到快速的蠶食。部分人甚至把中華人民共和國當成是另外一個「國家」。這個「國家」在 1997 年「吞併」了香港，在「天朝主義」引導下君臨和操控香港，把香港變為「中國」的「殖民地」，讓香港再一次承受殖民統治之痛。經由選舉委員會產生並由中央任命的香港特區行政長官和他(她)領導的特區政府則是「媚共」政權，協助中央操控和改造香港。因此，為了「香港民族」的生存和發展，「香港民族」必須奮起自救。「香港民族主義者」提出的「自救」方案雖然五花八門，但不外乎包括要在「一國兩制」下爭取完全自治、推動與中國政府的「第二次香港前途談判」、爭取「西方模式」的行政長官普選、大幅削減行政長官的權力、強化民間社會對當權者的制衡、公投自決、要求西方國家政府和政客介入香港事務和向中國政府施壓、香港獨立建國等選項。

　　迄今為止，「香港民族主義者」在香港社會的人數極少，主要來自大學生和年輕人，當然也包括若干反共、反華、親西方的人士和憤世嫉俗者。他們在反對國民教育、抗拒中央「干預」香港事務、爭取行政官普選、「佔領中環」、反對「一地兩檢」和抗議香港與內地融合等行動中積極參與。在媒體的鎂光燈

下，他們的激進言行取得了不合乎比例的曝光率，並在政治上造成了嚴重的衝擊，尤其是對年輕一代帶來了非常惡劣的影響。因此，即便他們勢孤力弱，但為香港和國家帶來的傷害卻不容小覷。

「香港民族主義」作為一種邊緣和短暫的政治現象，可是視為對兩個壓倒性的、不可逆轉的歷史趨勢的抗拒或反動。第一個趨勢乃香港與內地的關係和互動在廣度和深度上的不斷提升。儘管這個趨勢不可避免帶來一些兩地同胞在利益、文化、社會和感情上的摩擦，但大部分香港居民都認為這是一個既不可逆轉，也是根本上對香港的經濟和社會發展有利的趨勢。惟其如此，近年來那些與推動香港融入國家發展大局的政策和舉措在香港遇到的阻力才越來越小。兩地紐帶的不斷增多和強化也不斷強化了香港居民對國家的向心力。然而，這個趨勢恰恰好是「香港民族主義者」所深痛惡絕的。

第二個趨勢乃「一國兩制」的實踐在中央的強力參與下越來越朝着原來的構想或初心推進。回歸後，長期以來香港居民對「一國兩制」的理解過度受到香港反對勢力的影響。反對派對「一國兩制」的「另類詮釋」把香港視為「獨立政治實體」，幾乎完全排斥中央在「一國兩制」下的權力和責任，也刻意地從「本土優先」的角度理解「一國兩制」的目的和內容。近年來，中央下大力氣去扭轉不少香港居民對「一國兩制」的錯誤理解，並在必要時行使中央的全面管治權以確保「一國兩制」沿着正確方向前進。中央的言論和行動雖然已經初見成效，但難免會在香港引發一些憂慮和衝突。但對「香港民族主義者」而言，中央的意圖不是要全面和準確貫徹「一國兩制」，而是要摧毀香港的「一制」，把香港併入內地，實施「京人治港」，加強對香港的控制，違反對香港的莊嚴承諾，因此必須頑強抵抗，保衛「我（的）城（市）」。

然而，在這兩個大趨勢下，無論「香港民族主義者」如何負隅頑抗，香港與內地同胞在共建「利益共同體」上已經取得初步的成果，並朝着建構「感情共同體」和「命運共同體」的方向邁進。「香港民族主義」作為一種「分離主義」和與其相關的「港獨」及「本土自決」等主張在過去幾年的冒起，其實是代表一

種違逆歷史潮流的妄動和盲動，而其作用實質上乃非理性的情緒發泄而已。

然而，客觀上和主觀上，「香港民族主義」是一個邊緣的政治現象，也只能是一個短暫的政治現象。「香港民族主義」之所以是一個邊緣的政治現象，因為它只是極少數人的政治理念，不為主流民意認同，引發不了香港居民的共鳴，因此也只能是極少數人參與的小規模政治活動。它之所以是一個短暫的現象，是因為它違抗歷史發展大勢，受到中央、香港特區政府、香港社會和內地同胞的堅決遏制，更無法取得國際社會特別是西方大國的真誠支持，當然美國和其西方盟友會拉攏、支持和誘使「香港民族主義者」不斷為國家和香港製造麻煩，從而達到遏制中國和傷害香港的目的。

而更深層次的原因，是因為「香港民族主義」與其他地方的「成功建國」的民族主義相比缺乏生存和發展的重要條件。

首先，把香港居民視為一個自覺的、團結的民族本身已經是對現實的嚴重錯判。無可否認，嶺南文化背景、殖民管治、西方文化的薰陶、1949 年後與內地分途發展、獨特的經濟和社會形態、香港居民對一些事物和事件的「集體回憶」和「一國兩制」方針政策刻意保存香港的獨特社會形態等因素，都塑造了香港居民有別於內地居民的文化、制度和價值觀。我們也承認不少香港居民擔心自己的制度和生活方式會因為香港與內地交往頻繁而改變。即便如此，香港居民絕大部分是華人，他們與內地同胞有着種族、血緣、文化、語言、歷史、親族和感情上的聯繫，難以「想像」自己是有別於「中華民族」或「中國人」的另一「民族」。「香港民族主義者」往往引用一些針對香港人的「身份認同」的民意調查來證明「香港民族」的存在。但根據過去一些研究，實際的情況是，大部分香港居民同時認同「香港人」和「中國人」兩個「身份」，並認為那兩個「身份」不但不相互對立，反而相當重疊、互為表裏。再者就是，無論是在行為取向或價值觀方面，「香港人」和「中國人」的差異其實不大。即使在政治態度上，「香港人」和「中國人」也不是兩個「敵對」類別的人。簡單說，只有極少數人覺得有一個「香港民族」的存在，更遑論擁有把自己當作「香港民族」一分子的「民

族自覺」或「民族覺悟」。事實上，對不少香港居民來説，把香港從中國分裂出去並成立「香港國」是大逆不道、背祖滅宗的事。

第二，不同的香港居民擁有不同的「身份認同」，對大部分香港居民來説，最重要的「身份認同」是他們的階級背景、教育水平、性別、年齡、職業、行業、國籍和政治立場（特別是對中國共產黨的態度）。要解釋和預測香港居民的態度和行為，這些「身份認同」比「香港人／中國人」更為有用。眾多的社會科學研究發現，解釋和預測某一個人的行為和態度，教育程度和社會地位乃最佳的因素。即是説，對大部分香港居民來説，自己究竟是「香港人」或是「中國人」並非特別重要，也不是他們特別自覺的、每天都牽掛着的事。在香港的議會選舉中，鮮有候選人利用「香港人」和「中國人」的身份認同分野作為爭取選票的手段，這肯定是因為他們不認為挑起「身份政治」能夠觸動選民的感情。

第三，作為一個多元社會，香港內部存在着不少社會分野，使得香港居民難以高度團結起來並組成一個「民族」。在貧富懸殊惡化、階級矛盾激化、政治立場分歧嚴重、香港居民對香港的歸屬感差異甚大的環境下，要成為一個團結、內聚力強、價值觀統一和政治能動性高的「香港民族」絕非易事。

第四，「香港民族主義」缺乏有威望的、能夠動員和組織羣眾的政治領袖和理論家。由於那幾個「香港民族主義」的「理論家」的「理論」空洞貧乏，對香港現狀的負面描述與廣大香港居民的切身體驗和感受相差甚大。他們試圖把香港歷史與中國歷史切割，並仿傚「台獨」分子的做法，從「香港民族」的角度重新演繹「香港歷史」，並力圖製造恐慌和危機感，但其「研究成果」因為與大部分香港居民對國家和香港的歷史的認識有落差而難以普及，只能在那些對國家和香港的過去了解有限和入世未深的年輕人中才能找到「知音」。

第五，任何成功建國的民族主義都必須得到勢力龐大的社會和政治組織的支撐，包括政黨、強大的獨立運動組織、種族和民族組織、公民團體、宗教組織、文化藝術團體、工會等。可是，迄今為止，「香港民族主義」在香港並沒有獲得任何重要的政治和社會團體的支持，只能依靠人數稀少的人尤其是學

生和年輕人的參與，和從事一些激進的、往往是「野貓式」干擾行動，或者將自己隱蔽在一些大型的集體行動之中。

第六，「香港民族主義」無法提出讓人信服能夠成功「建國」和「公投自決」的行動綱領。它欠缺實際行動的時間表和路線圖，無法描繪一幅能夠讓香港人憧憬的香港美好將來的圖像（而不是滅頂之災），更難以說服香港人在中央、內地同胞和大多數香港人反對下「港獨」或「本土自決」為何有成功的機會。最後，「香港民族主義」只能停留在「口號」和「吶喊」的原始階段，只能淪為沒有實質內容的、旨在發泄情緒、打擊對手的工具。結果不但是為自己引來更強力的反彈，也讓主流社會因為共同反對「港獨」而獲得更大的凝聚力。

第七，即使從實際利益考慮，香港居民作為現實主義者也不願意脫離中國。香港在經濟發展、民生改善、個人發展乃至控制傳染病上越來越依靠國家的發展，這個依賴性在國際貿易和金融保護主義日益猖獗下愈趨明顯。大部分香港居民明白，回歸前後，香港的發展和中央對香港各方面的支持和引導分不開。一個孤立於中國的香港是根本難以生存下去的，更遑論發展和提升。相反，如果「香港民族主義」成為氣候的話，則中央必然會嚴懲香港，屆時不但「一國兩制」不保，而香港更會蒙受災難性打擊。

第八，成功的建國計劃不能缺少西方大國的承認和支持。由於不少國家都是多民族國家，它們傾向維持現存的國家界線不變，所以一般不會支持其他國家的分裂勢力，避免受到報復，更不願意讓本國的分裂勢力受到鼓舞而提出自決建國的要求。歷史上，一個主權國家「心甘情願」讓它的一塊領土分裂出去而成為獨立國家的事例只有寥寥兩宗，但都是在極其罕見的情況下發生。它們是 1905 年挪威脫離瑞典和 1922 年愛爾蘭從英國分裂出去。香港是中國的一部分早已得到世界各國的承認。作為一個大國，中國有能力對支持和包庇「港獨」和「本土自決」的國家予以打擊和懲罰。因此，「香港民族主義者」絕不可能得到任何西方大國的承認和支持。當然，為了為國家和香港製造麻煩，不排除一些西方大國會不顧中國政府的反對而對「香港民族主義者」給予有限的鼓

勵和支援。

第九，「香港民族主義者」並非是團結一致的一羣人。他們內部就如何「自決建國」、要建立甚麼樣的「香港國」、「香港國」的制度設置和主要的公共政策的內容、如何協調彼此的利益分歧等事項上並無共識。要統一行動和維持凝聚力難乎其難。

最後也最重要的原因是中央對港的「一國兩制」方針政策。「一國兩制」的初心，就是要維持香港原有的制度、生活方式和價值觀不變，並相信只有如此香港才能在國家現代化過程中發揮獨特和不可替代的作用，以及緩解香港居民的憂慮和維持香港的繁榮穩定。在「一國兩制」下，只要香港特區能夠負起維護國家主權、安全和發展利益的責任，中央也會充分尊重香港的「港人治港」和高度自治。事實上，改變香港的「一制」並不符合國家的根本利益。回歸以來，儘管部分香港居民對「一國兩制」的實踐有這樣那樣的意見和不滿，但整體而言他們對現狀還是比較滿意的。他們認為自己的基本訴求已經得到滿足，感激中央對香港發展的大力支持，也沒有感受到來自「天朝」的壓迫。在這種民意氛圍下，「香港民族主義者」發動香港居民與中央對抗和「獨立建國」的意圖和行動是完全沒有成功機會的。

近年來，「香港民族主義」在香港社會已經難以立足。「香港民族主義者」因此轉戰到香港的大學和中學，竭盡全力吸收大學生和年輕人，以院校為庇護所和最後的堡壘，並打着「言論自由」和「學術自由」的旗號繼續鼓吹「港獨」和各類「本土分離主義」。不過，隨着中央嚴肅申明對「港獨」「零容忍」的立場，制定和執行香港國家安全法，香港特區政府引用香港國家安全法或一些本地法律取締香港民族黨和其他類似組織，而《基本法》第 23 條的本地立法工作又可望在可預見將來完成，「香港民族主義」作為一個邊緣和短暫的政治現象也將壽終正寢。

（原載《大公報》2018 年 10 月 5 日）

如何理解「光復香港、時代革命」這個政治口號

❖　❖　❖

　　自從 2016 年本土民主前線發言人梁天琦提出「光復香港、時代革命」這個政治口號後，不少參與立法會和區議會選舉的反對派人士和積極投身於各種抗爭行動的人，尤其是年輕人，對此趨之若鶩，紛紛以此作為自己的政治綱領、鬥爭主題，戰鬥吶喊或人生奮鬥目標。在過去一年多香港爆發的超大規模暴亂中，很多參與者在眾多大大小小的示威和衝突事件中，都突出展示和高聲呼喊這個政治口號，恍惚這個政治口號說代表的東西就是他們的共同行動目標之一。不過，經過多年來的演變，這個政治口號在不同的人和羣體中出現了不同的理解和演繹，就連梁天琦本人對這個政治口號的內涵也曾作出多次修改。總的趨勢是，隨着香港的政治鬥爭愈趨激烈化、白熱化和暴力化，這個口號往往也被部分抗爭者賦予更激進的內容。時至今日，認同和呼喊這個政治口號的人對其內涵和意義大體上已經缺乏一致的理解。不過，即便如此，通過對他們的言論和行為的觀察，他們之間對這個政治口號的認知的一些基本共同點還是有跡可尋的。就算是那些對這個政治口號的內涵不甚了了，呼喊它的目的只是為了人云亦云、贏取師長朋友同儕的認可、爭取反對派媒體的頌揚、發泄個人情緒和讓自己相信自己正在從事一項無比正義的「偉大歷史事業」的人來說，他們與其他抗爭者確實又有着相同的對社會和政治情況的不滿、怨氣和仇恨，對香港的未來共同感到擔憂，而中華人民共和國、中國共產黨、香港特區政府和香港警察更是他們共同針對和敵視的對象。有趣的是，香港存在的深刻社會不公和貧富懸殊情況，卻得不到這些聲稱尋求公平公義的抗爭者的垂注。

　　「光復香港、時代革命」這個政治口號可以作為一種社會現象來進行探討。這個政治口號的字面意義其實頗為清晰，不難理解。實際上，從那些認同和呼喊這個政治口號的抗爭者的眾多言論和行為來看，他們對這個政治口號的認知

其實與它的字面意義頗為接近。與此同時,這個政治口號的字面意義又與過去十多年在香港冒起的、尤其讓不少年輕人如蟻附羶的「本土分離主義」所宣示的政治主張在意義上又相當耦合。所謂「本土分離主義」指那些相信香港人正在受到來自中國內地的入侵和威脅,因此香港必須要擺脫中國,才能保衛香港人的各種利益的不同政治思想和主張。以此之故,我們可以就「光復香港、時代革命」這個政治口號從字面上和政治歷史背景上作出梳理和理解。

字面上的理解

首先我們可以從字面上去理解「光復香港、時代革命」這個政治口號,而我相信大多數參與各種抗爭行動的人也是從字面上去理解它,否則的話這個政治口號便失去了觸動情緒、製造怨氣、引發危機意識,燃點正義感和煥發鬥爭意志的效用。據我個人觀察,我對這個政治口號在字面上的理解應該也是受過一定教育的香港人的理解。顯然,這兩句口號很有感染力和煽動力,在一定程度上可以反映和呼應部分香港人內心深處對香港的現況和未來的擔憂和對中國內地的不滿與恐懼,從而促使部分香港人特別是年輕人覺得他們不能依靠那個中央任命的特區行政長官和他/她領導的政府以及「愛國力量」來捍衛香港現有的制度、生活方式、價值觀和自治,並避免它們受到來自中國內地的破壞、扭曲、改變和稀釋,因此必須自發行動起來「拯救」香港。在「拯救」香港的過程中,除了排拒來自中國內地的影響和干擾外,還必須推翻香港現有的政府和政治體制,讓「真正」的香港人能夠掌握香港的政權,讓那個新政權完全向香港人效忠和負責,否則便難以圓滿達到「拯救」香港的目的。

所謂「光復」,一般人的理解是恢復已經滅亡的國家或者收復曾經失去的領土。《應用漢語詞典》對「光復」的定義是「收復失去的國土,恢復已滅亡的國家」。《晉書‧桓溫傳》提到「光復舊京,疆理華夏」。中國近代革命家章炳麟在其《〈革命軍〉序》中說:「今中國既滅亡於逆胡,所當謀者光復也,非革命云爾。」(這裏章炳麟把「光復」和「革命」兩個詞語連在一起運用。)在香港,

的確有部分認同和呼喊「光復香港」的人否定香港是中國固有的領土，認為中華人民共和國對香港沒有主權，但中國卻在 1997 年在沒有取得香港的「原住民」或「香港民族」的同意下強行佔領香港，把香港變成中國的「殖民地」，讓香港經歷「第二次」的「殖民地化」。在這種字面意義下，「光復香港」是要把中國驅逐，並讓香港人「獨立建國」。沒有那麼激烈的主張則是要迫使中國政府容許香港舉行「公投自決」，讓香港人自行決定自己的政治前途和命運。較為「溫和」的主張是容許中國繼續擁有對香港的主權，在香港繼續實踐「一國兩制」，但中國政府則授權香港特區進行「完全自治」，在這種安排下，香港特區儼然成為一個「獨立政治實體」，中國政府在香港特區的事務上實際上既沒有權力，也沒有責任。與此同時，香港人對中華人民共和國和中華民族也沒有任何責任和義務。

部分呼喊「光復香港」的人則除了要在政治上「光復」香港外，還要在社會、經濟和文化意義上「光復」香港。他們提倡停止或大幅減少香港與內地居民的社會聯繫、人員交往、經濟往來和文化交流，從而達到徹底的「去中國化」和「去大陸化」，從而讓香港得以保留其原來的獨特的制度和生活方式。

無論是那種意義的「光復香港」，其共同點都是敵視和排斥中華人民共和國和領導中國政府的中國共產黨，都是歧視、輕蔑和排斥內地同胞，都是要用某種方式把香港從中國內地在政治上、經濟上、社會上和文化上割裂和分離，讓香港在名義上或實質上或在兩個方面都不再隸屬於中國。

所謂「革命」，一般是指在極短時間內通過武力或其他激烈手段推翻，或者徹底改變一個國家或地區的國家 / 地區體制、政治制度、政權或政府。《應用漢語詞典》對「革命」的定義是「用暴力奪取政權，摧毀舊制度，建立新的社會制度」。《古代漢語詞典》則說：「古代認為帝王受命於天，改朝換代是天命變更的結果，因而稱之為『革命』」。有些抗爭者則從更廣闊的角度理解「革命」：「革命」不但要推翻或者徹底改變政治性的東西，更要推翻或徹底改變一個社會的經濟、社會、文化和思想體系。因此，我對「時代革命」的理解為：

一個不同階層和不同背景的香港人都可以參與的、切合和呼應新時代要求的、目標在於推翻或徹底改變香港的政府和政治體制，並在香港建立「西方式」的民主政治體制的大規模和激烈的政治行動或「革命」。

認同和呼喊「時代革命」的人批評香港現有的政府是由中國政府任命，而非通過普及選舉產生的非民主或威權政府，所以無論是香港政府或者是香港的政治體制都不民主和缺乏認受性，因此必須推翻或徹底改變，就算不能馬上達到目的，也必須以各種鬥爭行動削弱香港政府的政治威信和管治能力，不讓其能夠在香港實現有效管治，其中衝擊警察隊伍、圍堵政府機構、破壞公共設施、癱瘓交通、罷工罷市罷課，暴力和恐怖襲擊都是被不少參與抗爭行動的人較多運用的手段，而最終目的是要在香港建立一個符合西方民主價值觀的、當權者由香港人通過普及和平等選舉產生的政治體制。

「光復香港」和「時代革命」共同構成一個整體論述，所以應該連在一起來理解。我們從認同「光復香港、時代革命」的人的大量言論和行動中可以得出這樣的綜合觀察。這些人認為，因為要「光復香港」，所以也必須要完成「時代革命」，原因是對於那些爭取「光復香港」的抗爭者來說，只有在「時代革命」成功之後香港才能完全「光復」。因為就算香港能夠以某種方式擺脫中國，如果香港的政權的性質、取態和產生方式沒有根本改變，則香港的管治權力仍然會掌握在那些「親北京」或者依附於中共政權的勢力的手中，而所謂「光復香港」也只會是形式上的「光復」而非實質上的「光復」，因為香港的政權仍然沒有通過「西方式」的民主選舉程序產生，依然沒有落到那些熱愛自由、民主和公義的「真正」香港人的手中。所謂「真正」的香港人，是指那些認同和實踐香港的「核心價值」（包括自由、人權、民主、法治、反共、反中、親西方）的香港人，而其他的香港人則被排除在外。抗爭者以是否認同和實踐共同的價值觀來定義某人是否「真正」香港人，令「光復香港、時代革命」這個政治口號背後的政治主張帶有某種「公民民族主義」(civic nationalism) 和排他性的色彩。

從歷史和政治背景的角度理解

「光復香港、時代革命」這個政治口號在十年多前「本土分離主義」(nativistic separatism) 已經在香港冒起的特殊歷史和政治環境之中產生，而其內涵又與「本土分離主義」有雷同之處。我們可以有理由認為「光復香港、時代革命」是「本土分離主義」的其中一種表現方式。因此，「光復香港、時代革命」的意思可以參照「本土分離主義」的大量不同相關論述而作出理解。

過去十多年來，隨着中國迅速崛起和香港與中國內地關係越來越密切，香港出現了各種各樣被籠統稱為「本土分離主義」的主張，這些主張在部分知識分子、媒體、年輕人和反對派人士當中的影響尤為深刻和明顯。儘管「本土分離主義」在香港社會並非主流觀點，但「本土分離主義」者卻得以通過積極政治動員、激烈言行、出位動作、衝擊行動、一些反對黨派的逢迎和反共媒體的渲染而取得不合乎比例的政治影響力，從而顯著擴大香港的政治分化、對立和鬥爭，加劇特區政府的管治困難、毒化內地同胞與中央和香港人的關係、對香港的經濟發展造成嚴重的損害、並讓外部勢力在香港有機可乘和興風作浪。

從「一國兩制」在香港能否成功實踐的角度看，「本土分離主義」的出現固然是難以接受的事情，但它作為一種極有可能只是「短暫」的現象的誕生則絕對是有跡可尋，甚至是一個逃避不了的東西和過程。在某種意義上「本土分離主義」其實反映「一國兩制」方針的實踐成功。「一國兩制」方針預期了在改革開放戰略下國家會迅速崛起、國家在世界上的地位和影響力會與日俱增、內地與香港的發展水平差距會不斷縮小、香港對國家發展的角色和重要性會不斷調整和下降、內地對香港各方面的影響會不斷上升、香港的經濟競爭力和內地比較會逐步遜色、香港對內地的依賴會持續增加、兩地同胞的交往會越來越頻繁、香港對西方世界的重要性會不斷減少，而香港與西方的關係也會越來越淡薄。這些大的趨勢在將來仍然會長期延續下去，不會跟隨香港人的主觀意願而改變。然而，香港有不少人基於其素來對內地的優越感和一些揮之不去的反共

和反中意識，其對西方文化、宗教、制度、價值觀和力量的頂禮膜拜，加上他們堅信香港的價值觀、制度和生活方式最終會被內地落後的東西所蠶食、破壞和取代，因此對這些大勢的出現感到不安、憂慮和恐懼，這實在是不難理解的。

　　過去十多年，香港人與內地同胞進行越來越密切和近距離的接觸、彼此在利益上的碰撞和矛盾增加、雙方在文化和生活方式方面的摩擦日多、傳統愛國力量在特區管治上角色隨着梁振英和林鄭月娥政府的出現而有所提升、中央在香港事務上愈趨主動積極、香港政制改革進程不順和特區政府被視為偏重內地和中央等事態的變遷都強化了那些不安、憂慮和恐懼。

　　然而，「本土分離主義」雖然在某程度上反映香港人的不安、憂慮和恐懼，但卻只是這種香港人普遍心態的至為極端、非理性、扭曲和粗暴的表現，而絕非大部分香港人所能接受的一種政治主張。從國家和香港歷史發展的大勢觀察，「本土分離主義」應該是「一國兩制」實踐過程中出現的一種短暫的「逆流」或「反動」。它既違逆世界、國家和香港發展的大勢，在各方面損害香港的穩定、繁榮和發展，也不符合香港人的利益和福祉，因此無法持久。

　　本質上，「本土主義」並非是一套嚴謹和扎實的政治理論，缺乏明確的目標，沒有切實可行的政策計劃和行動綱領，在政治上空談理念而漠視現實，更缺乏有號召力和強勢的思想領袖。當然，個別知識分子試圖從歷史、文化和社會角度印證香港人是一個有別於中華民族和內地同胞的，擁有獨特的歷史、文化、價值觀、制度、生活習慣、語言、集體經歷和回憶、對外聯繫、國際視野、以及共同利益的「優秀」「民族」、社會羣體、「自治城邦」或「命運共同體」，但理論內容粗疏貧乏，片面曲解歷史，而且經不起實證的考驗，「想像」和「一廂情願」成分居多。「本土分離主義」對一些不了解香港的「殖民地」歷史、香港過去與中國的密切關係，和對自己的國家的歷史和現狀陌生的年輕人雖有不少影響，但在社會上其思想影響力卻實在有限。

　　基本上，「本土分離主義」是一種複雜的心理情況的反映和載體，代表着一系列負面情緒的表達和發泄。一方面「本土分離主義」蘊藏着對香港的自豪

感和歸屬感，特別是對香港價值觀和體制的頌揚，當然其中有過度美化和理想化的成分。受到頌揚的東西既包括源自「殖民地」的「遺產」，也包括一些來自西方文明的先進事物，復又包括部分發軔自華夏文明的瑰寶。二方面「本土分離主義」對內地的政治、社會、文化和發展持負面和輕蔑的傲慢心態。三方面「本土分離主義」對香港的「殖民地」過去抱持正面態度，尤其是對殖民管治、「殖民地」的「先進」典章制度讚譽有加。四方面「本土分離主義」覺得回歸後的香港在各方面都走向衰敗和倒退，「今不如昔」的感覺頗為強烈。五方面「本土分離主義」斷定香港正在走向「大陸化」，經濟上固然會越來越依賴內地，而其先進事物也正不斷受到落後的內地文化、制度、生活方式和語言的侵蝕。「本土分離主義」者真心相信中國政府有意圖和計劃要以內地模式為藍本徹底改造香港，而其中一個手段是讓大量內地居民移居香港從而達到「人口換血」的效果，另一個手段則是讓香港在經濟上和其他方面越來越依靠中國內地，因此香港的獨特性、優越性和「一國兩制」遲早不保。六方面「本土分離主義」認為香港的「國際性」和國際地位不斷下降，越來越與西方剝離，遲早其國際地位與內地城市無異，最終更會讓西方「拋棄」。七方面「本土分離主義」斷定香港的利益與內地和中央的利益不一致，在一些方面更是尖銳對立。香港人的利益越來越被內地居民所蠶食或剝奪。八方面「本土分離主義」擔心在香港日後的人口構成中，內地人的比例越來越高，「真正」的香港人變成「少數民族」，在原來屬於自己的地方變成「陌生人」。在這些傲慢、自豪、不安、悲觀、憂慮、憤怒、焦灼、恐懼、惶惑和躁動的情緒的牽引下，「本土分離主義」自然地呈現出濃烈的「分離主義」、「分裂主義」、「香港與中國內地割裂」的元素。「本土分離主義」者提出的建議和主張雖然不盡相同，但將香港與內地、香港人與內地人、香港與國家、香港與中央對立起來，並力主盡量減少雙方的來往的意圖則是它們的共同點。那些建議和主張包括在香港實施「去中國化」、反對任何形式的國民教育和國情教育、抗拒香港與內地的社會文化交流、不支持任何方式的「去殖民化」、不贊成在學校推廣普通話和教授簡體字、反對香港經濟

和內地經濟融合、反對中央依法行使權力、要求特區政府施政以「港人優先」為原則、要求以西方選舉模式「一人一票」選舉行政長官、不關心也不介入內地的政治、贊同借助外部勢力來抗衡中央在香港事務的干預、具體到反對香港東北地區的發展、反對香港參與國家的五年規劃、反對在香港高鐵站內實施「一地兩檢」的安排、反對香港參與粵港澳大灣區的建設、反對《逃犯條例》修訂、不接受香港國家安全法，反對普及社區檢測計劃等等不一而足。「本土分離主義」從香港從「獨立政治實體」角度去理解「一國兩制」、不承認中央在「一國兩制」下所擁有的權力和職責、意圖擺脫中央對香港的管治、致力隔斷香港與中國內地的各種聯繫、否定香港人乃中國人的身份、提倡「本土自決」、「公投自決」、部分人甚至鼓吹「香港獨立」、「香港建國」等極端立場並付諸行動。

「本土分離主義」者眼中的「對手」或「敵人」甚多，包括所有那些不同意他們的主張的人，尤其是中國政府，內地居民，來自內地到香港定居、學習、工作和投資的人士，香港的「愛國愛港」人士和那個被視為以中央為「馬首是瞻」，並決心讓香港「大陸化」的香港特區政府。那些不認同「本土分離主義」的反對派人也經常受到排斥和批判。「本土分離主義」者的偏執、自以為是、缺乏客觀根據的「危機感」，和強烈的排他情緒導致他們傾向和敢於用粗暴和暴力的言行對付其「對手」或「敵人」，顯然相信他們的崇高信念和「救港」情懷，讓他們有足夠理據去「違法達義」和「為所欲為」。

上述講述的「本土分離主義」的基本內容其實與「光復香港、時代革命」背後的思路相差不遠，我們甚至可以斷言「本土分離主義」在思想上為「光復香港、時代革命」提供養分和血輪。從另一個角度看，「光復香港、時代革命」本身就是一種「本土分離主義」。

小結

綜合以上對「光復香港、時代革命」這個政治口號的字面理解，和對認同和呼喊這個政治口號的人的言行和其歷史政治背景的探討，我們可以判斷這個

政治口號帶有頗為明顯的「本土分離主義」內涵和推翻或破壞香港特區政權的意圖。換句話說，這個政治口號一方面鼓吹把香港以某種方式分裂、脫離和擺脫中國，其中比較極端的方式是「香港獨立」和「公民自決」；另一方面則鼓吹以激烈行動包括暴力讓香港特區政府倒台或無法有效管治。誠然，這個簡單的政治口號沒有作出行動上的具體指引，但觀乎其支持者在網上和網下的言論和行動，一些認同「光復香港、時代革命」的人認為抗爭者所應該採取的實際行動確實是明顯不過的。遊行、示威和文宣工作固然是「指定動作」，尋求外部勢力的支援和介入香港事務也必不可少。不少人更以打、砸、燒、堵塞交通、破壞公共設施等帶有恐怖主義性質的行動來試圖迫使中央和香港特區政府屈服。簡言之，「光復香港、時代革命」與香港的動亂有關，更不利於國家的統一、領土的完整、民族的團結和香港特區的穩定和管治。

然而，香港國家安全法頒佈和實施後，香港的法院已經將「光復香港、時代革命」這個口號裁決為具有包含分裂國家的意圖。從今往後，「港獨」和各種本土分離主義在香港再難有立足之所。

(原載《大公報》2020 年 9 月 15-16 日，標題為〈解構「光復香港 時代革命」口號的本質〉)

香港泛民主派的歪路和正路

✦　✦　✦

　　作為香港反對勢力的核心的泛民主派過去一直自詡為民主派，大概十年多前因為內部出現立場分歧和人事傾軋而改稱為泛民主派。即便如此，在政治本質上，民主派和泛民主派其實差異極小。泛民主派的冒起源於在上世紀 80 年代初冒現的「香港前途」問題。不少原來已經存在的壓力團體和那些紛紛湧現的政治組織趁機聯手向港英政府和中國政府提出民主改革的要求，強調要讓香港人對香港前途產生信心，政治權力必須要交到香港人手上。泛民主派人士的政治動機頗為複雜，包含對西方民主的向往、對權力的追求、個人的利益的爭奪、對新中國的抗拒、對中國共產黨的不信任、對社會改革的訴求、對「殖民地」的眷戀、對英美等西方國家的幻想等。他們有部分人甚至提出「民主回歸」這類帶有「進步」色彩的口號，但其實也是希望憑藉「支持」香港回歸，換取中國政府讓香港「民主化」，從而達到「民主抗共」的目的而已。有些泛民人士甚至寄望於利用香港的高度自治和民主化，去推動中國的「和平演變」。

　　基於這個背景，從一開始泛民主派便走上了歪路，而且隨着形勢的發展和民意的變化在歪路上越走越遠。時至今天，泛民主派如果不徹底改弦更張，只會走向自毀的絕路。之所以如此，是因為從頭到尾泛民主派都沒有創造形勢和領導羣眾的能力和勇氣，反而是一股被形勢「牽引」和民意「領導」的「力量」。在相當長的一段時間內，他們頗為幸運。即便是漫無目的、隨波逐流，但形勢和民意卻對他們的壯大甚為有利，因此泛民主派不但沒有感到調整立場和道路的需要，反而更加固步自封，在其自設的「舒適區」內沾沾自喜。然而，當中央決心在香港撥亂反正，導致形勢和民意急劇逆轉後，他們亦因此而無法「轉型」作出應對。毫不誇張地說，今天的泛民主派正在面對生死存亡的危局。

　　長期以來，泛民主派從來都沒有因應香港回歸祖國和香港實施「一國兩

制」的現實去釐定一系列合乎實際的政治目標和制定一套能夠行之久遠的政治謀略，反而從短視、自私、投機和功利角度出發去爭取最大的政治利益。他們意圖通過選舉和政治動員而成為一股強大的反對勢力，並進而奪取香港特區的管治權。他們的政治策略以與中央鬥爭和對抗為主軸。這個策略在回歸前已經「定型」，並且取得不錯的成果。回歸前，英國人為了「光榮撤退」，在下旗歸國前夕搞「代議政制」改革，引進各式議會選舉和大量旨在削弱行政機關權力和威信的政治改革，並刻意拉攏和培植泛民主派來抗衡中國政府和愛國力量，從而讓泛民主派得到前所未有和意想不到的冒起和壯大機會，為此泛民主派也樂於與英國人「結盟」。由於歷史原因，有相當比例的香港人對新中國和中國共產黨有濃厚的抵觸情緒，對香港的前景憂心忡忡。在這種民情民意下，泛民主派很「理性地」和「自然地」依靠反共反中旗號、鍥而不捨地挑撥離間香港人與中央的關係，在議會選舉中獲得選票和贏取佳績以及在社會上取得政治優勢。這個「走捷徑」的、有相當「投機」成分、受到形勢和民意「引領」的自我壯大策略既然是「成功」的保證，當然沒有改變的必要，反而只會不斷固化和深化。另方面，泛民主派要改變這個策略也不容易。既然泛民主派沒有改變民意和形勢的能力，因此任何偏離民意的行動都會被其羣眾視為背叛，形同政治自殺，所以絕對不可取。

以此之故，泛民主派那個以與中央鬥爭和對抗為主軸的基本策略在回歸後在沒有深切反思下仍繼續堅持下去，並隨着形勢和民意的變化而愈趨激進和偏執，讓泛民主派在政治上更加泥足深陷，難以自拔。回歸後，圍繞着政制改革、《基本法》第 23 條立法、人大釋法、五區公投、國民教育和特區管治的政治鬥爭此起彼落。十多年前開始，本土主義、「港獨」主張等分離主義抬頭，以年輕人為核心的激進勢力冒起，激進鬥爭和對抗的手法越來越激烈和暴力，民意愈趨偏激和分化對立，違法的行動也越來越頻密，「佔領中環」、「旺角暴動」和「修例」風暴則是極為惡劣的實例。在這種劍拔弩張的氛圍下，以美國為首的外部勢力乘機在香港渾水摸魚，加緊培植代理人，並妄圖把香港變成

危害國家安全、遏制中國崛起的顛覆和滲透基地。在香港和國家面對空前的危機的情況下，除了其中極少數人士外，泛民主派繼續其一貫的隨波逐流、甘心讓形勢和民意「牽引」的慣性，不但縱容包庇激進、暴力和違法行為，甚至走到鬥爭的第一線，而且與外部勢力深度勾結，企圖迫使中央向暴力和外部勢力低頭，並最終取得特區的管治權。今天，泛民主派與中央的關係已經到了水火不容的地步。

讓泛民主派造夢也想像不到的，是香港的局勢和國家的安全已經到達中央忍無可忍、不得不出手的緊要關頭。2019 年末，第 19 屆中共四中全會作出了徹底扭轉香港亂局的重大決定，之後香港國家安全法、人大常委會有關立法會議員履職資格的決定和徹底改革香港選舉制度的方案相繼出台，而且「招數」陸續有來，直到撥亂反正工作取得全面成功為止。在這個過程中，一些泛民主派人士丟失了立法會和區議會的議席、部分人被拘捕和起訴、部分人潛逃海外、一些人身陷囹圄。目前，泛民主派面對內訌分化、人員流失、資金枯竭、前路茫茫的局面。對其打擊更大的是越來越多香港人在中央「出手」後認真反思他們過去的政治立場、態度和行為，特別是重新理解和研判中央的對港政策和應對手法。香港人對泛民主派和外部勢力的信任和依賴不斷下降，不再相信他們過去廣為宣傳的、來自香港和外部勢力的壓力會迫使中央退讓的說法。更多的香港人會從理性務實的角度出發處理與中央的關係。在中央的強力遏制下，外部勢力在香港的活動空間大為萎縮，其對泛民主派的重視和扶助也會不斷減少。政治鬥爭和政制改革在未來一段長時間內都難以成為香港政治生活的主題。經濟社會民生問題將會是香港各界最關注的事務。

在新的形勢中，泛民主派的生存空間極為狹隘，如何掙扎求存是他們當前面對的難題。對於是否應該徹底轉型以求存在泛民主派內部已經引發內鬥和齟齬，而對於日後應否參加香港的各項選舉更是爭議不休，短期內估計不可能就重大立場問題達成「共識」，並依靠「共識」重建、凝聚和壯大泛民主派。在可預見的將來，泛民主派應該是一股疲憊和動員能力有限的勢力。

對於泛民主派日後的發展，我有幾個初步看法。

首先，我對泛民主派能夠向「忠誠反對派」或愛國力量轉化不表樂觀，因為這牽涉到巨大的立場和感情的改動。我不相信泛民主派具備推動這種改動的領導、勇氣、能力和魄力。當不少他們的「鐵桿」追隨者因為中央的果斷「出手」而對中央無比憤慨之際，任何重大立場和轉變都只會被視為向中央「叩頭」，並讓泛民主派失去不少碩果僅存的支持者。再有就是泛民主派也不會樂觀相信他們的改變會取信於中央。既然如此，維持既有立場不變、或只作有限度的調整便是無可奈何的選項。不過，如此一來，他們日後也只能夠在管治架構外運作。

第二，泛民主派內為數不多、過去飽受欺凌的溫和人士雖然覺得中央「出手」後的新形勢對自己有利，個別人士甚至希望「重出江湖」，但由於泛民主派的支持者對他們缺乏好感，他們仍有不輕的政治包袱，加上他們年齡偏高而且在社會上又沒有得到相當的認同，縱使他們能夠在選舉中獲得少量席位，對整個香港的政治格局卻不會有重要的影響。再者，那些溫和人士也不完全是「忠誠反對派」，原因是他們對新中國和中國共產黨仍有一定的抵觸情緒，只是願意在現實基礎上與中央建立「合適」和「不對抗」的關係而已。

第三，中央的連番「出手」其實為「忠誠反對派」日後的出現開拓空間。「忠誠反對派」包括那些對新中國、中國共產黨、「一國兩制」態度基本正面、願意維護國家安全、同意尊重中央的權力、願意在香港的新憲制秩序內運作、並聚焦於對當權者進行監督、制衡和勸諫的人士。香港內外敵對勢力受到遏制後，「忠誠反對派」從政所需要付出的代價有所減少，有利於這股新的力量的冒起。對部分「忠誠反對派」人士而言，「忠誠反對派」可能只是一個過渡階段或角色，最終他們會轉化為合資格的愛國人士。

最後，即便泛民主派在短時間內轉型不易，而且當中大部分人不願意或不能夠參與選舉，但中央和香港特區政府仍然可以「幫助」他們向正確和有建設性的方向轉化，讓他們走上正路。既然香港今後的主要公共議題是那些經濟

社會民生問題，則推動泛民主派成為日後重大政策改革的「助力」，在那些問題上爭取他們和他們的支持者的合作，逐步改變他們對中央、特區政府和愛國力量的態度，促使他們在政制上走向務實化和理性化，假以時日他們或他們的年輕接班人當中會有一批人最後有望成為「忠誠反對派」甚至愛國者，這樣的發展將會進一步壯大愛國力量，並對香港的長治久安有利。

（原載 2021 年 4 月 19 日《明報》）

香港反對派的前途繫於最終能否轉化為愛國者

✦　✦　✦

在香港，「反對派」泛指那些沒有參與政府工作的政治勢力。他們與政府的關係非不密切，甚至存在張力。他們主要擔當執政者的監督者、制衡者、規諫者、對抗者，有時甚至是「敵對勢者」的角色。「反對派」這個詞語本身並無褒貶之意，也並非表示他們必然為反對而反對。與建制派一樣，反對派的構成也非常龐雜，包括泛民主派、反共人士、部分前殖民政府的「同路人」和追隨者、社會運動分子、壓力團體、「福利主義」提倡者、反共媒體、部分宗教勢力、「本土分離主義」分子、「港獨」分子等，其中以泛民主派勢力最大，而民主黨和公民黨則是其中較大的政黨。他們部分人在回歸前和回歸後都有參與到香港的管治架構之中，主要在立法機關、區域組織、法定機構和諮詢組織。他們的政治主張雖有差異，但共同點是不接受中國共產黨、不認同國家的政治體制、對中央採取某種對抗姿態、不認同回歸後由國家憲法和香港《基本法》共同構成的憲制秩序、不願意尊重和遵守國家憲法和《基本法》(有些時候甚至以「違法達義」或「公民抗命」為旗號違反香港本地法律)、對「一國兩制」有與中央截然不同的詮釋、質疑回歸後香港特區的政治體制的「認受性」、對香港特區政府抱持對抗心態、並主張香港以最快速度走向全面「西方式」的民主選舉制度。

為了釐清香港反對勢力的本質，並方便對分析選舉制度改革後的香港政局，在這裏我認為有需要引入「忠誠的反對派」、「半忠誠反對派」和「非忠誠反對派」這三個政治概念。「忠誠反對派」指那些真誠接受回歸後香港的憲制秩序、願意尊重和遵守國家憲法、香港《基本法》和香港本地法律的反對勢力。以此之故，「忠誠反對派」也可以在一定程度上形容為「守法反對派」或「建設反對派」。他們願意在現有體制內爭取政治權力和推動改革，並爭取機會掌握特區政權，從而轉化為「執政派」。「非忠誠反對派」指那些不承認現有憲制秩

序特別是選舉制度的反對勢力，他們的目標是要推翻現有的政治體制並以另外的體制取代之，而且矢志與現有體制割裂，並拒絕參與其中。「半忠誠反對派」指那些儘管基本上不承認現有政治體制和不信任中央，但仍然願意通過競選和委任渠道參與其中。他們明知在現行體制內沒有機會成為執政勢力，所以竭力發動體制內和體制外的力量來推翻或大幅改變現有體制，好讓自己有執政的可能。「半忠誠反對派」由於徘徊於承認和不承認、參與和不參與現有政治體制、守法和不手法之間，他們的政治行為往往流於自相矛盾、言行不一、方向模糊，容易陷入非理性化和情緒化的窠臼，容易長遠走向激進化，也容易被「非忠誠反對派」人士揶揄和攻擊和難以得到中央的信任。

「非忠誠反對派」在香港的人數非常少，而「忠誠反對派」其實也十分罕見。絕大部分的香港反對派人士實質上應歸類為「半忠誠反對派」，其中泛民主派厥為表表者。「半忠誠反對派」積極參與香港的行政長官、立法會和區議會的選舉，接受特區政府委任進入各類諮詢和法定組織，並領受特區政府頒發的勳章。雖然《基本法》已經規定了香港最終普選行政長官和立法會，但「半忠誠反對派」卻矢言除非中央採納他們提出的、與《基本法》規定相抵觸的「真普選」辦法，否則他們不會在此之前承認行政長官和立法會的「認受性」。無論是參加行政長官選舉或議會選舉，「半忠誠反對派」參選的目的都有雙重性，即一方面要贏得職位或議席和獲取由此而來的公共資源，另一方面則藉機指控現行政治體制的不公和提出改變現有政治體制的要求。香港的選舉對反對勢力而言因此有雙重性質：即使是普通的選賢與能的選舉，也被界定為帶有改變／推翻／衝擊現有制度的目的和含義的選舉。也即是說，「半忠誠反對派」既要在現有的選舉遊戲規則內爭奪議席和席位，但同時又要為改變遊戲規則而展開政治鬥爭。「半忠誠反對派」主要利用不少香港人的反共反中情緒、對政府施政的怨懟、對經濟社會現狀的不滿和對民主的訴求來發動羣眾，從而讓政治議題長期成為香港的首要議題，其他客觀上更嚴重的經濟社會民生問題則被漠視和擠壓。

回歸以來，香港的政治鬥爭此起彼落，而且愈演愈烈。過去十多年，政治鬥爭的規模越來越大，政治主張愈來愈激烈、暴力成分越來越多，而外部勢力的介入也越來越深。隨着香港的政治分化、對立和鬥爭愈趨嚴重，「半忠誠反對派」內的激進勢力逐漸抬頭，絕大部分的「半忠誠反對派」勢力亦拋棄了其一貫宣揚的「和平、理性、非暴力」立場，轉而積極參與和鼓動動亂、暴亂和各種違法行為，並利用其在管治架構內的存在和在架構外的政治動員，無所不用其極地癱瘓立法會的運作和阻撓特區政府的施政，為香港帶來了多方面前所未有和難以估量、長期和深刻的破壞和損害，也創造了機會讓外部勢力得以利用香港來挑戰國家主權和威脅國家安全。事實上，不少原來屬於「半忠誠反對派」的泛民主派人士過去幾年已經自覺或不知不覺地滑入「非忠誠反對派」的行列。

　　由於回歸後香港的選舉制度存在嚴重漏洞和缺失，加上把關鬆懈，讓「非忠誠反對派」和「半忠誠反對派」得以通過選舉進入香港的管治架構興風作浪。為了撥亂反正，迅速和徹底根治香港的政治痼疾，維護國家安全，和將「一國兩制」在香港的實踐納入正軌，中央於 2019 年底制定了一整套應對香港嚴峻局面的新方略並逐步付諸實行。中央對港新政策的核心是要確保愛國者全面治港，認為只有在全面貫徹愛國者治港後，其他長期困擾香港的重大政治經濟社會矛盾才有破解的可能。過去兩年相繼出台的香港國家安全法、選舉制度的根本性改革和依法宣誓效忠和擁護的制度的確立，已經廣泛和深刻重塑了香港的憲制秩序和政治生態。這些變革對香港的反對派帶來了他們做夢也沒有想到的巨大打擊。香港國家安全法讓他們不再能夠取得外部勢力的支持和資助，讓他們不能夠再以反共反中口號和主張煽惑公眾，更讓他們難以在社會上發動政治鬥爭。選舉制度改革防止所有不接受香港的憲制秩序和危害國家安全的非愛國者無法參加選舉和進入管治架構。依法宣誓制度則保障了管治架構內所有人都只能是愛國者，不然便要被掃地出門和接受法律懲處。

　　由於香港正處於危難時刻，愛國者任重道遠，因而中央對愛國者定下嚴謹的標準，而對那些參與香港管治工作的愛國者的要求亦提得更高一些。國務

院港澳辦主任夏寶龍在 2021 年 2 月 22 日的一個研討會上指出，愛國者必然真心維護國家主權、安全、發展利益。愛國者必然尊重和維護國家的根本制度和特別行政區的憲制秩序。愛國者必然全力維護香港的繁榮穩定。對於那些在香港特區政權架構中身處重要崗位、掌握重要權力、肩負重要管治責任的人士，必須是堅定的愛國者，在愛國標準上，對他們應該有更高的要求。一是全面準確貫徹「一國兩制」方針。二是堅持原則、敢於擔當。三是胸懷「國之大者」。

依據夏寶龍主任的準則，「非忠誠反對派」固然不是愛國者，而大部分「半忠誠反對派」人士亦顯然屬於非愛國者。鑒於「忠誠反對派」人士對中國共產黨和新中國仍然存有某種程度的抗拒，即便他們願意在新的憲制秩序內活動和遵守相關的法律，他們中大部分人也只能勉強稱為愛國者。

中央的撥亂反正的重大舉措已經大大削弱和分化了香港的反對勢力。他們的一些頭目被拘捕、審訊和鋃鐺入獄。部分頭面人物則歸隱、轉趨低調、移民或潛逃。一些原有的組織或解散或大量流失成員。不少人失去了在立法會和區議會的議席。反對勢力內部愈趨渙散分化、萎靡不振。他們正面對資金和人力枯竭之苦。尤其嚴重的，他們難以理解香港政治局面的巨變和中央的釜底抽薪的決心和行為。對於未來他們感到困惑和迷惘，更不知道未來應該如何自處。尤其令他們感到失望和寒心的，是香港人對他們的遭遇和處境冷淡對待，讓他們明白到不少香港人因為對香港過去的暴亂進行反思而對反對派有了新的和負面的看法。面對中央的遏制和香港人的疏離，反對派正在苦苦和艱難地探索未來的路向。

其實，從一開始，香港的反對派已經走上了一條最終必然失敗的道路。他們的反共反中、依仗外力、挑戰法律和以鬥爭為本的政治謀略根本不可能讓他們取得執政權力，只能令他們的政治勢力有所上升和使得香港的管治失效和乏力而已。不過，這些「收穫」也只能在中央的耐心和包容的情況下才能取得。一旦中央認為香港的亂局已經到達一個中央不得不強力出手予以匡正的地步，香港的政治局面必然會出現對反對派極為不利的翻天覆地的變化。不過，中央

從來沒有意圖要對屬於「半忠誠反對派」的泛民主派人士趕盡殺絕，反而認為他們當中有部分人尚未泥足深陷或積重難返，因此應該在政治上仍然可以發揮建設性的作用，當然中央希望他們能夠完全改變對新中國和中國共產黨的抵觸之情，願意依法辦事，並願意積極配合中央和特區政府的施政。國務院港澳辦常務副主任張曉明在有關選舉制度改革的記者招待會上明確指出：「需要說明一點是，中央強調『愛國者治港』，不是說要在香港的社會政治生活中搞『清一色』。這裏有兩個政策界限：一是我們講不愛國的人不能進入香港特別行政區的政權架構或者管治架構，不等於說他們不能在香港正常工作和生活，只是說他們不能夠參與管治。二是把不愛國的人特別是反中亂港分子排除在香港特別行政區的管治架構之外，不等於說把所有的反對派或者更廣一點的『泛民主派』全部排斥在管治架構之外，因為反中亂港分子和反對派特別是『泛民主派』是不能簡單劃等號的，反對派特別是『泛民主派』裏面也有愛國者，他們將來仍然可以依法參選、依法當選。」

　　我估計，在新的中央對港政策、選舉制度和政治格局下，絕大部分「非忠誠反對派」和「半忠誠反對派」人士難以徹底改弦更張，更難望能夠成為「守法反對派」，因此前景頗為黯淡，而在未來一段日子裏，「忠誠反對派」則會乘勢乘時而起並發揮一定的政治作用。不過，「忠誠反對派」在政治上只能處於邊緣位置，對全面愛國者治港的大格局不會有本質性的影響。「忠誠反對派」存在的好處是讓香港特區的執政者更加兢兢業業和讓特區的施政更能照顧香港人的利益和感受。然而，從香港的政治發展軌跡來看，「忠誠反對派」的出現應該只是一個短暫的過渡現象。最終「忠誠反對派」人士應該越來越少，少到一個微不足道的地步，而其他的「忠誠反對派」人士和組織則以真誠的、名副其實的「守法反對派」和「建設反對派」身份逐步向愛國陣營過渡並成為愛國力量中的「改革派」，衷心認同香港的新憲制秩序，嚴格遵守法律法規，願意承擔維護國家安全和利益的責任，並且積極支持中央和特區政府開展各項改革制度和政策的工作。

在新的政治和制度環境中，「非忠誠反對派」絕對沒有生存的空間。反中亂港分子、外部勢力的代理人、港獨分子和其他各種本土分離主義發起人假如不是銷聲匿跡，便會受到法律的制裁和政治的遏制。他們原來已經薄弱的社會支持會快速蒸發。事實上，相當部分的「非忠誠反對派」人士已經離開香港，並妄稱要在西方國家發起「國際線」來延續鬥爭。然而，那些跑到外國去並乞求它們干預香港事務的人，最終只會因為失去政治利用價值和淪為可憐的棄子。

屬於「半忠誠反對派」的政黨和人士過去一段時間因為被社會上冒起的激進勢力的「騎劫」和因為自己本身也是極端分子，積極策動和參與了香港的違法抗爭和暴亂，已經變成了與中央尖銳對立的力量，彼此的關係難以在短期內有明顯改善。在新的選舉制度下，他們根本不可能在新成立的候選人資格審查委員會的批准下參加香港的選舉。為了規避政治和法律風險，一部分民主黨、公民黨和其他政治組織的成員已經宣告引退。在不少政治組織內，因為對如何在新形勢重新定位和謀求出路已經引起了激烈爭論和內訌，進一步削弱他們的政治能量和資源供給。不過，對於那些政治包袱甚重的政黨來說，大幅改變它們原來並愈趨極端的政治立場，尤其是他們對中國共產黨的對抗姿態，絕非易事。在新的和對他們不利的選舉制度下，是否應該繼續參與將來的選舉委員會、立法會和行政長官選舉煞費周章，意見極為分歧。即便決定繼續參與選舉，有多少成員能夠獲得參選資格和當選難以預料。此外，他們的成員在將來的選舉委員會和立法會中究竟應當扮演甚麼角色也難有共識。再者就是如果最終決定不參與選舉，從而避免增加他們眼中代表「民主倒退」的選舉制度的「認受性」，那麼他們在社會上又可以發揮哪些作用，而且在沒有因為公職而來的公共資源的支撐下，如何籌措資源去支持他們在社會上的政治工作確是難題。無論如何，任何改變原來立場的舉動除了會在組織內激發分裂內耗外，能否得到原有的追隨者的體諒和繼續支持，防止追隨者大批流失，更是一個未知數。那些一直以來與他們相互配合的政治組織和民間團體是否願意在他們轉變立場後繼續與他們合作也是他們必須思考的問題。不過，至關重要的問題是，對於

中央是否會因為他們宣稱的立場改變而不計前嫌、增加對他們的信任並且願意容許他們繼續參與香港的管治架構，他們心中也沒有底。

總而言之，要求那些已經成為極端力量的「半忠誠反對派」政黨和人士能夠洗心革面、告別過去、重新上路，而且不但能夠保留他們原有追隨者，甚至獲得更多人的支持，無疑並不實際。他們真的這樣做的話，最有可能的結局是他們進一步走向衰敗甚至衰亡。不過，對「半忠誠反對派」而言，如果他們當中有極少數政治包袱沒有那麼重的人能夠起碼成為「守法反對派」，並逐步轉化為「忠誠反對派」，也許其政治事業還會有一線生機。

以此之故，在中央的各項撥亂反正的舉措全面開展後，如果香港還有反對派的話，則只會是「忠誠反對派」。目前，能夠成為名副其實的「忠誠反對派」的反對派黨派和人士其實少之又少。那些自稱為「中間派」的人士其實都有着一些泛民主派的色彩和背景，不願意與泛民主派或者反對派割席，不打算嚴厲譴責極端和暴力行為，更不情願與中央和愛國力量走得太近。他們非常抗拒「愛國者」、「建制派」或「忠誠反對派」的稱號，言論和行為往往扭扭捏捏、模糊不清。所以，我們很難把他們界定為「忠誠反對派」。另外一個「忠誠反對派」的來源是那些原來屬於泛民主派，但因為其政治立場「溫和」和具「妥協性」，因此長期受到其他泛民主派人士的排斥和打壓，也得不到泛民主派的追隨者的支持。在香港社會愈趨分化對立偏激的氛圍中，這些所謂「溫和」泛民主派人士在香港社會也缺乏羣眾基礎。與此同時，這些人對中央始終缺乏足夠信任，更害怕被標籤為「親中人士」，因此也不願意與中央和愛國力量建立良性互動關係。然而，如果「溫和」泛民主派有意通過改革後的選舉制度進入管治架構的話，縱然他們不會承認自己是「忠誠反對派」、「建制派」或「愛國者」，他們應該會在一些重大問題上表明態度來證明自己是「有實無名」的「忠誠反對派」，甚至是「準愛國者」。那些重大問題涉及對國家憲法、「一國兩制」、香港《基本法》、中國共產黨、「六四風波」、「違法達義」、「公民抗命」、暴力抗爭、國家安全、政制改革、反中亂港分子、港獨與其他各種分離主義的主張、

外部勢力等的態度和理解。我估計有個別「溫和」泛民主派人士將會朝着這個方向向有實無名的「忠誠反對派」甚至「準愛國者」過渡。不過，這些「溫和」泛民主派人士必然會備受其他反對派人士的無情攻擊，也難以得到在未來一段時間內仍處於憤憤不平的大多數反對派追隨者的支持，但在中央和部分愛國人士的鼓勵下在立法會的地區直選中仍有一定勝算。如果他們在一定程度上需要依靠愛國人士的選票才能贏得議席的話，則他們向有實無名的「忠誠反對派」或「準愛國者」過渡過程會提速。

實際上，我估計將來更多的「忠誠反對派」人士是來自一些新冒起的政治人物和組織。他們最大的優勢是沒有政治包袱，無需懼怕背上「背叛」、「轉軌」或「投誠」的污名。這些人和組織現時對加入政府或與政府建立密切合作關係仍有戒心，又希望與中央保持一定的距離，避免被貼上「親中人士」或「愛國者」的標籤。然而，他們仍然覺得自己可以為香港的繁榮、穩定和發展盡心盡力，願意在他們認為對香港有利的事情上與特區政府和中央合作，並在必要時提出規諫和建議。我預計，香港的專業、行政、學術和媒體等界別都擁有一些願意當「忠誠反對派」的精英，而中央和特區政府應該鼓勵這些「忠誠反對派」的出現。

事實上，如何加快香港融入國家發展大局、促使香港產業多元化、推進香港經濟持續發展、提升香港治理的效能、促進政府與民眾的聯繫、推動香港走上一條與「一國兩制」相切合的民主發展道路，改變香港社會的不公和不義狀況，為年輕人創造更多的「向上流動」機會等，都是廣大香港人渴望見到的改革。可是，所有這些改革都是知易行難，而且往往遇到不少既得利益者和別有用心的政治勢力的反對和阻撓。誠然，即便在香港國家安全法、選舉制度改革和依法宣誓制度建立之前，在過去的「行政主導」不彰和管治環境惡劣的環境下，「忠誠的反對派」在那些範疇其實仍然有不少的發揮空間。可惜的是，願意從務實和理性角度走「忠誠反對派」路線的反對派人士可謂寥寥可數。更為關鍵的，是那些人的揮之不去的反共意識和對西方制度和價值的信奉和膜拜。當然，因為因害怕改變

立場而被原來的支持者攻擊和丟棄更是一個重要的考慮因素。今天，內外敵對勢力在香港國家安全法、新的選舉制度和新的宣誓制度共同構成的新憲制秩序下已經無以為繼，難復當年之勇。「非忠誠反對派」和「半忠誠反對派」又已經潰不成軍，過去「忠誠反對派」所遇到的障礙經已被清除了不少。

從歷史發展的角度看，「忠誠反對派」應該是一個在香港回歸祖國並實踐「一國兩制」的過程中出現的「短暫」和「過渡」政治現象，反映了在回歸前後的一段時間內那些基本上接受「一國兩制」、態度比較理性務實、願意參與特區政治事務的反對派人士對中央「欲迎還拒」的複雜心態。不過，再過一段時間、當新憲制秩序已經鞏固、愛國者治港全面落實並已經成為不可逆轉的歷史事實、政治鬥爭已經不再是香港政治生活的主旋律、改革和發展成為了香港的當前急務後，「忠誠反對派」人士會意識到他們在香港的活動和發展空間越來越小，也會明白到他們難以得到香港人的普遍認同。最重要的原因無疑是愛國陣營不斷深化和擴大，能夠照顧和代表更多元化的利益和觀點，得到越來越多社會精英的加入，並越來越獲得香港人的接受和期待。部分愛國人士與「忠誠反對派」的政策立場不會有明顯差異，在不少香港人的眼中那些愛國人士由於與中央和特區政府的關係更為密切，所以會更有能力讓自己的政策建議得到落實的機會，因此會更傾向支持哪些愛國人士。在這種情況下，「忠誠反對派」會進一步失去香港人的認可，要發展自己的政治事業只會越來越艱難。如果在新的政治形勢下，困擾香港多年的深層次經濟社會民生矛盾在中央、特區政府和愛國陣營的努力下得以紓解，中央、特區政府和愛國人士在香港的政治威望有望提高，屆時就算被貼上「親中」、「建制派」和「愛國人士」等標籤也再不會是政治包袱或累贅。再進一步說，隨着他們與中央和愛國人士的接觸愈多，感情愈厚，「忠誠反對派」人士應該會逐漸改變他們對中央和愛國陣營的看法。因此，我預期，除了極少的「死硬」「忠誠反對派」人士外，大部分的「忠誠反對派」人士都會願意甚至樂於成為愛國者。由於在中央的撥亂反正方針下，香港已經出現了嶄新的政治形勢，「忠誠反對派」人士要過渡成為愛國者，他們

除了必須擁護香港的憲制秩序、遵守國家憲法和香港《基本法》外，也必須擁護中央在香港的各項撥亂反正的部署，包括香港國家安全法、新的選舉制度和新的宣誓制度，並在香港日後的改革和發展工作上發揮建設性作用。反過來說，如果「忠誠反對派」最終抗拒成為愛國者，他們的政治前途也不會變得光明。

誠然，部分現有的愛國者對這些「投奔」愛國陣營的「忠誠反對派」人士會有一定的抵觸情緒，生怕他們在愛國陣營內會更快和更容易取得較高的政治位置和待遇，但只要中央採取公平合理的手法處理新舊愛國人士的「矛盾」，相信「忠誠反對派」人士的「來歸」不會削弱愛國陣營的團結性。

從香港的有效管治和長治久安的角度而言，如果愛國力量能夠因為吸納「忠誠反對派」人士而得以進一步擴大其社會支持基礎，並因此更有政治能量配合中央和特區政府在香港的改革和政策部署，則回歸後長期困擾香港的管治問題應該會得到顯著的改善。在有效管治的基礎上，「一國兩制」才可以全面和準確落實，並且能夠行穩致遠。

總的來說，過去長期對香港各種反對勢力的生存和壯大有利的因素在中央連環出手後已經不復存在。「非忠誠反對派」固然難逃滅亡的命運，絕大部分「半忠誠反對派」也必然要偃旗息鼓，其中小部分人會竭力和艱難地試圖通過「轉型」來延續政治生命。在反對派陣營中，「忠誠反對派」會乘勢而起，但也會最終朝著「準愛國者」和「愛國者」轉化。「愛國者治港」本來是「一國兩制」的核心要義，也是「一國兩制」能否成功落實的先決條件。回歸迄今，「愛國者治港」尚未實現，致使香港長期陷入無止境的政治鬥爭之中，導致管治失效和深層次矛盾疊加。展望將來，隨着反對派退出香港的歷史和政治舞台，「愛國者治港」全面鋪開，「一國兩制」事業將會不斷開拓，為香港長期繁榮穩定發展奠定牢固根基。

（原載《紫荊論壇》2021 年 7-8 月號）

推動智庫發展　提升管治效能

❖　❖　❖

在所有發達國家與地區，從事公共政策研究的智庫在管治過程中擔當着不可或缺的角色。無論是政府內部的智庫、依靠公帑資助的公共智庫、以及各式各樣的民間（牟利與非牟利）智庫不但在政府或者公共政策醞釀、制定和落實時發揮重要作用，也在社會上承擔着啟迪民智、推廣創新思維和帶動理性政策討論的功能。可以説，在現代政治體系中，智庫已經成為其中一個有機組成部分。長期研究世界各國智庫發展的美國學者麥根 (McGann) 甚至把智庫當成為「第五權力」，與行政、立法、司法和媒體四權並列。[1]

專注公共政策研究的智庫在二次大戰前的數量很少。然而，在 1960 和 1970 年代，智庫的數量在美國和西歐出現爆炸性的增長。其後，智庫在其他國家也發展迅速。近年來，民間智庫在中國內地快速湧現，數目不斷膨脹，影響力越來越顯著，已經成為一條亮麗的風景線。中國共產黨十八大以來，習近平總書記更提出要加強中國特色新型智庫的建設，把智庫作為國家軟實力的重要組成部分，從而把智庫建設提升到國家戰略的層次和高度。[2]

可惜的是，智庫在香港特別行政區仍然處於低度發展狀態，無論在社會上或在政治體制內所能擔當的角色有限。過去中央政策組在香港特區政府內部承擔若干政策研究工作，尤其着重宏觀和長遠的政策和政治思考。不過，它對政府的施政方向和政策內涵的影響畢竟不大，而作為政府內部的智庫它更不

1　James G. McGann, *The Fifth Estate: Think Tanks, Public Policy, and Governance* (Washington, D.C.: Brookings Institution Press, 2016).

2　鄭琦：《中國民間智庫發展研究》，北京：中共中央黨校出版社，2017 年；Cheng Li, *The Power of Ideas: The Rising Influence of Thinkers and Think Tanks in China* (Singapore: World Scientific, 2017)。

能夠在社會上發揮公共智庫和民間智庫的效能，比如帶動社會各界探討新的政策思維和建議。最近，隨着 2017 年中央政策組的廢除，特區政府在戰略性研究方面的能力更有所下降。可喜的是，近年來，一些民間智庫陸續登場，其中較具規模的是前行政長官董建華創建的團結香港基金。然而，香港的智庫大多數規模不大、研究經費有限，人才尤其是資深和享有威望的研究人員不足、缺乏重點和長期性的研究項目。再者，它們政府與社會的聯繫既不深也不廣。部分智庫更因為被視為與個別政治人物有密切聯繫而導致獨立性受質疑，從而削弱其公信力和影響力。最為嚴重的，是智庫的研究成果沒有得到特區政府的重視，其意見和建議往往被束之高閣。即便個別智庫積極將其研究成果向社會發布，偶爾並得到媒體的報道，但能夠因此而引發社會上廣泛和認真討論，從而形成對政府政治壓力的事例少之又少。

鑒於香港是一個高度現代化的國際大都會，面對着大量複雜的、不斷湧現出時刻變化的政策課題，決策者有越來越大的需要倚重專家和學者的智慧和建議，智庫在香港的低度發展因此是一個甚為弔詭的事。在與香港相類近的新加坡，智庫尤其是公共智庫的發展得到政府的高度重視，而其智庫的素質和表現亦令人艷羨。[3] 當然，要解釋香港智庫發展之所以落後並非難事。首先，香港並非獨立國家，其國防與外交事務由中央政府負責處理。國外很多智庫都主力研究安全與國際事務問題。香港既然毋須處理國防與外交事務，因此這些類型的智庫在香港缺乏生存的土壤。其次，無論是殖民政府或特區政府都一直推許「小政府」模式，政府承擔的功能和工作相對比較少。第三，殖民政府和特區政府的施政奉行漸進主義（incrementalism），除非出現危機，基本上不謀求政策的大幅改變。政策的改動主要是為了應對社會的變遷而作出有限度的政策調整，以及因為政策在執行過程中出現問題而需要作出改進。第四，政府官

3　較為重要的新加坡智庫包括南洋理工大學拉惹勒南國際研究院、李光耀公共政策學院、東南亞研究所、東亞研究所、防務與戰略研究所、新加坡國際事務研究所等。有相當部分的智庫設置在大學之內。

員一般認為現行政策乃長年累月的實踐結晶，成效顯著，基本上符合香港的需要，所以沒有必要作重大改動。第五，不少政府官員對公共政策研究有抵觸情緒，認為政策研究者的意見和建議不切實際、對政府作出諸多不合理的批評、不理解政府在施政時面對的困難和限制，尤其是財政和政治上的桎梏。官員們在公共政策上的心態頗為保守，對創新政策思維抗拒，不太願意對現行政策作大幅改動。如果新的政策建議會增加他們的工作量和財政投入或要求跨部門或跨政策範疇合作和協調的話，則官員們的抵觸情緒會更甚。第六，政府與學術界和智庫的關係並不密切。雙方的互信和相互尊重的基礎薄弱。其中一個對智庫發展不利的結果是從事公共政策研究者很難從政府那方得到足夠和合適的資料、文件和數據，以及政府在執行政策時所碰到的困難和取得的經驗。即便是政府內部的政策研究者與其他官員之間的關係也存在着張力。第七，立法機關的研究資源有限，難以成立自己的具有規模的智庫。第八，香港的政黨規模有限，資源嚴重不足，難以如外國（特別是歐洲和日本）的大型政黨般從事大量的政策研究。第九，香港的學術界對公共政策研究的興趣和投入不多。香港學者要發展自己的學術事業，在國際學術雜誌或大學出版社發表著作乃正途。來源於香港研究的成果難以得到國際學術界的青睞，更遑論學術價值較低的公共政策研究。更麻煩的是不少願意從事政策研究的學者都或多或少隸屬「民主派」或「反對派」陣營，其從事政策研究的動機是要對現有的政治體制進行批判，並利用其研究「成果」來宣揚其政治價值觀、鼓動民眾對政府的不滿和推動政制改革。他們的研究「成果」難免更會遇到政府官員的抗拒。第十，香港缺乏願意長期支持公共政策研究的民間機構。香港的工商財團本來對與自己利益沒有直接關係的公共政策研究已經不大，更由於擔心政策研究有可能會開罪中央或特區政府而怯於對政策研究的支持。香港的基金會和慈善機構雖然為數不少，但具規模者不多。不過，它們較熱衷與公益、教育、醫療和福利工作，對公共政策研究的興趣不大。

智庫在美國的發展至為蓬勃，全球著名的智庫之中差不多有一半在美國

設立。主要原因有：美國政府特別是聯邦政府要處理的國內和國外的事務不斷膨脹、美國政治體系內權力分散和碎片化（包括國會內部權力的碎片化）、政黨內部缺乏研究機構和能力、私營部門協助、介入甚或干預政府施政在美國有悠久傳統、美國政治文化對政府和政治權力有「先天性」的不信任、對公共政策研究有興趣的基金會和慈善機構林立、促使和方便人才在白宮、行政部門、國會、學界、商界、智庫和媒體等機構之間遊走的「旋轉門」(revolving door) 體制的設立等。

事實上，很多對美國智庫發展有利的條件不同程度上在香港也具備，但來自基金會與慈善機構的資助匱乏和「旋轉門」制度尚待建立這兩大條件卻嚴重窒礙了香港智庫的發展。然而，這其實在一定程度上也不過是雞與雞蛋的問題。如果其他條件不斷成熟，則樂於資助公共政策研究的民間機構也會增加，而「旋轉門」制度也會逐步建立起來。

展望將來，眾多發展趨勢會對香港智庫的興起和發展起着積極作用。

首先，香港正面對急劇的內外環境的變遷，原來的發展路向和與之相關的公共政策都在不同程度上受到衝擊，社會各界亟需新的發展和政策思維。政府在政治、社會和經濟發展上所應該承擔的角色和發揮的作用是核心的爭論點，而政府職能的不斷膨脹更是不可扭轉的趨勢。香港內部諸多深層次問題，尤其是關乎階級矛盾和產業結構單一，都呼喚着新的發展戰略和政策創新。國際環境的深刻變化、中國與西方世界的戰略博弈和香港在回歸後與國家和西方世界關係的改變，都迫使香港各方面認真和全面思考香港在國際上的定位問題，尤其是香港與西方世界的政治和商貿關係。全球化的退潮、西方民粹主義抬頭、貿易保護主義冒起、美國對中國崛起的遏制、西方國家對香港愈趨不友善都要求香港調整經濟發展方向，特別是要加強香港與亞洲各國的關係。

第二，香港未來的發展離不開與內地的聯繫。在逐步融入國家發展大局的不可逆轉的過程中，香港需要不斷在各方面調整自己。中央通過重大的國家發展戰略（尤其是「一帶一路」倡議、粵港澳大灣區建設和 RCEP 的推動）在相

當程度上正在引領着香港的發展，而香港又積極參與到國家的五年規劃和人民幣國際化進程。香港因此必須不斷提升宏觀、長遠和戰略思維，樹立有國家視野的大局觀，讓香港的公共政策尤其是經濟發展政策能夠與國家的發展戰略接軌，並能夠有效地與內地竭誠合作、相互促進和協調行動。香港過去習以為常的短期思維、大局觀欠缺、思路狹隘、「見步行步」處事方式、和地方主義心態必須作出改變。

第三，在缺乏「執政黨」或「管治聯盟」的情況下，所謂「行政主導」其實欠缺實質意義。香港的政黨數目雖多，但政治認受性和羣眾基礎都有限。建制派政黨之間矛盾不少，而它們與特區政府之間的利益分歧又難以化解，因此難以與特區政府形成「政治命運共同體」。種種原因特別是反對派的阻撓，行政長官的普選遙遙無期，使得香港特區政府的認受性問題迄今揮之不去，而各種反對勢力則屢屢以掣肘政府施政為其要務。政府提出的政策往往受到非理性的政治挑戰和源於信任不足的猜疑，使得特區的管治長期困難重重，而香港的發展也蒙受其害。如何讓特區政府能夠更好的聯繫社會各方面和提升香港人對政府倡議的政策的信任，與強化香港特區的管治效能息息相關。在沒有「執政黨」或強大的「管治聯盟」的支撐下，特區政府其實急需一些「替代機制」來爭取香港人對政府施政的認同。[在香港國家安全法頒佈實施、香港的選舉制度徹底改革和「反中亂港」勢力式微後，這些情況將會發生改變。中央將會積極構建和領導一個實現「愛國者治港」和「行政主導」的管治聯盟，政策和戰略研究可望會有所推進。]

第四，過去幾十年來香港一直受困於「泛政治化」陰霾。香港回歸祖國前後，因為社會和經濟變遷的衝擊，長期以來社會上存在的政策共識已經剝落了不少，從而引發了不少政策的爭論。回歸後，香港的政治體系更為開放，各種政治勢力和利益羣體紛紛湧現，政治勢力之間的鬥爭愈趨劇烈，政策爭論往往籠罩在政治立場對抗、黨同伐異、意氣之爭、個人恩怨、陰謀論、民粹情緒和政治利益對立的陰霾下，要達成政策共識甚為困難。政府和政黨作為政治角力

場的主角難以擔當協調者或中間人的角色。如何在「泛政治化」陰霾下推動理性和務實的政策探討和辯論乃迫切的課題。[在中央出手撥亂反正後，「泛政治化」將會大為消退，智庫的發展將迎來光明的未來。]

第五，香港社會缺乏具有權威和公信力高的政治和社會領袖，而大部分政治和社會領袖（即便宗教領袖也不例外）也避免不了被貼上黨派或政治標籤，因此不能借助那些領袖的個人威望去營造政策共識。雖然社會各方面都慨嘆政治人才短缺，但要建立一套完整和有效的政治人才培訓的體系卻非一蹴而就的事。如果有一些機構能夠通過其扎實和客觀的公共政策研究來樹立有關的權威、對現行政策的得失作出評估並提出有實用價值和創新思維的政策建議，則在一定程度上可以依靠那些機構來彌補社會和政治人才短缺所帶來的問題。

第六，隨着香港政制和政治的不斷開放，越來越多的勢力和組織都有需要在開放的政治平台上發揮影響力來保衛和促進自身的利益，或制約其他的勢力和組織。要爭取政府和公眾對自己的立場和利益的支持，如何說服各方面認同自己的看法和主張甚為重要。各方勢力和組織將會更注重與那些有公信力和影響力的機構結伴，而智庫肯定是有用的夥伴。

最後，即便香港特區不負責國防和外交事務，但《基本法》卻授予它不少處理對外事務的權力和職能，藉以鞏固和強化香港作為國際大都會的地位。當香港在國際上的影響力和受關注度有下降趨勢、西方勢力對香港事務的批評和介入有增無已、而國家又期望香港在「一帶一路」和粵港澳大灣區戰略上承擔重要的國際樞紐的角色之際，如何提升香港在國際事務上的參與度、話語權和中介人或樞紐作用是值得認真探討的課題。再有，中國目前和在長遠的未來都會受到美國和西方世界的擠壓，彼此的摩擦會不斷增加。香港的內部勢力和外部勢力會否單獨或聯手利用香港對國家安全構成威脅是一個不可迴避的重要事項 [過去十多年香港發生的動亂便證明了這個威脅實實在在的存在]。這些關乎國家主權、安全和發展利益的事不能完全依靠中央去處理和應對，香港特區也責無旁貸。對那些問題做好研究工作乃當中應有之義。

上述的情況正好說明智庫在香港的發展潛在一些有利因素，特別是民間智庫應該有越來越廣闊的活動空間。在香港的政治生活和公共政策制定上可以在一定程度上應對上述情況。第一，相對與政府與政黨，智庫更具備條件和能力從事長遠和宏觀的政策研究，尤其是針對那些因為香港的內外環境急劇變遷所帶來的重大問題和挑戰。第二，智庫可以承擔起研究香港融入國家發展大局所引發的各種問題的責任，特別是彌補特區政府內部研究能力嚴重不足的情況。各國的經驗說明，智庫比政府和政黨因為不太受政治利益的羈絆，所以更能夠「高瞻遠矚」，從整體和長遠視覺向政府和社會提供政策建議，亦為社會提供新的政策意念、知識和資訊。香港的智庫與內地的智庫如果能夠在政策研究方面加強合作，則香港與國家在發展戰略的接軌上會更為順暢。第三，智庫如果能夠提出適切和有用的政策分析和建議，而那些分析和建議又建基於客觀的探討、詳盡的解說和充足的數據、證據和論據之上，則可以提升香港社會在政策爭論上的理性和水平，特別是媒體對政策議題的掌握。在這方面來說，智庫可以在政策爭論中扮演「和事佬」和協調人的角色。畢竟，香港社會對專家學者的信任高於對政府和政客的信任。第四，智庫本身就是政治和政策人才的搖籃和寶庫。誠然，政治和社會領袖的培訓途徑是多元化的，但智庫肯定是這類人才的重要來源地之一。第五，智庫可以擔負聯繫政府、政黨、媒體、學術界和社會各界的聯繫的責任。通過各種研討和座談活動，智庫可以把各方面與公共政策有關的人和組織拉在一起，為他們之間的互動搭建平台。第六，對工商機構、社會團體和非政府組織來說，要強化自己在社會上和對政府的影響力，智庫是適當的合作或爭取對象。第七，對政府而言，除了接受政府委託進行公共政策研究外，智庫也可以協助政府為新政策放「試探氣球」，測試各方面的反應，讓政府可以因應那些反應而對新政策作出調整（或在特殊情況下放棄推出新政策）。智庫如果願意支持政府提出的新政策，並公開為其解說，會強化政府的政策倡議的認受性。最後，在履行維護國家主權、安全和發展利益的重責上，政府如果能夠得到主攻國際政治和國際關係的智庫的配合和支持，

則必會收事半功倍的效用。其實，智庫在香港社會內強化香港人對關係到香港切身利益的國際事務的關注和了解、提升香港人對國家安全的意識和責任感、以及在香港對外事務上扮演「第二軌」(second track) 或政府以外的「民間外事機構」的角色等工作上，一般而言應該比政府更有優勢。

當然，即便智庫在香港的發展潛力甚大，但不可否認的是，由於種種不利因素實實在在的存在，智庫在香港的發展仍會舉步維艱。要讓智庫的發展潛力得以發揮，社會各界尤其是工商財團和重要的民間團體增加對智庫的支持固然重要，但就目前來說，香港特區政府的積極推動最為關鍵，而中央政府也可以發揮積極的作用。

香港特區政府值得參考新加坡的經驗，大力推動智庫和政策研究人才在香港的發展。香港可以在香港成立由公帑資助但卻是獨立於政府的智庫，也可以通過政府撥款在大學內成立獨立的公共政策研究機構。政府可以通過委託研究方式在推動民間智庫發展上的作用更是不可或缺。除了調撥財政資源外，政府必須在為智庫提供信息、數據、文件上持更為開放和積極的態度，而政府官員應該更願意與智庫研究人員分享公共政策實施過程中的思路、得失和經驗。在推動公共和民間智庫發展方面，政府可以通過稅務優惠和政治鼓勵措施等誘因激發工商機構、社會團體和基金會等對資助智庫的積極性。在制定、宣傳、實施和評估公共政策時，政府應該把智庫視為重要的和有建設性的合作夥伴。

在不干預香港內部事務的大原則下，中央政府在香港智庫的發展上其實也有積極角色 [尤其是中央在香港未來發展上將會通過全面管治權的行使而發揮重大的主導和指導作用]。智庫的研究成果對中央政府了解香港情況、掌握社情民意和制定和調校對香港政策上肯定有幫助。比諸內地的研究人員，香港的專家學者對香港的情況會有更深切的認識。與香港特區政府一樣，中央政府也可以調撥財政資源在香港成立專注香港問題、香港與內地合作、香港的對外事務和香港與國家安全等問題的研究。中央政府在推動香港智庫與內地智庫交流和合作上更可以發揮獨一無二的作用。內地智庫在香港亦可以成立「分支」，

讓內地的研究人才彌補香港研究人才的不足、讓內地從事香港研究的人員更好了解香港、讓香港研究人員更好了解國家的發展、也讓內地和香港的研究人員有更多機會開發和進行共同研究項目。

總而言之，智庫發展在香港不但需要，還是大有作為，最好是能夠做到「百花齊放」、「百舸爭流」的繁榮局面，但中央和香港特區政府的積極推動在智庫發展的初期仍是至關重要。

（在香港國家安全法頒佈實施、選舉制度進行了根本性的改革、「愛國者治港」全面落實和內外敵對勢力受到嚴格遏制後，來自各種反對勢力對智庫發展的阻撓應該會大幅減少。強化特區的管治能力和水平、壯大愛國力量、香港加快融入國家發展大局和着力破解香港的深層次矛盾便是今後特區政府和香港社會的主要任務。在新的政治環境中，內地智庫和香港智庫的聯繫會愈趨密切，從而香港智庫的發展前景應該是一片光明的。）

（原載《紫荊論壇》2018 年 9-10 號第 41 期）

淺談「人心回歸」

✢　✢　✢

　　「人心回歸」作為概念、政策、目標乃至口號被提出來並引起各方面的關注和重視，應該說是在香港回歸祖國一段時間後才出現，但到目前為止不同人對何謂「人心回歸」，卻仍然存在不同的理解，而又因為理解不一致導致了對如何促進或者實現「人心回歸」言人人殊、莫衷一是。我在這篇短文中淺談一下我對「人心回歸」的想法。

　　為了方便下面的討論，我簡單地把「人心回歸」定義為對中華民族和中國人民共和國的認同感和歸屬感上升；對中國共產黨的認識、認同、好感和支持增加，並清楚了解中國共產黨對中華民族的生存和發展的重要意義和貢獻；對中華人民共和國建國以來所取得的輝煌成就感到驕傲；對中國歷史特別是中國近代屈辱史的認識提高；對國家的社會主義體制和大政方針有基本理解和尊重；對中華文化的認知和敬重加深；正確認識和衷心擁護「一國兩制」方針政策；對身為中國人感到自豪自信；自覺承擔維護國家主權安全發展利益的責任；願意為國家、民族和香港特別行政區作出貢獻。「人心回歸」也可以包括對香港的「殖民地」過去和殖民管治有全面的和批判性的認知和評價、不會盲目吹捧和謳歌香港的「殖民地」過去。

　　從歷史的角度觀察，中央在 1980 年代初提出「一國兩制」方針作為解決「香港前途問題」的最佳辦法時，完全沒有對回歸後香港人的思想狀況有任何着墨，更遑論要對其進行改變或「改造」。「一國兩制」的核心目標是要達致國家統一、維持香港的繁榮穩定、以及提升香港人對香港未來的信心，和讓香港能夠一如既往的在國家的現代化過程中發揮獨特和不可替代的作用。因為中央對港方針政策目標簡單明確，而又鑒於歷史原因，不少香港人對中國共產黨和中共締造的中華人民共和國有抵觸情緒，對香港回歸祖國有疑慮，更害怕在回

歸後會被迫接受「政治教育」，因此，在穩定人心的大前提下，中央沒有也避免提出針對香港人的、在思想層面上的政策或構思。

「一國兩制」的總設計師鄧小平深諳個中三昧，所以在思想層面對香港人只提出了很低的要求，基本上沒有意圖改變香港人的思想信仰，只期望香港人不要做對國家和香港不利的事情。即便鄧小平提出「愛國者治港」的重大原則，但對「愛國者」也沒有提出過高的標準。比如，鄧小平在 1984 年 6 月表示：「香港人治港有個界線和標準，就是必須由以愛國者為主體的香港人來治理香港。[…] 愛國者的標準是，尊重自己的民族，誠心誠意擁護祖國恢復行使對香港的主權，不損害香港的繁榮和穩定。只要具備這些條件，不管他們相信資本主義，還是相信封建主義，甚至相信奴隸主義，都是愛國者。我們不要求他們都贊成中國的社會主義制度，只要求他們愛祖國，愛香港。」他在 1987 年 4 月又指出：「有些事情，比如一九九七年後香港有人罵中國共產黨，罵中國，我們還是允許他罵，但是如果變成行動，要把香港變成一個在『民主』幌子下反對大陸的基地，怎麼辦？那就非干預不行。」既然中央對參與治理香港工作的「愛國者」的期望也不高，則中央對一般香港老百姓的要求只會是更低的、絕對不難達到的標準。

所以，雖然絕大部分前殖民地在獨立後都經歷過不同形式和程度的、特別在公職人員當中推行的「去殖民地化」的思想教育計劃，但在「一國兩制」和「五十年不變」的大纛下，針對香港人在回歸後的思想教育工作不是中央對港方針的重要部分。以此之故，香港在回歸後實際上完全沒有在政府內部和社會上推動各種各樣提升國家觀念、民族意識，憲法和基本法和「一國兩制」的教育。就連中國歷史教育也愈趨荒廢，在中小學內成了聊備一格的科目。據我所知，特區政府內部有不少官員和公務員對於推行任何形式的思想教育都頗為抗拒。個中原因包括：部分人對中華人民共和國和中國共產黨懷有抵觸甚至逆反情緒；不少人懼怕推行思想教育會引發政府內部、社會人士和家長的反彈，讓反對派有可乘之機，更對自己的仕途不利；有些官員錯誤認為香港過去的政

府從來都不插手社會事務，更遑論要對香港人進行「思想改造」，但卻忽視或昧於英國人在「殖民地」時期在香港所從事的種種「去中國化」、有選擇性灌輸西方價值觀、和宣揚「順民意識」的明目張膽的和潛移默化的思想教育勾當。另外，就算特區政府願意積極推進「人心回歸」工作，它也缺乏足夠和有效的手段。長期受到「殖民地」管治者的反共反中教誨薰陶的公務員固然難擔重任，而事實上長期以來不少負責教育工作的公務員亦對推行國民教育諸多抗拒。社會上的學者、教師、媒體、文化藝術工作者和意見領袖又多屬反對派甚至是「反中亂港」人士，難以指望他們會積極支持和推行與「人心回歸」相關的任務。就算他們迫於無奈執行命令，恐怕他們只會明裏暗裏另搞一套，並乘機宣揚和灌輸一套對「人心回歸」不利的思想和認知。

更為糟糕的是，中央和特區政府沒有在香港回歸後積極推進「人心回歸」的工作，但內外敵對勢力卻不遺餘力去佔領這個至關重要的戰略陣地，尤其是學校和媒體這兩個對年輕人影響巨大的領域。在中央和特區政府缺位，而反對勢力在思想範疇「唯我獨尊」的情況下，反共反中的論述、傳播和推廣無日無之，形成星火燎原之勢。他們大力推銷把香港視為「獨立政治實體」的、把中央特區關係定義為對立關係的，對「一國兩制」的「另類詮釋」的歪理。他們否定中央的「全面管治權」，任何中央依法行使權力的行為都受到譴責，並被指控為中央背信棄義、破壞香港的高度自治的舉措。更為惡劣的，是反對勢力肆意歪曲「香港歷史」、把「香港歷史」與中國歷史割裂、刻意曲解歷史上香港與內地的關係、蓄意虛構一個有別於中華民族的「香港民族」、宣揚「香港民族」備受「中國人」的迫害、惡毒抹黑貶損排斥內地同胞、刻意建構一個與「中國人」特別是內地中國人水火不容的「香港人」身份認同，並以那些論述和「理論」為依據鼓吹各種包括「港獨」在內的各種本土分離主義主張，竭力挑撥香港人與中央、特區政府、「新移民」和愛國人士的關係。在思想領域為反對勢力所主導和操控的情勢下，不但「人心回歸」成為鏡花水月，「一國兩制」的全面和準確實踐難以實現，就連國家安全、香港的繁榮穩定和特

區的有效管治也無法維護。尤其讓中央憂心如焚的，是作為香港未來主人翁的年輕人受到越來越嚴重的蠱惑和毒害，他們並狂妄地以香港的「拯救者」的姿態積極和激情參與各種反共反中反政府的暴亂。長遠而言，隨着世代的更迭，不但「一國兩制」的成功實踐愈趨渺茫，香港甚至很有機會成為國家民族的禍患和外部勢力可資利用的、針對中國共產黨領導的國家的顛覆、滲透、情報和破壞基地。

大概在十多年前開始，面對越來越惡劣的香港人思想的變化，中央猛然醒覺「人心回歸」問題的嚴重性和迫切性。越來越多國家領導人和中央官員認識到，必須扭轉香港人尤其年輕人對國家和民族離心離德，和對中國共產黨和中央敵意漸濃的趨勢的不斷發展。「人心回歸」作為概念和目標的提出和越來越受到重視便是順理成章和避免不了的事。只有當「人心回歸」後，「一國兩制」的全面準確實踐、國家安全、和洽的香港與國家的關係、香港的繁榮穩定和良政善治，才有堅實的思想保證。因此，近年來，中央對在香港推行國民、國情、憲法、基本法、歷史等思想方面的教育愈趨重視，並督促特區政府和愛國力量積極和加強推動相關的工作。然而，在香港的政治局面沒有發生根本性變化，而中央又基本上執行「不干預」、「不管就是管好」或「不干預但有所作為」方針，對特區政府沒有提出明確要求、監督、支持和問責，從而是較為被動的對港政策的大環境下，「人心回歸」的工程在特區政府的半心半意、投入不足、目標模糊和認識有誤的情況下蹣跚踟躕前行，很多工作流於形式、虛應故事、濫竽充數，不少時候虎頭蛇尾，根本沒有顯著具體成效可言。尤其令人沮喪的，是不少特區官員對愛國力量懷有鄙視抵觸情緒，所以不會願意積極在「人心回歸」工作上與愛國力量形成「合力」。

近年來，推進「人心回歸」更迅速成為了中央對港政策中的重要部分。中華人民共和國國務院新聞辦公室在 2014 年 6 月發表《「一國兩制」在香港特別行政區的實踐》的白皮書，特別鄭重指出：「在香港特別行政區各項事業取得全面進步的同時，『一國兩制』在香港的實踐也遇到了新情況新問題，香港社

會還有一些人沒有完全適應這一重大歷史轉折，特別是對『一國兩制』方針政策和基本法有模糊認識和片面理解。」2019 年 10 月發表的中國共產黨第十九屆四中全會決定更進一步明確提出要求：「加強對香港、澳門社會特別是公職人員和青少年的憲法和基本法教育、國情教育、中國歷史和中華文化教育。」對此港澳辦主任張曉明認為香港特區政府和社會各界應當圍繞上述的教育完善相關的教育制度和體制機制，不斷增強全社會特別是公職人員和青少年的國家意識和民族認同。特別是要正視長期以來香港在國民教育存在的缺失，切實加強青少年的愛國主義教育，關心、引導、支持、幫助青少年健康成長。」

平心而論，由於中央已經把「人心回歸」視為重要戰略任務，最近兩三年特區政府在學校內推動中國歷史教育、憲法基本法和國家安全教育方面較以往積極，但力度和成效則遠遠不足。特區政府在公務員的培訓中也開始添加了一些提高對國家和「一國兩制」認識的課程，而投考公務員職位的人也需要具備對基本法的基本認識，這可以算是聊勝於無。畢竟，在過去幾年，特區政府因為要應對香港的暴亂和新冠肺炎疫情而疲於奔命、焦頭爛額，「人心回歸」工作不會是特區政府的當前急務，更何況中央對「人心回歸」的重視不可能迅速得到那些負責教育和宣傳政策的官員和公務員的認同。

毫無疑問，中央將「人心回歸」視作迫切的戰略任務，並保證會全力支持和配合特區政府的工作，這對特區政府肯定帶來問責的壓力，從而有利於驅使特區官員加把勁去把工作做好。中央對「人心回歸」的重視，也會提升愛國力量的積極性，讓民間力量也為「人心回歸」多出點力。中央的立場和決心既然已經清晰宣告，則過去反對和抗拒各種與改變思想有關的工作的勢力也會知所收斂，從而稍微減少「人心回歸」工程的障礙。

同樣重要的，是隨着過去幾年中央在香港大力實行「撥亂反正」政策和措施迅速取得成效，而香港所面對的國際形勢的急劇變化，一系列對「人心回歸」工程的開展有利的因素陸續出現，因此可以對「人心回歸」的最終實現作較前樂觀的預期。

在香港國家安全法和經徹底改革後的選舉制度橫空出世後，內外敵對勢力在香港的管治架構內和社會上已經無立錐之地，也難以採取激烈抗爭行動來阻撓「人心回歸」工程的推進。香港國家安全法第九條規定：「香港特別行政區應當加強維護國家安全和防範恐怖活動的工作。對學校、社會團體、媒體、網絡等涉及國家安全的事宜，香港特別行政區政府應當採取必要措施，加強宣傳、指導、監督和管理。」第十條亦規定：「香港特別行政區應當通過學校、社會團體、媒體、網絡等開展國家安全教育，提高香港特別行政區居民的國家安全意識和守法意識。」雖然說這兩項條文重點針對國家安全的維護，但卻與廣義的「人心回歸」工作有密切關係。換句話說，「人心回歸」的工作已經得到了強而有力的法律支撐，為這項工作日後的推進掃除不少障礙和阻力。

　　長期以來，思想教育領域為內外敵對勢力所盤踞，但隨着香港國家安全法和其他相關的本地法律被「激活」，不少反共反中反政府的教師、政客、新聞工作者、文化藝術界人士、意見領袖和宗教領袖已經紛紛移民外地、畏罪潛逃、身陷囹圄、偃旗息鼓，或者轉為運用效用低得多的「軟對抗」手段來延續「鬥爭」。黎智英被捕、《蘋果日報》倒閉、香港教育專業人員協會結束和支聯會解散、只剩下個別新聞界和文化藝術界人士仍在「含沙射影」負隅頑抗等現象，都表明極端敵對勢力在思想教育領域幾乎已被清空。無疑，反共反中反政府人士在思想教育領域的人數和影響力仍然不可小覷，但他們卻怯於可能的法律制裁和家長與公眾的「監察」和責難，因此大多採取「明哲保身」和隱蔽游擊的方法來規避風險，再也不能明目張膽地宣揚其反動言論，從而「作惡」的能力也大為減少。日後，中央、特區政府和愛國力量將可以在思想教育領域大展宏圖，滌蕩餘毒，積極大力推進「人心回歸」工程。

　　與「人心回歸」工作密不可分的「去殖民地化」的思想教育工作在新的政治環境下可以大步展開。過去，礙於「五十年不變」的承諾、政治上的種種顧慮、不希望引起那些曾經為英國人效勞的公務員的擔憂、和對一些英國人遺留下來的典章制度的「器重」，在思想教育的「去殖民地化」工作從未真正推

行，導致香港出現不少「以古諷今」、「緬懷殖民地時期的風光」、「美化殖民管治」、「奉殖民管治時期的制度和政策為不可拂逆的金科玉律或祖宗遺訓」、「要求英國政府負起對它在香港的子民的道義責任」、「香港特區的人權自由法治管治不如『殖民地』時期的香港」、「英國應該再度管治香港」等蠱惑人心的奇談怪論充斥泛濫，對特區的穩定、改革和發展顯然不利，對年輕人的毒害尤深。今後，客觀、中肯和帶有一定批判性的重新研究和梳理香港的「殖民地」過去很有必要，特別是要重新認識內地和中央政策的支持對香港發展的重要性，香港華人對香港發展成就所作出的貢獻，中國近代史與香港歷史的有機聯繫，「鴉片戰爭」的不義、醜惡和殘酷，香港淪為英國的「殖民地」背後的充滿屈辱和悲憤的中國近代史，殖民管治的自私、貪婪、種族歧視和分化，不公不平的制度和法律，政策的短視和不當等情況應該是較為迫切的研究課題。這會有助於提振民族自豪感、提升對國家民族的歸屬感、減少對「殖民地」過去的「依戀」和「膜拜」，和讓香港有機會擺脫過去的發展方式和政策的羈絆，從而可以「輕裝上陣」擘劃香港未來的發展藍圖。

　　香港回歸以後，不斷發生大大小小的危機，較為矚目的是赤鱲角新機場開通不順、禽流感、亞洲金融危機、「港元聯繫匯率被衝擊」、非典疫情、基本法第23條立法所觸發的大型游行示威、全球金融海嘯、「反國教」事件、「佔領中環」、「旺角暴動」、「修例暴亂」和新冠肺炎疫情等。在不同程度和範圍，這些危機都對香港的管治效能、政治穩定、民生福祉和經濟發展造成了傷害。在所有這些危機中，特別是比如「修例暴亂」和新冠肺炎疫情香港無法獨自化解的危機，中央和內地都毫不猶豫地伸出援手，讓香港得以減少損失、渡過難關。當然，不是中央和內地的所有支持和舉措都得到大部分香港人的認可，有些人甚至認為中央的惠港政策損害自己的利益或削弱香港的高度自治，內外敵對勢力甚至乘機挑撥離間香港人與中央和內地同胞的關係，但總的來說，雖然不一定會說出口，但大部分香港人對中央和內地對香港的關愛還是心存感激的，並相信即使香港在一些方面為國家添煩添亂，但中央和內地同胞仍然把香

港人當作自己的家人看待和照顧。隨着時間的過去，越來越多香港人會感受到中央和內地同胞對香香港人的關愛和支持，從而香港人的國家觀念、民族意識也會逐漸提升。

在撥亂反正後，香港的局勢走向平穩，維護國家安全得到制度性的保障。在中央的敦促和支持下，特區政府的主要工作是要儘快融入國家發展大局，推動香港經濟持續增長，拓寬香港的產業基礎，破解香港深刻的社會民生深層次矛盾，讓更多香港人特別是年輕人能夠分享到經濟發展的成果，讓香港的貧窮問題得以紓緩，讓社會上長久積累的不滿和怨氣得以下降。在多方面的努力下，這些經濟社會民生工作理應取得一定成效，越來越多香港人會覺得中央不是偏重大財團和其他既得利益者的福祉，而是為民眾謀幸福，他們對中央和國家的態度也因此會越來越正面。

過去十多年，一個我稱之為「脫西入東」，或者更準確一些「脫西入中」的歷史趨勢已經開始形成並迅猛發展。簡單地說，「脫西入東」表現在香港與西方的關係越來越疏離，但與中國和亞洲的關係則日益密切。其中的比較重要和明顯的原因是：西方列強無所不用其極遏制中國的崛起和中華民族的復興；西方國家對香港的態度和行動越來越不友善；香港人越來越清楚西方試圖攪亂香港和利用香港危害國家安全；西方國家經濟低迷而且保護主義抬頭、能夠提供給香港的發展機會越來越少；西方國家的政治不穩、管治失效、民主人權狀況變壞、對發展中國家的欺壓侵略掠奪；「雙重標準」價值觀以及在俄羅斯烏克蘭衝突中美國和西方所展露的自私、凶殘、貪婪和無恥嘴臉，都令不少香港人尤其是知識分子瞠目結舌、握腕嘆息，在相當程度上削弱了西方價值觀對香港人的吸引力；世界經濟重心向東亞地區轉移，香港的發展機遇肯定愈多是來自國家和亞洲地區；香港越來越依靠通過「融入國家發展大局」和中央的惠港政策來獲取自身的發展機遇；國家的「發展奇跡」會讓香港人越來越認識和欣賞內地的成就、優勢、制度、政策和運作方式，承認和慨嘆香港的短板和不足，從而減少他們對內地的越來越站不住腳的「優越感」；香港人越來越明白國家

和民族正在受到來自美國和其盟友的威脅和遏制，香港難以置身事外。凡此種種，都會讓香港人逐步擺脫過去長期以來那種「崇洋媚外」、「抑中揚西」的對西方頂禮膜拜的自卑感和提升他們對國家和中華文化的自豪感和自信心，對西方媒體和政客蓄意抹黑國家的報道和評論增加「免疫力」。

然而，必須清楚認識到，有利於「人心回歸」的因素縱然越來越多，而推動「人心回歸」工程的力度和幅度也會不斷加強，但思想心態的改變不可能是一蹴而就的事情。有一點必須特別留意的是，鑒於香港實施「一國兩制」、「港人治港」和高度自治，生活在香港的中國公民與內地的中國公民在制度、法律、權利、義務、管治方式、公共政策和生活方式上有着明顯的差別，比如香港無需向國家納稅、香港人不用服兵役、香港有自己的貨幣和護照、香港享有終審權、香港人在生育上不受限制等，因此如何在承認香港人與內地同胞作為中國公民的實際差異的同時，又可以提升香港人對國家民族的歸屬感和責任感便十分關鍵。近年來，越來越多香港人進入內地尤其大灣區發展，他們會明顯感受到他們在內地的待遇與內地居民的差距不少，即便近年來中央已經增加了給予在內地工作、就業、就學和生活的香港人的「國民待遇」。質言之，在推動香港人「人心回歸」的過程中，必須充分考慮那些差異的存在，不能讓那些差異造成香港人與內地同胞的隔膜。

我初步認為，考慮到香港的歷史背景、香港人的政治傾向的複雜性、內外敵對勢力過去和將來的干擾和「一國兩制」的特殊性，在推動「人心回歸」的工程時，可以按部就班、有頂層設計和在中央、特區政府和愛國力量同心合力下進行。

從政策的角度看，香港人的「人心回歸」應該是依循三個階段向前推進。這三個階段依次為「基本責任擔當」階段、「利益共同體」階段和「命運共同體」階段。伴隨着這幾個階段的發展應該是香港人對國家民族的認知不斷提升，進而對國家民族的感情日增，而最後則產生越來越強烈的、作為中國人的自豪感和責任感。不言而喻，這裏所指的中國是實實在在存在的中華人民共和國，而不

是反共反中分子經常掛在口中的「歷史中國」、「民族中國」、「文化中國」或「地理中國」。誠然，目前有些香港已經進入了第二和第三階段，但更多人恐怕連第一階段也沒有進入，所以儘快促使大多數人踏入第一個階段乃當前急務。

在第一階段，香港人必須對「一國兩制」的初心、核心原則和主要內容有正確和全面的認識，從而明白在頗長時間內保留他們與內地同胞的政治經濟社會的一些差異的理由。長期以來內外敵對勢力對「一國兩制」的「另類詮釋」所造成的禍害需要儘快肅清。香港人要明確知道，儘管他們與內地同胞在一些權利和義務上有不同，但他們作為「一國兩制」下的中國公民仍要承擔相關的責任和義務，特別在維護國家主權安全發展利益、確保「一國兩制」在香港的全面準確實踐、尊重中央的全面管治權、認同「愛國者治港」、保持香港的繁榮穩定、了解和反擊妄圖攪亂和危害香港的內外敵對勢力和堅決反對任何把香港問題「國際化」的圖謀等方面。他們也要清楚知道與中國共產黨、中央和內地同胞對抗的話，自己、香港和國家所要付出的沉重代價。在這個階段，全力在學校內和社會上推廣憲法、基本法、國民、國情和國家安全教育非常重要。

在「利益共同體」建設上，香港人特別是年輕人必須明白，美國和其他外部勢力對國家和香港都不懷好意，如果國家安全和發展受到威脅和破壞，則香港的「一國兩制」和其帶來的繁榮穩定發展也失去了保障。香港人對世界局勢、國際形勢和外部勢力的險惡圖謀必須有深切的認識，不能盲目受到西方政客、反共反中媒體和學者、台獨分子和西方在香港的代理人的蠱惑，更不能對西方和台灣作為香港的「守護者」有任何幻想。香港人必須明白香港往後的經濟發展、產業轉型、民生改善、長治久安等都與一個蒸蒸日上、繁榮昌盛和穩定和諧的國家息息相關。「國家好、香港才能好」這一基本原則必須是廣大香港人的共識和信條。中央的眾多惠港政策和舉措、香港人在內地所能得到的發展和生活機會、中央政策和內地企業與人才對香港發展的貢獻、香港可以在「一國兩制」下對國家發展的貢獻等事實必須廣為宣傳。中華人民共和國成立後中央對「殖民地」下香港的支持和愛護，以及它們與香港「經濟奇跡」的密切關係有需要讓廣

大香港人洞悉。在建構香港人與內地同胞的「利益共同體」的同時，必須大力揭露美國和西方在利益上與香港的矛盾和它們長遠對國家和香港利益的威脅。

在「命運共同體」階段，香港人應該相信他們的命運已經與內地同胞的命運連在一起、難以分割。在這個階段，香港人對國家和內地同胞應該有着「血濃於水」、「血脈相連」、「患難與共」的濃烈感情聯繫，對內地同胞懷抱敬意和關顧。即便在同一個中國下彼此的權利和義務不盡相同，但他們都願意一起扛起作為中國公民對國家和民族的責任。在這個階段裏，香港人對國家不但有深切的認知，更懷抱濃濃的情意、歸屬感、同理心和愛心。為了達到這個境界，無論在學校內或社會上的思想教育都要讓香港人對國家民族產生強大的認同感、關愛感、光榮感、信任度，對內地同胞了解、尊重、關懷和友好，與內地同胞在國家民族大義問題上衷誠合作，和對國家民族的前景充滿樂觀和期盼。在這個階段，可以大力宣揚民族情懷、愛國主義、香港人對國家民族的道德責任，香港人與內地同胞共享偉大民族復興的榮光，徹底把香港人的認同、歸屬和效忠對象從所有「抽象」的中國轉移到中華人民共和國去。

當然，鑑於不少香香港人在思想上已被荼毒甚久，要達到「命運共同體」的階段絕對不是一件容易和一帆風順的事，內外敵對勢力仍然會不遺餘力干擾、阻撓和破壞「人心回歸」的工程。不過，在中央、內地、特區政府和愛國力量的分工合作、共同努力下，在徹底把內外敵對勢力驅逐出思想教育領域後，在世界正經歷百年未有之大變局的歷史大趨勢下、在國家崛起和中華民族偉大復興勢不可擋下，在西方不斷走向衰敗的歷史過程中，經歷過一個半世紀殖民管治的香港人應該會最終幡然醒悟，明白到他們自己的利益、前途、感情和命運已經與中華人民共和國和中華民族緊緊相扣，不能切割。屆時，「人心回歸」便大功告成，而「一國兩制」也必然可以乘風破浪、行穩致遠。

（原載《紫荊論壇》2022 年 5-6 月號）

政治人才的培養和任用

❖　　❖　　❖

國家領導人在提出「一國兩制」方針政策時，已經明言「愛國者治港」是「一國兩制」能否全面準確貫徹的關鍵，因為只要愛國者才能深刻理解「一國兩制」的初心和真諦，讓「一國兩制」能夠全面和準確實踐、並有利於國家的發展和香港的繁榮穩定。

「一國兩制」的總設計師鄧小平於 1984 中指出：「港人治港有個界線和標準，就是必須由以愛國者為主體的港人來治理香港。未來香港特區政府的主要成分是愛國者，當然也要容納別的人，還可以聘請外國人當顧問。甚麼叫愛國者？愛國者的標準是，尊重自己民族，誠心誠意擁護祖國恢復行使對香港的主權，不損害香港的繁榮和穩定。只要具備這些條件，不管他們相信資本主義，還是相信封建主義，甚至相信奴隸主義，都是愛國者。我們不要求他們都贊成中國的社會主義制度，只要求他們愛祖國，愛香港。」因此，在香港回歸祖國前加快培養愛國的政治人才、並把他們放在適當的位置上非常重要和迫切。鄧小平在 1984 年 10 月曾提議：「在過渡期後半段的六七年內，要由各行各業推薦一批年輕能幹的人參與香港政府的管理，甚至包括金融方面。不參與不行，不參與不熟悉情況。在參與過程中，就有機會發現、選擇人才，以便於管理一九九七以後的香港。參與者的條件只有一個，就是愛國者，也就是愛祖國、愛香港的人。一九九七年後在香港執政的人還是搞資本主義制度，但他們不做損害祖國利益的事，也不做損害香港同胞利益的事。[⋯] 由香港人推選出來管理香港的人，由中央政府委任，而不是由北京派出。選擇這種人，左翼的當然要有，盡量少些，也要有點右的人，最好多選些中間的人。這樣，各方面人的心情會舒暢一些。處理這些問題，中央政府從大處着眼，不會拘泥於小節。」

然而，中國人民共和國成立後，愛國力量在香港持續不斷受到英國殖民

統治者的排斥、打壓和香港「主流」社會的歧視，難以發展成為龐大的政治勢力。即便香港回歸已經是既成事實，但英國人仍然拒絕與中方合作培養和任用愛國的政治人才，而且對中方在這方面的努力百般阻撓和設置障礙。與此同時，英國人卻致力扶植華人公務員、親英人士和反共反中分子成為政治人才，意圖迫使中方在回歸後在愛國政治人才短缺的情況下不得不起用英國人精心培育的政治人物。在形格勢禁的情況下，中央在回歸後只好在別無選擇的情況下起用那些經由英國人提拔的政治人物，致使愛國人士在特區管治架構中的數量寥寥可數。再加上部分那些擔負管治香港的主要責任的人對中國共產黨、中央和愛國人士有着不同程度的懷疑和抵觸情緒，所以對愛國力量在回歸後的壯大和發展不但欠積極，反而諸多抗拒，對中央提出扶持愛國力量的要求經常陽奉陰違，甚至用盡辦法「拖後腿」。在「不干預香港事務」的大原則下，中央也難以在香港大力開展壯大愛國力量的工作。相當部分在過渡時期積極協助中央「另起爐灶」安排香港回歸事宜的愛國人士基本上也投閒置散。「愛國者治港」從而也只能是空中樓閣。不少愛國者心情抑鬱不平，對特區的領導人心懷怨懟，對從政亦意興闌珊。

在「愛國者治港」未能實現之同時，回歸後香港的管治一直處於艱難和失效的狀態，不但政治鬥爭此起彼落，政局長期不穩，政治體制不受尊重，管治精英不受信任，政府威信持續低下，經濟發展和產業轉型舉步維艱，社會民生深層次矛盾愈益惡化。更為嚴重的，是在危機和困難重重的環境下，不少肩負管治任務的人員除了表現出管治意志、能力、擔當和勇氣不足外，他們還缺乏「國之大者」的襟懷、視野和承擔，沒有能夠在重大事務上從國家民族的安全和利益的視角思考和處理問題，反而往往傾向從狹隘的「香港本位主義」出發，對內外敵對勢力百般姑息和討好，甚至罔顧因此而對國家民族所造成的損害。再者就是，由英國人扶植的反對勢力在香港回歸後更不斷壯大，肆無忌憚宣揚反共反中意識，處心積慮阻撓「一國兩制」的實踐，銳意打擊特區政府的管治威信，惡意攻擊和詆毀愛國人士，和挑撥離間香港人與中央和內地同胞的

關係。隨着時間的過去，反對勢力愈趨偏激，而且與外部勢力深度勾連，共同形成了一股越來越龐大的危害「一國兩制」實踐和香港繁榮穩定的「反中亂港」力量。過去十多年，內外敵對勢力更策動了一波又一波、帶有「顏色革命」內涵和目標的大型政治運動。

愛國力量薄弱以及備受特區管治者的貶抑和反對勢力的圍攻，使得「愛國者治港」原則無從體現，這毫無疑問是「一國兩制」在香港特區難以全面準確實踐的最重要原因。2014 年 6 月中華人民共和國國務院新聞辦公室發表《「一國兩制」在香港特別行政區的實踐》的白皮書，特意重新強調「愛國者治港」對「一國兩制」成功實踐的重大意義。它指出：「『港人治港』是有界限和標準的，這就是鄧小平強調的必須由以愛國者為主體的港人來治理香港。對國家效忠是從政者必須遵循的基本政治倫理。在『一國兩制』之下，包括行政長官、主要官員、行政會議成員、各級法院法官和其他司法人員在內的治港者，肩負正確理解和貫徹執行香港基本法的重任，承擔維護國家主權、安全、發展利益，保持香港長期繁榮穩定的職責。愛國是對治港者的基本政治要求。如果治港者不是以愛國者為主體，或者說治港者主體不能效忠於國家和香港特別行政區，『一國兩制』在香港特別行政區的實踐就會偏離正確方向，不僅國家主權、安全、發展利益難以得到切實維護，而且香港的繁榮穩定和廣大港人的福祉也將受到威脅和損害。」

尤為重要的，是國家主席習近平把香港回歸後所碰到的重大困難和動亂歸咎為「愛國者治港」未能充分實現。2021 年 1 月 27 日，習主席在聽取香港行政長官林鄭月娥的述職報告時強調：「香港由亂及治的重大轉折，再次昭示一個深刻道理，要確保『一國兩制』實踐行穩致遠，必須始終堅持愛國者治港，這是事關國家主權安全發展利益，事關香港長期繁榮穩定的根本原則。只有做到愛國者治港，中央對特別行政區的全面管治權才能得到有效落實。憲法和基本法確立的憲制秩序才能得到有效維護，各種深層次矛盾才能得到有效解決，香港才能實現長治久安，並為實現中華民族偉大復興作出應有的貢獻。」

國務院港澳辦主任夏寶龍 2021 年 2 月 22 日在「完善『一國兩制』制度體系，落實『愛國者治港』根本原則」專題研討會發言時坦率承認「愛國者治港」在香港回歸二十多年後尚未實現這個基本事實。他表示：「反中亂港分子之所以能在『一國兩制』下的香港興風作浪、坐大成勢，原因是多方面的。其中一個直接原因，就是『愛國者治港』的原則還沒有得到全面落實。香港特別行政區尚未真正形成穩固的『愛國者治港』局面。」

　　至此，為了確保「一國兩制」全面準確實踐、維護國家的安全和利益、以及促進香港的繁榮穩定，中央不得不把儘快實現「愛國者治港」提升為一項至關重要的戰略任務。在中央眼中，管治香港的政治人才的能力和才幹固然重要，但更為重要的是他們的思想心態和人格特徵，特別是他們是否懷抱「國之大者」的胸懷和抱負。如果一個人不是時刻心繫家國，並以報效國家民族為個人的光榮和使命，則這個人便不可能是一名合適的治港者。因此，過去兩年國務院港澳辦主任夏寶龍多次對肩負治港責任的愛國者提出有關思想和人格上的嚴格要求。

　　在上述的 2021 年 2 月 22 日的研討會上，夏寶龍強調：「凡是治港者，必須深刻認同『一國』是『兩制』的前提和基礎，旗幟鮮明維護憲法和基本法確定的憲制秩序，充分尊重國家主體實行的社會主義制度，正確處理涉及中央和特別行政區關係的有關原則，堅定維護國家主權、安全、發展利益和香港長期繁榮穩定，堅守『一國兩制』原則底線，堅決反對外國勢力干預香港事務。堅持『愛國者治港』是關係到『一國兩制』事業興衰成敗的重大原則問題，容不得半點含糊。」他進一步指出，愛國者和「反中亂港」分子在三個方面有明顯的區別。一是愛國者必然真心維護國家主權、安全、發展利益，而不從事危害國家主權安全的活動是對愛國者的最低的標準。二是愛國者必然尊重和維護國家的根本制度和特別行政區的憲制秩序。國家不是抽象的，愛國也不是抽象的，愛國就是愛中華人民共和國。中國共產黨帶領人民締造了中華人民共和國，在我們這個實行社會主義民主的國家裏，可以允許有不同政見，但這裏有條紅線，

就是絕不能允許做損害國家的根本制度，也就是損害中國共產黨領導的社會主義制度的事情。「一個人如果聲稱擁護『一國兩制』，卻反對『一國兩制』的創立者和領導者，那豈不是自相矛盾？」「愛國者必然全力維護香港的繁榮穩定，」並強調「效忠香港特別行政區，就理應先要效忠中華人民共和國。」

夏寶龍表示，在香港特別行政區政權架構中，身處重要崗位、掌握重要權力、肩負重要管治責任的人士，必須是堅定的愛國者。在愛國標準上，對他們應該有更高的要求。對於香港特別行政區肩負管治責任的人士來說，理應達到以下幾點要求：一是全面準確貫徹「一國兩制」方針。二是堅持原則、敢於擔當。在涉及國家主權、安全、發展利益和香港長期繁榮穩定的重大原則問題上，掌握特別行政區管治權的人必須勇敢站出來，站在最前列，把維護「一國兩制」作為最高責任，同那些挑戰「一國兩制」原則、破壞「一國兩制」實踐的行徑進行堅決鬥爭。三是胸懷「國之大者」。要站在這麼中華民族偉大復興的戰略高度和國家發展全局，謀劃香港的未來，辦好香港的事情，推進「一國兩制」實踐。四是精誠團結。把全社會的正能量激發出來，從而形成愛國者治港的強大力量和聲勢。

夏寶龍 2021 年 7 月 16 日在「香港國安法實施一週年回顧與展望」專題研討會上講話時表示。新的形勢和情況對治港的愛國者提出了更高要求。他們不僅要愛國愛港，還要德才兼備、有管治才幹。也就是說，他們不僅要想幹事，還要會幹事、能幹事、幹成事。一是善於在治港實踐中全面準確貫徹「一國兩制」方針，做立場堅定的愛國者。二是善於破解香港發展面臨的各種矛盾和問題，做擔當作為的愛國者。具有戰略思維和宏闊眼光，注重調查研究和科學決策，勇擔當、敢碰硬、善作為，逢山能開路、遇水能架橋，消除影響香港社會政治生態好轉的各種痼疾，衝破制約香港經濟發展和民生改善的各種利益藩籬，有效破解住房、就業、醫療、貧富懸殊等突出問題，不斷提高特別行政區治理能力和水平。三是善於為民眾辦實事，做為民愛民的愛國者。樹立市民至上的服務意識，想市民之所想、急市民之所急、解市民之所困，始終貼基層、

接地氣。特別是要聚焦廣大市民關注的事，花大力氣採取務實有效的辦法加以解決，每年辦幾件讓廣大市民看得見、摸得着、感受得到的實事，以施政業績取信於民。四是善於團結方方面面的力量，做 有感召力的愛國者。五是善於履職盡責，做有責任心的愛國者。對新選舉制度下產生的管治者，廣大市民期待很高，各方面都很關注，希望他們展現出新氣象新風貌，用自己的實際行動、用工作的實際成效來贏得廣大市民的口碑，不辜負中央的期望。」2022 年 3 月 9 日，夏寶龍在會見港區全國政協委員時再就愛國治港人員的精神狀態提出標準。他表示，愛國者要做到「五有」：有情懷、有格局、有擔當、有本領、有作為，維護國家安全，推動香港發展。

毋庸諱言，中央對肩負管治香港任務的愛國者之所以諄諄提出期望，其實是對回歸以來香港的管治者在思想心態和工作表現上有所批評，尤其是他們在應對「佔領中環」、「修例風波」和「新冠疫情」等特大危機時所呈現的膽怯、不足和缺失。同時，中央也表明中央決心加大力度培植、組織和起用愛國政治人才，以確保「愛國者治港」得以充分實現。

2019 年 10 月 31 日，中共第 19 屆四中全會決定要「堅持以愛國者為主體的『港人治港』、『澳人治澳』，提高特別行政區依法治理能力和水平。」對此國務院港澳辦主任張曉明作出闡述：「以愛國者為主體實行『港人治港』、『澳人治澳』，是全面準確貫徹『一國兩制』方針的必然要求。必須確保行政長官由中央信任的愛國者擔任，符合愛國愛港或愛國愛澳、中央信任、有管治能力、香港或澳門社會認同等標準。特別行政區行政、立法、司法機關也必須以愛國者為主組成。行政長官領導的管治團隊作為治理特別行政區的第一責任人，需要不斷提高依法治理能力和水平。當前，港澳內外環境出現了許多新變化，管治也面臨不少新問題、新挑戰，更加需要特別行政區政府敢於擔當，善於作為。」

要儘快和充分實現「愛國者治港」，加大力度培育和起用愛國者的政治人才，已經是中央、特區政府和愛國力量的當務之急。為了有效推進這項重大和

複雜的政治工程，中央必須發揮不可替代的領導作用，而特區政府和愛國力量則需要積極和誠心予以支持和配合。為了順利開展這項已經遲來了的政治工程，一系列急迫的工作必不可少。

首先，「反中亂港」勢力必須要從香港的選舉過程和管治架構中徹底驅逐出去，杜絕他們利用香港的政治體制培育接班人，讓有志從政的英才對「反中亂港」分子「怕而遠之」，最後是要完全消滅「反中亂港」勢力，讓越來越走向滅亡的「反中亂港」勢力沒有能力阻礙愛國者政治人才的成長和壯大。香港國家安全法和特區選舉制度的深刻改革在遏制和取締「反中亂港」分子上已經取得赫赫成果。為了完成愛國政治人才培育的大業，在未來一段頗長時間內，遏制「反中亂港」分子的高壓態勢不能放鬆。

第二，必須防範和抵禦外部勢力破壞愛國政治人才的培育。毫無疑問，外部勢力會不斷對愛國人士及其家人朋友進行抹黑、利誘、威逼、詆毀或制裁等不道德手段打擊愛國者政治人才，阻止他們加入愛國陣營、迫使離開或背叛愛國陣營、削弱他們的政治威信或政治能量。海外媒體、外國政府和政客、西方智庫、社交平台和潛逃在外的「反中亂港」分子在此發揮很大的破壞作用。特區政府可以制定具針對性的法律來打擊這類損害愛國政治人才培育的行為。

第三，對於愛國政治人才的培育和任用必須有頂層設計和由此而衍生的制度、政策和機構，不能假設有了香港國家安全法和新的選舉制度後愛國政治人才便會大量湧現。中央和特區政府有需要擬定一套長遠的發展和任用的戰略和部署，並與愛國力量一起聯手推進。這套戰略應該包括人才的物色、鼓勵、分類、培養、考核、監督、任免、調配、紀律處分和問責等方面。由於國際形勢愈趨複雜嚴峻，而特區管治的管治工作又愈趨繁複和艱鉅，愛國政治人才的視野、魄力、擔當、勇氣、定力和智慧至關重要，尤其是他們對國家、中央和特區的忠誠和他們與外部勢力鬥爭的意志和能力。中央、特區政府和愛國力量的翹楚可以成立一個總攬全局的最高機構，統籌和協調各有關部門和單位的工作，並因應工作成效和形勢的變化而調整愛國政治人才培育和發展的戰略和

部署。

　　第四，中央官員、特別是中央駐港官員，特區政府高層官員和愛國力量的領導人應該利用與社會各界密切接觸的機會物色和鼓勵有從政意向和能力的人士。部分經常在媒體和公開場合曝光、活動和發表意見的愛國人士應該具備成為愛國政治人才的潛質，因此應該是關注的對象。「反對派」人士當中有才幹者，如果願意接受香港的憲制秩序和中國共產黨領導的國家體制，亦應該是羅致的人才。當然，也有需要建立有志從政人士「毛遂自薦」的途徑，避免出現有政治價值的「漏網之魚」。

　　第五，可以把中央和特區政府所掌管的政治職位分為不同類別和等級排列成為政治事業發展和晉升階梯，把有政治潛質、政治能力和從政意向的愛國人士分配到不同職位上進行鍛煉，並在嚴格考核他們的表現後決定是否對其作進一步的發展和提拔。中央所掌管的政治職位主要是全國人大港區代表、全國和各級地方政協委員、香港基本法委員會委員以及各類國家級和地方級的機關、機構、組織和團體的職位。香港特區政府所能掌握的政治職位為數不少，包括主要官員、法定機構的管理人員、諮詢組織的成員、地區團體的負責人等。

　　第六，應該在中央與特區政府掌握的政治職位之間建立「旋轉門」，讓愛國政治人才得以在兩類職位之間流動，從而讓愛國政治人才能夠取得在內地和香港從政的經驗，提升他們的國家觀念和民族意識，這會有利於推動內地與香港在各方面的交流合作、香港加快融入國家發展大局和特區政府公務員對國家的認同。

　　第七，鑒於相當部分愛國政治人才不一定把從政作為終身事業，並傾向游走於政治職位和非政治職位之間，如何保障他們可以同時兼顧政治事業和非政治事業便十分重要。因此，在政治機構和非政治機構之間設立「旋轉門」便不可或缺，「旋轉門」可以讓愛國政治人才不在政治職位（政府和議會職位）時得以在商業機構、智庫、大專院校、媒體、非政府組織和其他民間團體任職。在政治政治人才培植上，那些非政治機構更可以成為愛國政治人才的「蓄水池」

或「人才儲備庫」。相對與香港的私人商業機構，國有企業尤其是央企應該更能發揮重要作用。那些由愛國人士領導的商業和民間機構也可以積極作出貢獻。中央、特區政府和愛國力量的領袖應該大力鼓勵、獎勵和支持非政治機構參與愛國政治人才培養和任用的工作。

第八，其他國家和地區的經驗顯示，智庫在培養政治人才上發揮顯著的作用。除了作為政治人才的「蓄水池」或「人才儲備庫」外，那些專注國際事務、國家發展、香港政治狀況和公共政策研究的智庫更是政治人才的「搖籃」，讓政治人才茁壯成長，並為中央和政府源源不絕提供政治人才。遺憾的是，相對於其他發達國家和地區，香港智庫的發展仍然處於較低水平，研究的質量參差不齊，而且往往流於「理論」和「空談」，與實際情況脫節，又不一定能夠切實考慮到政府的能力和局限、特別是在財政方面。中央和特區政府一方面要在政府內部設立強大的研究單位，也要大力扶持民間智庫的發展，包括向智庫提供經費、鼓勵大型商業機構和民間機構資助或贊助智庫的工作。在可能的情況下，中央和特區政府可以加強與智庫交流合作、為他們提供研究所需要的數據、材料和協助，這樣不但對它們的研究工作有幫助，也會讓它們的研究能夠更能合乎政府和社會的需要以及更具備實際可操作性。

第九，公務員體系應該作出改革，減少其封閉性，讓外界的政治人才可以直接進入公務員體系的高層任職。長期以來，高層公務員絕大多數都由內部晉升而來，外界人士要加入公務員隊伍一般只能從低做起。如此一來，公務員隊伍頗為封閉，形成一套獨特的公務員文化，講究穩妥、程序和合法，缺乏創新精神和勇氣擔當，久而久之與社會越來越脫節，也難以應對複雜多變的內外環境。近年來，公務員隊伍的工作表現乃至其紀律性屢受詬病，已經到了不得不改革的地步。從愛國政治人才培育的角度來說，高層公務員也應該是政治人才的來源之一。應該把公務員隊伍的高層在一定程度和範圍內開放，政府部門的領導職位可以向外招聘，讓外面的人才在政府內部發揮作用，引入創新思維和知識，打破過往高層公務員因循守舊、謹小慎微、和怯於擔當的陋習，讓

他們更能擔當策劃、參與和推動制度和政策改革的工作。政務職系一直是公務員隊伍的核心，素有「天子門生」的稱號，負有制定政策和掌握政情民意的責任。政務官人數不多，大概一千人左右，擁有獨特的和不斷在職系內傳承的精英文化，內聚力強，具排他性，內部繁殖，並執掌大多數政府高層職位。在過去「公務員治港」的格局下，政務官作為一個「封閉」的、自詡為「通才」的羣體發揮領導和協調整個行政機關的關鍵作用。然而，當香港在回歸後面對瞬息萬變的國內外形勢和香港內部局勢時，政務職系人員作為政府領導人的缺點和不足也就表露無遺，尤其在視野、勇氣、魄力、擔當、專門知識和對國家民族的認同和責任感方面。事實上，隨着主要官員問責制的引入，制定政策和統籌協調整個政府工作的職能已經從政務官轉移到政治任命的問責團隊，因此可以通過開放政務體系，從政府內部其他職系、社會上和外地招攬人才以達到更新和強化的效果。反過來，一個開放的和奮發有為的政務體系也可以為愛國力量源源不絕供應政治人才。

第十，不單政務職系有需要改革，就連整個公務員隊伍也有改革的必要。有志從政的愛國精英應該有機會直接短期進入公務員隊伍的高層工作，同時為那個頗為保守的隊伍注入新活力和新思維。同時，那些愛國精英可以從中積累行政經驗，為他們日後的政治事業添加優勢和資歷。

第十一，要鼓勵和支持愛國者更多組織起來參加各類選舉活動，讓選舉委員會、立法會、區議會或其他地區團體的愛國者能夠通過選舉更密切聯繫和服務社會各界和基層民眾，從而擴大、強化和鞏固愛國力量的羣眾基礎，讓「愛國者治港」更得民心、更能反映民意。毋庸置疑，參與選舉是培育愛國政治人才的有效手段，而經歷過選舉「洗禮」和考驗的愛國者會肯定是治理香港的政治人才的重要來源地。以參與各類選舉為主要工作的愛國團體和社團應該得到中央、特區政府和整個愛國陣營的關顧和支持。

第十二，媒體在香港的政治生活中佔有顯赫位置，是培育愛國政治人才的重要地方。一方面要從媒體招攬政治人才，另方面則要把那些有潛質的愛國

者分配到重要媒體之內進行磨練。愛國陣營急需那些能夠與香港和海外人士溝通、講好國家和香港故事、駁斥敵對勢力造謠抹黑和為香港爭取到話語權的愛國幹才。

第十三，回歸後，香港的地區和基層組織和網絡處於散亂和荒廢狀態。原因有幾個：其一是特區政府沒有適當投放資源構建地區組織和網絡，而原有的組織和網絡又在得不到政府重視的情況下愈趨廢置，難以發揮政治組織和動員作用。其二是地區和基層愛國團體雖多，但羣眾基礎不夠廣闊和扎實，資源有限，缺乏統一領導。雖然中央和特區政府對它們有一定影響力，但難以依靠它們成為堅實和有力的政治力量。其三是反中亂港分子在地區層面也具有相當的實力，2019年在「修例風波」期間舉行的區議會選舉中更取得壓倒性的勝利。香港國家安全法實施後，區議會內的「反中亂港」分子基本上已被肅清，但他們在不少基層組織和地區內仍有影響力。為了培育愛國政治人才，中央和特區政府有必要加強地區和基層組織的建設，包括適當下放權力和投放更多資源，同時加強對它們的領導和協調，讓它們成為那些有扎實羣眾基礎、擅長羣眾工作的政治領袖的來源地。

第十四，毋庸置疑，愛國政治人才必須在實戰鍛煉中產生和成長，但正規、基礎和理論訓練也不可或缺，特別在提升政治人才對國家、「一國兩制」、基本法、香港政治體制和公共政策和國際事務的認識。特區政府新成立的公務員學院可以擔負部分培訓工作，其培訓課程在一定程度和範圍內可以對外開放。中央和特區政府也可以通過與內地和香港的大學、學院和研究機構合作設計和成立各種課程來培訓愛國政治人才，包括因應環境和形勢變化而推出的短期培訓課程。

最後，用不同方式把愛國政治人才組織起來，對他們的培訓和任用非常重要和有利。香港不太需要那些擅長「單打獨鬥」的「孤膽英雄」，而是那些能夠與其他人團結起來、遵守紀律和一致行動的政治人才。中央、特區政府和愛國領袖因此需要協助和扶持各類政治組織和政治網絡的發展，並把它們與其他愛

國團體和領袖納入一個廣泛的、以愛國者為主體、擁有相當的精英和羣眾基礎、並接受中央的領導和指導的「管治聯盟」之中，並讓這個「管治聯盟」成為肩負主要管治職責的愛國者的堅強後盾和人才的來源。

　　總而言之，培育和任用愛國政治人才關乎「一國兩制」的千秋大業，急不容緩，時不我待，中央、特區政府和愛國力量必須努力和合力推進這項政治工程。

（原載於《橙新聞》2022 年 4 月 15 日）

新任行政長官李家超任重道遠

✤　✤　✤

　　李家超就職後，他將要面對一個前所未有、複雜凶險的外部環境和一個充滿挑戰性的內部環境。他和他的管治團隊要在這個艱難的環境中維護好國家和香港的安全、頂住來自美國和其西方盟友對香港的制裁和打壓、為香港的未來發展找準定位、提升特區的治理能力和水平、強化特區政府預警和應對危機的能力、推動加快香港融入國家發展大局、擴寬香港的產業基礎、以改革創新的政策和措施破解香港的深層次矛盾和通過教育和其他舉措實現「人心回歸」。他所領導的特區政府將要迎難而上，而且會備受考驗，但要完成的卻肯定是偉大和光榮的歷史任務。要克服困難、實施良政善治、達成政策目標和促進香港的繁榮穩定，扭轉香港過去的困局，鞏固中央在香港撥亂反正所得到的成果，為「一國兩制」行穩致遠打下堅實的基礎，李家超和特區政府無疑是任重道遠。但在中央的領導和指導下，加上愛國力量的鼎力支持，新一屆特區政府應該有能力攻堅克難，開拓創新，為「一國兩制」的全面準確實踐和香港的繁榮穩定開啟新的篇章。

　　過去幾年，香港和「一國兩制」的實踐都進入了歷史發展的轉折點，成敗得失懸於一線。回歸前後尚未解決的、來自內部和外部的各種重大矛盾不斷累積，交叉重疊，而且愈趨惡化和複雜，並因為「修例風波」而徹底暴露和大規模爆發出來，釀成一個香港史無前例的特大危機。不過，特大危機的暴露和爆發也迫使中央下定決心，採取果斷措施和行動徹底解決危機背後的重大矛盾和因素，有效遏制了內外敵對勢力，實現「愛國者治港」，讓「一國兩制」能夠在新的基礎上穩步前行，然而這個過程卻也必然充滿挑戰性，並會引發不少新的摩擦和帶來一些不確定性。新冠肺炎疫情突然來襲，令本已嚴重的經濟社會民生狀況雪上加霜，導致各種深層次矛盾急速惡化，政治不穩定因素陡然增加，

也加劇了特區管治的困難。國際環境不斷惡化，西方世界對香港愈趨不友善，亦使得香港的內部問題更趨嚴重化和複雜，香港將無可避免要面對越來越多的艱難和挑戰。

外來挑戰

過去十多年來，香港面對的國際環境越來越複雜和凶險。國家的急速崛起和在國際社會的影響力日增，引起了美國和其西方盟友的恐懼和反彈。它們將中國定性美國歷史上首次碰到的「同級」「戰略對手」，認定中國的崛起會摧毀美西的世界霸權，嚴重損害它們的利益。它們無所不用其極地對中國進行全方位的遏制，在中國內部特別在邊陲地區製造動亂，並力圖拉攏中國周邊國家成為對中國圍堵的「銅牆鐵壁」。美西不再相信香港能夠成為西方可以利用的「顛覆基地」，反而一口咬定香港已經變成協助中國崛起的「幫兇」，以及踐踏民主和人權的「兇手」。過去一段時間，美西對香港的打壓源源不絕，包括將香港問題「國際化」、貶損香港的國際聲譽、對香港的個人和實體施加各種制裁、削弱與香港的聯繫、在香港宣揚反共反中思想、以不同方式插手香港的管治、與香港的「反中亂港」分子聯手策動暴亂、削弱香港對國家發展的價值、阻撓香港成為那個由中國推動的反西方霸權的金融和服務中心等。毫無疑問，美西日後將會繼續成為香港的繁榮穩定的破壞因素。

俄羅斯與烏克蘭的衝突以及尚未完結的全球新冠肺炎疫情必將對國際局勢產生巨大和深遠的衝擊，把一些對香港這個開放的、與美西關係頗為密切的國際大都會的發展不利的趨勢和因素進一步強化。它們包括：美國主導的國際政治、金融和貿易秩序加速崩塌，世界進入失序和動蕩的局面；全球經濟陷入衰退；民族主義、國家主義、民粹主義和排外主義愈趨猖獗；去全球化特別是貿易和金融全球化加快；去美元化、美元作為促進國際貿易、投資和儲備的角色逐漸下降；金融、貿易、網絡和科技保護主義肆虐；供應鏈、產業鏈和價值鏈斷裂；各地人員的交往陷於停頓；美國進入加息周期，令不少發展中國家陷

入困境；通貨膨脹衝擊各國經濟；糧食、能源、礦物和商品供應短缺危機日趨嚴重；美西更加忌憚中國的崛起並加大對中國的遏制力度；美西把越來越多的東西「武器化」，尤其是美元、美國主導的國際金融體系、外國存放於美西的財政儲備和資產、科技、貿易、媒體、藝術、教育和意識形態等。

對香港的未來發展至關重要的是世界將會湧現出兩個意識形態、核心利益和游戲規則不同的陣營。一個是以美國為首的、擔心自己正在走向衰落和越來越忌憚被挑戰的、和越來越排外的西方陣營，和一個由中國推動、聯繫俄羅斯、伊朗、巴基斯坦和眾多發展中國家（尤其是部分東南亞國家）所組成的反對西方霸權的陣營。這兩大陣營在貿易、金融、科技、安全、標準、規則乃至文化等領域會出現不同程度的脫鈎情況。在這種情況下，香港過去作為中西方橋樑和通道的角色將難以為繼，而香港從美西所能得到的發展機遇和「特殊優惠」將會不斷被剝奪。

在愈趨嚴峻的國際格局下，美西對香港的制裁和打壓將會更為厲害和頻密，對香港的穩定和發展必將造成衝擊和損害。香港作為中華人民共和國的一部分，其未來發展的戰略定位必須是在在可能範圍內盡量維持與美西的經濟、貿易和金融的聯繫的同時，加強維護國家安全和香港穩定的能力，加快融入國家發展大局，強化與亞洲地區特別是東南亞地區的經貿聯繫，和協助國家實現「一帶一路」的戰略倡議，從而讓香港能夠得到廣闊的發展空間和新的經濟增長與產業發展的動力。

內部挑戰

來自香港內部的挑戰因為過去十多年的動亂和內耗已經越來越嚴重和複雜，新冠肺炎疫情和外部環境的巨變令那些問題更為擴大和惡化。這些挑戰包括：儘快控制或者結束新冠肺炎疫情，恢復與內地和外地通關；落實好國家「十四五」規劃關於香港的部分、積極推進粵港澳大灣區建設、深港合作和香港與前海的合作；香港要在心理上和行動上處理好「脫西入東」（即與美西關

係愈趨弱化和與國家與亞洲地區關係愈趨密切）的歷史大趨勢，支持和配合國家所推動的反西方霸權的陣營的建設；妥善應對經濟衰退、通貨膨脹、失業率上升和金融動盪的來臨和紓緩其為香港人所帶來的困苦；保護好香港的外匯儲備，減少對美元和其他西方貨幣和資產的依賴，作好準備應付突然而來的金融動盪和危機；應對好愈趨嚴峻的經濟民生狀況，特別是企業倒閉、失業率上升、貧窮問題、貧富懸殊、住房問題、能源和糧食價格上漲、醫療衛生問題和年輕人就業與上流問題；確保與香港人生活息息相關的糧食和日用品供應充足和價格不至於難以承受；推進有利於建構公平合理社會的制度和政策改革，克服反對勢力和既得利益集團的阻撓；扶持新的產業，拓寬香港的產業基礎；加大力度推進「人心回歸」的教育和思想工作。

提升治理能力和治理水平

要較好應對內外環境變化所帶來的新情況、新問題和新挑戰，以及在嚴峻環境下落實施政藍圖，香港的治理能力和治理水平必須儘快提升。李家超應該在以下方面切實着力推動。

首先，需要組建一個強而有力、有家國情懷、勇氣擔當超羣、銳意創新和具備廣闊和長遠視野的領導團隊。鑒於李家超很可能過去的工作和從政歷練主要在警政和安全領域，因此亟須在政府內部、社會上、內地和世界各地網羅各方面的英才，尤其那些有助於應對金融風險、推動經濟發展、開拓新產業、破解民生問題和提升教育質素的專才。這個領導團隊必須要能夠儘快以驕人政績來建立管治威信和為香港人帶來希望和憧憬。

第二，在治理香港的過程中，虛心接受中央的領導和指導，切實執行中央的指令，並在重大問題上與中央保持一致和衷誠合作。在維護國家安全、推動香港融入國家發展大局和破解香港的深層次矛盾上，特區政府肯定需要得到中央的支持和配合。中央也會在將來認真切實行使全面管治權，對特區政府的工作嚴謹監督和問責。

第三，與中央通力合作，加大力度壯大和團結愛國力量，包括設立相關的制度和制定合適的政策、物色和委任愛國人士進入各種行政和政治職位接受培訓和磨練。行政機關應該積極和由愛國者主導的立法會加強合作、相互扶持。特區政府應該強化與社會上愛國團體和人士的聯繫，並在有需要時組織和動員他們支持和配合政府的政策和行動。

第四，港英政府和過去的特區政府所堅持的「積極不干預」或者「小政府、大市場」的管治思想已經不合時宜，必須徹底揚棄。取而代之的當然不是無所不管的政府，而事實上也不可能，但在今後香港的經濟發展、與內地強化經濟聯繫、貫徹「十四五」規劃有關香港的部分、開拓新產業、減少壟斷、改善民生、教育改革、促進「人心回歸」等事務上李家超領導的特區政府絕不能夠是「不干預」的「小政府」。這個政府也一定要能夠在重大事務上能夠「幹成事」，並以實際成績贏取中央和市民的信心和信任。為了強化管治效能，必須優化、簡化和改革那些阻礙政府施政的、過時的和多餘的法律、法規、程序、「慣例」和機構，讓政府能夠在「拆牆鬆綁」下提升政策制定和執行的速度和效率，加快問題的解決，尤其是要節省日益珍貴的公共資源。

第五，推進特區政府的改革，提升特區的治理能力和治理水平，主要包括：提升各政策範疇的統籌協調，為重大政策訂立明確目標；強化行政會議的政治戰鬥力，特別在國際上爭取話語權的能力；加強政府領導隊伍對公務員和領導和駕馭、強化政府內部的紀律、問責和執行能力；嚴明和改進公務員的考核和任用標準，不能過度着重「論資排輩」；要講求工作成效和施政目標的達致而並非以「程序」和「投入」為目的；獎勵創新、改革和進取；鼓勵對國家民族盡忠盡責；從社會上、內地和外地適當引進精英人才進入政府高層，尤其要開放政務體系；加強戰略和政策研究；設立重大危機和研判、預警和應對機制。

第六，回歸前港英政府把部分原來屬於政府的職能和權力交付一羣新成立的法定機構，政府的相關部門與那些法定機構之間的協作出現不順暢的情況，導致政府的政策在一定程度上失去連貫性和協調性。特區政府對法定機構

的領導、協調和問責必須加強。

第七，回歸後香港原來的諮詢組織未有受到應有的重視，不但難以負起培訓人才的作用，更沒有能夠發揮專業人士和精英階層支撐政府施政和提升政府威信的作用。各類諮詢組織必須強化並成為特區政府施政的親密夥伴。

第八，在應對第五波新冠肺炎疫情時，香港基層和地區組織的薄弱和散漫對特區政府的防疫抗疫工作構成很大的掣肘。今後必須加強地區和基層組織的建設，讓特區政府更能了解、聯繫、組織和發動羣眾，為中央、特區政府和愛國力量建構更扎實可靠的羣眾基礎。

小結

總而言之，香港的前路多艱，新任行政長官李家超和新一屆特區政府任重道遠。不過，在一個治理能力和治理水平不斷提高的特區政府的領導下、在中央的指導、督促、支持和問責下、並在愈趨強大的愛國力量的大力襄助下，我們期望新一屆特區政府能夠成為一個奮發有為、開拓創新、讓人耳目一新的政府，在極為困難的內外環境下砥礪前行，為國家和香港的安全和發展做出新的貢獻。

（原載於《紫荊》雜誌 2022 年 5-6 月號）

附 錄

中評深度：
劉兆佳談中央對港思路轉變

✦　✦　✦

近年香港因為中美博弈被推到了風口浪尖。中央一次次地主動出手整治香港亂象，例如頒佈香港國安法、主動就香港政治體制作出徹底改革、對立法會議員的資格作出審定等，顯示出中央治港思路的變化。對此，中評社專訪了全國港澳研究會副會長劉兆佳。

劉兆佳對中央治港思路的轉變進行了詳細描述。他指出，回歸初期至2003年，中央對香港事務比較被動，在政治和經濟方面均幾乎沒有介入。2003年的反對23條立法大遊行促使中央的對港政策由被動走向主動，從經濟民生層面入手，希望緩解香港的社會矛盾。2014年「佔中」之後，中央更多地運用政治手段，大力壓縮內外敵對勢力在香港的發展空間，主導克服「一國兩制」發展過程中所暴露出來的重大問題。

劉兆佳表示，只有香港解決了目前面臨的政治問題，不出現衝擊國家主權、安全、發展利益，以及衝擊「一國兩制」，挑戰特區政府和中央政府的情況，內外敵對勢力無法在社會立足，中央才能夠放心地推進香港的民主進程。他亦認為這些問題的解決不單要依靠中央出手，還需要整個社會民情民意的轉變。而社會民意的轉變則需要大力推進國民教育、國家安全教育和《基本法》教育，令香港人對國家、對「一國兩制」形成正確的認知。

談及「一國兩制」的未來，劉兆佳強調回歸初心，讓內地的社會主義制度和香港的資本主義制度各自發揮所長，相互合作，互利共贏，共同推進國家發展。香港通過改革提升經濟活力，減少社會矛盾，給予年輕人更多機會；中央通過制度建設壓縮內外敵對勢力在香港的活動空間，維護國家安全，保持香港繁榮穩定。在這種情況下，相信「一國兩制」能夠長期實行。

問答全文如下：

中評社：能否請您大致介紹一下中央對港思路的轉變過程？

劉兆佳：我認為中央治港思路變化是從被動到主動到主導。在這個過程中，中央在香港事務上的角色越來越積極，也越來越集中於製造有利「一國兩制」全面和準確貫徹的條件。港澳辦常務副主任張曉明日前指出，「一國兩制」實踐已進入「五十年不變」的中期階段，許多問題已充分暴露。那麼過去在問題還沒充分暴露的時候，中央是採取一種比較被動的對策，盡量不干預香港事務，不要讓各方面引起對香港前途的擔憂，希望讓香港人自己意識到「一國兩制」所面臨的問題，從而自己解決問題，不需要讓中央出手來處理。

但是過程當中，因為中央插手比較少，反而引發出一些意想不到的問題。譬如說香港的反對勢力越來越壯大、越來越野心勃勃、越來越激進，試圖主導「一國兩制」在香港的話語權，不斷利用中央給予香港的政治自由挑戰中央政府，阻撓特區政府施政，甚至拉攏外部勢力介入香港事務；不斷在香港利用民主改革作為發動羣眾，激起他們從事政治鬥爭的藉口。如此一段時間之後，香港的局勢和民情民意對中央越來越不利，對特區管治越來越不利，很多香港人特別是年輕人對「一國兩制」的認知也出現了嚴重偏差，把香港當成獨立政治實體，排斥中央在香港的任何角色，不承認中央在香港所擁有的權力。

2003 年香港爆發了反對 23 條立法的大規模羣眾行動，促使中央不得不改變對香港的政策，從被動走向主動，主動出手去處理香港問題。但是這個「主動」主要反映在對香港經濟的帶動上，所以自由行、CEPA、人民幣業務、內地企業到香港上市集資，到讓香港參與國家的五年社會經濟發展規劃等政策紛紛出台。中央給予香港更多在內地發展的機會，希望從經濟層面紓緩香港的社會矛盾，從而帶來一些良好的政治效果，並盡力強化特區政府的管治能力。在這個階段，中央在香港政治事務上的參與還是比較少，更多地集中在經濟、民生方面。

因為中央的政策，香港在經濟上的確得到一些改善，取得一些進步，和

內地的經濟合作關係也出現一些好的勢頭，兩地同胞之間來往亦有所增加。但是這也引發出一系列新的問題。兩地同胞接觸多了之後反而產生了一些新的矛盾、新的摩擦，內地資本進入香港使得一些香港人在經濟上感覺受到威脅，內地人才進入香港帶來的競爭引發部分香港人的擔憂，大量內地訪客到港對部分香港人的生活造成干擾。中央的「惠港」政策當然在經濟民生上帶來了良好效果，但同時也引起部分香港人的擔憂和恐懼，覺得自己的利益受到威脅，特別是擔憂香港的制度、價值觀和生活方式是不是會受到內地影響而沒有辦法保存下來等等。這個時候，在政治上，香港產生了本土分離主義，最嚴重的當然是「港獨」主張抬頭；而西方支持的反對力量進一步擴大了他們在香港的力量，支持他們進一步推動所謂民主改革，使他們有更大的政治權力來抗拒中央和阻止香港內地關係的進一步發展。2014年佔領中環行動就是這種趨勢的爆發，反對派試圖領導香港進一步擺脫中國內地，對抗中央，甚至有些人提出要把香港從中國分離出去。西方勢力在佔領中環的行動中更扮演了昭然若揭的角色。

香港的政治發展到了這個地步，中央忍無可忍，非出手不可，於是對港的政策到了主導階段。在主導階段，經濟手段固然重要，但是政治手段更加重要。中央不能容忍香港政治亂局繼續下去，不能容忍抗爭方式越來越暴力，不能容忍越來越多人支持本土分離主義、支持「港獨」，尤其不能容忍對國家主權和中央權力的冒犯。同時，特區政府在管治過程中面對反對勢力的不斷挑戰和阻撓，施政越來越困難；中央和反對派之間的政治矛盾衝突越來越大。加上國際形勢的變化，外部勢力特別是美國和其西方盟友不斷並明目張膽介入香港事務，聯同香港反對勢力不斷挑戰國家主權和特區管治，意圖利用香港作為對付中國的棋子，危害國家安全。2014年以來，即是步入主導階段後，中央政府在政治方面的確有所作為，比如大力推動「一國兩制」和《基本法》的宣傳教育，希望改變香港人對「一國兩制」和《基本法》的認識和了解；另一方面，中央主動出手，通過支持特區政府和愛國力量，與反對勢力和外部勢力作戰，遏制了後者的生存空間。

最關鍵是去年 [2019 年] 的十九屆四中全會，中央制定了一套整治香港、應對香港問題的全面策略：仍然關注經濟問題，推動香港融入國家發展大局，特別是大灣區的發展，以達到經濟增長和產業轉型。但更重要的是在政治層面，通過制定香港國家安全法來維護國家安全，大力壓縮內外敵對勢力在香港的活動空間，不讓他們在國際上、在議會內、在社會上得以肆無忌憚從事各種種各樣的政治鬥爭，實際上將他們從香港的政治體系中驅逐出去；另一方面，對愛國力量的支持和建設加強力度，除了強化他們的戰鬥力之外，更要發揮他們的領導力和團結力，爭取更多人和組織加入愛國陣營之中。此外，中央亦結合了全面管治權和特區的高度自治權，採取了一些措施來強化中央和特區政府之間的運作，更加積極地行使中央在國家憲法和《基本法》下所擁有的權力，配合和強化特區政府的管治，形成一個更龐大的由中央、特區政府以及愛國力量組成的管治力量，通過彼此的分工合作來應對反對派以及外部勢力的挑戰。

對港管治思路從被動到主動到主導，反映出中央逐步意識到，香港在「一國兩制」發展過程中遇到的問題的複雜性和嚴重性。情況越來越惡劣，形勢越來越緊急，香港的管治權越來越有機會被本地和外部敵對勢力所竊取，不但「一國兩制」無法全面實施，香港還會變成一個對國家離心離德、危害國家安全的地方；再加上如果政治問題處理不好，香港的經濟民生問題就沒有一個適當的政治環境來解決，香港的繁榮穩定亦無法確保，社會將發生更多的鬥爭和動盪，香港會成為國家安全的麻煩製造者，中國的國際聲譽亦會受到打擊。因此中央毅然決然利用各種手段，包括經濟、政治、法律、思想等，逐步增加對香港事務的參與，來主導克服「一國兩制」發展過程中所暴露出來的重大問題。

中評社：港澳辦副主任張曉明日前表示，「底線守得越牢，政治包容空間越大」。您怎麼理解這句話？結合現在的實際情況，是否說明中央對香港的政治包容空間正在縮小？

劉兆佳：中央知道大部分香港人不是單純的反對派，而是存在相當的民主訴求，希望香港能夠有更加開放、更加民主的政治體制。但問題是，中央也

知道，當香港的內外敵對勢力相當強橫、愛國力量相對比較薄弱、特區政府管治能力和根基又不牢固的時候，進一步開放民主，特別是普及選舉，容易出現香港政權落在非愛國者手上的情況，如此一來，不但「一國兩制」無法維持，香港反而會變成顛覆國家和政權的基地。因此中央對香港民主發展是有戒心的，不放心讓民主制度進一步發展。

當內外反對勢力無法在香港政治體制內和社會立足的時候，香港參與政治體系運作的政治力量基本上都是愛國者或者是忠誠反對派的時候，這些人不會把香港變成顛覆基地，反而會在憲法和《基本法》的框架裏面運作，與中央建立良好關係，共同推進香港發展，令香港在國家發展過程中能夠作出貢獻，張曉明副主任所說的「底線」就守得住。到了這個地步，我相信中央不會介意開放更多機會令香港的民主化向前推進，香港的進一步民主化就有可能，政治參與空間就大了。

但是民情民意的轉變仍需要一段時間，香港反對派即使現在不能在香港政治體制裏面活動，他們社會上還有不低的支持率。怎樣改變香港人的心態，令他們減少對反對勢力的支持，減少與中央及特區政府的對抗，提升他們理性、務實、合作的傾向，更多地關注社會、經濟、民生問題，這個需要更長時間和更多工夫。

中評社：在多場社會運動，特別是「修例」風波之後，香港社會更加撕裂，您認為強大、團結、社會基礎廣闊的特區政府怎樣才能建立起來？

劉兆佳：所謂的社會撕裂不會長期存在的。美國的撕裂涉及宗教、種族、性傾向、墮胎、移民、核心價值觀，所以美國的撕裂很難彌補。其實，香港最應該發生的撕裂就是階級之間的撕裂，原因是香港的貧富懸殊的情況越來越嚴重。香港的階級矛盾、階級鬥爭之所以還沒有那麼嚴重，是因為香港人仍然相信香港是一個機會開放的社會，每個人通過自己的努力都能取得一定的發展機會。當然這個情況現在也正在轉變，越來越多的人覺得香港社會不平等、不公平，中央和特區政府偏幫大財團等，但大部分香港人包括年輕人的階級意識仍

沒有很強烈,所以到目前為止貧富懸殊還沒有造成社會的嚴重撕裂。更重要的是,由於一直以來政治撕裂比階級撕裂更居主導和明顯地位,所以階級撕裂也就被掩蓋了。

政治撕裂的地方在於不少香港人與精英對中國共產黨的抵觸態度和情緒。這與香港的歷史背景和人口構成有很大關係。尤其是幾十年來,香港意識形態的主導權落在反對派和外部勢力手上,反對勢力把控了輿論陣地、宗教陣地、思想陣地、教育陣地,不斷通過各種各樣的宣傳、教育醜化中國共產黨,在社會上尤其在年輕人中有很大的影響力,造成不同社會羣體對中國共產黨的態度存在極大分化。不少香港人對中國、對共產黨只用負面角度去認識,而不是客觀、歷史和比較角度去理解。這造成了一種情況,就是中央政府做任何事都被視為違反香港人利益,以為中央要控制香港,要削弱香港的高度自治權。當部分人以為中央在「一國兩制」中根本沒有權力的時候,以為香港是一個獨立政治實體的時候,對中國共產黨和內地發展只是用負面角度去看待的時候,甚至把中國當成為「外國」的時候,政治撕裂遂無法避免。

只有當這個政治局面逐步改變,內外敵對勢力在香港各個領域被遏制,國民教育、《基本法》教育、國情教育、歷史教育、國家安全教育逐步推展,香港和內地經濟聯繫越來越密切,香港的經濟命脈越來越同國家經濟掛鈎,西方國家不斷打壓和欺凌香港,西方的軟實力在香港持續下降,中國人民的生活水平越來越高,中國和西方實力此起彼落,加上中央支持香港的政策。我想政治撕裂只會是一種短暫的歷史現象,將隨着世界、國家與香港的政治、經濟的發展而逐步減少。因此,我沒有把這個問題看得太嚴重。

中評社:您曾經提到,中央全面管治權和特區高度自治權的有機結合正逐步制度化和細緻化。如何理解制度化和細緻化?

劉兆佳:從十九屆四中全會《決定》和張曉明副主任對《決定》的解讀可以看出,中央政府正運用憲法及《基本法》所賦予的權利,加強在香港的政治、法律和制度建設,確保妨礙「一國兩制」和《基本法》全面和準確實施的因素逐

步被清理。人大釋法、人大決定、香港國家安全法制訂、立法會議員資格審查、人大常委會解釋《基本法》和作出決定走向常態化、中央強化對特首和主要官員的問責制度、確保愛國者治港以及令極端勢力難以在香港政治體制內立足等都屬於政治、法律和制度建設範疇，有利於「一國兩制」全面和準確實施，有利於香港長治久安，以及有利於維護國家安全，並在此基礎上發展經濟和改善民生。

中評社：和「十三五」規劃相比，「十四五」涉及港澳的部分有了比較大的轉變。用了一半的篇幅來強調憲制秩序、國家安全、社會穩定，有關經濟的內容則大大減少。這是否意味着國家對香港的要求，已經從經濟發展更多地轉向政治方面？

劉兆佳：中央對港思路由被動到主動到主導就是政治關注和手段越來越上升的過程。「十四五」規劃有關香港部分實際上是與四中全會一脈相承。五年規劃不只講經濟，而是對社會和經濟的規劃，社會規劃範疇當中最重要就是政治方面。在國際形勢相當險惡的情況下，中央對香港的政治關注非常強烈，會加大精力確保香港不會成為國家安全的缺口，不會成為動盪不安的地方，內外敵對勢力不能在香港肆無忌憚地挑起政治鬥爭，危害香港的管治和穩定，更不能讓他們把香港變成一個遏制中國的棋子。

「十四五」規劃說明，未來五年，中央對港澳政策仍然是政治、經濟並重。經濟很重要，如何令香港融入國家發展大局、如何參與大灣區建設、如何促進香港社會經濟民生問題的處理、如何令香港更多進入國內市場等等；但是政治更加重要，法律建設和制度建設，以及國民教育、歷史教育是必須要推行的。不過，現在內外敵對勢力仍然在香港仍然強橫，因此這方面還有很長的路要走。

另一方面，政治經濟也是相互促進的。如果香港的土地房屋問題、產業多元化等經濟問題得到處理，能夠更好地利用國家發展及中央對港政策所帶來的機遇，相信政治環境也會改善很多，反對勢力更加沒有政治空間。

中評社：請您展望一下「一國兩制」的未來。「一國兩制」在 2047 年之後

還要平穩運行，北京和香港各自需要有哪些認識？

劉兆佳：我是對「一國兩制」的繼續實施持樂觀態度。「一國兩制」能不能行穩致遠，説到底就是要回歸初心。初心其實很簡單，內地的社會主義制度和香港的資本主義制度各自發揮所長，相互合作，互利共贏，共同推進國家發展；與此同時，香港不能成為危害國家安全的基地。但回歸初心不等於香港本身一成不變，香港的資本主義制度可以與時俱進，可以通過改革令社會得以保持穩定，可以不斷改變產業結構、走向高增值的知識型經濟以提升經濟活力，可以為香港年輕人提供發展機會，打造一個更加公平公正的社會。總體來講，基本上「一國兩制」的初心從來沒有改變過，但是必須在這顆初心之中謀求香港的變革，促進香港經濟不斷向前發展，社會通過各種政策減少矛盾和分化，令香港保持長期繁榮穩定，更多人可以從香港的經濟發展中得益。

如果香港做得到，加之中央的政治出手，遏制長期活躍的「反中亂港」勢力，令他們不能在香港政治生活中產生這麼大的破壞作用。那麼香港就是一個繁榮穩定的香港，一個不會威脅國家安全的香港，一個能為國家發展作出貢獻的香港，一個外部勢力不能操控的香港，如此一來，「一國兩制」怎麼不能維持下去呢？而且隨着時間的推移，「兩制」之間的差異會越來越小，兩地在生活水平上的差距會越來越低，彼此之間的往來越來越多，內地的市場對香港的作用會越來越大，同時香港政府介入經濟事務的程度會越來越高；加上香港能更多地承擔起維護國家安全的責任，香港人和內地同胞之間的關係都能得到改善。

所以中央的出手是必要的，解決了香港很多問題，尤其政治問題，令香港有個更好的基礎去恢復社會穩定，推進經濟和改善民生。如果中央不出手，香港不單會處於動亂、分裂之中，恐怕「一國兩制」都無法繼續。

（原文中國評論社 2020 年 3 月 12 日在網上發表）

劉兆佳教授接受《觀察者網》專訪：
中共建黨百年和香港治理

❖　❖　❖

觀察者網：這百年來，中共在香港進行了不少活動，黨成立初期即在香港發展黨組織、國共內戰時期廣東省委遷往香港等，「六七事件」前香港可謂中國左翼運動的發揚和庇護地。那時香港左派在香港社會中扮演着甚麼樣的角色？

劉兆佳：香港一直為各方政治勢力提供一個地方，甚至成為庇護所。不只是中國共產黨利用香港從事革命活動、資源獲取和外宣工作，其他國家特別是亞洲國家的革命者或反政府分子，也將香港作為他們行動的基地之一。

但是這些政治活動，其實都是在英國人的眼皮底下進行的。英國人對這些活動非常戒懼、警惕，所以對這些活動，他們採取了不同程度、不同形式的防範甚至是控制。如果你從中國歷史角度來看，英國人最怕的是在香港出現民族主義意識、反「殖民地」運動，挑戰「殖民地」政府的行為，以及香港部分勢力與內地的政治勢力密切聯繫，對「殖民地」的管治造成威脅。

所以 1967 年之前，中國共產黨在香港活動的能量實際上是比較有限的，因為始終受到在港國民黨勢力的挑戰、英國人的約束及香港的反共分子的阻撓。

當然，可以説中共從 1921 年成立之後的確在香港有活動，特別是涉及到工會的罷工活動。抗戰期間也在香港組織過一些抗日活動，主要是抗日遊擊隊東江縱隊。

國共內戰期間，中共更多是利用香港支持內地與國民黨的鬥爭，包括運送物資、中共人員來港尋求庇護，甚至讓一些支持中共的民主黨派人士可以在香港得到庇護及照顧。

到了 1949 年建國之後，在中西方冷戰期間，中共及支持中共的工會、商會和其他民間組織的活動受到英國人的監視和打擊，活動空間更加有限。實際上，中共在香港的勢力或者親共人士、支持新中國的在香港的力量，某種程度上是邊緣化地存在。

考慮到香港社會的歷史背景，有一大批香港人是從內地逃難到香港的——建國前、建國後有很多人是為了逃避內地的政治鬥爭、政治運動，1962 年左右為逃避內地的饑荒而來到香港；當然，有一部分人是為了尋找個人的經濟發展機會。再加上在英國人的統治之下，英國人不只是希望撲滅在香港出現的民族主義意識，更想要撲滅任何同情內地社會主義的親共意識。

在整個輿論、民意主導權都落在英國人和反共人士手上的時候，愛國力量怎麼能夠成為社會的主流呢？它不斷受到主流社會和英國人的壓制，有的人甚至隨時會被英國人驅逐出境。所以不要高估當時愛國力量在香港的活動空間以及它所能發揮的政治能量。

觀察者網：您那時候有接觸過這些左派人士嗎？

劉兆佳：有。因為我父親跟內地有生意往來，他在內地購買草織工藝品，再出口到外國，所以我有機會接觸到這些左派人士、左派團體，甚至是左派報章。

觀察者網：從個人經歷出發，您對他們有甚麼印象嗎？

劉兆佳：印象不是很深刻，我自己也看過一些左派電影公司拍攝的電影，但不能說有一個很深刻的印象，只不過相比於一般香港人，我對他們的印象較多，也有感情存在。

觀察者網：回到之前提到的「六七事件」。「六七事件」是香港歷史上的一個重要轉捩點，但五十多年過去了，現在很多對「六七事件」的解讀基本是從親國民黨或偏港英政府角度出發，看下來多少帶有政治上的偏見。

劉兆佳：是的。香港有部分媒體人、學者、文化人將「六七事件」看成支持中共的人為回應內地的文化大革命，違背香港主流民意的意向，在香港掀起

一場反英抗暴的運動，進而導致港英政府的「殖民」統治陷入危機。

然而，這場反英抗暴運動也暴露了香港社會內部很多矛盾，特別是勞工問題和不少底層羣眾生活困難問題，也暴露了「殖民地」統治的不公平，特別是種族不公平的地方。但由於當時大多數香港人對內地發生的文化大革命非常害怕，當時的反英抗暴引來不少反共人士的驚恐，再加上他們不想看到港英政府的「殖民」統治結束或受到嚴重破壞，因此不少香港人就站到港英政府那邊去攻擊左派人士。

自此之後，香港的左派力量進一步邊緣化，跟主流社會的關係越來越疏離；左派代表的政治文化和生活方式，與主流社會的脫節程度進一步加深，彼此間的隔膜沒那麼容易消除。

這件事情不光導致左派力量在香港進一步受到孤立，甚至出現力量萎縮的情況，更麻煩的是損害了大部分香港人跟中國共產黨的關係，增加了他們那種恐共、反共的情緒，所引發出來的效果甚至到今時今日都還可以感受得到。

其實如今年輕一代中根本沒甚麼人留意「六七事件」，對這事也沒甚麼印象。你也可以看到關於「六七事件」的比較嚴肅的學術研究基本上很少。當然，個別香港媒體對「六七事件」頗為執着，也不時通過對此事的報道提供機會讓反共人士乘機攻擊左派和中國共產黨，但總體而言發生的影響不算大。

觀察者網：對的，內地很多讀者對香港的這段歷史也知之甚少。事件發生後，香港左派的公開活動似乎少見人提。香港左派的路線和角色做了怎樣的調整？

劉兆佳：「六七事件」之後，左派這一標籤在香港政治上已成為一個負面標籤，不過左派力量沒從地上轉向地下，他們始終公開存在並公開活動，只是他們的政治能量、政治影響力大為減少，在香港社會上的處境越來越孤立，情況直到回歸前夕才有所改變。

「六七事件」其實也帶來一些正面效果，整件事引發不少人對香港當時社會民生及種族平等等方面的問題的關注，迫使港英政府一定程度上改變了過去

「大安主義」的管治方式——以為在管治上不需要重大改變，就可以比較安穩地進行「殖民」。

港英政府的管治變得相對開明，也更關注勞工、基層的狀況，改進了在經濟、社會、民生等方面的部分政策。當然，他們也對香港可能出現的反「殖民地」情緒與相關行動更加警惕，擔心香港再一次出現像「六七事件」這麼大規模挑戰「殖民地」管治的行動出現。

觀察者網：以往每次談及香港市民對中共的印象，不是這個負面就是那點不好，這印象多少有波動的吧？這百年來港人對中共情感如何波動起伏，能否幫梳理下？

劉兆佳：肯定有，只不過沒有人記錄得那麼清楚。譬如國共內戰期間有不少人支持中國共產黨，因為對中國國民黨實在太失望了；再比如改革開放期間，大家也對中國日後的走向有新的期盼；到今時今日，中國在經濟和科技方面取得重大成就，國際地位不斷提高，甚至引來美國和其他西方國家的擔憂，這些一定程度上提升了人們對中國共產黨的好感和支持。

回歸前、回歸後中央也為香港做了不少好事，當香港遇到困難的時候，中央提供協助，讓香港明顯看到中共對香港的支持及善意。回歸前最重要的是東深供水工程，以及內地在農副食品及生產原料方面對香港穩定的供應；回歸之後，幫助香港渡過金融危機以及內地到香港投資、內地市場對香港開放，這些都改善了港人對中共的態度。

從中央採取「一國兩制」方針政策，讓香港在脫離英國管治之後仍可以保持繁榮穩定及原有的生活方式，到近一兩年中央撥亂反正，讓香港的社會秩序恢復穩定和「一國兩制」得以行之久遠，這些也都讓部分香港人對中共產生好感。

考慮到不小比例的港人都有不同程度的反共、抗共、拒共的情緒，因此塑造好感的過程並不容易，需要以細水長流、潛移默化的方式推進。

觀察者網：之前在香港社會中，中共和中共黨員身份算是比較敏感的標

籤，如果有同事或領導被懷疑是中共黨員，會引來不少輿論討論，比如據我了解，有位港中大前校長就曾因被懷疑為中共黨員而遭受一些反對派人士攻擊。回歸之後，香港社會對中共的認識為甚麼會在較長時期內仍處於負面狀態？

劉兆佳：因為中共知道香港人對共產黨一直比較敏感，甚至「中國共產黨」這五個字也是一個敏感詞語，所以回歸前曾有個別中央官員非正式表示中共在回歸前表示不在香港公開活動。也因此，回歸後特區政府和中央政府基本上沒有做任何事來改變港人對中共的認識和態度，更不要說促進彼此之間的感情。一方面，這類事太敏感，容易引起政治糾紛，搞不好的話還會引發政治爭端；另一方面，他們覺得政治上未必有這樣的需要。

如鄧小平所說，他知道香港有不少人對共產黨有意見，所以才搞了「一國兩制」出來，讓那些所謂的反共人士可以在香港安身立命。即使你對中共有甚麼意見，只要不做任何試圖推翻中共領導地位的事情，不把香港當成顛覆中共政權的基地，大家可以相安無事。

中央政府、中共不去行動，特區政府哪裏敢做？尤其是如果特區政府做的事情讓民眾覺得它是支持、認同中共的，它馬上就會面對一個難以有效管治的局面，社會上會出現很多反對它的聲音和行動。

中共、中央、特區政府都不做事了，思想基地就拱手讓給了那些西方勢力及在香港存在已久的反共勢力。在政府內部也好，在教育體制、媒體也好，宗教組織也好，乃至在社會上各種各樣的民間團體裏，反共勢力變成了主流力量，導致我們年輕一代受到反共思想的嚴重影響。即使在政府內部也有不少公務員和官員對共產黨有抵觸情緒，學校老師、媒體從業者及西方宗教力量更是如此，整個思想陣地都被別人佔領了。

這些反共勢力不斷利用他們在思想陣地上的主導地位，不斷利用香港人反共、恐共、拒共的情緒去挑戰特區政府的管治、挑戰中央對「一國兩制」的詮釋，甚至試圖將香港變成一個內外敵對勢力可以用來挑戰中共在內地的領導地位的所謂顛覆基地、滲透基地。

觀察者網：您在近來的一個講座裏提到，在「一國兩制」下港人須負起維護國家安全責任，維護共產政權及內地社會主義體制的安全亦是重要。前者是必須的，對於後者，港人如何做到？如今對港人的要求應該更高吧？而不再是只需不讓香港成為顛覆政權的基地。

劉兆佳：在新時代、新形勢下，特別是香港在回歸後經歷這麼多的政治鬥爭和動亂暴亂，現在有一些問題已無可迴避，因此一定要將這些問題講得清清楚楚，才有利於以後「一國兩制」的實行，才有利於香港與自己的國家、香港與內地的關係的發展。

第一，香港已回歸中國，已是中國不可分離的一部分。也就是不能將香港看成是獨立的政治實體。

第二，香港的高度自治權是中央授予的，中央在香港也擁有全面管治權。也就是說，香港的管治不能單純由特區政府去處理，中央也有權力和責任參與管治。

第三，中國共產黨是包括香港在內的全國的執政黨，只不過對於香港，是用另一種方式——即「港人治港，高度自治」——來管理，而不是由其直接治理；中國共產黨要負起香港是否能夠有效管治及是否穩定的最後責任，亦有責任確保「一國兩制」在香港全面準確地實施。

第四，「一國兩制」之下，香港不能做任何危害國家安全的事情，不能成為顛覆基地，不能成為西方對付中國的棋子。在國家安全當中，首要的是政權安全，任何試圖改變中共領導的行動都是違反國家憲法、香港《基本法》和香港國安法的。

第五，你要將香港和中共看成一個命運共同體才行。因為「一國兩制」方針是中共制定出來的，而「一國兩制」既符合香港利益，又符合新中國的利益，所以如果中共的領導地位出現了問題，「一國兩制」也難以維持下去。

第六，回看過去 100 年，特別是中共建國之後，中國政府一向是以支持、照顧、包容、體恤的態度對待香港的。不管是回歸前還是回歸後，中國政府從

來沒有想過要做破壞香港繁榮穩定的事情，反而不斷積極採取各種措施去維護香港的繁榮和穩定。

加上另外一點，中國共產黨作為國家主權、安全和利益的捍衛者，在面對錯綜複雜的國際形勢，在國家安全面臨嚴重威脅的情況之下，香港的確需要支援和配合中國共產黨在這些方面的工作，這樣才能讓「一國兩制」不會被外部勢力用來做一些不利於國家民族的事情。

有很多事情要講清楚，特別是要講清中國共產黨和香港的關係。以前很多人都不敢提這個問題，導致一些人不斷挑撥離間，甚至不斷在香港製造強化反共、恐共、疑共意識，將香港和中共塑造成利益對立者。如此一來，「一國兩制」怎麼維持得下去？

觀察者網：說到公開說清關係，6月12日「中國共產黨與『一國兩制』主題論壇」在香港會展中心舉行，這是不是可以看作一個好的開端？即我們開始更直白、直接地向香港社會傳達有關內地政治制度、政黨制度的資訊。

劉兆佳：在香港公開討論中國共產黨和香港的關係，這是第一次，是一個良好的開端。我相信中共在香港沒有明顯存在感的情況會慢慢改變。既然要改變香港人對中共的錯誤認識或反對情緒，最好是由中共自己介紹自己，不需要假手於他人。過去有關中共不在香港公開活動的非正式說法，今天在新形勢下已經不合時宜，更不利「一國兩制」的全面和準確實踐。

中共應該自己講解這百年來特別是新中國成立後，中共究竟對香港的發展作出過甚麼貢獻；講清楚在「一國兩制」下，中國政府所做的一切怎麼符合香港人的根本利益，尤其是講清楚近幾年它所做的事是為了挽救「一國兩制」，將「一國兩制」的運行重新納入鄧小平所定下的正確軌道，讓「一國兩制」能夠行穩致遠，而非放棄或扭曲「一國兩制」。

坦白說，以前有些事情想說得坦坦白白、清清楚楚，但很多時候中央會顧慮這是否會引起反對派的攻擊，或者擔心被人扭曲了本意，引起社會上的恐懼。我看今時今日，既然要撥亂反正，有些事情就要斬釘截鐵地說清楚。

反對派如今已開始潰不成軍、偃旗息鼓，其話語權已經大幅剝落，中央更要利用這個難得的有利條件將以前很少説或者説得不夠清楚的事情坦坦白白地説出來。也就是説，在撥亂反正的重要環節奪取話語權——話語權長期以來被反對派及西方勢力所掌控，現在就是重奪話語權的時候了。

　　觀察者網：最後一個問題，香港目前黨派眾多，面對各個黨派——或者説不同羣體——的不同政治立場和政治訴求，中央如何做黨派工作？6月25日，《中國新型政黨制度》白皮書發佈，着重闡釋了中國共產黨領導的多党合作和政治協商制度，這個制度創設對於香港各黨派工作有沒有甚麼借鑒？

　　劉兆佳：我預測過香港以後的管治形態。以前是靠特區政府單打獨鬥，但它既缺乏足夠的勇氣和對國家民族的擔當，又對西方勢力和反對勢力過度恐懼和某種程度的「認同」，表現得過度懦弱。以後有可能轉變為中央領導下特區政府和愛國力量共同參與這麼一種三方合作的管治形態。內地中共領導下的多黨合作制和協商制度放到香港，就變成中央領導下的中央、特區政府與愛國力量的合作制度。

　　在這個過程當中，特區政府要特別加強與愛國力量之間的協作，而特區的主要官員也要是愛國力量的中堅分子。愛國力量則需要進一步擴充，提升政治能力，包羅更多不同類型的組織和人才，讓愛國陣營在社會上能更具代表性以及有更加廣泛的社會支援。中國共產黨領導的中央人民政府需要更加積極運用全面管治權，以推動香港的有效管治及發展與改革工作。

　　加強與特區政府、愛國力量裏不同黨派團體之間的合作，這性質和精神與內地的多黨合作制多少有些相似，都講求合作、協商、共同進退、榮辱與共。

（原載《觀察者網》2021年2月7日，標題為〈劉兆佳：中共不在香港公開活動的承諾已不合時宜〉）

劉兆佳教授接受《觀察者網》專訪：
香港對國家的價值，中央看得很明白

✦　✦　✦

2021 年 3 月 30 日，新修訂的香港基本法附件一、附件二獲得全票通過，「愛國者治港」得到進一步落地。有了這層政治保障，香港也將儘快走上發展正軌。其實推動香港與內地融合的想法早已有之，只是實施過程中遭遇諸多阻撓；如今，香港產業結構單一，經濟生態脆弱，轉型升級問題近乎燃眉之急。如何祛除香港經濟中的沉屙痼疾，讓香港更好融入國家發展大局？觀察者網就這一話題採訪了全國港澳研究會副會長劉兆佳。

解決土地房屋問題應是政府工作重中之重

觀察者網：很多人在思考香港政治問題的解決辦法，確實有效的一個方法就是發展香港的經濟，用經濟受益助推政治認同。記得您也提議過搞科技創新、推動香港產業結構升級轉型等，但為甚麼香港轉型這麼難？

劉兆佳：形勢逼人，為勢所逼，不能繼續因循守舊。

其實香港需要產業轉型已經說了幾十年了。回歸前就有人提出，香港勞動密集型產業已逐步變成夕陽工業，不能再這麼持續下去，一定要推動新產業的出現。後來內地改革開放，珠三角突然間成為承接香港夕陽工業的重鎮，那些本來要淘汰的廠子在珠三角得到了更大的發展機會，不僅仍可以保留勞動密集、低技術含量的特徵，還可以做大做強，一個原本只有少數人的廠可以發展出幾百、幾千人的規模。勞動密集型產業轉移到內地，造就了香港服務業、金融業和地產業的發展。

某種意義上，內地的改革開放也讓香港的產業轉型沒法再繼續進行下去。內地給香港帶來的發展機遇對金融業和房地產業有相當大的好處，從商人的角

度來看，繼續做地產、搞金融，風險小、回報多且回報快，他們不需要再作出很大的努力就可以獲利，那為甚麼還要做那些比較困難和自己也不太擅長的事情呢？

雖然長期依靠房地產和金融業也不是辦法，但轉到別的行業，是不是能得到更高的利潤，特別是短期利潤？而從事其他行業，特別是高新科技，可能要承擔很大的風險，甚至連融資都成問題，香港也未必有足夠的人才配套，且去做的時候市場又在哪裏？這些都不清楚。再者，香港政府對此既無遠見，也不扶持。因此，產業調整，也要看有沒合適的條件去做。

為勢所逼的意思，就是要改變當前以房地產和金融業為主導的產業結構並不容易，但我們也已逐漸看到目前這情況若再繼續下去，香港不僅產業轉型不了，連經濟發展速度也不會快，更麻煩的是年輕人得不到發展機會、財富越來越集中、貧窮問題愈益嚴峻、民憤民怨不斷升溫。

所以，我們要推動產業轉型，特別是注重科技創新、推動高端服務業的發展，開拓更廣闊的市場。尤其是隨着歐美市場的萎縮和西方國家對外的打壓，我們要考慮如何更好地利用中國和亞洲發展所帶來的機遇。

思考香港長遠的出路問題，說服眾多個體主動自覺作出調整，這點並不容易，所以現在只能依靠特區政府和中央政府的努力。也就是，開拓新的產業發展空間，其中涉及到的人才供應、市場開拓、資金融通、政策優待等支持，既要來自特區政府，也要來自中央、內地。

政府如果不出手，人才、資金只會維持着舊有的產業結構，直到房地產和金融不再能提供機會——這時候再轉型已太遲了；只有中央、特區政府從長遠的角度、從居安思危的角度去想問題、聯合出手，盡可能地利用內地所提供的市場、人才、資金、政策讓一些新產業殺出「血路」，讓香港人對新產業逐漸生出關心和動力，才可能讓香港的產業結構走向多元化。

可以參考新加坡。新加坡政府早就知道經濟發展不能只靠幾個行業，需要有不同的產業來維持經濟增長、滿足新加坡人的工作需求，所以新加坡一早

就自己投資及引入外資開拓新的行業，譬如發展電子通訊科技、生物科技，甚至是煉油業，同時儘量保留一些原來的製造業。

新加坡是從國家生存和發展的角度進行長遠思考，而香港基本是靠市場推動，因此產業難以轉型。推進香港產業多元化，以政策甚至資金扶持，利用國家發展，特別是大灣區所提供的腹地和市場，讓一些有發展前景的新產業做大做強，形成臨界值（Ccritical mass），達到一個足夠的分量讓它可以自己通過市場動力持續發展，這就是中央政府和特區政府的工作了。

觀察者網：其實這些想法，香港之前也多次嘗試過，比如建設所謂的數碼港，如今國內晶片產業龍頭中芯國際在最初選址建廠時也一度考慮過香港。但是我們發現很多想法落實到最後，碰上房地產，就很難繼續推進了。似乎一跟房地產掛鈎，一扯到高房價、高房租，解決問題的難度係數就直線上升。

就香港的土地房屋問題，您有甚麼解決建議嗎？中共中央政治局常委、國務院副總理韓正在參加十三屆全國人大四次會議香港代表團的審議時也說了，「解決香港住房問題難度很大，但總要有開始的時候。」

劉兆佳：要將解決土地房屋問題當成特區政府工作的重中之重，此外還需用有力有效的辦法去處理，特別是要從頂層設計着手。頂層設計不是粘粘貼貼、修修補補，而是拿出整套方案，在行政、立法、政治上定得清楚明白，這樣才能更有效地處理問題。

土地房屋問題在香港真的是「老大難」問題，因為推動土地房屋政策觸及多方既得利益，面臨不同原因的反對聲音。房地產商等團體阻礙政府增加土地供應，是基於經濟利益；環保、保育團體阻礙，是因為所謂的道德立場；而反對派阻礙，是出於政治原因。

如果政府解決了土地房屋問題，反對派在政治上的生存空間就會萎縮；土地房屋問題解決不了，香港很多人，尤其是年輕人就會更加不滿，反對派更能借機削弱政府管治威信、打擊政府管治能力，繼而質疑、挑戰香港的政治制度，認為現有政治制度非改革不可，要走向民主化。

面對這些情況，需要一股強大的政治力量和意志，也就是中央、特區政府和立法會要聯手推動改革，才有成功的希望。香港政府需要強而有力，需要有魄力、有遠見、有膽識，再加上中央的大力支持，才可以克服利益既得者的阻撓、各種各樣的反對聲音，再或是來自法律、政治上的挑戰。

具體來講，香港政府可以大力用好現行的法律，賦予政府權力去收地及興建新市鎮，容許將部分郊野公園的土地用來興建房屋及促進新產業發展。政府也應加快一些法規程式的執行進度，尤其是涉及城市規劃、更改土地用途（如改變工廠大廈用途）或收回土地的程式。這些改善可能需要通過修改法律，甚至是重新立法。

當香港選舉制度改革後，新的選舉委員會既可以負責選出行政長官，也可以選出部分立法會議員，而委員會裏不少人應也是支持各種各樣的社會改革的。這樣一來，行政、立法也可以通過前所未有的合作去推動艱難的社會、經濟、民生改革，包括土地房屋改革。

為甚麼討論有沒決心和毅力去解決這些問題時，中央的角色也很重要呢？因為如果中央擺明改革的決心，認為解決土地房屋問題是解決香港其他深層次社會、經濟、民生問題的抓手，並真的拿出決心和勇氣來支持特區政府大刀闊斧地改革，再加上選舉委員會和立法會的支持，很多問題就能迎刃而解，甚至包括貧富懸殊問題和年輕人「上樓」問題。

融入國家發展大局

觀察者網：今年兩會期間，林鄭月娥在社交媒體上特地提到「香港融入國家發展大局」一事。記得您曾說過「推動香港與內地融合的想法早已有之」，那為何先前遲遲不見真正落實？

劉兆佳：其實當年鄧小平在構思「一國兩制」時，的確是想過加強香港和內地的經濟關係，否則香港怎麼為國家發展作貢獻呢？然而實際操作中，中央和香港兩地最初各有顧慮。

開始時中央和香港都是想着由民間社會和工商界人士去推動兩地經濟往來，不一定需要由中央和特區政府通過合作聯手推動。當時的主要顧慮是，如果由中央提出要將香港融入國家發展大局，政治上會引起一些人的質疑——香港究竟是不是高度自治？中央是不是要插手香港的事務？甚至香港是不是要走計劃經濟道路？

當時就算有心想推動融合，也沒有這樣的政治氣候，所以香港最初想參加「十二五」規劃的時候，中央是抗拒的。後來中央覺得香港日後的經濟發展如果不能與內地加強聯繫，不能利用國家發展帶來的機遇，就很難推動自身產業升級、產業多元化和經濟發展，才勉為其難讓香港加入「十二五」規劃。

雖然後來中央比較樂意提供各種各樣的支持讓香港融入國家發展大局，但是香港本身內部也有很多阻力。

比如，政府裏有很多官員都不是很熱衷於推動香港與內地的經濟融合，因為這涉及改變他們一直以來的政策路向及他們在經濟方面的思想。

在兩地經濟融合過程中，政府一定要扮演一個重要角色，甚至要扮演規劃角色。香港不規劃，你怎麼配合國家規劃，是不是？而對於「規劃」這兩個字，香港很多官員既無經驗，心理上又抗拒，甚至認為是錯誤的做法。有些官員覺得以前港英政府沒有輔助產業發展，所以現在的政府也不應該有，否則不公平，而且隨時會選錯產業發展方向，結果得不償失，還會在政治上又受到別人攻擊。

此外，他們認為政府要慎用公帑，更加不能接受將公帑用在內地以扶持、協助推動兩地經濟合作。最終導致的結果就是，香港要參與內地的發展，但香港不能投放資源在內地以協助香港人或香港企業在內地發展，這樣能夠做到的事情相對就少很多了。

社會上也有反對勢力在抗拒，他們從根本原則上反對香港與內地的經濟合作，認為這樣不但令香港高度自治不保，還可能引入內地和中央的影響力，導致香港在政治、經濟上受制於中央、內地。反對派陣營中有一幫人經常想搞

本土分裂主義，在經濟上肯定是想儘可能地與內地切割。

除了政治顧慮，香港社會上也有一些反對聲音，兩地融合導致部分香港人利益受損。比如：內地大批企業來港上市，擠壓了本地一些企業的融資空間；有一些行業受到來自內地的競爭，如內地地產商來港發展，衝擊了香港地產商的利益；有一些人才覺得受到內地人才的挑戰；內地同胞來港旅遊，與本地人衝突增加，有一些地方的居民覺得生活受到影響……很多事情導致一些香港人對兩地經濟融合產生抗拒感。

而香港這十幾年來飽受政治鬥爭摧殘，尤其在過去幾年受到各種各樣的動亂衝擊，政府疲於奔命去處理這些政治問題，也難以抽出時間去落實香港與內地的經濟合作。拿大灣區舉例，廣東、澳門比香港積極很多，光是建港珠澳大橋，別人都建好了，我們還沒有完成。

坦白說，大家都知道在西方不斷打壓香港、香港不能再依靠西方的背景下，香港與內地經濟融合是不可避免的，但不可避免不等於他們就會踴躍接受，肯定還有很多猶豫存在的，這樣就不能全心全意去做好相關工作。

觀察者網：香港未來的發展離不開中央、內地的支持。我在採訪其他香港人士的時候，他們也都提議希望內地能提供更多優惠政策。不過如今，尤其是旁觀修例風波後，很多內地線民有個疑問，當下的香港能為內地帶來甚麼？

劉兆佳：香港對國家的價值，中央政府看到的比內地不少人看到的要高很多，因為中央是從長遠、宏觀的角度出發，考慮國家發展的需要和世界大勢的變化。這問題，說到底就是中央為甚麼要在香港搞「一國兩制」。

因為中國正自己走一條有別於西方的發展道路，而西方在未來相當長一段時間裏仍會在世界經濟版圖中佔據重要位置，它們仍是相當重要的產生新科技、推出新管理模式、輸出資金及為中國產品提供市場的地方。換而言之，在未來很長時間裏，中國要與西方陣營共存，你不可以消滅我，我也不可以消滅你。西方有些人侈談與中國「脫鈎」，其實不切實際。

中西之間的制度差異確實妨礙了彼此間的合作，而香港可以作為中西方

接觸的橋樑，讓大家通過香港接觸到對方，進而利用對方帶來的發展機會。譬如人民幣國際化、數字人民幣的推進（跨境支付）、內地企業走出去、中企的融資問題、香港發揮國際仲裁中心作用等等，香港在這些方面扮演了內地任何大城市都扮演不了的角色。

具體舉例，比如推進人民幣國際化，中國內地再怎麼搞，也不會像香港這般資金自由出入，是不是？香港作為離岸人民幣業務中心，可以幫助中央在控制風險的情況下，逐步積累讓人民幣走向國際化的知識，特別是監管和風險管理的知識。再比如，在紐約證券交易所上市的中國企業「摘牌」，這些企業如果要繼續在全世界進行融資活動，香港可以提供一個很便利的市場。

香港作為一個國際金融中心，可以彌補內地的不足，抵銷西方對中國所施加的制裁的影響。當然，香港能為國家提供的服務種類，會隨着香港本身受到西方的打壓而有所減少。

總而言之，雖然長遠來看，隨着內地市場不斷改革、香港同時也加強政府在經濟轉型過程中的角色，香港和內地在「兩制」層面的差異會越來越小。不過至少在未來幾十年裏，香港代表一種仍與西方接軌的獨特制度，仍可以為國家發展提供一些內地其他大城市所不能提供的服務和作用。

（原載《觀察者網》2021 年 3 月 31 日）

劉兆佳接受香港《信報》訪問：
中共百年對港政策一以貫之

❖ ❖ ❖

記者：中共百年來對港方針政策有何發展脈絡與邏輯？建政前後和回歸前後有何變化？背後原因是甚麼？

劉兆佳：中共百年來的對港政策，總括來講，相當務實、理性，具有很強的穩定性，可謂一以貫之，即便中國發生重大政治運動比如文化大革命，或者出現強烈反殖反帝情緒時都是如此。中共一路都是把國家利益放在首位，並正視國際政治現實，來制定對港政策。

中共立國之初，已決定不急於收回香港，這是一項重大的決策。因為中共建國後廢除了不平等條約，當時國際上又正值反帝反殖民主義盛行。

記者：不急於收回香港，是否是為了突破西方國家的經濟封鎖？

劉兆佳：我認為這麼做是出於理性、冷靜的戰略考慮，並非為一時便利。中共對美國的對華意圖有清晰判斷，擔心其以中國收回香港為藉口入侵，引發中美戰爭。不急於收回香港，有助防止英美聯手對付中國，某種程度上甚至可以利用英國削弱美國對華的敵對行動，對新中國是有利的。事實上，英國是西方最早承認新中國的國家。避免與西方交惡，為中國謀取了更大的國際活動空間，也為後來與蘇聯關係決裂留下後手棋，體現出中共處理香港問題時的理性、務實和不受教條主義約束。

記者：改革開放前後對港政策有何變化？

劉兆佳：不急於收回香港不表示中共放棄香港，中共從不承認香港的殖民地法律地位，也不允許英國在香港仿傚其他殖民地推動獨立，防止香港成為顛覆基地和國家禍患。我認為這是回歸前中英之間的默契，當然不會白紙黑字寫明。

中共對香港實行「長期打算，充分利用」的政策，國家發展獲得了資金、人才、市場和技術，這獨特作用在改革開放後更加明顯。1997年香港回歸，實行「一國兩制」，保持香港繁榮穩定，既能爭取到西方世界對香港前景的信心，又可確保香港人對自己前途的信心，並使香港繼續為國家發揮獨特作用。

「一國兩制」方針是「長期打算，充分利用」方針的延續，容許香港保留資本主義制度，這包括社會、經濟、政治、生活方式等方方面面，五十年不變，是承諾照顧香港的既得利益，照顧西方在港利益，由此保留香港的獨特性，繼續發揮推動國家社會主義現代化的作用。「一國兩制」的提出，反映了中國共產黨的創新勇氣和膽識，而這個勇氣和膽識則來自中國共產黨對中國的發展道路的高度自信和中國人民對中國共產黨的信任。

記者：最近幾年中共出台較多重大對港政策，針對香港現實打出「組合拳」。

劉兆佳：出台香港國家安全法、完善選舉制度等「組合拳」，正正反映出中共對「一國兩制」的堅持，這是糾正「一國兩制」實踐過程中的偏差。

歷史上香港反中反共情緒有社會基礎，香港一直有一股反對勢力，九七之前已經存在並得到港英政府扶持壯大，回歸後，反對勢力並沒有改變對抗中共的態度，反而企圖把「一國兩制」下的香港變成獨立政治實體，拒絕承認中央權力。試圖通過抗爭衝擊特區政府管治，逼中央讓步，將管治權交給他們。他們不斷挑戰中央權威，把屬於中央享有和行使的權力誣衊為中央干預香港內部事務。比如把人大釋法誣衊為不尊重香港司法獨立和破壞香港法治。他們還利用香港人對民主的訴求，挑起對中共的對立情緒。這一套把香港視為獨立政治實體的主張，對香港年輕人產生嚴重影響，使他們誤以為中國政府破壞「一國兩制」和干預香港事務。

近年香港發生的亂象，不但使「一國兩制」背離正確道路，也觸及了香港不能成為顛覆基地、不能危害國家主權和安全的紅線。暴亂已經到了特區政府無法自己處理的地步，所以中央出手，2019年10月底中共十九屆四中全會提

出，建立健全特區維護國家安全的法律制度和執行機制、確保「愛國者治港」、健全行政長官對中央政府負責的制度等，並在隨後逐步推進。

記者：接下來還有哪些方面的政策需要加強？

劉兆佳：第一，圍繞行政主導，強化中央對特區政府的領導和問責，強化特首和領導班子對公務員的領導，以確保日後特區政府施政得以有力推進。這需要在行政機關內建立一套完善、嚴謹的賞罰機制，防範政府內部有人試圖破壞特區政府的施政。

第二，構建以愛國者為核心的管治力量。要探討平衡建制各方，團結各派力量，推動有效管治，支持良政善治，達致長治久安，並避免愛國力量內部衝突，防範因利益、權力衝突而出現特區政府與社會上的愛國力量不協調、不咬弦。特區政府過去過度重視權力壟斷，看不起建制力量，令其決策參與低，讓愛國力量感到「有辱無榮」。

第三，扭轉香港社會對「一國兩制」、《基本法》的錯誤理解，對西方的膜拜，對殖民地歷史的偏頗認識和對殖民管治的過度美化，對新中國和內地同胞的抹黑和負面認知，對中央政策理解的偏差，加強對國家、民族和中國共產黨的認識，讓香港從意識形態上「脫西入中」。

（原載《信報》2021 年 7 月 1 日，標題為〈對港政策一以貫之，理性務實不教條〉）

劉兆佳談港府設「中策組」之必要

中評社香港5月3日電（記者 盧哲）特區政府新一屆行政長官選舉在即，香港社會普遍關注新一屆政府的架構重組，近期不少聲音呼籲重設「中央政策組」等政策研究機構，以加強政府的戰略和政策研究，研判內外形勢，及把握社情民意等能力。

從香港行政長官選舉候選人李家超近日正式公佈的參選政綱來看，他提出的「四大政策綱要」中，首要是「強化政府治理能力」。而強化政府治理能力的首個「核心政策」是「提升管治能力」。李家超表示，會研究政府架構重組，強化戰略謀劃、政策研究和整體統籌能力，提升施政效能。又提到會廣泛吸納人才，加入政府委員會、諮詢架構等；同時善用智庫的研究能力，建構優質、多元的智庫生態，提升社會整體政策研究的活力。

相關內容雖然細節有待公佈，但一定程度上回應了社會對政府架構重組方案的關注。那麼符合社會期望的中央政策組（中策組）或者其他名稱的研究機構應該具備甚麼樣的功能？對政府施政可帶來甚麼作用？在現時新的國際、國內環境下，中策組又承載甚麼新的功能？全國港澳研究會副會長、前香港特區政府中央政策組首席顧問劉兆佳近日接受中評社專訪，深入剖析設立中策組之必要。

劉兆佳認為，縱觀海內外，每個政府都應該有自己的政策研究機構來協助政府從宏觀、長遠的戰略角度來分析問題。尤其當今香港面對複雜嚴峻的國際形勢，國家發展態勢瞬息萬變，香港內部亦面臨許多挑戰，多種制度及政策改革亟需推行。新一屆政府不僅需要設立一個可以從務虛角度研究思考整體、長遠發展問題的類似「中央政策組」的機構（無論其最終命名為何），協助政府更好地駕馭變化中的內外形勢，找準香港發展的方向和定位，指導整個政府重

大政策的制定實踐，而且需要擴大這個政策組的規模和提升它在政府架構之內的地位。

具體來說，設立的「中央政策組」需要做到以下幾方面：

第一，能專門深入研究越來越複雜、嚴峻的國際形勢。

現時國際局勢越來越複雜，整個國際格局在變化，並逐漸分為兩大陣營——西方陣營及中國所領導的反西方霸權的陣營。而這一格局的變化，特別是西方主導的國際秩序不斷崩塌，對於香港一直作為中西方橋樑的角色會造成甚麼衝擊。尤其要考慮及研究美國和西方遏制中國崛起、不斷打擊香港的形勢下，對香港會造成的影響。

第二，要關注及研究國家機遇。

隨着世界經濟中心的向東移動，尤其是中國正在構建一個以「一帶一路」為主體的區域經濟合作體。香港要研究思考如何協助國家構建區域經濟合作體，又可以從中抓住甚麼機遇發展自己。這其中必須要掌握國家發展的趨勢、中央的大政方針、尤其是國家對香港的政策能給香港帶來的機遇和影響等。

第三，要研究香港內部情況。

包括掌握香港經濟狀況、政治局勢、社會變遷、香港民意變化等。從而考慮如何提升管治能力和水平，推動香港經濟、產業發展，如何破解香港的深層次矛盾，包括土地房屋問題、醫療、貧窮及青年人上游等問題。

要做好應對未來危機的準備。未來一段時間，香港會發生很多大大小小不同的危機，例如國際金融動盪，去全球化特別是貿易和金融去全球化加快、去美元化、區域戰爭、海峽兩岸衝突等等，都可能給香港帶來通貨膨脹、民生困頓、失業率上升、社會動盪等衝擊。

劉兆佳還強調，中央政策組能發揮多大作用，很大程度上取決於特首及領導班子的重視程度。因此，發揮好中策組的功能，需要具備以下幾個條件：

一，必須得到特首和特區政府領導班子的充分信任及支持，並要求其他政策局與之密切配合。中策組提出的跨部門、跨政策局的政策建議，需要能夠

由特首及領導班子統籌、協調及推進。研究機構的地位也應該與政策局看齊。中央政策組不應該只為行政長官服務，而應該是整個特區政府的智庫。

二，日後的中策組規模要比以前的中央政策組更龐大，有更多的研究人員及更足夠的資金支持。因為現時國內外形勢更複雜，要處理的問題更多，因此研究機構的人數必定不能少；同時中策組需要與香港、內地及國際的機構、智庫合作，確保更全面和更扎實的研究成果。因此需要充足的資金支援。

三，需要積極招覓人才，尤其需要招攬熟悉亞洲事務的人才。研究人員現時在香港非常短缺，中策組應該在香港、內地及海外招覓相關人才。

四，要重視對外和政府內部的合作。對外方面，中策組應該跟香港內外不同的機構、智庫保持緊密聯繫，定期交流研究成果、經驗，拓寬知識層面，了解更多香港及相關地區的發展情況。對內，要與政府內部緊密合作。中策組必須跟政策局建立密切合作關係，不但能夠向各政策局提供研究建議，也能夠吸收政策局的工作經驗，了解其各自在制定、推行政策中可能遇上的情況等等。

另外，對於社會熱議的政府發言人及新聞統籌員制度，劉兆佳認為，政府確實需要一個專門領導和分管政府公關宣傳策略的部門，來制定和處理政府的全盤對外宣傳策略、通過公關策略影響媒體和塑造民意，包括幫助政府在施政過程中得到公眾的了解和支持，並能夠有效應對各方的批評意見、特別是一些不懷好意的攻擊和批評。

劉兆佳還強調，在研究和把握民情民意部分，政府不能認為只靠中策組就可全面掌握輿情。中策組可以收集政府和社會上各方面資訊加以整合分析，但政府各部門包括特首及主要官員其實亦擁有自己對民意的溝通與了解渠道。在收集和分析社情民意時，民政事務局應該擔當主要的角色。

問答全文如下：

中評社記者：自 2019 年以來，社會對於重新設立在本屆政府中被取消的「中央政策組」的呼聲一直很大。尤其隨着選舉臨近，很多不同界別的聲音都呼籲關注政府架構重組，尤其是要設立中策組。您作為前香港特區政府中央政

策組首席顧問，怎麼看待中策組的功能？

劉兆佳：其實每一個國家的政府都有個自己的政策研究室，或者內部研究機構，其實沒有甚麼稀罕的。本屆政府取消了這個研究機構，我反而覺得奇怪。

香港政府要管理一個非常複雜的地方，同時面對非常複雜和嚴峻的國際形勢，瞬息萬變的國內局勢，又要推行整個經濟社會的發展和改革，特別是制度和政策的改革，還有非常複雜和變動不經的的社情民意，現在還要面對如何融入國家發展大局的議題。需要一個專門的研究機構來協助政府從一個宏觀的、長遠的戰略角度來探討問題。

所以我多年來倡議，需要重新設立一個更大規模的中策組，能夠做到幾方面的事情：

第一，研究越來越複雜、嚴峻的國際形勢。香港最近面對的國際形勢越來越嚴峻、複雜，特別要考慮美國和西方遏制中國崛起和不斷打壓香港，香港與西方的關係愈趨緊張，會對香港造成各種衝擊和影響；要研究整個國際格局的變化，特別是世界局勢越來越複雜，逐漸分為兩個龐大的陣營，一個是西方的陣營，另一個是中國所領導的一個反西方霸權的陣營，而西方陣營又在不同方面走向崩塌，世界格局的巨變對香港一直以來作為一個中西方橋樑的角色會造成甚麼衝擊。

同時，隨着世界經濟中心向東移動，特別移向東亞地區，中國要構建一個以「一帶一路」為主體的一個歐亞區域經濟合作體。一方面來說，香港要研究如何協助國家建構這個歐亞區域經濟合作體，從中可以抓住甚麼機遇來發展自己，特別是要研究亞太地區尤其是東南亞地區形勢的變化。現在香港要融入國家發展大局，就必須掌握國家發展的趨勢，中央大政方針，國家發展模式的變化，特別是國家對香港所提出的各種對香港發展有利的一些策略，比如說參與國家的五年規劃、大灣區建設、「一帶一路」倡議、深港合作、前海擴容、人民幣電子化和國際化等等，這些都是掌握國家變化、給香港帶來機遇和影

響，都需要有專門的研究機構關注。

另一方面，要掌握香港內部狀況，包括要更好地掌握香港經濟狀況、政治局勢、社會變遷、民情民意變化，如何推動香港經濟發展、特別是鞏固傳統產業、擴大現有產業基礎、引進更多的一些高科技的、高附加值的一些創新型的產業，從而破解香港的深層次矛盾，特別是土地房屋問題、醫療問題、貧窮問題，青年人上流的問題等等。

未來一段時間，香港很快也會發生很多大大小小的不同危機。比如說國際金融動盪，去全球化、去美元化、貿易保護主義、能源和資源短缺等這些問題。還要考慮會不會有一些區域性戰爭，以及海峽兩岸衝突，對香港帶來比較嚴重的影響，比如說將來可能會出現通貨膨脹、糧食和日用品短缺、中產階層困頓、貧窮問題惡化、失業率上升等等，這些都會衝擊香港、給香港的發展和穩定帶來很重大的影響。

所以我的講法就是，政府必須有一個機構，它並不需要處理日常行政管理工作，反而要從一個整體的、宏觀的、長遠的、戰略的角度來、在複雜和不確定的內外形勢下，找準香港發展的方向和定位，研判香港所面對的危機和機遇，然後指導整個政府指定發展路向和重大政策。在某程度上這個機構應該是務虛的，因為它不是負責行政管理的，而是着重思考重大問題的。

中評社記者：有觀點認為，早前的中策組有些研究並沒有得到足夠重視，這也是導致後來中策組的功能被弱化的原因之一。您認為要如何才能發揮好中策組的作用？

劉兆佳：重點是這個中策組需要具備甚麼條件。

第一，它必須得到特首和他的領導班子的充分支持和信任，然後才能夠發揮它影響和協助政府施政的作用，而它提出來的建議才會得到特首和政策局的重視、支持和執行。也就是說，中策組提供的跨部門跨政策局的政策建議，需要能通過特首和領導班子統籌、協調來推動。我尤其需要強調一點，就是中央政策組的領導人與特首和他的主要官員應該有相同的政治理念，尤其是對國

家民族的忠誠。如果中央政策組的領導人與特首和主要官員在政治立場上意見相左，則中央政策組便難以發揮積極作用。不過，這個問題在實現「愛國者治港」後應該再不是問題。

另外一點，新的政策研究機構的規模要比以前的中央政策組大。前幾屆政府的中央政策組的研究人員比較少，但今後因為它要處理的內外問題比以前多得多，所以它的資深研究人員的數目就不能少，起碼要有十幾二十個，才有強大的研究能力，並分工合作地在不同範疇進行研究工作。另外，它必須有足夠的經費來支持它的研究，因為它不單是自己做研究，而搞在搞研究上這些人手永遠都不會足夠，所以需要有足夠的資金讓它能夠以合約的形式委託一些機構、智庫、大學，包括內地及海外的一些研究機構來協助中央政策組的工作或單獨進行專題研究。

在人才方面，香港本身的研究人才肯定也不夠，所以除了本地人才之外，要思考如何招攬一些跟香港未來發展有關的研究人才。他們可以來自香港內部，也可以來自內地和海外。尤其可以招攬一些熟悉亞洲事務、特別是東南亞、中亞和南亞事務的人才。這些研究人員香港現在非常短缺。

同時，這個機構也應該跟香港、內地及海外的智庫、大學建立密切聯繫，經常交流研究成果、經驗，來拓寬它的知識層面，更多了解香港內部、其他地方和世界局勢的發展情況。

在政府內部，中央政策組也必須跟其他的政策局建立密切合作關係，不但能夠向其他的政策局提供一些研究的建議，也能夠吸收其他政策局的工作經驗，了解政策局在制定政策和推行過程當中所遇到過的情況等等。

我當年所在的中策組，經常跟內地一些部門、智庫進行溝通交流，然後寫成一些報告，讓特區政府及官員更多了解過國家發展的情況。但我要承認，這一方面做的很不夠。因為人手資源不足，而一些官員又不太積極，不太願意接受新的建議。當然，當時中央政策組還沒有能夠做到跟政府其他部門建立密切聯繫，特別在研究上通力合作，只做到為特首服務這個地步。在把中策組的

工作與政府整體整合方面還是做的不足夠。要做到這個地步，是需要特首大力支持，以及讓其他部門願意配合才可以。因此，我希望新一屆政府能夠把這個政策研究機構做到不單只為特首服務，而應該跟其他政策局建立密切的合作關係，加強彼此之間的交流合作。

總之，由於香港接下來要面對越來越複雜的國際形勢，也需要儘快融入國家發展大局，積極充分參與國家五年規劃，以及要更好駕馭香港政治局面、推進社會經濟發展，破解一些深層次矛盾，在這種情況下，有一個研究機構作為一個讓政府更能夠掌握情況和制定相關施政路線和政策很有必要。

中評社記者：如果要推行跨部門的政策，中策組的編制地位是否要比較高？

劉兆佳：我覺得將來中策組這種研究機構的地位應該要達到政策局的地位，跟政策局看齊。由於它不是一個權力機構，也不需要執行某些政策，所以它能夠發揮多大作用，基本上跟特首有非常密切的關係。如果希望它發揮非常大的作用的話，就需要特首去對它的工作高度支持和重視，並要求其他政策局跟它密切配合，這就把它變成了一個不單純是為特首服務，還為整個政府服務的一個研究機構。

這個機構叫甚麼名稱我覺得無所謂，重點是它是一個面向整個政府的研究單位。它不是要研究一些雞毛蒜皮的事情或者只是對現行政策提出一些「輕微」的改進建議，也不是像一般的政策局一樣每天做很多行政管理工作和具體的政策執行工作。這些不是中策組要做的，它應該從一個更高的角度，從國家的角度，香港整體的角度，戰略的角度，和長遠的角度來考慮世界形勢的變化，國家形勢的變化和香港形勢的變化，來制定一些發展定位、方向，提出一些重大的新的路線。中策組應該做這些工作。

從這個角度來講，每一個政策局又都應該有自己的另外一些研究人員，專門為它所負責的一些政策範疇，特別在政策制定和執行上，做一些比較具體的研究。在比較具體的政策範疇層面，研究者應該對相關政策局的工作非常熟悉，他才能把工作做好。相反，中策組應該從更高層次、從事牽涉到到國家的、

政府的、香港的和長遠的戰略性研究。當然,中央政策組的研究工作和各政策局的研究工作可以密切配合、相輔相成。

中評社記者:還有一個討論的熱點,是關於輿情民情的把握。不少人認為「修例風波」發生的原因之一,是因為取消了中策組,政府把握不到民意。您覺得中策組在這方面有甚麼作用?

劉兆佳:其實這方面的看法對政府也不太公平。為甚麼呢?因為在把握民意上,所有政府官員都有把握民意的責任,尤其是有些部門在掌握民意上應該比中央政策組做得更好,比如說民政事務局,它再各區的民政主任應該是每天都接觸羣眾、了解羣眾的訴求等等,掌握民意這個事情不應該由一個中策組來包辦代替。

但是中策組有一個責任,作為一個社情民意的集散地,它能夠通過跟其他部門、特別是一些比較貼近羣眾的部門建立密切聯繫,從他們當中掌握一些材料,讓中策組更好的收集和分析民意。當然它自己可以做一些收集民意的工作,特別是通過民意調查,或通過一些網站的民意研究分析。

但在我看來,掌握民意不可能是中策組可以壟斷的。每一個政府官員都對社會不同方面的人有他的接觸,而中策組除了有自己收集民意的管道之外,也需要跟這些不同政府部門接觸,了解他們所掌握的民意,它可以是普羅大眾的民意,也可以是不同類型的精英的意見。這些方面也需要中策組跟不同部門的溝通,來讓中策組能更全面的掌握社會各方面民意的變化。但不可能整個政府只是依靠一個單位來掌握民意,中策組人數也不是那麼多。每一個主要官員包括特首在內,都有不同的管道來接觸不同的民意,它需要有一個機構把來源不同的有關民意的材料收集整合分析,中策組可以做這個工作。它可以綜合自己的對社情民意的研究、以及整合政府不同部門所掌握的民意,作總體的研究分析。但民意研究不可能只靠它來做。

過去中央政策組會分期分批委任一些來自社會不同界別和階層的精英當「非全職顧問」,並通過與他們開會和接觸,了解香港精英階層的「民意」,特

別是他們對政府施政的意見和對政策的建議。他們也因為參與了中央政策組的工作而增進了對政府工作的認識和提升了從政的興趣。不少「非全職顧問」後來都當上了主要官員、立法會議員、法定機構的領導人和重要諮詢組織的負責人。可以說，中央政策組也擔當了政治人才的搖籃的角色。

中評社記者：現在各界討論中策組的時候，都不可避免地討論到特首辦「心戰室」的角色。有觀點認為除了中策組，新一屆政府也很需要有新聞統籌員、政府新聞發言人的角色。您認為這些角色有沒有存在的必要？

劉兆佳：新聞發言人這個功能本身是有必要的，但他不應該是「一個人」那麼簡單，他應該是一個團隊，能夠充分掌握特區政府基本政策，能夠充分了解特區政府的決定和行動，能夠為特區政府制定全盤的宣傳策略，能夠有效地把政府的立場、目標、政策、施政方向等等，對外解釋清楚。尤其是能夠對於一些針對特區政府的批評，無論來自香港內部，還是來自海外尤其來自西方的，作出反擊。在這方面協助特區政府掌握一些話語權，不要讓香港人受到誤導，避免對特區政府造成不利影響。

其實這種發言人制度，在其他國家、尤其是發達國家是很普遍的。發言人不單單是發言人，還要協助政府建立公關策略。具體來說，它不是中策組的一部分，它是分開的、專門領導和分管整個政府的公關宣傳策略。目的是讓政府施政得到公眾的了解和支持，而且能夠更有效地應對一些來各方面的批評意見。特別是一些不懷好意的批評意見。

他也不是一個人出來解釋一下政策這麼簡單。他是要思考怎麼樣去通過一個公關策略來影響媒體和塑造民意，加強市民對特區政府的了解和支持，才是最重要的。特別是將來香港肯定會面對外部勢力對特區政府不斷的攻擊批評等等，西方媒體會有不少片面、不實的報道，在香港受到西方不斷打壓下，這些情況可以預見得到。香港內部恐怕也有會一些批評的聲音。政府要爭取民意、輿論的支持，就需要有一批人處理好政府的對外宣傳策略，也需要跟不同部門的做好協調溝通工作，統一政府的對外口徑。重點是要做到統籌、制定總

體計劃，而且能夠通過一個部門或一批人執行計劃。現在政府在類似的工作上有一些部門和工作人員，但在沒有全盤計劃和統籌下卻沒有發揮好幫助政府推行統一的媒體公關策略的作用。

中評社記者：中策組有跟中央高層直接聯絡的角色作用嗎？

劉兆佳：跟中央高層的對接上，不是中策組的工作、也不是它要研究的問題。因為特首、政策局都有自己的對口單位。中策組是需要跟內地研究機構對口，不是跟政府的部委聯繫。不過，我當中央政策組首席顧問的時候，因為個人過去的經歷和人脈，與港澳辦和中聯辦也保持經常和良好的溝通。

中央政策組是一個研究政策的機構，它對社情民情也好，具體的政策操作也好，比較多的是給特首提供一些政策上的思路。內地其實也一樣，中共中央政策研究室，是專為中共中央研究政治理論、政策及草擬重要文件的直屬機關。國務院研究室和國務院參事是承擔綜合性政策研究和決策諮詢任務、為國務院主要領導同志服務的國務院辦事機構。這些研究機構都是專門做研究，把研究成果提供給決策者參考。從另一方面來說，它也參與到決策的過程中，不過是以一個研究者的身份參與，而不是以一個政策執行者或者政策最重要的決定者的角色參與。

因此，對於香港來說，特區政府要面對越來越複雜的內外形勢，而且要推出各種各樣制度跟政策改革。在這種情況下，由於要面對長遠發展的很多不確定性和危機可能不斷發生，政府需要有一批人能夠無需參與日常行政管理，因而能夠較為務虛地去研究思考與香港整體在複雜嚴峻形勢下長遠發展有關的問題，同時讓政府能夠更好地駕馭因為內外環境變動在香港所形成的形勢，我覺得這是有必要和有好處的。正是因為這個原因，我對林鄭月娥政府上任伊始便解散中央政策組，並以一個完全由公務員領導的創新辦代替至今仍然大惑不解。

（原載中評社 2022 年 5 月 4 日）